開発人類学

基本と実践

リオール・ノラン著
関根久雄・玉置泰明・鈴木　紀・角田宇子　訳

古今書院

DEVELOPMENT ANTHROPOLOGY by Riall Nolan

Copyright © 2002 by Westview Press, A Member of the Perseus Books Group

First published in the United States by Westview Press,

a member of Perseus Books Group

Japanese translation rights arranged with

Perseus Books, Inc., Cambridge, Massachusetts

through Tuttle-Mori Agency, Inc., Tokyo

本書は原書出版社である Westview Press, A Member of the Perseus Books Group から正式に許可された DEVELOPMENT ANTHROPOLOGY by Riall Nolan の翻訳書である。

日本語版への序文

　"Development Anthropology：Encounters in the Real World"の日本語版に序文を執筆できることは，私にとってこのうえない喜びである。私は，おもにアフリカとアジアにおける国際開発に約20年間携わった後の1980年代に，本書を執筆しはじめた。その時，人類学者や，人類学が開発関連の業務になし得る貢献について関心を寄せる人々のための適当な実践的入門書がないことに気づいた。

　既知のとおり，人類学は国際開発との間に，長きにわたる，そして時に複雑な関わりをもち続けているが，人類学を学ぶ学生の教育にその経験はほとんど活かされてこなかった。このことは，開発関連の業務をよく知る人類学者が，実は学問の世界の外にいる実務家（実践家）であったことと無縁ではない。そのような「人類学者」は活動のほとんどをフィールドで過ごし，決して教室にとどまる者ではなかった。一般に彼らは，編成された大学の授業のなかで自らの知見を他者に教えることはない。

　結果的に人類学の学生たちは，国際開発関係の仕事に絡むアドバイスや自分の知見を開発の文脈に活かす方法について指導を受けることは，ほとんどなかった。その代わり人類学者は，特定プロジェクトの失敗要因に関する事後分析や開発行為そのものに対する全体的な「批判」という，2種類の本や論文を執筆することに努めていた。後者に関する学的活動は，たびたび「開発の人類学」（Anthropology of Development）という名でよばれ，「開発人類学」（Development anthropology）と区別された。

　そのようななかで，私は，人類学者が開発業務でできることやその方法，効果的な貢献をどのように実現するかなどを考えるために，「開発人類学」について書きはじめた。また,制度の文脈は結果を理解するうえでとても重要であるので，「開発業界」（development industry）がどのように動いているかを人々に説明することの必要性を感じていたことも，その理由の1つであった。

　数十年間，人類学者は小規模社会について記述することを得意としてきた。なかでも重要な部分は村落研究であり，人類学者はそのような社会における変化や適応の過程を描いてきた。しかし，比較的最近まで，そのような社会に住む人々

の生活に大きな影響を与える強大な組織の制度的文化を含むより大きな力に目を向ける人類学者は，ほとんどいなかった。

　私はコミュニティ研究を書きはじめるのではなく，むしろ3つの重要な領域を相互に結びつけることにした。それらは，人類学，国際開発，そして開発を「実施する」機関である。私の著書のなかで欠けている点は，もちろん「コミュニティ」に関係する側面である。そのことは意図したことでもある。というのも，私は開発を学ぶ学生たちに，どのようにその事業が組織化され，動かされているかを，より広い視野から見つめる機会を与えたかったからである。そうすることで，学生たちはある時点における特定の人々に対するインパクトをよりよく理解できると考えた。

　そのため私は，2国間，多国間援助機関やNGO，民間企業からなる，いわゆる「開発業界」を考察の枠組みとして設定し，それを開発プロジェクトの実施サイクル（依然としてほとんどの開発業務が採用する方法）に結びつけた。過去数年間で計画立案と政策の問題にシフトしてきたものの，プロジェクトはほとんどの政策やプログラムを実施するための手段であり続けている。

　それゆえに私は，なぜ，どのように人類学者がこの種の仕事に関与できるかを語るために，開発業界とプロジェクトの性質を説明することが重要であると考えた。本書で私は，人類学者がプロジェクトに対して（明らかに）影響力を発揮しうる点を多く示したつもりである。さらにそのこと以上に，私は，人類学者がどのようにそれぞれの最善の貢献をなし得るか，その手がかりを提示しようと努めた。

　人類学者は人類学についてよく知っている。しかし驚いたことに，いくつかのケースにおいて，肯定的な変化を生み出すために，人類学者の知見を人類学者以外の知見と調和させることについてはほとんどわかっていない。それゆえに，本書を通じて，人類学者が他者と協働することや良好な共同作業の必要性を意識することを重要な事柄として強調したかったのである。

　とりわけ，開発に携わる人類学者は，ほとんどの開発行為に影響を与えている支配的パラダイムが工学や経済学から出てきたものであることを理解する必要がある。そしてそれらが強調されることで，人類学者は自分たちがその世界の隅の方にいることに気づかされる。私が本書で示したかったことは，開発業務において，ある学問分野が勝者であるとか別の分野が勝っているとかの問題ではないということである。そうではなくて，むしろいかによく各分野の相対的な力を1つ

に結集して意味のある計画にできるかということが問題なのである。そのために人類学者は，専門領域からの「声」を発展させ，よりよく表現できるようになることが，そして同時に他分野の人々がおこなうことを認知する姿勢が求められる。

　本書執筆にかかるもう1つの私の関心は，開発業界そのものの性質である。開発業界を含むさまざまな制度は人間が創り出したものであり，それらのほとんどはうまく機能していない。私たちは開発行為を押しとどめるのではなく，むしろそれに関わって活動するアプローチを，それを手助けするような制度的構造を探し求めている。

　開発人類学者は今後もこれまでのようにフィールドで活動し続けるけれども，援助機関のなかで実務に関わる者も増えている。そういう人類学者の仕事の1つは，組織の内そとにかかわらず，開発行為による変化や改良を指向したものになる。

　それゆえ私は，本書を執筆するにあたり，開発業界が，単純に人類学者の仕事のためということではなく，その業界を変えるために人類学者の助けとなるのかということに強い関心を寄せている。

　最後に，私が本書のための調査をおこなった時，開発援助機関の開発（それらの機関あるいは私たちの活動を形づける開発のパラダイム）について意見を述べることにも関わった。私は，援助機関による開発業務への関与が，成功だけでなく失敗にも導いてきたことを，人々に理解してもらいたいと思っている。また，私たち人類学者が世界の貧困や不平等，飢餓の問題に取り組むことでそれらの事態に変化を促すことができるのなら，私たちは部分的にではあるが基本的意識を変えなければならない。そのことも本書を通じて人々に理解してもらいたい点の1つである。

　私が本書を通じて伝えたいメッセージ，それは，地域文化についての深い洞察を伴わない開発アプローチ，プロセスや持続性，制度的学習に注目しないアプローチは最終的には失敗するということである。開発業界が成功のために変化しなければならないように，人類学も学問的レベルと同様に真の専門職になりながら変化しなければならない。

　私は本書を北米の視点から執筆したが，開発は国際的に経験している最初の地球的プロジェクトである。それゆえに本書の日本語版が準備されることは大変な喜びであり，とても光栄なことである。

　日本は国際開発分野のリーダーであり，数十年間その立場にある。多くの国際

機関や多国間組織における重要なパートナーであることに加えて，2国間援助や技術協力の最前線にいる。これからの時代において，日本は開発分野でますます重要な役割を担うことになり，そのリーダーシップが期待される。

　日本における人類学は，開発業務に大きく関わることによって，またその豊富な専門的知見を政策やプログラム，プロジェクトの計画，実施に傾けることによって，このリーダーシップの方向性や内容を形成するチャンスがある。私たちが必要としているもう1つの開発パラダイムは多くの地域から立ち上がってくるであろう。そしてそれぞれの専門分野から開発に携わる日本の専門家たちは，現在の実践に代わる目に見える変化を，私たちにもたらす役割を担うことになるだろう。

　日本の次代を担う開発人類学者が今世紀の最もチャレンジングな事業のための準備を進める時に，本書が少しでもお役に立てれば幸いである。本書の訳出に多大な努力を傾注してくださった日本の仲間たちに謝意と敬意をあらわしたい。

リオール・ノラン
パデュー大学
2005年12月

序　文

　本書は国際開発プロジェクトにおける人類学の役割について述べたものである。また本書は，文化的に多様な状況のなかで特定の方向性をもつ変化を伴うプログラムを計画・実行することに関わる（あるいは関わろうとしている）人々を対象に，実務的視点を重視した執筆を心がけている。

　過去数十年間に人類学は，実際に国際開発に関与してきた。しかしながら，開発プロジェクトなどを実施する局面において必ずしも強い影響力を発揮してきたわけではない。今日途上国開発の分野は，新しい試みと状況において，人類学者を必要とする大きな変化を経験しつつある。人類学者がそのような変化に十分に対応することができれば，将来的に開発分野において重要な役割を担うことができるであろう。

　現在，文字どおり「隔絶」された地域など地球上のどこにも存在しない。そのことは，テレビやインターネットの普及とともに，世界がこれまで以上に西洋化されてきていることを意味する。しかしながら，「差異」は確実に実在している。差異として認識されるものの多くは，これまで以上に重要な意味をもつものとして捉えることができる。交通や通信分野における発展は容易に私たちを「異なる世界」に近づけ，人間と人間との相互行為をつくり出し，そしてある種の特徴づけをおこなっている。かつて，異なる世界は常に「離れたところ」にあった。しかし現在，私たちは，「異なる世界」で生起する事柄に対して，離れたところからではなく，身近な空間のこととして対処しなければならない。

　そのことは，比較文化的状況を顕著に示す開発現象においても端的にあらわれる。相互に生産的で，かつ満足のいく方法でこの対話を扱う人類学者の力は，私たちすべてが求めている目標のためにとても重要である。

　開発は私たちの最も大きな地球規模のプロジェクトである。それが成功すれば，数十億人の生活だけでなく，世界が原則としているような事柄をも変化させることになるだろう。

　しかし，望むだけでは不十分である。哲学者のラインホルト・ニーバーは次のように述べている。「私たちの力は1つの大陸を越えて広がる強さをもつが，同

様に，私たちとは正反対かもしくはズレた方向へ向かう別の考え方をもつ強い力が私たちの最も熱望するものを妨げ，否定してしまう広大な歴史の網の目に私たちをからめとってしまう。私たちが，希望として『人類の幸福』を達成する道の存在を信じるときでさえも，簡単にその方法を想起することはできない」。

　本書が明示するように，一般的にみて開発に関わる業界は，文化の視点を継続的かつ集中的に取り入れた体制，すなわち文化的視点を開発の成功条件とする認識の枠組みをもちあわせているわけではない。基本的に，国際開発に関するさまざまな行為は，異なる世界どうしの出会いの場である。開発を真に実りあるものとするためには，多様な視点を集め，そのなかから共通の理解を導き出すことが必要である。そして，視点の多様性を尊重するとともに，それらを利用することが求められるのである。

　本書の（原著における）サブタイトルは，「現実世界における出会い」（Encounters in the Real World）である。しかし実際には，「現実世界」はただ1つの実体としてあるのではなく，それぞれ文化的に構造化された複合的な世界によって構成されている。人類学は，多様な異文化世界を強調し，そしてそれを尊重しながら差異を理解し，差異を有効活用する人類の能力を前進させることに大きく貢献することができるはずである。本書はそのことを実現させる方法についての，1つの試みである。

　本書では，異文化世界間の出会いの場として開発プロジェクトを捉え，どのように人類学がその出会いを実りあるものにするために貢献しうるかについての実例を示しながら，今日の開発実務のあるべき方向性について言及するつもりである。プロジェクトの実施過程を検証することをとおして，プロジェクトの「成功」のために人類学者にできることが明らかとなる。私は各章において1〜数例の「ミニケース」を取り上げている。それらはすべて，実際におこなわれたプロジェクトに関するものである。

　本書は，3つのパートに分かれる。第Ⅰ部「人類学と開発」では3つの章を用意し，途上国開発がおこなわれるようになった理由や，そのような開発行為における人類学者の役割を理解するための基本的事柄について述べる。第1章では，学問分野としての人類学の特徴を概観し，人類学的アプローチの基本的特質を述べる。第2章では，開発に関わる業界の成長の様子を，とくに開発分野へのアプローチの歴史的変化に注目しながら検証する。第3章では，応用人類学についてその初期の展開を概観するとともに，応用人類学における強調点の変化や現代の

「応用」を取り巻く諸問題を指摘する。

　第Ⅱ部では「開発プロジェクトの検証」をテーマに5つの章を設けている。それらは，開発プロジェクトとは何か，どのようにしてそれらが形成されるのか，それらに対する人類学者の関与のあり方などについてである。第4章では，開発プロジェクトの形成とそれに対する人類学の関与の仕方について，第5章ではプロジェクトにおける情報の役割と地域住民に対する情報伝達について述べる。第6章ではプロジェクト設計の過程に注目し，第7章ではプロジェクトの管理・運営について論じる。そして第8章では，プロジェクト評価や，プロジェクトから組織や援助機関が教訓とすべき点などに言及する。

　第Ⅲ部「さらなる前進へ向けて」では，開発行為の将来に関する展望を述べる。第9章では開発に関わる産業のあり方について考察する。第10章では，開発分野に対しより大きなインパクトを実現するための人類学教育をめざして，その改革の姿を模索する。そして第11章では，開発に関わる新しいパラダイムの構築をめざして，その展望を考察する。

リオール・ノラン
オハイオ州シンシナティ

謝　辞

　本書を刊行するにあたり，多くの方々のご助力をいただいた。とりわけ，バーケンカンプ学部長とカール・ヤンバートは，甚大なる支援と，適切な指導や批判的コメントをくださり，本書刊行に導いてくださった。

　マイケル・チェルネア，マイケル・ホロウィッツ，セイヤー・スカッダーからは，それぞれの豊富な専門的経験に基づくお考えや，草稿に対するコメントをいただいた。

　他の多くの同僚や仲間たちからも，多くの示唆，コメントをいただいた。アレキサンダー・アーヴィン，アラン・ホーベン，ジャスパー・インガーソル，ジョン・メイソン，ドナルド・メッサーシュミット，オーガスタ・モルナー，ウィリアム・パトリッジ，ウィリアム・ロバーツ，リンダ・ストーン，ロブ・ウィンスロップ，ジョン・ヤング，その他多くの方々からのご支援，アドバイス，励ましに心からの謝意をあらわしたい。

　人類学，国際開発，そして通文化的学習が私の研究者生活における専攻領域であり続けている。とくに次の3人の方々は，私の職業の方向性を決めるうえで大きな存在であった。コルゲート大学のアーノルド・シオは，私に平和部隊に入ることを勧めてくれた。その経験は私の人生や世界観を大きく変えるものであった。セネガルのケネネ村に住むスレイマン・フェイは，物事を他者の目や心で見ることを教えてくれた。サセックス大学のピーター・ロイドは，人類学が開発業務のなかでどのように活用することができるかを示し，私がそれに関わることを勧めてくださった。それぞれまったく異なる文化世界に住むこの3人の方々に対し，私は語り尽くせないほどの感謝の気もちを伝えたい。

　本書を彼らに捧げる。

R. W. N.

目 次

日本語版への序文　i
序　文　v
謝　辞　ix

第Ⅰ部　人類学と開発　1

第1章　発見の科学としての人類学　3
1. 異なるものの見方　3
2. 人類学者はどのように行動するのか　6
3. 異文化間の出会いとしての開発　21

第2章　開発業界（Development Industry）の登場　29
1. バランスを欠いた世界　29
2. グローバル・プロジェクトとしての開発　30
3. 今日の開発業界　34
4. 開発政策と実践の進化　41

第3章　人類学を役立てる　59
1. 人類学と過去の植民地主義　59
2. アメリカ人類学における応用的視点の展開　59
3. さまざまな人類学の応用　61
4. アカデミックな人類学，応用人類学，実践人類学　62
5. 人類学的実践　62
6. 今日の開発人類学　65
7. 応用の弁証法　70

第Ⅱ部　開発プロジェクトの検証　81

第4章　開発プロジェクトの実際　83
 1.　プロジェクトの特徴　83
 2.　プロジェクトの構造とサイクル　85
 3.　プロジェクト立案へのアプローチ　88
 4.　問題発生の場としてのプロジェクトの展開　94
 5.　人類学とプロジェクトの展開　96

第5章　プロジェクト展開における情報　107
 1.　プロジェクト・レベル　107
 2.　プロジェクト・レベルの統合　108
 3.　ステークホルダーの特定　109
 4.　ステークホルダー・コミュニティについて知る　120
 5.　情報収集の管理　132

第6章　プロジェクトの形成　137
 1.　プロジェクトの目的　137
 2.　プロジェクトの戦略　142
 3.　プロジェクトの持続性　152
 4.　現地住民の参加　153
 5.　プロジェクトのインパクトを予測する　160

第7章　プロジェクトの管理　167
 1.　プロジェクト管理の必要性　167
 2.　組織文化　167
 3.　意思決定　173
 4.　交渉と紛争解決　179
 5.　技術援助とカウンターパート関係　186

第8章　プロジェクトの評価（アセスメント）　193
 1.　評価の目的　193

2. モニタリング（monitoring）と事後評価（evaluation）　196
　　3. 文脈をベースにした評価（アセスメント）　197
　　4. プロジェクトの教訓に学ぶ　203
　　5. 開発民族誌（Development Ethnography）　207

第Ⅲ部　さらなる前進へ向けて　215

第9章　開発業界の改革　217
　　1. 20世紀末における開発の状況　217
　　2. 学習できない開発援助機関　226
　　3. 変革の可能性　232

第10章　人類学の方向転換　241
　　1. 人類学と開発：困難な遭遇　241
　　2. 人類学者と行政官の文化　243
　　3. 専門職になるために　246
　　4. 学界の変革　248
　　5. 将来の方向性　253

第11章　新しい開発のパラダイムとは　257
　　1. 私たちはどこにいるのか　257
　　2. 機会と脅威　258
　　3. 新しい開発のパラダイム　261
　　4. 開発援助機関の思考様式を変える　266

　参考文献　277
　訳者あとがき　293
　索　引　297

第Ⅰ部　人類学と開発

　人類学は，私たち自身の文化的世界とは異なる世界が存在することを示してくれるだけではない。人類学は，異なる文化的世界とうまくつきあっていくことについての示唆を与えてくれる。世界のいろいろな文化と文化の出会いは，さまざまなレベルで日々起こっているが，国際開発に関連する出会い以上に重要なものはない。本書は，そうした出会いにおいて人類学がどのように利用され得るかを検証するものである。

　第Ⅰ部「人類学と開発」は，人類学，開発，そして両者の関係をみることで，この検証の背景や枠組みを提示する。

　第1章「発見の科学としての人類学」は，（人類学という）学問そのものについて，そしてその特徴について検証する。第2章「開発業界の登場」は，国際開発が第二次世界大戦後比較的早い時期にはじまり，発展した経緯をたどる。第3章「人類学を役立てる」では，大学の外，とくに開発業界内における人類学の応用に焦点をあてる。

第1章　発見の科学としての人類学

1. 異なるものの見方

　人類学は，私たちがさまざまな人間集団のつくり出す多様な文化的世界を発見し，そうした多様な世界を私たち自身のものとは違ったやり方で理解することを可能にする学問である。また人類学は，各文化が固有の論理と一貫性を伴う固有のエトスないし世界観をもつことを私たちに教えてくれる。つまり，人類学は，文化と文化の間をつなぐ架け橋として機能し，ある文化を他の文化において認知可能なものとし，各文化の統合性を保つものである[1]。

　アメリカ合衆国では，伝統的に「人類学」という分野のなかに4つの下位分野ないし領域を含めてきた。自然（形質）人類学（physical anthropology）は，人類進化および現生人類の生物学的側面を扱う。社会・文化人類学（social or cultural anthropology）は現在の人間社会に焦点をあてる[2]。考古学（archaeology）は文化史を検証し，言語学（linguistics）は言語とその用法についてみる。

　本書が注目する社会・文化人類学は，伝統的に2つのものを生み出してきた。すなわち，特定の文化あるいは社会の，部分ないし全体の詳細な記録である民族誌（ethnography）と，パターンを抽出し理論を構築するために2つ以上の社会を比較分析する民族学（ethnology）である。

(1) 文化の中心性

　文化（culture）は，人類学の中心的概念である。多少のバリエーションはあるものの，人類学者の間でひろく受容される文化の定義がある。その定義とは，特定の集団ないし社会が長い時間をかけてつくり上げてきた自らの世界を形づくるための固有の方法であり，個々の集団ないし社会の人々によって共有されるもの，というものである[3]。この枠組みによって，当該社会の人々は，自分たち自身を，自分たちをとりまく世界を，そしてその世界における自らの経験の意味をどのように捉えているか，つまり彼らは誰なのか，彼らの価値は何なのか，彼らは人生においてどこへ向かおうとしているのかを理解することができるのである。文化は集団に，アイデンティティ，方法・手段，そして究極的には目的地（destination）

を与えるものである。

　人類の発明としての文化は，集団の進化と生存にとって大きな意味をもつ。世代を超えて人々の相互作用のなかで発展した文化の型は，その集団に属する人々が自らの経験を組織化し，理解し，知識を他者に伝えることを可能にする。文化は，人間に関わる事柄において安全や予測を可能にし，人々の生産力や創造性を高める。歴史を通じて，文化は，人類がその環境に適応し，そして逆に影響を与える手段にもなってきた。集団がその文化に価値をおくのは，文化が，集団の人々が自分たちの世界を構造化し，その世界における自らの経験に意味を与え，出来事や環境に反応しやすくするからである。諸文化は異なる世界をつくり出す。人々が自分に向けられた攻撃から「物理的自己」を守ろうとするのと同様に，個人的にも集団的にも，その「象徴的自己」（すなわち文化的世界）を守ろうとするのである[4]。

　一般に文化には3つの構成要素がある。人工物（artifacts），行為（behavior），知識（knowledge）である。文化のこれらの側面は，私たちの生活のさまざまな場面にあらわれる。この3つは，旗やロゴのような，強力なシンボルによって結合されることが多い。

　文化は静態的なものではなく，むしろ動態的で流動的である。人類学者がおこなう最も興味深いことの1つは，集団や個人が文化とそのシンボルを相互作用のなかで操作し，文化的カテゴリー，意味，価値を取り決め，再定義するやり方を常に観察することである。

(2) 文化的差異

　人類はすべていくつかの重要な点において似ている。生物学的な欲求や機能は同じであるし，言語を使い，人間関係を形成する。しかし同時に，ひとりひとりは独自性をもつ個人でもある。地球上に自分とまったく同じ経験，思想，願望をもつ者はいない。

　しかし文化は，ある人々を結びつけると同時に，その他の人々を排除する。また，私たちのある者を似させ，他の者を異なる対象にしてしまう。服の着方，信仰の対象となる神，言語，食べ物，好意や嫌悪の対象，これらはすべて文化に由来し，ある文化に属する人々を他の文化の人々から区別することに役立つ。

　このような文化的差異は習得されるものである。生まれた時には，アメリカ人でもメキシコ人でも日本人でもない。幼少時に，文化的アイデンティティを

形成するための価値，信念，期待に関する枠組みを獲得しはじめる。この枠組みとともに経験を積むにしたがって，私たちの行動は周囲の人々によって強化される。大人になるまでに，獲得した文化のほとんどが私たちの第2の本性（second nature）となっている。

　そのため，個人はそれぞれ独自の個性を発展させているにもかかわらず，ある文化的枠組みの内側にある個人としてふるまう。アメリカ人，メキシコ人あるいは日本人として，すべての人類が共有する基本的ニーズをもつ。しかし同時に，アメリカ的，メキシコ的，日本的やり方でそのニーズを満足させるために，この枠組みを用いるのである。

　集団間の文化的差異は，人々がつくる物（人工物）とおこなうこと（行為）を通じて直接的に目にすることができる。しかし人類学者は，そのような目に見える差異を生み出すもの，つまり目に見えにくい文化の側面に関心を向ける。それゆえ人類学者は，文化的知識（cultural knowledge），すなわちある文化の担い手たる人々が世界をどのように配列する（形づくる）のか，彼らがその世界の諸側面にどのような意味や価値を割りあてるかということに，とくに注意を払うのである。

　人々は，自らの環境を観察し，見るものを体系化するために文化的知識を用いる。人々は，世界で何が起こっているかを判断し，その出来事に対する適切な反応を選択し，その行為の結果に関する結論を導き出すために，文化を用いる。文化的知識は複雑であるが，認知可能なやり方で体系化できるものである。文化的知識は本来恣意的なものであるが，特定社会の成員にとってはまったく恣意的には見えない。それどころか，それは論理的で，正常で，正しく，適切なものとして映るのである。

(3) 接触する諸文化

　文化は私たちにとって多くの点で有用ではあるが，同時に問題も生み出す。人々はどこでも，人生における共通の問題（たとえば生活，自由，幸福の探求）と闘っているが，共通の問題を異なったやり方で規定し，異なったやり方で得ようとする。

　人間は誰でも特定の文化のなかで育つ。ほとんどの人は自らの文化的前提や偏りに無自覚であり，それらを当たり前のことと思っている。自分の文化の枠組みは無意識の領域にあるので，人々は，自文化によって教えられた世界こそが世

界の現実と思い込む傾向がある。人類学者はこれを，素朴なリアリズム（naïve realism）とよぶ。ある子どもが説明したように，「豚は，とても汚いから豚とよばれる」のである。

　文化は，「私たち」というアイデンティティをつくり出し，同様に「彼ら」というカテゴリーをも生み出す。多くの場合，私たちはステレオタイプ，すなわち文化的に異なる他の集団についての簡単な一般化をとおして，「彼ら」を扱う。ステレオタイプは，予測可能性を拡大することで未知なるものの脅威を軽減することができるが，抽象的，一方向的なものであり，新しい状況における重要な情報を覆い隠してしまいがちである。もし私たちがステレオタイプを軽率に適用してしまうと，深刻な誤りをおかすことになる。すべてのアメリカ人海外旅行者がやかましく粗野なわけでも，すべてのフランス人が魅力的なわけでも，すべてのイングランドのサッカー・ファンがフーリガンであるわけでもない。

　文化は，個々人を自文化中心主義的（ethnocentric）に，すなわち自分の基準で他文化を判断するように仕向ける。自文化中心主義的な人間は，ショーの言葉で言えば，「自分の部族と島の慣習が自然の法則である」[5]と思い込むものである。このことはまた，認識の誤りを導きがちである。異なるものが常に劣っているわけではないのである。

　このような自文化中心主義的な考え方が，異文化間の接触を潜在的に困難なものにしている。以下で見るように，国際開発は，とりわけ異文化間の出会いなのである。

2. 人類学者はどのように行動するのか

(1) フィールドワークという儀礼

　多くの学問分野がフィールドワークをおこなうが，人類学ほどそれを集中的におこなう学問分野はない。人類学とその支持者にとってフィールドワークはきわめて重要なものとして考えられている。まさにフィールドワークは，通過儀礼といえるほど重要視されているのである。学生は日常の生活環境を離れて未知の土地へ赴き，そこで見知らぬ人々から新しい知識を学ぶ。十分な知識が得られたら，ふたたび元の社会に戻るが，その時はかなりの変化を経験した個人となっている。

　多くの人類学者は，自らのフィールドワーク体験を，異文化の意味を理解するだけでなく，自らの文化的背景についても思いをめぐらす機会として捉える。ま

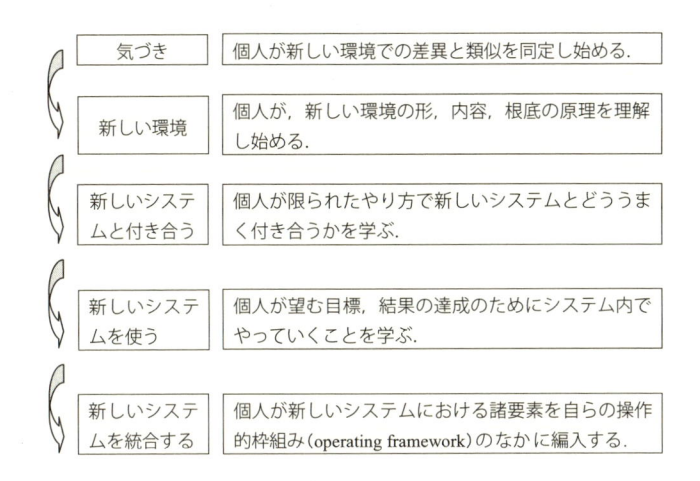

気づき	個人が新しい環境での差異と類似を同定し始める．
新しい環境	個人が，新しい環境の形，内容，根底の原理を理解し始める．
新しいシステムと付き合う	個人が限られたやり方で新しいシステムとどううまく付き合うかを学ぶ．
新しいシステムを使う	個人が望む目標，結果の達成のためにシステム内でやっていくことを学ぶ．
新しいシステムを統合する	個人が新しいシステムにおける諸要素を自らの操作的枠組み(operating framework)のなかに編入する．

図 1.1 異文化間学習のためのモデル（出典：Nolan 1999:25）

たフィールドワークは，この分野への傾倒（commitment）をも示す。フィールドワークをやり遂げることとそれに続く学位論文は，当人の性格，能力，勇気の試験とみなされる。

現在では，人類学的フィールドワークは，遠隔の村落だけでなく，同様の方法で企業の内部などでもおこなわれる。背景が何であれ，人類学者の目的は同じである。つまり，異なる生活様式に身をおき，「自文化の外に出る」体験を得ること，自らの文化的境界，限界を越えること，そして他者の目をとおして新しい世界を見る（真に見る）ことである。

この意味において，フィールドワークは他の比較文化的学習と類似しており，理解に至る一連の段階を含む。図 1.1 はそのことを示している。

フィールドワークは，時間，幸運（ツキ），技術，忍耐を必要とする。通常，3カ月から3年程の期間を使い，博士課程の学生が1年ないしそれ以上フィールドに滞在して学位論文のためのデータ収集をおこなうことも，珍しくない。長期間フィールドにとどまり，できるだけ深く土地の人々の生活に参入することによって，人類学者は，サーベイ調査では明らかにできないような事実や事実間の関係を明らかにして，起こっていることについて多面的に描写する。

フィールドワークは，ある文化における現実が社会的に構築されたものであること，ある文化に属する人々が現実に彼ら自身の世界に生きているということ，この文化的世界は重要な点において他の文化とは異なっていることを前提にして

おこなう。フィールドワーカーは、そこのコミュニティの人々が何を考えているか、彼らにとって重要なものをどう秩序立てているのか、彼らがこれらのことを日常生活のなかでどのように操作するのか、それらの現実を帰納的に発見し、確立しようとする。

それゆえ人類学は、証明よりも発見のプロセスによって進展するともいえる[6]。どのフィールド調査も1つ以上の仮説とともにはじまるが、現地の文化のカテゴリー、型、価値についてはじめから規定されることはない。それらはむしろ、人類学者がその環境になじむにつれて時間とともにあらわれてくるものである。ゆえにフィールドワークは、データ収集に関わる諸々の経験が次の相互作用を構造化するような創発的過程なのである。以下で見るように、この点において、フィールドワークをすることと開発プロジェクトに関わることはとてもよく似ている。

たとえば、地図は、地球上のある場所に関する単純な2次元的表現である。地図は多くの基礎的情報を含むが、文化的コンテクストはほとんど含まれない。人類学者は、地域の住民が地図に記されているものをどう見て利用するか（たとえば、どの近隣集団が望ましいと、あるいは危険とみなされるか、朝の通勤にはどのルートが速いか、どこに昼食をとりに行くべきか）を観察することで、あたかも地図に生命を吹き込もうとする。この「地図の外の」知識は、まさにほとんどの人類学者がフィールドに行く時に求めるものである[7]。

フィールドワーカーは、ある文化に関する特別な、そしてユニークな洞察を得るのだろうか。実際にはそのようなことはない。ある意味において、人類学者は単に当該文化に属する人々がすでに知っていることを理解するだけともいえる。他方人類学者は、特定の文化をより広い文化横断的文脈のなかで理解する。内部者の（あるいはエミック emic な）視点に、外部者の（あるいはエティック etic な）視点が加わるのである[8]。この複合的な視点は、人類学者が当該文化の人々にもできないようなやり方で変化を記述し、予見し、分析することを可能にする。

(2) 参与観察

人類学者は、参与観察（participatory observation）を通じて他の人々から知識を得る。参与観察は、ある人類学者が文化の「生きた理解」（living understanding）と名づけたものを生み出すための、「することによる学び」（learning by doing）といえる[9]。そのためには、現地語の修得が不可欠である。文化が人々の心のなか

にあるカテゴリー，規則，価値に基づくとすれば，これらを明らかにするうえで最も適した方法の1つは，人々の言うことに耳を傾けること，ということになる。それゆえに人類学者は，人々が重要と感じることを話す（考える）際にどのように言語を用いるか，そのことを理解するために多大な時間とエネルギーを費やすのである。

　現地の言葉を修得することで人類学者は，現地の言葉や当該地域のカテゴリーを使って社会に参加し，観察し，質問し，判断することができる。フィールドにおける人類学者は，「客観的」あるいは「（対象から）距離をおいた」観察者などではなく，データ，知識，つまりは理解のために周囲の人々に大幅に依存するのである。結局，フィールドワークの成功・失敗を決定するのは，地域の人々ということである。筆者は，開発立案者（development planner）としての活動の初期に，言語に起因する文化的誤解を経験した。その一例がミニケース1.1「チュニスへの道」である。

　異文化社会において内部者の見方を身につけるには時間と努力を必要とする。そのプロセスは，肉体的にも精神的にも非常に不快なものであるかもしれない。それにもかかわらず多くのフィールドワーカーが，新しい文化がある日ある時自分の前に開けた時の自らの経験における激しい創造性と熱い想いを強調してきた。多くの人類学者は参与観察をフィールドワークの一技術として使いはじめるかもしれないが，現実には1つの生き方，学びへのアプローチになるのである。

　フィールドワーク中に得られ，使われた知識は，事前に予想していなかったものであることが多い。無頓着な調査者には見えてこないような意味やつながりがあらわれてくる。これには，「その時」「その場所」にいたことによる思いがけない発見も含まれている。

　フィールドワーク中に学んだことは，しばしばある点で（あれかこれかで）不快なものである。すなわち，文化の現実はほとんど常に仮定されたこととは異なり，フィールドワーカーが出発点としたどのような仮説や構築物も（時には大幅に）修正するものだからである。このことは人類学の世界ではよくあることで，大半のフィールドワーカーは，自分の当初の考えに（まったく否定されないまでも）疑いをもつことを予期している。

(3) 相対主義

　相対主義（relativism）は，フィールドワークを用いた方法論におけるもう1つ

ミニケース 1.1「チュニスへの道」

　私がある長期の援助プロジェクトを開始するために，はじめてチュニジアに着いてから数日後，他のアメリカ人開発ワーカーから地方へのドライブに誘われた。

　私たちは2人ともチュニジアに来て日が浅く，フランス語は流暢に話せたが，アラビア語をまったく知らなかった（数週間以内にアラビア語のレッスンをはじめることになっていたが）。私たちはチュニジアの美しい田舎を数時間ドライブし，村々，ローマ時代の遺跡，山や浜辺に見とれていた。

　午後も遅くなってから，私たちは道に迷ってしまい，十字路で立ち往生してしまった。驚いたことに，チュニスを出ると道標の表記はすべてアラビア語であった。日が暮れてきたため，首都に戻る道を知る必要があった。

　運よく私たちは道を歩いてくるチュニジア人農民を見つけた。友人がフランス語で，「こんにちは。フランス語を話せますか」と訊いた。

　農民は私たちを見て，「もちろん」と答えた。「もちろん話せますよ。何かお困りですか」。

　友人は両手をこすり合わせて言った，「それはよかった。私たちはチュニスへ行かねばならないのです。チュニスへの正しい道を教えてもらえますか」。

　農民は眉毛を上げ，「おふたりともすでにチュニスにいますよ」といった。

　友人はやさしく微笑んで言った，「たぶん，私の言うことがわからなかったのでしょう。私たちはチュニスへの道を知りたいのです」。

　農民は微笑み返した。「あなたの言ったことはちゃんと聞こえていますよ。ここがチュニスです」。

　友人の微笑みは少しひきつってきた。「いえ，いえ。私たち・は・チュニス・への・道を・知りたい・のです。チュニス。わかりますか。チュニスはどこですか」。

　その農民は子どもに話すようにゆっくりと注意深く言った。「チュニス。わかりますとも。チュニスに行きたいんですね。あなたたちはここにいます」。間をおいて，「それがここです。あなたたち・は・チュニスに・いるんです」。

　ここへ来て，やりとりはローレル＆ハーディの寸劇の様相を呈してきた。友人の顔は赤くなり，声は高くなり，腕を振りながら言った。「ここはチュニスじゃない。どうしてここがチュニスなんだ。私はチュニスがどこだかわからないが，ここがチュニスでないことだけは確かだ」。友人は跳びはねんばかりに興奮して，「それじゃ，もう一度訊きます。チュニスへの道はどこですか。ここでないことは確かだ。私はここではなく，チュニスに行きたいんだ。私・は・チュニス・へ・行く。聞こえるかい」。

　農民は長いこと友人を見つめてから，肩をすくめて言った。「わかりました。ではお元気で」。農民は道具を拾い上げると頭を振りながら歩いて行ってしまった。

　私たちは，最終的には正しい道を見つけることができたのであるが，町へ向かう

> 帰りの長い道のりの間，しばらくあの奇妙な農民のことを笑っていた。その数週間後，私のアラビア語の先生が，地理のレッスンから最初の言葉のクラスをはじめた時，疑問はついに解決した。
> 　私は手をあげて先生に訊いた。「はっきりさせたいのですが，アラビア語ではチュニジアの国をさす言葉とチュニスの町をさす言葉は同じなのですね」。
> 　先生は「もちろん」といって「チュニス」と黒板に書いた。
> 　「町の名も国名も同じです。誰でもそれを知っていますよ。違いますか」といって微笑んだ。
> 　私は微笑み返して，田舎での出来事と決して奇妙ではなかった農民のことを思い出し，こう言った。「もちろんですとも」。

の重要な側面である。人類学者は，すべての人々が完全に等しく人間であることと，異文化の重要な理解を発展させる唯一の方法はそれをそれ自体のやり方で理解することであると思っている。フィールドワーカーは内部者の視点からの理解を求めるので，ある文化の内的論理や構造をよりよく理解するために，相対主義的態度（異文化の規範，価値，慣行に対する判断の停止）をとる。

　各社会は，何が「正常」であるかについて固有の視点をもつ。ある社会の人々は，その社会における正常性の視点を受容し，その視点に沿って行動する。よそ者が「非合理的」，「非効率的」と考えることでも，通常その社会の文化的枠組みにおいては意味をもつのである。そこでは，合理性も効率も，他とは異なって規定されるのである[10]。

　開発計画立案に関するフィスクの事例をみてみよう。

> 　ペルーで小反芻動物（ラマ）を導入しようとした動物（家畜）学者は，アンデスの牧畜民が病気や老年の動物を殺して自分の群れを淘汰することに対して不合理とも思える拒絶を示したことに，がっかりした。人類学者が見出したのは，不毛のアンデス高地で家畜を飼う第1の理由は，実際のところ，家畜の最終産物，すなわち燃料と肥料用の糞のためということであった。重要な産物は，西洋の経験から考えられるような子羊や肉や繊維ではなかった。ペルー人は非合理的に行動していたわけではない。老いた動物も病気の動物も，人々が必要とする産物を生み出してくれるのだから[11]。

　相対主義を極端につきつめると，哲学的・倫理的問題にぶつかってしまう。しかし，異文化間の理解を得るためには，フィールドワーク中に判断の停止が必要なことは明らかである。理解しようとしている文化によそ者の枠組みを押しつけ

ることは，四角いネジを丸い穴に入れようとするようなものである。無理やり押し入れることはできても，もとの形状を破壊してしまうだけである[12]。

ミニケース 1.2「決定について異なった考え方をする」は，西アフリカでおこなわれたあるプロジェクトの事例である。この事例は，西洋的視点からは不合理に見えるフルベ族の牧畜民の行為が，実はその文化固有の価値システムに基づいていたことを示している。

(4) 全体論

全体論（holism）は相対主義の補完物である。単純化して言えば，全体論とは，1つの文化を構成する部分がさまざまなやり方，しばしば直接的には見えないようなやり方で結びついているという考え方である。ゆえにフィールドワーカーは，物事のあいだの結びつきに特別の注意を払う。相対主義と同じように，全体論も哲学的，倫理的レベルの問題をつきつけることもあるが（たとえば，不平等，搾取，暴力の状況を正当化するように見える），ある文化がどのように統合されているのかを理解する手段として，とても有益である。文化の1つの側面（たとえば，資源配分についての決定）は，綿密なフィールドワークなしでも単独で研究し分析することはできる。しかし，これらの決定が結びついている文化の残りの部分についてより深く理解することなしには，人々がとり得る経済的決定を完全に理解することはできない。

たとえばミニケース 1.2 において，牧畜民であるフルベ族の時間と資源の決定要因を理解するためには，「美」，「知」，「独立」に関するフルベ的観念や，フルベの世界観とよびうるものの（他の）基本的側面を理解することが必要であった。まさにそれは，「フルベである」ということに関する観念である。これらの本質的に哲学的な概念が，牧畜民が日常的におこなう決定に直接結びついていたのである。

ミニケース 1.3「1つのことはほかのことに通じる」は，全体論の原理をありのままに示している。この事例では，たった1つの新技術を導入した結果，オーストラリアの先住民，アボリジニ社会の内部に起こったさまざまな変化について詳述している。

(5) 領域分析

人類学者は，ある社会の人々が自分たちの世界をどのように規定しているかを

ミニケース 1.2「決定について，異なった考え方をする：西アフリカのドウコルマ・フルベ牧畜民」

　ジョン・グレイゼルがマリ農村部のフルベ族牧畜民のフィールドワークをおこなった1970年代のはじめ頃，その地域ではUSAIDが資金提供した家畜（牛）のための開発プロジェクトが計画されていた。グレイゼルの調査は，フルベが地域の牧草資源をどう利用しているかの理解を目的としていた。それは，畜牛の販売，群れのサイズ，地域の利用可能な牧草地における群れの移動，および群れの構成についての考察を含んでいた。

　グレイゼルはフルベの群れの管理方法が基本的に「合理的」であることを見出したが，一方で矛盾も見出した。フルベの人々の行為には，「経済上，管理上，環境上，非適応的に見えるものもあり，個人の間に大きなバリエーションが存在する。ある種の慣行は家畜生産の最大化に何の寄与もせず，なかにはマイナス効果すら与えるように見える」。行為におけるバリエーションは，「合理的」経済活動についてのいかなる包括的一般化によっても説明できないと，グレイゼルは結論づけた。

　説明は個人レベルにあると彼は考えた。つまりそれは，フルベ社会全体を特徴づけるプラアデ（pulaade）とよばれる行動と価値のコードを考察することで理解しうるものであった。プラアデは，知，美，富，独立（自立）という4つの主要価値からなる。

　　フルベは知性を見せることに価値をおき，彼ら自身は集団としてとくにその性質に恵まれていると信じていた。身体美についての見方も同様で，彼らは隣人たちよりも容貌がよく，知性的であるとさえ考えていた。美の根本的価値は，その所有者に与える喜びにある。女性であれば，美は，フルベにとって3番目に重要な価値，すなわち富を得ることに必要なものであった。

　　最後に，自由と独立はフルベのすべての価値のなかで最も複雑かつ重要なものであり，ある意味で他のすべてを統合するものである。

　グレイゼルはデータを再検証し，プラアデに固有の価値がたしかに牧畜民の行動の個人的バリエーションを説明することに役立つことを見出した。彼は次のように述べる。富あるいは美の追求は，「しばしば経済的利益や家族の団結よりも優先する」。多くの場合，（家族，コミュニティ，政府からの）独立という基本的願望が牧畜民の選択を導いていたように見えた。グレイゼルによると，プラアデは必ずしも経済的・環境的要因に優先するものではないが，それらに対する牧畜民の反応に確実に影響するのである。

　ちょうど整いつつあったUSAIDのプロジェクト案は，いくつかの重要な点でプラアデと矛盾するものだった。牧草地の境界決定，牧畜民と家畜の登録，牧畜民の決定を外部技術者の決定に従属させる，より小さい家畜群でリターンの最大化を目指

すなど，これらのことは根本的に富，美，情緒的満足を求めて知性を独立的に行使するフルベの志向と矛盾するものであった。グレイゼルが冷淡にコメントするように，フルベの世界観は，「人生を主として一連の経済的ないし生産的係数とみなすような人々にとって，困難な問題を提出する」。

グレイゼルは続けて次のように述べる。

> 開発立案者たちは，たしかに彼ら自身のための喜びとくつろぎを求めることは自覚しているが，一般に人間活動のそういう部分を他の人々のための計画に含めることはしない。それどころか，彼らはしばしば，制度を満足させるような現地の人々の想いを損ねたり，破壊しようとさえする。開発立案者はしばしば現地の人々が祝祭や宗教関係の事柄に出費することを非生産的と断じてしまい，時にはその出費をスコップや農薬に振り向けるよう促すこともある。

ある生活様式（プラアデであれ何であれ）が人々の情緒を安定させ，そのこと自体が目的になりうることが，多くの開発プロジェクトでは見失われているようである。グレイゼルも指摘するように，現地の価値システムはより「合理的な」慣行を採り入れる際の障害とみなされるが，計画立案者がこれらの価値システムを開発計画のよってたつ基盤として利用しようとする試みは，ほとんどおこなわれてこなかった。

出典：Grayzel 1986

ミニケース 1.3「1つのことはほかのことに通じる：鉄の斧と社会変化」

ローリストン・シャープは，1930年代初頭に，北クイーンズランド（オーストラリア）のケープ・ヨーク半島西岸に住む先住民（アボリジニ）イル・ヨロントについてフィールドワークをおこなった。シャープは彼の調査の一部として，唯一の西洋技術（鉄斧）がイル・ヨロントに導入されてから，彼らの社会・経済システムがどのような変化を生み出してきたかを記録した。

シャープは，宣教師によって鉄斧がもたらされるまでイル・ヨロントが使っていた石斧の伝統的機能を調べるとともに，鉄斧導入後に何が，なぜ起こったかについて考察した。石斧は，周囲の自然環境から自由に手に入る木，樹皮，樹脂などの材料を使って，男が製作した。しかし，斧の頭の部分に使う石は彼らの土地領域にはなく，ずっと離れた南部でしか入手できない。ゆえにイル・ヨロントの男たちは，男性交易パートナーの広範囲に及ぶ連鎖をつくり出した。この交易でイル・ヨロントは，アカエイ漁のヤスを石斧の頭と交換していた。こうした交換は，アボリジニの大きな祝祭がおこなわれる乾季にとくに重要であった。祝祭はトーテムやイニシエーションと結びついたさまざまな儀礼を中心にしておこなわれ，多くの地域から大勢の人を集めた。

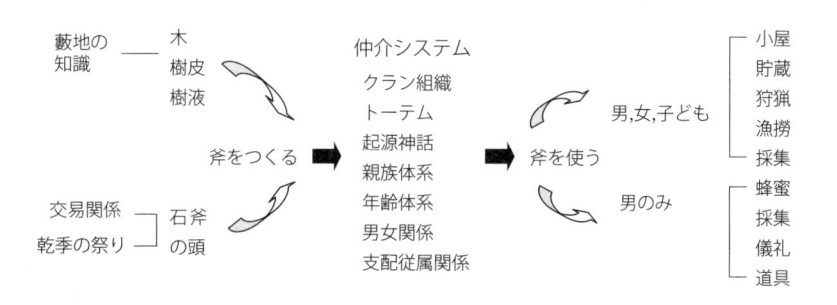

```
藪地の ─── 木                仲介システム              ┌ 小屋
知識      樹皮               クラン組織              │ 貯蔵
          樹液  ╲            トーテム       ╲ 男,女,子ども │ 狩猟
               斧をつくる →  起源神話       斧を使う       │ 漁撈
                             親族体系                    └ 採集
交易関係 ─── 石斧 ╱           年齢体系       ╱              ┌ 蜂蜜
乾季の祭り   の頭             男女関係        男のみ       │ 採集
                             支配従属関係                │ 儀礼
                                                        └ 道具
```

イル・ヨロント社会の斧と他の側面との関連（出典：Sharp 1952 より筆者改変）

　ひとたび男によってつくられた斧は女や子どもを含め誰でも使うことができたが，常に所有者は男であった。さらに，石斧はイル・ヨロントの宇宙観（コスモロジー）においても特定の位置を占め，社会における数十のクランの1つとも結びついていた。斧は，雨季用の小屋や貯蔵のためのテラス，あるいは住居をつくる時など，多くの仕事に不可欠のものであった。また斧は，狩猟，漁撈，食料採取にも用いられた。2つの領域においてのみ，斧の使用が男に限定された。すなわち，野生の蜂蜜採取と儀礼の装備の製造である。

　つまり，斧は単なる便利な道具ではなく，一群の社会的，経済的，象徴的諸関係を規定し，調整するものであった。イル・ヨロントの男たちは，斧の頭を遠く離れた交易相手に依存していた。斧を使いたい女や子どもは，男の許しを得る必要があり，それは集団の年齢と親族関係のルールに沿っておこなわれた。実際イル・ヨロント社会は，誰もが他の誰とも完全に対等な位置にいないような，優位・劣位関係の複合体である。斧はこのシステムを象徴化し，強化していた。

　シャープは，鉄斧の導入に技術的困難がなかったこと，鉄斧が，その利点にもかかわらず石斧とほぼ同じやり方で用いられているように見えることを指摘している。

　「白人の考える前提，すなわち鉄斧の方がはるかに効率的で，時間を節約し，それゆえ現地の人々にとっての技術的『進歩』を象徴するという考え方は，アボリジニの慣習においてほとんど支持されてこなかった。イル・ヨロントは，鉄斧や他の西洋の道具の使用によって得られた余暇時間を，「生活条件の改善」や美的活動の発展には用いず，彼らが完全にマスターしている技術である，睡眠に費やした」。

　しかし他の点において，鉄斧によってもたらされた変化は大きかった。鉄斧は，交易網をとおしてではなく，宣教師によってもたらされたものである。斧の数が増えただけでなく，斧は若い男にも，女や子どもにも与えられるようになった。鉄斧の獲得は白人との接触を密にし，その結果，伝統的な優位・劣位関係とは適合しがたい新しい形の諸関係を生み出した。年長の男性は斧を独占することができなくなり，それと

> ともに性別，年齢別，親族関係による役割に変化が生じた。土地領域外の男との交易関係は衰退し，それに伴い毎年おこなわれる乾季の祭りに参加する者の数も減った。
> 　イル・ヨロントのクランには，自分たちが何者であり，どのようにふるまうべきかを説明する精緻な起源神話がある。しかし鉄斧は，その神話の体系のなかに居場所をもたず，総体的な信仰体系を掘り崩す効果をもった。シャープは次のように述べる。「土着文化の多くの側面と密接に結びつく観念体系が崩壊することによって，オーストラリア以外の地域ではほとんど記録されてこなかった，ひどく唐突で完全な文化的瓦解と個人の倫理的崩壊が引き起こされた」。
> 　反省を促すようなシャープの分析は，文化パターンの分析や理解における全体論的視点の重要性を示唆している。どんな社会でも，技術は，多くの点で，経済や親族関係，観念体系など，他の文化的サブ領域と密接に結びついている。クモの巣と同じように，文化パターンの一部分に障害が生じれば，それは構造のいたるところに反響する。こうした連鎖（とその帰結）は社会ごとに異なるパターンをとるだろうが，連鎖は常に存在する。
>
> 出典：Sharp 1952

理解するために，しばしば領域分析（domain analysis）を用いる。あらゆる文化は経験を秩序づけるために何らかのカテゴリーのシステムを用いるから，人類学者はどんなカテゴリーが人々にとって重要であり，それはどのように編成され，どんな価値がそれに与えられているかを決定しようとする[13]。図1.2は領域分析の基本プロセスを示している。

　分析をはじめるために，ある重要な文化領域，あるいは領域（domain）が同定される。それがおこなわれた後，領域の構成要素，その編成のされ方，編成に関わる規則を明らかにするため，領域が分析される。ひとたび領域の構造が理解されれば，人類学者は異なる要素を包み込む価値，期待，属性を分析することができるのである。

　1つの文化領域（cultural domain）は，ローカルな（土地で）重要性をもつさまざまな生活の分野（area）を含むものである。フィールドワーカーは前もってこの領域を定義しないことが重要である。むしろ，領域は，人々自身の関心と興味からあらわれてくるはずのものである。自らが定義した領域を押しつけるのではなく，どの領域が文化的に重要であるのかを見つけ出すことが，フィールドワーカーの仕事である。

　領域の輪郭は明白であることが多い。たとえば，生計の様式はおそらく誰にと

っても重要なものである。ライフサイクルとその構成要素も同様である。人々のさまざまなカテゴリー，およびそれらがどのように分類ないし区別されるかも重要である。典型的には，フィールドワーカーは，インタビュー，ライフヒストリーの収集をとおして，またコミュニティの人々の相互作用のあり様を観察することによって，重要な領域を確認することができる。

ひとたびある領域が選択されると，インタビューや観察を通じて，その領域がどのように構造化されているかを明らかにする。たとえば，領域はどのようにいくつものカテゴリーに分割されるのか，それらのカテゴリーはどのように編成されるのか，その編成の根拠や基盤は何なのか，諸カテゴリーにはどのような価値，信念，期待が伴うのか，などである。

```
┌──────────────┐
│ 領域を規定する │
└──────┬───────┘
       ▼
┌──────────────┐
│ その構成要素を │
│ 明らかにする   │
└──────┬───────┘
       ▼
┌──────────────┐
│構成要素の関係性│
│を明らかにする  │
└──────┬───────┘
       ▼
┌──────────────┐
│ 編成のための規則│
│ を明らかにする │
└──────┬───────┘
       ▼
┌──────────────┐
│関連する諸価値を│
│探る            │
└──────────────┘
```

図 1.2　領域分析
（出典：Spradley 1979, 1980 より筆者改変）

多くの点で領域分析は，私たちが日常のなかで新しい情報の意味を理解するために用いるプロセスを，より慎重な形にしたものである。しかしフィールドワーカーは，自分自身の文化領域ではなく，他者の文化領域を理解しようと試みる。これらの領域はたいてい自分のものとは大きく異なる。ミニケース 1.4「バサリ村の組織原理」は，小規模でかつ同質性の高い西アフリカにおける村落の社会構造がいかに結合されているかを私が理解するために，領域分析がどのように役に立ったかを描いたものである。

文化は広く構造化された多くの領域をもつが，同一文化内のサブグループがどのように領域を認識し構造化するか，その違いもまた重要である。フィールドワーカーは，同質的と見られる社会の内部でさえも，自らが明らかにする部分がかなり個別的な特徴をもっていることを知る。領域分析のプロセスは，たとえ同じコミュニティに住んでいても，物事に対して異なった見方をする下位集団の存在を明らかにするのである。

たとえば，ロサンゼルスに関するある研究は，異なる都市下位集団のメンバーが描く一連の都市地図を示した。富裕な白人層の描いた地図は，上流地区と都市の外の娯楽地域（海岸，山）を含んでいた。ワッツ地区の近くに住む都市黒人は，都市中心部につながる道路を中心とするより限定的な地図を描いた。スペイン語を話す人々は，彼らの居住域と市役所，バス停，つまり彼らが町を出入りする際

ミニケース 1.4「バサリ族（Bassari）の村における組織原理」

　1970年代にフィールドワークをおこなった東セネガル，エチョロにあるバサリの村で，私は村人たちがどのように組織化されているかを調査した。「どういう人々がここに住んでいるのか」ということに，私は関心を集中させた。結果として，村の社会構造の輪郭が明らかになった。たとえば，彼らは男と女の間に非常に異なる儀礼的，経済的領域を設けていた。男女各集団の内部では，精巧な年齢階梯制度が異なる年齢集団の関係を構造化していた。さらに，各村民は1つの母系リネージに所属していた。各村民は居住に基盤をおいた労働交換集団に所属していた。

　この4つの原理（年齢，性，リネージ，居住地）が，村の生活のほとんどあらゆる側面を構造化することに関係していた。男と女は（土地と農業生産を含む）異なる資産を所有し，儀礼生活の相補的な側面をそれぞれコントロールしていた。年齢集団は，相互に特有の権利と義務をもち，また世代間にみられる互酬性の長期的行為において重要な儀礼的義務と共同労働の責任を担った。各リネージ集団は，それぞれ固有の儀礼と儀礼の場をもち，固有の婚姻パターンを継承していた。居住を基盤とした労働交換集団は，良い時も悪い時も家族への経済的支持の重要な源であった。

　こうした分析は，それ自体として興味深い。これは，西アフリカのある社会が自分たちについてどのように見ているかを明確に表現し，当該社会の人々にとって重要で，彼らの生活を形づくるような中核的価値のあるものを示してくれる。しかし，カテゴリー全体の体系を記録しても，社会が実際にどのような動態のもとにあるかについてはよくわからない。ある研究者が述べたように，建設資材は建築ではない。ゆえに，より興味深い点は，そうしたカテゴリーがある社会の成員によって，成員どうしあるいは外部者との関係のなかで用いられる方法である。

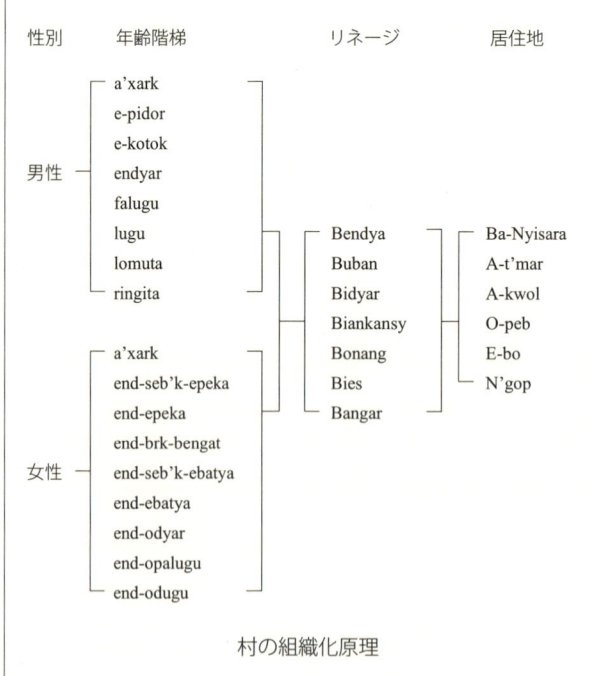

　たとえば，私は，3年に及ぶバサリにおける

性別	年齢階梯	リネージ	居住地
男性	a'xark e-pidor e-kotok endyar falugu lugu lomuta ringita	Bendya Buban Bidyar Biankansy Bonang Bies Bangar	Ba-Nyisara A-t'mar A-kwol O-peb E-bo N'gop
女性	a'xark end-seb'k-epeka end-epeka end-brk-bengat end-seb'k-ebatya end-ebatya end-odyar end-opalugu end-odugu		

村の組織化原理

フィールド調査のなかで，これらの基本的組織原理が，学校教育，賃金労働，外婚，移民，徴兵，宗教に代表されるような外部的機会への対応にどのように影響するかを，記録することができた。文化的カテゴリーと関連する価値は，エチョロ村の集団および個人によって，望ましい目的のための相互作用，交渉，操作の果てしないプロセスのなかで用いられたし，現在も用いられている。

出典：Nolan 1986：13-22.

ミニケース 1.5「他者の目をとおして見た都市：シアトルの都市放浪者」

異なる文化集団の人々が何かを見る（look）とき，実際には何が見える（see）のだろうか。スプラッドレー（James Spradley）は，シアトルの「都市放浪者」の調査において，彼らがその環境をどのようなやり方で概念化し，利用しているかを示すために，領域分析を用いた。

スプラッドレーは，人々は「都市に住んでいる」というより，「彼らが社会的に構築した都市のバージョンに住んでいる」という。ある人々が下町を見るとき，働く場所としてそこを見るかもしれない。しかし他の人は下町を買い物あるいは昼食の場所として見るかもしれないし，駐車場あるいはその欠如を下町に見るかもしれない。

都市放浪者は何を見るのだろうか。スプラッドレーが示すように，彼らはまずそこに寝るための安全な場所を見る。スプラッドレーは，どの都市地域も文化的下位集団を含み，

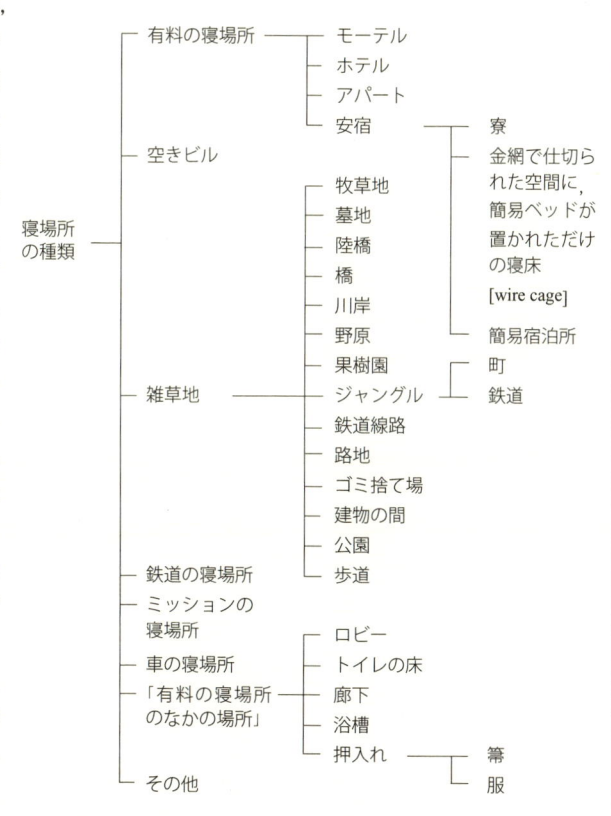

寝場所の種類
- 有料の寝場所
  - モーテル
  - ホテル
  - アパート
  - 安宿
    - 寮
    - 金網で仕切られた空間に，簡易ベッドが置かれただけの寝床 [wire cage]
    - 簡易宿泊所
      - 町
      - 鉄道
- 空きビル
- 雑草地
  - 牧草地
  - 墓地
  - 陸橋
  - 橋
  - 川岸
  - 野原
  - 果樹園
  - ジャングル
  - 鉄道線路
  - 路地
  - ゴミ捨て場
  - 建物の間
  - 公園
  - 歩道
- 鉄道の寝場所
- ミッションの寝場所
- 車の寝場所
- 「有料の寝場所のなかの場所」
  - ロビー
  - トイレの床
  - 廊下
  - 浴槽
  - 押入れ
    - 筆
    - 服
- その他

寝場所の種類（出典：Spradley 1970:250 より筆者改変）

1つの集団にとっての「正常な」生活様式が必ずしもすべての集団を特徴づけるわけではないことを指摘する。一部の集団は，都市の内部で非常に異なる種類の活動に従事する。場合によっては，諸集団は同じような活動に従事するが，集団ごとにそれを異なる内容で規定するかもしれない。スプラッドレーは，都市放浪者の経験世界について，彼が「認識地図」とよぶものをつくるために領域分析を用い，彼らが都市を見るときに見えているものを発見しようとした。

スプラッドレーは，重要な領域を規定することからはじめた。インタビューと観察に基づいて，彼は，「寝場所（flop）づくり」（寝る場所を探すこと）がシアトルの都市遊動民にとって非常に重要な領域であると仮定した。この領域を特定すると，彼はそれについての語りを集めはじめた。そしてこれらの語りに基づいて，対照可能なカテゴリー，疑問，形態を抽出した。インフォーマントに構造的，半構造的インタビューをおこない，観察と聞き取りを続けることによって，彼は寝る場所についての「分類学」（taxonomy）をつくり上げることができた。その一部を下に掲げる。スプラッドレーの研究では，分類はより精巧である。

彼は，この分類法についていくつかの興味深い特徴をあげている。第1に，対象のカテゴリーは物理的形態あるいは他の人々にとってももちうる機能によってではなく，その寝る場所としての機能によって分けられている。

第2に，カテゴリーの数は，一般のアメリカ人が使う，あるいは想像するよりもはるかに多い。スプラッドレーは，「寝る場所」は，主流文化のほとんどの人々にとっては重要な領域とは思えないと述べる。

第3に，彼は，寝る場所の地図ができたといっても，それだけでは実際に都市放浪者が特定の夜にどこを寝る場所として決定するかについてはよくわからないという。

そこで彼は，インフォーマントに，さらに分類技術，代替枠組みと対照セット（contrast set）を用いて質問をおこなった。そ

天候
  ― ほとんど無防備
  ― 雨雪を防ぐ
  ― 風を防ぐ
  ― 風，できれば寒さを防ぐ
  ― 風と雨か雪を防ぐ
  ― 風と雨／雪，できれば寒さを防ぐ
  ― 風，雨／雪，寒さを防ぐ

酒酔いの程度
  ― しらふの場合のみ
  ― 酔った場合のみ
  ― どんな程度でも

安全性
  ― 公共的／隠れた／保護された
  ― 公共的／隠れた／保護されていない
  ― 公共的／隠れていない／保護された
  ― 公共的／隠れていない／保護されていない
  ― 非公共的／隠れた／保護された
  ― 非公共的／隠れた／保護されていない
  ― 非公共的／隠れていない／保護されていない

寝場所を選ぶための基準
（出典：Spradley 1972:250 より筆者改変）

> の結果彼は，インフォーマントたちが夜をすごす場所を決定するにあたって，おもに8つの点を考慮していることを発見した。それは彼らの日常生活の最も顕著な特徴の一部を直接反映している。このうち3つを20頁の表に掲げる。
>
> この種の分析をとおして，集団間の重要な差異が探し出され，究極的には地図化されうる。カテゴリー化を説明する原理，価値，要因を導き出すことで，私たちはインフォーマントの見ている世界を理解することができる。インフォーマントがその認識地図をどう用いるかについてさらに検証することによって，私たちは問題解決の道具としての文化（この場合は都市遊動民の文化）の役割について，さらに深い洞察を得ることができる。
>
> 出典：Spradley 1972

に使う主要路のみを示す地図を描いた[14]。

ミニケース1.5「他者の眼から見た都市」は，ジェームズ・スプラッドレーによるシアトルの非定住者に関する研究の一部である。この事例は，都市の非定住者のような社会における文化的下位集団の人々の目に映る世界が，どのように他の人々と異なって見えるかを述べたものである。

3. 異文化間の出会いとしての開発

開発の定義はさまざまであるが，改良（improvement），エンパワーメント（empowerment），参加（participation）は，ほとんどの定義においてキーワードとなっている。

改良とは，現地の人々が理解し，受けいれ，価値あるものと認識する事柄に対する改善（betterment）をさす。エンパワーメントは，改良に関わる変化を計画立案やマネージメントするための力を現地住民につけることを意味する。参加とは，社会の異なるメンバー（集団，下位集団）が現在と将来において彼らの生活に影響を与える決定に関与することを意味する。

開発（しばしば外部からもたらされる）は，既存の文化的慣行に対して脅威，挑戦となるかもしれない。さらに，開発は個別のパッケージとしてではなく，関連した諸要素，価値，帰結を伴う複雑な文化的システムの一部としてやってくる。

開発は物や概念ではなく，どのような目標と価値が変化のなかで優勢となり，どの規則が適用されるかをめぐる（交渉と，時に紛争の）プロセスである。集団は自らの文化を，こうした変化や機会への対応を円滑にするための資源（時には

武器）として用いる。ある開発のステークホルダー（利害関係者）は，交渉にあたって複雑なやり方で文化的カテゴリーを操作する。もしある文化内部における現実が構築されるものであるとすれば，開発計画によって生じる現実もまた，ステークホルダーの相互作用によって生じる1つの構築物であるといえよう。

　この異文化間の出会いにおいて，失望と悲惨な結末に至る危険性は高い。援助機関も地域住民も満足しないような結果がしばしば起こる。多くの場合，開発の失敗は，生み出された変化と当該地域における文化的文脈との不整合によるものであり，資金や技術，善意の欠如によるのではない。

(1) 開発事業の内容と文脈

　開発事業の成功には，内容と文脈双方の知識が必要である。内容的知識（content knowledge）は，過程，作業，方式，すなわちある仕事を達成するために必要な諸々の手続きに関する詳しい情報を含む。文脈的知識（context knowledge）は，その事業が実施される環境についての理解をさす。

　たとえば，アラビア語の語彙と文法を知ることは，内容的知識の一種である。また，特定の結果をもたらすために，特定の時に特定の人に向かってアラビア語で言うべき適切な事柄を知ることは，文脈的知識に関わることである。

　贈り物は，これとは別の例である。ある贈り物を探し，買って，包んで，届ける手順は，内容的知識の1つの形態と見られるかもしれない。店舗，クレジットカード，郵便局は，世界中ほとんど同じようなやり方で動いている。しかし，すでに述べたように，各文化には，異なるセットの人工物，行為，そしてそれらに関連する価値がある。

　言い換えると，贈り物をする文化は多いが，すべての文化が同じ贈り物を贈るわけでもなければ，同じやり方で贈り，同じやり方で贈り物を価値づけるわけでもない。ゆえに，贈り物の贈与は抽象的には単純に見えるが，何を選び，誰が受け取り，どう贈られるか（すべて文脈の問題）が，究極的には贈りものがその文脈のなかで敬意として見られるのか，あるいは貢納，感謝，評価，支払い，チップ，賄賂として，さらには致命的な侮辱として見られるかを決定するのである。

　開発事業は，内容（content）に関わるさまざまな事柄（予算，技術仕様書，手順，締め切り，政策など）に焦点があてられる。それゆえ開発の専門家は，専門分野が何であれ，多くの状況で効果的にコミュニケートし，マクロレベルで政策方針（policy prescription）をつくり出すことを可能にするような，内容的知識の

基盤となるものを共有する傾向がある。

　しかし，ひとたび政策から実践に移ると，議論の領域はより細分化されてしまう。マクロ的政策の実際の現場における成功は，他の何よりも，文脈（context），すなわち政策に含まれる文化的諸前提と対象地域社会における諸前提との実際の整合性にかかっている。開発における異文化間の出会いは，政策，財政，技術を推進する内容的知識が適切かつ効果的であるために，常に地域社会の詳細な文脈的知識を必要とするのである。

　残念なことに内容的知識と文脈的知識は，開発プロジェクトの日常的作業において分離してしまうことが多い。エンジニアや建築家は，彼らがつくる道路や建物と村民の利用パターンとの相関関係をあまり理解していないかもしれない。医師は地域の疾病概念が健康管理にどう影響するか知らないかもしれない。経済学者は，資源利用と政策決定の象徴的あるいは質的側面を無視することもあり得る。

　言いかえると，開発プロジェクトの対象となる地域社会の文化的文脈は無視されうるし，実際しばしば無視されてきた。しかしそれでも，文化的文脈は現地の人々自身が捨て去らないかぎり存続し続ける。文化は柔軟で弾力性があり，変化することもあるが，一方でとても持続的でさえある。50年間におよぶ開発経験が示すように，環境（surroundings）と適合する開発努力はうまくいき，文脈の目立った側面を無視する開発は，たいてい遅かれ早かれ失敗するものである。次には，開発の実践に文脈をどのように組み入れることができるのか，その点についてみておこう。

(2) 人類学と開発

　開発との出会いにおいて，人類学は文脈を理解するための手段，そしてその文脈を双方に満足のいく形で開発計画や実施に織り込んでいくための手段を提供する。

　ある意味において，人類学者は理想的な開発実践者である。その帰納的で中立的なアプローチは，人類学者がフィールドで見つけようとしていることについて，先入観をほとんどもたずにフィールド状況に入ることを意味する。人類学者は，一般化することや仮説をたてること，先走った結論を下すことには，至って慎重である。人類学者は，当然，モノよりも人，人々がすることや言うことに関心を抱く。人類学者は，馴染みの人類学的手法が本来恣意的なものであり，人類学者以外の人々には時として風変わりなものとして映ることに気づいている。私

たちは，よその場所に私たちと同様に物事を考えるが，異なった考え方をする人々がいることを，同僚たちに思い起こさせる。

　人類学は開発事業にとって本当に必要なのだろうか。あるいは，文化は実に多様であり，ある文化を構成するすべての事柄は何らかのかたちで相互に結びついているという人類学的発想は，どんなトークショーのホストにも当然のこととして知られていることなのだろうか。

　異なる文化の出身者には，世界は異なって見える。これは真実である。しかし，こうした違いが開発行為の成功や失敗に，なぜ，どのように影響するのかについては，よくわかっていない。人類学が文脈に根ざした考察を提供することができるのは，この点においてである。

　人類学は，他の文化的世界を対象化し，ある文化的世界の人々が行為などに込めた意味を発見し理解するための方法を与えてくれる。人類学をとおして，すぐには明らかにならない事柄，サーベイ調査や簡単な現地訪問ではわからない事柄について知ることができる。人類学は，文化がどのようにパターン化されているか，パターンの一部の変化がなぜ他の部分にも影響するのか，諸規範・価値がどのように計画，政策，処方に影響するのか，というようなことに関する理解の助けとなりうる。簡単に言えば，人類学は，しばしば異なる文化的世界に住む人々の行為，思考，感情がもつ意味を理解することを可能にしてくれるのである。

　人類学は，他の学問分野がつくり出すような類の知識に挑戦するというよりは，他分野の知識を補うようなものの見方を与えてくれる。人類学は，他のアプローチと相容れないのではなく，他のアプローチを拡大し高めるものである。「他者の眼をとおして見る」という人類学的見方は，効果的で成功する開発の，十分条件でなくとも必要条件ではある。リベリアに住むグバンス族のクペレ村について記述したある研究者は，この点に関連して次のように述べる。

　　グバンス族の知のあり方に注意を傾けることは，出発点として正しい。そしてそのことは，グバンス族のさまざまな階層の眼をとおして森や藪，湿地を見ることを意味する。グバンス族の知のあり方に注意を傾けることは，米が何を意味し，米がどのように機能するかを知るためであり，理由があって湿地における稲作技術を受容しないコミュニティに無神経に押しつけるためではない。グバンス族の知のあり方に注意を傾けることは，すでに開発の各レベルで働いている個人，家族，社会集団と共に働くことを意味する。グバンス族の知のあり方に注意を傾けることは，生産者と消費者，労働者と経営

者の関係において，村落や集落がどのような位置にあるかを理解することである。グバンス族の知のあり方に注意を傾けることは，村落や集落とそれらをとりまく400 km²の森，藪，湿地，川，道，農地の全体を1つの小宇宙として見ることである。

しかし，とりわけグバンス族の知のあり方に注意を傾けることは，これらすべてが相互に機能して1つの生きたシステムとして形成されている状態を見ることである。システムの一部分を他の部分に影響を与えずに変えることは不可能である。かくして外部者は，破壊を意図しているのでないかぎり，恐れと身震いを伴って介入するのである。はるかによいのは，グバンス族に穏やかに忍耐強く接し，彼らがどこに向かおうとしているのか，どこに向かいたいのかを，自ら示すまで待つことである[15]。

人類学は，異なる文化的世界を明らかにするだけでなく，異なる文化的世界が相互に関係し合える状態をつくり出すことを可能にする。異文化間の出会いとしての開発は，延々と続いていく交渉である。開発における成功は，異なる世界に住む人々の見方と折り合いをつけること，知性と強さの源としての多様性を尊重することからいかにして結果をどのようにつくり出すかを学ぶことを意味する。開発において人類学は，プロジェクトとプログラムをとおして，異なる文化的世界が納得のいく共存可能な道を探ることに貢献することができる。

開発人類学は，純粋な意味で応用の人類学であり，伝統的な人類学ではない。次の2つの章では，この点について検証したい。まず開発業界の登場，ついで応用人類学の展開を振り返る。

第1章要約

本章は，異なる文化的世界を探求する道具としての人類学についてみてきた。すべての人間社会の鍵となる特色である文化は，人間が経験を解釈し，行動を企図し，結果を評価するための強力な枠組みである。

文化は人々にとっての現実世界を作り出す。また異なる文化は異なる世界を体現するので，異なる文化世界どうしが出会う時に生じる事象を理解することが重要である。人類学者は，多様な帰納的調査技法を用いたフィールドワークをとおして，文化のパターンを明らかにすることができる。

開発プロジェクトは，基本的には異文化間の出会いの場である。人々の生活を

向上させようとする開発は，モノではなく，異なる考え方，見方，価値観どうしがぶつかりあう交渉過程である．交渉過程においては，技術，資金，管理も当然重要ではあるが，文脈に関する知識を抜きにすることはできない．

　独自の調査手法をもつ人類学は，開発に必要な文脈の理解を提供することが可能である．人類学者が異なる文化世界の間を移動し，仲介の形でそれらの相互交渉を促進させる能力は，開発努力におけるパートナーが相互に満足のいくような結果を達成することを可能にするのである．

[注]
1) スプラッドレーとマッカーディーは，そのことを次のように述べている．「(人類学は，)ある人間集団が学習し，彼らの行動を組織化するために用いている知識を発見するための体系的試みである．『私はこの人々が何をしているのを見ているのか』を問うかわりに，『この人々は自らが何をしているのを見ているのか』と問うべきである．そして私たちはこの質問に私たち自身の概念では答えることができない．なぜならそれは，暗に彼らの行動に対する私たちの見方をもちこんでしまうからである」(Spradley and McCurdy 1972：9).
2) 私の同僚のある者は，この言明に強く異議を唱えるだろう．しかし，イギリスで教育を受けてアメリカで人類学を教える者として，私は，アプローチと内容における類似の方が差異よりもはるかに大きいと確信している．
3) ここでもまた，私の経験は他の人とは異なる意見かもしれない．人類学者の数とほとんど同じくらい，多くの文化の定義があるのだから．私には，これらの多くは「差異なき区別」に思える．
4) Goldschmidt（2000：11).
5) George Bernard Shaw, "Caesar and Cleopatra", act3.
6) E. Chambers(1985:175-176). フィナンはこのことを次のように述べている.「(文化的)知識は，固有のカテゴリー，分類をもつローカルな語法のなかに暗号化されており，人類学者はそれを認識するように訓練されている．こうして研究者は，この社会的知識をその固有の内的論理に沿って発見し，その次はこの知識を学者や援助介入者(change agents)がよく考えることができるような，より標準化されたカテゴリーに直す，という難題に立ち向かうのである」(Finan 1996：303).
7) Turton（1988：133).
8) これらの語は言語学に由来する．音声学は，人間の喉頭（voice box）が出せる音声の範囲に言及し，音韻論は，特定の言語に結びついた特定の音声に焦点をあてる．
9) Belshaw（1976：25).
10) これについての古典的事例は，ローラ・ボハナンの有名な論文「藪地のシェークスピア」(Bohanann 2000)である．ボハナンはそこで，ナイジェリアのティヴ族の村民が，デンマークの王子ハムレットの物語を，英文学の研究者の大半にとっては奇妙だが，ティヴ社会の枠組みのなかでは完全に意味をなすようなやり方によって解釈したことについて述べている．
11) Fiske（1990：20).
12) モアマンは，外部の分析枠組の押しつけを，チョコレート・プディングを卵用の木枠に押し入れることに喩えた(Moerman 1968)．素材はきちんと仕分けされているが，

その基本構造と構成は謎のままである．
13) フィールド調査へのこのアプローチは，バリエーションを伴いつつも，人類学内部で広まっている．方法論とその理論的根拠の最も明快な解説は，現在においてもジェームズ・スプラッドレーの "The Ethnographic Interview"（Spradley 1979）と "Participant Observation"（Spradley 1980）であろう．
14) Gould and White（1980）．
15) Gay（1995：285）．

第 2 章　開発業界（Development Industry）の登場

1. バランスを欠いた世界

　世界銀行は，貧困を，1日1ドル以下で生活することと定義している。この定義に従えば，約12億人が貧困である。基準を1日2ドルまで上げると，地球上の3分の2，すなわち40億人が貧困ということになる。しかし，貧困層のうち70％は女性である。

　貧困は単に収入の問題ではない。たとえば，何百万人もの人々が家をもたないか，不適切，もしくは安全でない住居で暮らしている。15億人は，安全な飲料水へのアクセスをもたない。世界人口の6分の1近くの人々は読み書きができず，非識字者のうち（またも）70％が女性である。

　貧困は世界中で見られるが，地域間の不均衡はとりわけ顕著である。とくにアフリカはひどく不利に見える。世界の最貧国20カ国のうち18はアフリカにあり，そこでは人口の50％以上が1日1ドル以下で生活している。たとえば1993年時点で，アフリカの国民総生産の合計はオランダの国民総生産よりも小さく，アフリカは生活水準（quality-of-life）指標で下位にランクされている[1]。

表2.1　貧困を定義する（世銀が諸国を4グループに分類 [1999年データ]）

分類	年1人あたりGNP	国数	例	世界人口における割合
低所得国	＄785以下	62	アフガニスタン，ベニン，モルドバ，ベトナム	35％
低中所得国	＄786～3,125	60	アルジェリア，イラク，ロシア，パナマ，スリランカ	39％
高中所得国	＄3,126～9,655	37	ボツワナ，エストニア，メキシコ，リビア，トルコ	10％
高所得国	＄9,656以上	53	ブルネイ，日本，スロベニア，グリーンランド，カタール	16％

（出典：World Bank 1999 より筆者改変）

表 2.2　生活水準指標の比較：アフリカとアジア

	アフリカ	東アジア
初等教育就学率	41.5%	59.5%
識字率	55.0%	82.7%
出生時平均余命	50.9 年	70.5 年

（出典：New York Times, June 6,1996）

技術はこの格差を縮小するどころか，場合によってはそれを助長しているようにさえ見える。驚くべきことに，世界のコンピューターの97%は豊かな工業国にあるという。これらの国の人口は世界人口の30%にすぎないにもかかわらずである。アフリカは世界の人口の約13%を占めるが，世界のインターネット利用者の1%にすぎない。しかも，アフリカのインターネット利用者の大部分は南アフリカに集中している[2]。

　そのうえ，世界の貧しい人々の数は引き続き増加している。富裕層と貧困層の収入格差はすでに極端にあらわれているが，さらに拡大しているようである。世界人口は毎年9,000万人近く増えているが，これはメキシコやドイツの全人口に相当する数である。出生率は多くの地域で少しずつ低下しているが，人口でみると少なくとも次の半世紀には増え続け，おそらく80〜90億人に達するだけの条件はすでに揃っている。

　この増加の大部分は，地球上の比較的貧しい地域で起こっている。たとえば，1950年におけるサハラ砂漠以南の人口はヨーロッパの半分であったが，1985年にはヨーロッパと同じ規模になった。2025年までには，ヨーロッパの3倍になるであろう[3]。国連の推計によると，2050年までにインドの人口は15億人以上に膨れあがり，世界最大の人口規模を抱えることになる。そして中国がわずかの差でそれに続くという。

　人口増加はおもに都市部でおこると考えられる。発展途上世界ですでに人口の3分の1近くが都市化しているが，2025年までには3分の2近くになり，その時には世界の都市人口は50億人に達する見込みである。そのうち90%は途上国で増加する[4]。1950年には，800万人以上の人口を抱えていたニューヨークとロンドンだけが「巨大都市」であった。2015年までには，上位10都市のうち9都市が途上国に存在することになる。

2. グローバル・プロジェクトとしての開発

　私たちが著しく不均衡な世界に住み，その不均衡状態が悪化していることは，誰が見ても明らかである。人類の歴史には常に貧困があったが，現在の貧困は2

つの点で従来とは異なる。現在の貧困は非常に可視的であり、そして私たちがその気になればそれを終わらせる手段をもっているということである。

開発は、貧困とそれに伴う病理を撲滅するための世界的な努力を記述するために使われる用語である。第二次世界大戦の終結以後、世界中の何億人もの人々の生活向上を目的とする開発に関わる業界が登場した。世界の隅々から多くの人々がその業界で働き、巨額の資金が消費されてきた。人類の最初のグローバル・プロジェクトとしての開発は、私たちの技能と関与（コミットメント）を試すものであり、あらゆる地域の人々に大きな影響をもつものであった。

5分法による人口	世界の総収入に占める割合
最富裕の 20%	82.0%
2番目の 20%	11.7%
3番目の 20%	2.3%
4番目の 20%	1.9%
最貧の 20%	1.4%

図 2.1　世界の収入分布（出典：Serageldin 1995:114）

開発援助を成功させるためには、文化世界の多様性を認めると同時に、それらが、持続的かつ公正で、一般に満足の得られる結果を生み出すようなやり方で結びつけられる必要がある。

しかし、これはとても困難な作業である。ピコ・アイヤーは次のように述べる。「私たちが兄弟たちの保護者（keeper）でありたいと願うならば、その数が 50 億人（遠からず 80 億人）であることや、彼らはボルネオやボリビア、あるいはベニンなどにいるということを認めなければならない。私たちが隣人たちを自分自身と同じように愛そうとするならば、その人たちが私たちとは言語も過去も価値も共有しない人々であることを認めなければならない」[5]。

このことからもわかるように、開発が成功するためには、それを計画し実行する人々が、自らのものとは異なる文化世界について多くのことを学び、その知識を利用する必要がある。つい最近まで、開発業界はこの「学ぶこと」の必要性を認識していなかった。しかも、基本的に自文化中心主義的な進歩観を他の国々に押しつけようとするあまり、そのことに伴うさまざまな結果を招いてきた。

開発業界がそのようなやり方をとった理由を理解するためには、その起源と過去の経験を概観することが有効だろう。

(1) 先立つ事情

　ヨーロッパの帝国主義は，非西洋世界の多くの地域に，現在にまで継続する深刻な否定的変化をもたらした。スペインは1492年に新世界に到達し，50年間でメキシコからチリに至る範囲を支配した。フランス，オランダ，ポルトガル，イギリスを含む他の西洋列強国も，すぐにスペインにならった。アメリカ大陸への到達と，アフリカおよびアジアの開拓はヨーロッパに資源をもたらし，それがさらなる植民地の成長，拡大を助けた。20世紀はじめに，ヨーロッパは地球の大部分で支配を確立していた。西洋による支配はいくつかの異なる形態をとったが，ほとんどの場合に土着社会の変化は急速かつ劇的であった。

　植民地では，ヨーロッパの存在が人々の日常生活に大きく影響した。地域共同体内では，支配層（長老や地域評議会）の権威は他のものに置き換えられ，挑戦され，あるいは損なわれた。伝統的権威と並んで，あるいはそれに代わって，外部の行政官が統治した。新しい法体系が，犯罪，解決のための手続き，違反者の処罰を規定した。土地や他の資源への権利は性格を変えた。伝統的な富と権威が常に排除されてきたわけではないが，賃金労働を伴う経済の魅力やその受容と競合しなければならなかった。

　社会的，文化的景観も変化しはじめた。地域住民は状況に応じて分類され，改宗させられ，あるいは退去させられた。住民が大量虐殺されるようなこともあった。地域の境界はつくりかえられ，西洋人が導入した学校では歴史が再解釈された。

　西洋医学は多くの命を救ったが，ある地域ではそのために人口が増加して，土地や食料，他の資源に圧力を加えた。植民者にとって不快で慣れ親しめない地域の慣習（たとえば，食人，嬰児殺し，一夫多妻，女子割礼など）は，禁止あるいは非合法化された。婚資や加入儀礼など，他の慣習は規制された。これらの変化のすべては，社会的，人口的パターンに長期的および短期的な帰結をもたらした。

　20世紀半ばまでには，貧しく，従属的で，私たちにとって非常にかけ離れた「開発途上地域」が出現した。

(2) 枠組みをつくる

　第二次世界大戦は帝国の時代が終わるきっかけとなる出来事であった（帝国の最終的解体は終戦の数十年後であったが）。1945年の終戦までに，植民地列強の経済はおおむね破綻状態に陥っており，多くの海外植民地（領土）では抵抗運動

が活発化しつつあった。さらに，西洋諸国（西側）とソビエト連邦の間には確実に不安定な関係が興りつつあった。

すでに，講和条約が締結される前に，西側は，戦後世界を確実に支配しうるような集団的安全保障と経済復興のための枠組みづくりが必要であることを認識していた。1944年7月には，アメリカ主導のもと44カ国の経済担当大臣が，戦後復興を導き諸国間の経済関係を規制するメカニズムをつくるため，ニューハンプシャー州の山地にあるリゾートに集まった。その会議の成果であるブレトン・ウッズ協定は，国際通貨基金（International Monetary Fund，以下，IMF）および世界銀行として知られる国際復興開発銀行（IBRD）を創設した。

ブレトン・ウッズ協定の枠組みは，国家の経済的健全性の確立において，迅速な復興と成長こそが本質であるというアプローチを体現し，促進した。国家レベルでの経済成長は，輸出による収入の拡大，支払い指数のより健全なバランス，当座預金口座の拡大など，総体的指標によって判断された。成長に伴うこれらの利益は経済をとおして浸透し，諸集団・部門を越えて分配されるものと考えられた。政治的安定，民主主義と参加の拡大がそれに続く。後述のマーシャル・プランを通じて，戦争で疲弊したヨーロッパに適用されたブレトン・ウッズの哲学は，やがて発展途上世界の新興諸国にも拡大された。

1950年代半ばまでに，地政学的編成を記述する新しい用語が登場した。多くが植民地ないし旧植民地であるアジア，アフリカ，ラテン・アメリカの貧しい国々は，その時「第3世界」としてくくられることになった。「第3世界」という語（フランス語で tiers monde）は，フランスの人口学者アルフレッド・ソーヴィーの造語といわれる。1952年にはじめて使われたこの用語は，西側工業諸国（第1世界）にも，ソビエト・ブロックの中央計画経済諸国（第2世界）にも属さない国々をさした。

第3世界諸国の多様性は大きいが，全体としてある共通性をもつ。それは，工業諸国と比べ，1人あたり収入や平均年齢が低く，乳幼児死亡率や人口増加率が高い点である。また，人口の多くの部分が農業に従事していた。既述のように，第3世界諸国の大半は旧植民地であり，それゆえに広範囲な西洋式諸制度を備えて（あるいは負わされて）いた。

しかし，多くの点で，「第3世界」という用語は（現実を）明確にするよりも，むしろあいまいにしてきた。第1に，第3世界諸国は均一的に貧しかったわけではないし，今でもそうではない。彼らの植民地体験は，根本的な共通属性と考え

られているが，実際にはとても多様であった。また第3世界諸国は，政府，経済，政治的イデオロギーにおいて，過去も現在も多様であり続けている。

要するに，「第3世界」という言葉は，1960〜70年代をとおして，豊かでも工業化されてもおらず，完全に西側でもソビエト・ブロックでもないような多くの国々をさす言葉として多用されたが，貧困や開発について真の洞察をほとんど与えてくれなかった。

3. 今日の開発業界

現在，開発は，4つの主要集団，すなわち多国間援助機関，2国間援助機関，非政府組織，民間コンサルタント会社で構成され，莫大な利潤を生む産業である。

(1) 多国間援助機関（multilateral agencies）

多国間援助機関は，2つ以上の国からなる政府組織である。多国間援助機関は原則として国家の主権に挑戦したり代替したりするものではないが，活発な活動を展開し，影響力をもつ。国連のような多国間機関はグローバルな広がりとメンバーシップをもつのに対し，米州機構（Organizations of American States）のような他の機関は，地域的あるいは準地域的である。

今日では，開発のための世界の資源（資金，アイディア，情報，人材）の多くが，少数の多国間機関，とくに世界銀行，国連やさまざまな地域開発銀行を通じて流通している。

・国際連合（The United Nations）：国連は世界で最も重要な多国間援助機関であり，その資源の90％は社会的，経済的諸問題の解決にあてられている。その運営予算は，51カ国で出発した1945年の1億4,700万ドルから，1995年には13億ドル，185カ国に拡大した[6]。

国連はその広い傘下に多くの開発関連機関・集団をもつ。なかでも最も重要なのは，1965年に創設された国連開発計画（United Nations Development Program，以下UNDP）である。各国においてUNDPの専属代表が，技術協力，資金協力，緊急援助を調整する。

・世界銀行とIMF：世界銀行とIMFは，国連のなかの自立的な機関であるが，特別の言及が必要である。それらは独自の憲章をもち，予算，人員規則，政策の点で国連の構造からほぼ独立して活動している。部分的にはこの独立性のゆえに，

これらの組織は他の国々に対して大きな影響力をもち，多くの点で独立した国家に似ている。伝統的に世界銀行はアメリカ人，IMFはヨーロッパ人がそれぞれの機関の長をつとめる。

184の加盟国をもつIMFは，基本的には融資機関である。IMFは国家に支払い援助の一時的均衡を与え，通貨換算を容易にする。またIMFは，一定の技術協力の供与をおこない，財政に関わる情報収集もおこなう。それに対して，世界銀行は開発機関である。世界銀行は177の加盟国を抱え，5つのサブ組織からなる。そのうちの2つ，すなわちIBRDとIDA（最貧国に優遇条件で借款を供与する）は，開発のための最大かつ単一の公的資金源となっている。世界銀行もまた，各国に相当の技術協力をおこなっている。

世界銀行グループ
- IBRD(International Bank for Reconstruction and Development)：国際復興開発銀行
- IDA(International Development Association)：第2世銀（国際開発協会）
- IFC(International Finance Corporation)：国際金融公社
- MIGA (Multilateral Investment Guarantee Agency)：多数国間投資保証機関
- ICSID(International Center for the Settlement of Investment Disputes)：投資紛争解決国際センター

図2.2　世界銀行グループ

世界銀行は，借款と技術協力計画の結果として，被援助国に関する膨大なデータと，それに対応して対象国の開発政策や実践に対してとても大きな影響力をもつ。1990年代半ばまでに世界銀行は，130カ国7,000人を超えるスタッフを抱えるようになった。アメリカは，世界銀行の総資本のうち，約4分の1を拠出している。

(2) 2国間援助機関（bilateral agency）

ほとんどすべての主要工業国は，国際開発に関わる1つ以上の2国間援助機関をもつ。さまざまな国のメンバーからなる多国間援助機関と異なり，2国間援助機関は1国のみの利益を代表する。それゆえ，2国間援助機関の政策は，通常，当該国に固有の政治的，社会的ないし経済的事情を反映させたものになる[7]。

・米国国際開発庁（USAID）：アメリカ政府は，内部に100を超える国際的任務に携わる機関，部局をもつが，開発に関係する最も代表的な機関は，一般にUSAID（あるいはAID）とよばれる米国国際開発庁（Agency for International Development，以下USAID）である。USAIDは，1959年初頭以来，名称変更や組織再編を経て現在に至っている。今日ではUSAIDは国務省の一部である。

表2.3 財政年度(FY)1997～99年のUSAID予算(単位・百万ドル)

主要カテゴリー	FY1997	FY1998	FY1999 (要求)
経済開発援助			
経済開発援助	1,130	1,172	1,266
子どもの生存と疾病計画	500	550	503
国際災害援助	190	190	205
融資プログラム	12	11	14
開発融資局	—	(8)	(15)
USAID運営費用	518	508	517
経済支援資金			
経済支援基金	2,386	2,420	2,514
東欧	475	485	465
新興独立国	625	771	925
PL480（食糧援助）	867	867	867
総計	6,703	6,974	7,276

（出典：USAID FY 1999 Budget Request Summary:www.info.usaid.gov.）

UNDPと異なり，USAIDは行政的業務と地理的に区分された職務部局から成る。地域部局はさらに各国の海外事務所（field missions）と連携する[8]。

USAIDはアメリカの議会に説明責任を負い，議会は国内外の多様な利益集団から影響を受ける。USAIDに求められる議会報告の数は，CIA（アメリカ中央情報部）の議会報告数に次ぐといわれる。USAIDはその歴史を通じて，政治的・経済的優先課題の変化に対応してこなければならなかった。そのため，たびたび開発と直接関連の薄い課題の推進も期待される。

　USAIDは，通常の業務において，できるかぎり迅速かつスムーズに開発資金を動かすことが求められる。USAID自体は議会の年次割り当てによって運営される。議会では常に対外援助のメリットについての意見の不一致がみられるので，資金を迅速かつ効果的に使うことがUSAIDの利益にかなうのである。この努力のなかでUSAIDは，年々肥大化するさまざまな規則にしばられ，多くの手続き上の問題に直面している。そのため，現在新しいプロジェクトないし計画を立案し承認されるまでには，数年を覚悟しなければならない。

　USAIDの毎年の予算割り当ては，基本的には3つの部分からなる。すなわち，開発援助（development assistance），他国に対する安全保障支援を含む経済支援基金（economic support fund），PL480「食糧援助」計画である。近年のUSAID予算は表2.3のとおりである。

　海外において，USAIDの代表団は，アメリカ大使館の経済・政治・軍事の各部局や，平和部隊（Peace Corp），諜報機関などを含む「国家チーム」の一部である。USAID代表団は，当該国に対する開発援助の内容に関わる戦略的開発計画を作

成する。戦略的開発計画は，議会のガイドライン，命令，要請とともに，各国におけるUSAID政策の中核をなし，プログラム，政策，プロジェクトが立案される基盤となる。

しかしUSAIDは，プログラムを立案することのできる唯一の機関というわけではなく，その業務は常に外交や安全保障に関わる諸事情に強く影響される。計画立案はUSAIDがおこなうが，USAIDにおける他の海外活動（たとえば軍事援助）との調整は，国務省がおこない，国家安全保障会議がチェックする。優先順位が対立する場合は，通常，外交や安全保障関係が優先される。

(3) 非政府組織（Nongovernmental Organizations）

非政府組織（以下NGO，非営利組織としても知られる）は，開発事業における援助理念を構築したり，資金や技術援助の提供者として重要性を増しつつある[9]。最も規模や影響力の大きな非営利組織は西洋社会に基盤をもつものであるが，途上国に本部をもつ団体の数も増えつつある。多くの大学，基金，シンクタンクもまた，非営利，非政府のカテゴリーに入る。

NGOにはいくつかの異なるタイプがある。伝統的な災害救援や人道主義的な機関，さまざまな形の技術援助に専門化している団体，教育やコミュニティ開発，制度構築，あるいは政策形成に焦点をあてている組織など，多様である。各組織は，そのメンバーや寄付者，あるいはターゲット集団に関して，独自の特徴（たとえば，言語的，政治的，文化的，宗教的）をもっている[10]。

NGOは1970～80年代に急増した。経済協力開発機構（Organization for Economic Cooperation and Development，以下OECD）加盟諸国に登録されている開発NGOの数は，1980年の1,600団体から1996年の3,000団体近くに増えたが，未登録を含めればその数はさらに多くなるだろう[11]。

数とともに活動資金も増加した。1980年代半ばには，NGOは途上国で年に30億～40億ドルを使っていたが，これは1970年代の2～3倍にあたる。1990年代半ばまでにその総額はさらに増大した。OECD諸国で登録されたNGOに関するある推計では，1993年における年間支出総計を60億ドル近くとしている[12]。ワールド・ビジョン（宗教基盤のNGOで，アメリカで14番目に大きい資金調達力をもつ団体）は，1993年にドナーからの寄付で2億ドル以上を集めた。ケア（CARE）は同じ年に5,000万ドル近くを集め，セーブ・ザ・チルドレンは4,000万ドル以上を集めたという[13]。1990年から96年の間に，アメリカの主要

NGOに対する寄付は，毎年平均36％増加している[14]。今日では，規模の大きい25のNGOがすべての開発援助資金の10％を運用している[15]。

NGOは，必要とする資金をさまざまなやり方で調達する。寄付（contribution），会費（subscription），助成金（grant）などである。しかし，NGOの資金はますます大きな多国間ないし2国間援助機関からの予算配分と結びつくようになった。そのような公的な大規模開発援助機関が本来独立性の強いはずのNGOに対して，支配を拡大させる事態を懸念する声も聞かれる。

(4) 民間コンサルタント会社（Private Consulting Firms）

アメリカだけでも，開発業界に技術援助サービスを提供する膨大な数のコンサルタント会社が存在する[16]。たとえば，USAIDは推定3,500社もの民間コンサルタント会社と取引し，USAIDの助成金，契約の80％は直接コンサルタント会社か個人，もしくはNGO/NPOに与えられている[17]。

ワシントンへの近さゆえに「ベルトウェイ・バンディット」（Beltway Bandits）とよばれる一群のコンサルタント会社は，アメリカ諸機関の契約の大部分および多国間機関との契約の相当部分を得ている。ミニケース2.1「開発コンサルティング・ビジネス」はこれらの企業がどのように動いているかを描いたものである。

一部のコンサルタント会社は，事実上，大規模開発援助機関以外の顧客をもたない。彼らは，建築，土木工事，地域・都市計画，教育，健康，農業，その他多様なサービスを提供する。アメリカ以外でも，各主要工業国はやはり開発を専門とする多くの企業をもっている。

開発契約は大きなビジネスである。1996年には，アメリカの開発コンサルタント会社上位25社が20億ドル以上の契約を得た[18]。概して大規模開発援助機関は，毎年約40～50億ドルの契約をコンサルタント会社ないし個人コンサルタントに与えている。これに加え，推計300億ドルの契約が，大機関から援助資金を借りる側の国々によって与えられる[19]。

(5) 業界内部の統合

今日の開発業界を構成する組織は，規模，目的，運営において多様であるが，相互に密接に結びついている。組織間の結びつきにはいくつかの異なったタイプがある。

1つは，資金提供による結びつきである。上述のように，小さな機関，おもに

ミニケース 2.1 「開発コンサルティング・ビジネス」

　開発業界に対して，地図作成やデータ処理などの専門化したサービスを提供するコンサルタント会社もあるが，企画から実施，評価にいたるまでのプロジェクト・サイクルの全期間をとおして活動する企業もある。ミッケルウェイトは，それらを，製品がますます未分化となり，成長，利潤，企業心（独創力），革新が最小限であるような「成熟した」産業のカテゴリーに位置づけているようである。そうした企業はおもに2つのカテゴリーに分けられる。農業や小規模ビジネス開発のような生産活動に焦点をあてるものと，健康・教育のような社会サービスを中心とするものである。

　ミッケルウェイトは，USAID の役人が次第にプロジェクトとの実地的接触から離れ，雇われた契約者（請負人）の方を選んでいったプロセスを跡づけている。USAID に契約サービスを提供する企業の数は増えたが，同時に競争も，準備と入札手続きの複雑さも増した。大企業がこの市場を支配する傾向がある。より小さな企業は組合（共同企業体）を結成するか大企業の下請けになろうとする。

　USAID のニーズは非常に専門的であり，その手続きは独特で複雑なので，企業はますます彼らをこの高度に特定的な資金源に結びつけるような，イメージと能力を発展させた。「USAID の契約を勝ち取るには，企業は，スタッフが USAID の規則に詳しくそれに応じる経験をもつような，会計，契約管理から雇用や海外での兵站援助に至る支持部門をつくる必要がある」。成熟した業界では，価格は市場決定要因としてあらわれる傾向がある。

　　成熟した業界においても，成功する企業は独特の技能，成功経験，健全な財政管理，効率的なプロジェクト管理，企業の誠実性を主張することで，製品を差異化しようとする。しかし，USAID はしばしばこうした差異を無視する。同様の契約において過去の成果をほとんど気にかけない契約の順位づけシステムを見てもわかるように，USAID はコンサルタント会社の能力を判断する能力に乏しかった。成功する企業は，仕事を正しくやることが長期的には成功につながるという信念をもつが，悲しい現実は，どんな競争でも，企業の誠実性，過去の成果に基づいた善意と，契約を得ることの間にはたいてい関連性がないのである。

　現在のシステムの結果は，少数の企業が契約を勝ち取る力ないし傾向をもつということである。そうした企業はある点において独特の資質をもつことをセールスポイントにして営業するか，時にはそのサービスに損益分岐点を下回っても競争的な価格をつける必要がある。このことは連邦政府にとっては得なビジネスかもしれないが，プロジェクトが現場で実際にどのように動いているかを USAID が理解することを妨げ，開発アプローチにおける革新と冒険に水をさし，プロポーザルの準備と入札に勝つことに関連した手順や手続きばかりに注意を向けることになる。

出典：Mickelwait, n.d.

NGOは，しばしばその活動資金のかなりの部分をより大きな多国間ないし2国間援助機関から受け取る。大規模開発援助機関からの相対的自立を目指すNGOもあるが，そのような機関からの資金を受けとることに問題を感じていないNGOもある。もちろん多くの場合，資金提供はさまざまなひもつきでおこなわれる。

　開発業界内における相互的なつながりを示す別の例は，人員の交換である。開発事業は高度に専門化しており，大半の機関で，仕事のこつを覚えるには何年もかかる。部門別の専門知識や言語能力，異文化経験は，一朝一夕に獲得できるものではなく，諸機関は可能ならば業界内部から雇用しようとする。マネージャーと技術者は，とくにNGO部門で，諸機関の間を動き回る。このことは，開発契約の短期的性格にも関係している。つまり，プロジェクトの終了とともに職場を離れ，数年ごとに新しい仕事を探さなければならない。長期雇用の道がある大規模機関では転職率は低いが，たとえば在職20年のUSAID職員が40歳代で退職して，その後フルタイムないしパートタイムで他の開発援助機関のコンサルタントとして働くようなことも可能である。

　また開発業界は，情報の交換を通じても結びついている。主要な多国間・2国間援助機関はすべて大きなデータベースをもち，報告書や概要を数多く出版している。たとえば，世界銀行は独自の書店をもち，開発のほとんどすべての分野に関わる在庫目録をもっている。いまや開発諸機関からのデータはCD-ROMやウェブ・サイトでも広く入手可能である。多国間・2国間援助機関はそれらのデータの多くを定期的に交換している（世界銀行の交渉の詳細な内容や内部レポートは通常公表されない）。またそれらの機関は，多くの会議，シンポジウム，研修ワークショップにも参加する。そこでもさまざまな組織の人々が出会い，情報交換をおこなう。

　最後に，これらの機関は特定のプロジェクトをめぐって互いに協力する。1つのプロジェクトの立案，実施に際して，2つないしそれ以上の機関が協働することは珍しくない。規模の小さい企業やNGOも，大規模機関の入札に応じたり，開発プロジェクトの管理業務を担う共同事業体に参加したりすることもある。開発業界内の諸機関はプロジェクト全体のために責任や業務を分担し合うこともある。

　たとえば，私がチュニジアで関与したある都市開発プロジェクトにおいて，世界銀行は道路，上下水道，電気を含む物理的改善のための資金を提供した。そしてUSAIDは，小規模ビジネス，職業訓練，健康教育，識字教育への融資を含む社会・

経済インフラに資金提供をおこなった。また，これらの機関は，アメリカでも他のどこでも，プロジェクトの特定部分を担う多くのコンサルタント会社を雇用した。

このように，開発業界はいくつかの非常に異なるタイプの組織で構成されるが，それらは開発計画・実施という画一的アプローチをもつ共通の企図における1つの歯車という感覚がある。近年，一部の比較的規模の小さなNGOがより自立的な戦略を発展させはじめたが，膨大な開発資金や他の重要資源（人員，情報，経験）はいまだに大規模開発援助機関やそのパートナーに依存している。それゆえ，第二次世界大戦後の時代に開発自体がどのように発展してきたかを詳しく見ることが重要である。

4. 開発政策と実践の進化

開発業界がどのように成長，発展し，どのように世界の貧困の問題に応えようとしてきたのかを理解するために，まず開発の形成に重要かつ決定的な役割を果たした前提的事項からみていく必要がある。

(1) 概念の形成

ブレトン・ウッズ体制によって築かれた構造は，もともとはヨーロッパを再構築し，その過程で諸国家がある程度の確実性と安全性をもって活動できるような，基本的には経済的枠組を確固たるものとすることを意図したものであった。その初期段階における成功とそれが約束した確実性などを理由にして，早い時期から経済学が開発思想において支配的となった[20]。低開発を扱うことは，本質的には貧しい国々をより豊かにする技術の問題とみなされ，経済学は（そのための）迅速で明確な解決（策）を約束するように見えた。

西洋古典派経済理論は低開発を単純かつ明解に説明する。すなわち，低収入から低貯蓄率が生じ，低貯蓄率であるがために低投資率が生じる。そして，低投資率は生産，雇用，そして究極的には収入の成長を阻害するというものである。それゆえ初期の開発思想は，資本の利用すなわち資本をどこに投入し，どう用いるかということに集中していた。

さらに，開発資本は外部から来る必要があった。ゆえに「外国援助」（foreign aid）という語がある。資本によって融資された技術も，多くの場合外来的なも

のである。生産を増大させるための経営（管理）システムは，西洋の成功したモデルに由来するものである[21]。

このように，開発の問題は，第1に，いかにして速く大規模で持続的な成長を刺激するかの問題とみなされるようになった。こうした成長は国全体に利益を与え，その利益は比較的合理的で平等なやり方で分配され，その分配が全体的福利を促進するものと仮定された。計画立案者は，投資が増大し，製造部門が成長・繁栄し，それを支える国家機関がさらなる成長を支持するような，「離陸」（take-off）を望んだ[22]。

均衡的成長（広い範囲の部門に広がる）と非均衡的成長（少数の戦略的部門に融資）のいずれがより効果的かをめぐって専門家が議論してきたが，拡大が目標であるという公理を疑う者はほとんどいなかった。開発の結果のあとをたどることは，十分論理的に，主要な成長指標（その中心はGNPのような国家的産出の諸基準）を考察することを意味した。

ゆえに技術屋的（technicist）アプローチとでもよべるようなものが，はじめから開発についての考えを導いていたのである。求められる目的は，第一義的に物質的なものであった。戦略は西洋の経済理論に由来し，手段は西洋の技術や知識と結合した西洋資本であった。進歩は当然のごとく経済用語で測られ，工業化社会はより弱い経済社会が熱望するモデルとされる。この見方に基づく開発は，本質的に，西洋の技術，モデル，方法の採用をとおして加速される単系進化的なプロセスである。そのプロセスの到達点は，たとえ外見的に民族衣装や食事，言語の点で異なっていたとしても，主として西洋的なやり方で物事が動かされ，思考されるような社会を生み出すことになる。

開発への技術屋的パラダイムは，多くのとても重大な結果をもたらした。第1にそれは，計画化や概念化において，ある種の鋳型，標準型としての西洋的工業国家を確立した。第2に，他の社会を「低開発」という残余のカテゴリーに束ねてしまい，「低開発社会」に実在する多様な差異や，その内的プロセスの特異性，個別的問題や関心を無視する傾向があった。最も重大なことに，技術屋的アプローチは社会・文化的要因を背景に追いやるだけでなく，多くの場合完全に無視していた。社会・文化的要因は，乱雑かつあまりに多様であり，基本的に混乱させるものとしてみられた。多くの開発理論家にとって，文化は重要ではなかったのである[23]。

国家の発展を支援することは，比較的単純な事柄であると考えられていた。西

洋諸国が融資，技術，助言を与え，貧困国の政府がそれを，マーシャル・プランを受け入れたヨーロッパ諸国のように，進んで受容する。そうすれば，短い年月（確実に1世代以内）のうちに離陸に至ると考えられた。

(2) 冷戦の影響

経済学が開発思考を形成する手段だったとすれば，政治学は西側と共産圏との間の緊張が拡大するなかで，同じく重要な役割を果たした。冷戦思考が事実上すべての西側諸国の開発政策の形成に寄与したが，そのことはとりわけ，アメリカにおいていえることであった。

開発援助は，アメリカにとって世界の新興諸国においてソビエトの脅威（現実のものであれ，認識上のものであれ）に対抗する手段とみなされるようになった。これらの新興諸国は資金と熟練の人材が不足していた。そのため進んで東西両陣営から援助を受け入れ，超大国間の対立構造のなかで援助を利用して交渉することを学んだ。数年のうちに，軍事援助が開発援助の重要な下位カテゴリーとなった。

1950～60年代に多くのアメリカの援助が台湾，韓国，フィリピン，南ベトナム，エジプト，イスラエルに供与された理由は，まさに超大国間の対立であった。各ケースにおいて援助は，受容国内（フィリピンや南ベトナムの例）ないし地域内（イスラエルや台湾の場合）における共産主義の脅威に対抗することが目的であった。アメリカにおける開発援助はすぐにアメリカのより広い外交的，軍事的，戦略的利害関心と結びついたのである。

(3) 開発援助のパッケージ化

一連の基本的援助構造およびその手続きがすぐにあらわれた。開発援助機関は，融資の決定を導く政策と，政策ガイドラインを体現するさまざまな国のための計画をつくった。ついで計画は草の根レベルで個々のプロジェクトをとおして実施された。

プロジェクト方式はすぐに，資金，機材ないし技術的知識のいずれかの形で開発援助を供与するための一般的な方法となった。プロジェクトは，第1にドナーないしドナーが支払う契約業者によって計画され，多くの場合，やはりドナーによって雇われる専門家によって運営された。プロジェクト融資は，さまざまな利子率をもつ借款（loan）か，通常返済の必要のない無償援助（grant）の形でおこ

なわれた[24]。

　プロジェクトは，特定の開発部門（開発にとって重要とみなされる国民生活のある側面）に焦点をあてる。それには，運輸，教育，製造業，農業あるいは健康なども含まれる。プロジェクトは，通常，そのプロジェクトを実施する際の主導的な開発アプローチによって計画される。たとえば，農業部門のあるプロジェクトは女性農民に焦点をあてて低い技術レベルのアプローチを採用するかもしれないが，他の農業プロジェクトでは，機械化と換金作物生産を強調するかもしれない。開発業界は，永年にわたって多様なアプローチを試してきた。

　ほとんどの開発援助はひもつきであった。これはコンディショナリティとよばれ，いくつかの異なるタイプがある。1つは，単純な見返り，すなわち私たちがあなたのために何かをしてあげれば，あなたも私たちのために何かをするべきである，というものであった。もう1つは「ひもつき援助」（tied aid）であり，特定の目的のためにのみ使いうる金である。たとえば，多くの国は伝統的に，2国間援助を商品購入，自国の輸送（航空）会社での輸送，自国の技術専門家の雇用と結びつけてきた。コンディショナリティの第3の形（詳しくは後述）は，政策改革と構造調整を含む。メカニズムが何であれ，開発援助機関は自らの資金でおこなわれることに対して，現場レベルの決定に至るまで支配した。

　経済学と冷戦の政治学に動かされ，さまざまな形のコンディショナリティに結びついたプロジェクト中心のアプローチを用いながら，開発政策・実践は過去50年間に一連の4つの重要な変化を経験し，現在は第5の変化のなかにある。以下，4つの変化のそれぞれについて簡単に述べておこう。

(4) 戦後の復興：ヨーロッパにおける初期の成功（1945～55年）

　初期の開発行為は，戦後ヨーロッパの復興に焦点があてられた。アメリカが先導したマーシャル・プラン（1949～52年）は，戦争で損害を受けた国々の経済復興を目指しておこなわれた。マーシャル・プランの成功（部分的には，ヨーロッパにおける共産主義の支配を牽制することを意図していた）は，多額の資金の投入が国家の経済成長をすばやく，しかも比較的容易に刺激しうることを示したかに見えた。この成功は，のちに西洋が世界の新興諸国の開発にとりかかる時に抱いた楽観主義的発想を招くことにもなった。それはまた，援助というものが，ソビエトの影響の拡大を効果的に防ぐ手段としても使えるという考えに帰結した。

　1948年まで，世界銀行はラテン・アメリカ諸国に貸付をしていた[25]。1年後には，

トルーマン大統領が就任演説のなかで，アメリカ人に対し「われわれの科学的進歩と工業発展の利益を低開発地域の改良と成長のために用いるための，大胆で新しいプログラムにとりかかること」を促した。「ポイント・フォー」として知られるこの提案は，低開発国に援助を与えるために明示された，アメリカ初の試みであった。ポイント・フォーは，第1に，とくに東アジアにおける巨大インフラ・プロジェクトへの技術支援供与に集中した。1950年にポイント・フォー計画を権威づけた「国際開発法」（Act for International Development）はまた，USAIDの前身である「技術協力庁」（Technical Cooperation Administration）を創設した。

　こうして，1950年代初頭までに，新興諸国支援に関わる官僚的構造や重要な諸政策が出現しつつあった。資金（finance）が流れ込み，生活水準が向上することを切望する新興諸国は，経済成長と繁栄を達成させるために西洋諸国との協力関係に進んで参加した。こうして，グローバル・プロジェクトとしての「開発」が開始されたのである。

(5)「技術至上主義的アプローチ」（Tech-Fix）：開発業界の成長（1955～70年）
　この時期，開発業界は急速に成長した。アメリカでは，「相互安全法」（Mutual Security Act）（1953～61年）とそれに続く「外国援助法」（Foreign Assistance Act，1962~72年）が，開発援助を推し進めるための権限と手段を提供した。農業貿易開発援助法（U.S.Agricultural Trade Development and Assistance Act，通常PL480として知られる）は，「平和のための食糧」計画をうち出した。そして1960年代初頭には，平和部隊が誕生した。

　アメリカは，この開発の初期段階において明らかにリーダーであった。第二次世界大戦で無傷であった工業基盤によって頭角をあらわした。しかし，ソ連の力の拡大を警戒したアメリカは，世界の新興諸国との同盟を，自らの持続的成長や安全にとっての必須事項とみなすようになった。当時影響力をもっていた開発理論家たちは，アメリカ，ヨーロッパ，日本の命運を，低開発世界の命運と結びつけて考えていたのである[26]。

　開発努力は，主要部門における総生産の拡大を目指すマクロ経済計画に主眼がおかれた。ドナーは，工業化，運輸，大規模農業の促進を目指し，インフラおよび技術における大規模プロジェクトを好んだ。西洋式教育も高い優先順位を与えられ，空港，港湾，高速道路に加え学校にも資金が投入された。

　これらは，大部分が資金を欠き，最小限のインフラしかもたず，自前の熟練

した専門家をほとんどもたない第3世界諸国に大いに歓迎された。集権化された国家計画は，それらの国の大半がすでに慣れ親しんでいたものである。対外援助はさらにそれを強化することになり，国内諸集団に対する支配を拡大させた。新興国家自身が冷戦ゲームに参加して西欧諸国から資源を得てきたのと同じやり方で，国家権力を受容した地方社会とその住民は開発資源へのアクセスを得ることになった。

この時期の開発を特徴づけるアプローチは，その欠陥にもかかわらず，自信に満ち，楽観的で前向きなものであった。2つの世界大戦，不況，ソ連の台頭を経験して疲弊した欧米の人々は，西洋がふたたび世界をリードする，現代の十字軍という考えにひきつけられた。もちろん現実には，すぐに開発努力ははじまったばかりの冷戦に奉仕させられ，対外援助は自分たちの側を選んだ国々に対する報酬となった[27]。

金と技術は，とくにそれが西洋の経営モデルと組み合わせられれば，発展途上社会の問題を解決することができると考えられた。開発問題は，本質的には円滑で効率的な移転の問題であり，移転が達成されれば，その役割は完了したことになる。事実 USAID は，任務完了時に廃止される一時的機関として設立された。

開発努力は，西側に本部をおく多国間・2国間援助機関の資金で主導され，支配された。地域資源は，ほとんど定義からして，現状の任務には不十分，不適切であるとみなされた。開発はまた，当然のことながら，より多くの金・機械，より早い結果をもたらすことで，西側がソビエト・ブロックに対抗するための手段とも見られた。計画を推進した開発の技術屋的モデルでは，ローカルな知，慣習・伝統は，おもに変化の障害とみなされた。

開発業界のなかのわずかな人だけが，このようなアプローチの有効性に疑問をもっていた。ミニケース 2.2「醜いアメリカ人とその変化」は，そのことを示す事例である。

(6) 新しい方向：ドナー援助の限界（1970〜80年）

しかし，1970年代初頭までに，開発計画立案者は楽観的ではいられなくなった。従来のアプローチが多くの国でうまく機能しないという現実とともに，従来のアプローチの問題点があらわれてきた。インフラと技術への巨大な投資にもかかわらず，ある経済はモデルが予測するようなやり方では離陸しなかった。成長がみられるケースもあったが，成長の恩恵が経済の隅々にまでいきわたらなかった。

ミニケース 2.2「醜いアメリカ人とその変化」

1958年にウィリアム・レデラーとユージン・バーディックは，当時東南アジアで起こっていたことに関する著書を刊行し，それに『醜いアメリカ人』("The Ugly American")というタイトルをつけた。論争的なこの本のターゲットは，アメリカ政府の「対象国別チーム」のメンバー，すなわち外交官，大使館付武官，政治・経済専門家，技術者であった。同書は，アメリカの官僚の無知，傲慢，専門性の欠如を容赦なく批判した。同書の多くの部分は，見え透いた偽装をほどこした，「忍び寄る共産主義との戦い」への武装のよびかけであり，また多くの部分は地方レベルの開発の問題を扱っていた。

この本（ベトナム，カンボジア，神話的なサルカン王国に設定された，ゆるやかに構造化された物語）の各登場人物は，英雄か悪党として等身大以上に誇張されているように見える。マックホワイト大使，ジョー・ビン，ヒレンダール大佐，テックス・ウォルチェックその他は，差し迫ったベトナム戦争を背景に展開される開発倫理劇におけるステレオタイプとして描かれている。

醜いアメリカ人，ホーマー・アトキンスは17章まで登場しないが，彼の性格は明らかに同書の中心的テーマを体現している。ホーマーはピッツバーグ出身の，ぶっきらぼうで率直な技師で，ハンサムな男ではない。「彼の手には静脈が浮き出て，肝臓の悪さを示す大きな斑点があった。手の爪は油で黒かった。指には，長年の技師としての経験を示す多くの小さな傷があった。手のひらにはたくさんのたこがあった」。

明らかに，ホーマーはその場にそぐわない。ここで彼は大使館の役人たちと会合中であり，なぜ対外援助に対する考えがすべて誤りであるかを説明している。「アトキンスは，彼が部屋で唯一ネクタイを締めていないことに気づいていた。実際彼は，カーキ色のラフなシャツ，カーキ色のズボン，古い海軍の戦場用ブーツを着用していた。彼にはまだジャングルの匂いがした。他の男たち（ベトナム人，フランス人かアメリカ人）は，みなアフターシェーブ・ローションの匂いがしていた」。

ホーマーと彼の妻（彼と同じくらい醜い）は，サルカン王国の首都ハイドの郊外にある小さな田舎家に住んでいた。「彼らはコミュニティ唯一の白人（コーカサス人）だった。彼らの家には，圧搾した土の床，冷水用の樽1つ，石炭ストーブ1つ，とても心地よいハンモックが2つあり，小さな無害な虫の一群と，小さな黒い瞳の9歳位のサルカン人の少年がいた」。ホーマーの妻は地域の食べものを料理することを学び，ホーマーは地域の環境のなかで生活することを学ぶ。また，彼らは地域の言葉も修得していた。ホーマーは，地域の水田を灌漑するための手動式水汲みポンプに取りつかれている。しかし彼は，解決は地域のものであるべきだと主張する。「ほら，前にも説明しただろ」。アトキンスは言った，「それは，彼らがここで使う何かでな

くてはいけない。何かを持ちこむために何万ドルも使うのはよくない。ここにしかるべき何か，土地の人が理解できる何かでなくては。お前が誰かにただで何かをあげると，たいていその人はやがてお前を嫌いになるだろう。ポンプが役に立つとしても，それは彼らのものであるべきであって，私ではないのだ」。

アトキンスは地域の人々と話すことに時間を費やし，ポンプが使われる背景を理解しようとする。「彼は通訳なしで，尊敬すべき75歳の首長に話しかけた。それはたやすいことではなかったが，アトキンスは現地の言葉で話そうとしている姿勢を首長が喜んでくれるのではないかと考えた。老人は無限の丁重さでアトキンスが探している言葉を感知し，ていねいにそれを教えた」。

やがてアトキンスは，ジーポという土地の機械工に出会う。彼らはともにポンプの問題に取り組み，2人がもつ技術と知識を合わせることで，ついに実行可能な解決法を見出した。ポンプの件は大成功だった。ちょうどこの頃，アメリカ大使館から「技術アドバイザー」が派遣されてやってきた。

（彼は）倉庫を訪問し，数時間静かに見ていた。その翌日，大使館の顧問がやってきた。彼はアトキンスを脇へつれていき，白人が直接手を出すこと，とくに田舎で働くことは白人全体の評判を落とすと述べた。彼は，このプロジェクトを断念させるために，アトキンスのプライドに訴えたのである。さらに彼は，最も経験豊かな植民者であるフランス人は土着民が機械を操ることを決して許さなかったと指摘した。アトキンスの答えは短かったが辛辣であり，顧問は怒って車で去ってしまった。アトキンスは喜んで倉庫での自分の仕事に戻った。

のちにアトキンス夫人は，夫と同様のアプローチを使って，柄の長いほうきを近所のサルカン人女性たちに紹介した。

醜いアメリカ人とその妻の物語は同書の3章分を占めるにすぎないが，この2人は肯定的に描かれているほとんど唯一の外国人である。エピローグのなかでレデラーとバーディックは，「現地の言葉を話し，田舎に入り込んで人々にアメリカの考えを示すことのできる」アトキンスのような人々に注目するよう促している。「こうした登場人物は，筆者たちが知る実在のアメリカ人を基にしている。ほかにも彼らのような人々はいるが，彼らは概してアジアのさまざまな首都においてはアメリカ政府の役人に好かれておらず，手に負えない例外なのである。

著者たちは同書を次のように結論づける，「私たちは，現在アメリカのために海外で働いている150万人のアメリカ人（ほとんどがアマチュア）を必要としていない。必要なのは，よく訓練され，選び抜かれた，勤勉で献身的な専門家の集団である。彼らはすすんで快適さを危険にさらし，ある地域では健康すらも危険にさらさなければならない。彼らは活動地の言葉を話し，懸案となる事柄については土地の人々よりも専門家であるべきである」。

> この怒りにみちた偏りのある本は，出版されるや物議を醸した。今読み返してみると，その記述は不気味な程に現在の開発状況を映し出している。しかし悲しいことに，今日醜いアメリカ人は英雄から悪漢に変わってしまった。大衆は，土地の言葉を話し，村人を尊敬し，地域独自の問題解決法を見出すために人々と一緒に働いた，無愛想な技師のことを忘れてしまっている。今日「醜いアメリカ人」というラベルは，豊かさと異文化への感受性に欠け，肥満で野卑な旅行者のことを指す。それは，何年も前にまったく異なる目的をもっていたある本にとって，奇妙で悲しい遺産である。
>
> 出典：Lederer and Burdick 1958

　1968年にロバート・マクナマラが世界銀行総裁に就任すると，極貧層のニーズに焦点をあてることと並んで，開発事業における公平性の問題がクローズアップされた[28]。USAID内部でも，同様の思考の変化がおこっていた。1973年に合衆国援助法は，人々に最低限のレベルのベーシック・ヒューマン・ニーズ（食糧，住居，仕事，医療，清潔な水など）の充足を目指す，「新しい方向」（New Direction）をうちだした。貧困と剥奪にこれまで以上に焦点をあてることで，計画立案者は経済成長のための諸条件をつくり出し，同時に成長の利益分配において公平性の観念を広めようとした。

　大規模機関が資金提供するプロジェクトやプログラムのタイプは変化した。いわゆる大規模インフラ・プロジェクトへの融資は続いたものの，貧困緩和，雇用創出，小規模農業，地方組織の能力構築などに注目したプロジェクトの方が強調されるようになった。

　事実，1970年代は草の根開発へ向かいはじめた時代であった。統合的農村開発（integrated rural development，あるいは今では地域計画とよばれるもの）という考え方が試された。サービスと政策決定の分権化が多くのプロジェクトの特徴であった。「計画と実施へのコミュニティ参加」が合言葉となった。そして，開発と女性に関わる問題への関心，および計画のあらゆる側面において環境への配慮が強調された。

　開発コミュニティに関わる人の多くは，このような強調点の変化を歓迎したが，大規模機関の内部には，彼らが最も得意とする技術的・財政的問題から離れて，未知の領域に踏み込むことに対する懸念も存在した[29]。とりわけ，直接貧困層と共に活動するという考え方は，開発専門家が貧困層について実際的に何かを知ることを必要とした。

しかし同時に，諸機関は逆にますます官僚化しつつあった。レビュー，承認，割り当て，報告は，いずれも複雑で時間のかかるものになっていった。諸機関は，実際に現場でプロジェクトを立案し実施するために，外部の契約者やコンサルタントを雇いはじめ，自分たちのスタッフはオフィスに居残って必要な書類事務に専念した。これら2つの一見矛盾する傾向，すなわち草の根への関心の高まりと官僚的体質の拡大は，開発の業務に関心をもつ人類学者に大きな機会を開くことになった。

(7) 債務危機と政策に基づいた貸し付け (1980 ～ 2000 年)

しかし，1980年までに，第3世界の債務に問題が集中した。最貧国に奉仕するために1960年代初頭につくられた世界銀行の国際開発協会（IDA）は，1960～70年代をとおして銀行融資の4分の1まで譲歩的条件で提供していたが，ほとんどの開発のための貸し付けは市場金利なみの利率であった。そして時間がたつにつれて，貸付金の多くが返済されずに残った。借り入れは常に開発援助をおこなう際の基本事項であったが，多くの貧困諸国の債務レベルはシステムに対する脅威となった。

多国間援助機関による楽観的すぎる貸し付けが，債務危機の1つの引き金となった。そして，1970年代のオイル・ショックがもう1つの引き金である。豊富な余剰資金を抱える石油輸出国機構（OPEC）諸国は，巨額の資金を欧米の銀行に移した。そしてこれらの銀行は，その資金を運用する必要が生じた。銀行は，部分的には，返済する能力もその意思も疑わしい国々に，疑わしいプロジェクトのための資金を貸し付けることで，融資を実行した。そして，1982年までに，メキシコ，アルゼンチン，ブラジルが債務不履行に陥り，債務危機が公になった[30]。

1970年に第3世界諸国は，輸入で稼いだ1ドルのうち約10セントを債務支払いに充てていた。しかし，1986年までにこの割合は2倍になった。その年，第3世界の債務は約1兆ドルに達した。やがて，債務支払いで欧米に流入する金額が，融資と投資で第3世界へ向かう金額よりも大きくなった[31]。

しかし，債務問題は開発ビジネスにおける唯一の課題というわけではなかった。継続的な援助があまり劇的（あるいは眼に見える）結果をもたらさなかったため，ドナー疲れ（冷笑，疲労，新しい観念の欠如の結合）が一部で高まりつつあった。大規模な貧困軽減が非常に難しいことがわかってきた。多くの国では，利益が得られても債務レベルの上昇と持続的人口増加に飲み込まれてしまった。アメリカ

では，レーガン政権が市場の力と政府による小さな介入路線に偏向して，ワシントンのムードを変えた。この時から，開発政策のもう1つの再概念化がはじまったのである。

それは構造調整の形でやってきた。政策に基づく貸し付けとしても知られる構造調整は，私有化，私企業，市場改革へ向かう開発思考に沿うものであった[32]。ミニケース2.3は，構造調整の本質を略述している。

しかし，構造調整は開発へ向けられた他の関心を一掃してしまったわけではない。依然として，プロジェクトは大半の開発援助が届けられるために必要なものであり続けた。地方開発，環境，女性など，それまでの開発において優先度の高かった分野はそのまま注目され続けた。さらにこれらに都市開発という新しい関心も加えられた。

これらや他の領域で，経営と政策の問題により大きな注意が払われるようになった。開発のために国の資源を運用する時の権力の使われ方をあらわすガバナンス（governance）という用語が，新たに開発の語彙として登場した。

しかしいくつかの国では，決定が以前と同じやり方で繰り返されているかぎり，構造調整だけで経済を変革することはできないことが，すぐに明らかになった。ガバナンスは，経済における方向転換をつくり出し維持するために必要な，長期的安定性を生み出すための鍵とみなされた[33]。

1980年代にはじまり90年代まで継続されたガバナンス・プロジェクトは，次の諸点を強調している。すなわち，公共部門のアカウンタビリティ（説明責任），政府機能の地方分権化，選挙改革と（複数）政党の結成，自由な報道の促進，よりオープンな情報政策，民間ボランティア組織の活動推進，オールタナティブな紛争解決を含む司法改革などである。援助実施機関はガバナンス関連の課題を非政治的に扱っていたが，そのアプローチは明らかに，開放性，参加，国家の力の軽減，自由競争の経済を指向していた。

ミニケース2.4「開発政策における手段と目的」は，第二次世界大戦の終結から現在にいたるまで開発業界で起こったさまざまな変化を要約したものである。

1990年代は開発業界に多くの面で挑戦をつきつけた時期であり，援助機会の増加とともにさらなる問題をもたらした。

ソ連の崩壊は多くの国々を西側に導き，何億人もの人々（その多くはとても貧しい）が発展途上世界という地位に加えられた。それに伴い西側の開発援助機関は，先を争ってそれまでほとんど活動したことのない場所でプログラムやプロジ

ミニケース 2.3「構造調整とは何か」

　構造・部門調整融資は，（債務）支払いのバランスを是正するために，国々の経済政策・構造を矯正することを目的とする。構造・部門調整融資の目的は，事実上，ある国の経済構造を変え，収支を均衡化し，それによって発展のために用いることのできる資源を国内で解放することである。構造調整融資は 1980 年代に世界銀行と IMF ではじまった。マクナマラ世界銀行総裁の後任であるクラウセンのもとで，調整融資は銀行債権の 9％（1983 年）から 1987 年には 23％へ大幅に増加した。

　「政策に基づく貸し付け」ともよばれる構造調整は，受容国をグローバル経済に引きつけ，国内経済政策をこのグローバル経済の需要と目標に適合するように調整する効果をもつ。

　構造調整のメッセージ自体は非常にわかりやすい。すなわち，政府は，その収入の範囲内で支出し，すべてではなくとも大半の助成金を廃止し，ビジネスを自由に活動させる。そして，効率の悪い国家事業を閉鎖し，価格が市場レベルまで上がるのにまかせ，為替相場を現実に即したものに保つべき，というものである。

　こうした貸し付けは，大規模機関において好評だった。それは，部分的には，貸付計画の要請が比較的単純明快であったこと（つまり，特定の地域的，社会文化的コンテクストに縛られない），また貸し付けが諸機関に巨額の資金を迅速に動かすことを可能にしたためである。1980 年から 92 年の間に 70 を超える国が世界銀行と IMF による構造調整に従った。

　政策に基づいた貸し付けは，概念上非常に単純である。ある国の国庫に現金を移転させることと引き換えに，受容国政府はその経済，行政，物事を進めるやり方において十分に大きな改革をおこなうことに合意する。プロジェクト融資は特定の事業に結びついた特定のコストのための資金を提供し，部門融資は同様のことを同じ一般的タイプに関連する一連のプロジェクトのためにおこなうが，構造調整融資は金利，為替相場，関税率など，国家規模（あるいはたぶん部門規模）の変化を条件とする。金は，通常，プロジェクト費用を払うために支払われるのではなく，輸入のために支払われる。それゆえに，構造調整融資は他の形の開発援助とはまったく異なるものである。

　構造・部門調整融資は，ますます，開発財政と技術援助を方向づけ，受容国への機関の影響力にテコ入れするために使われだした。政策に基づいた貸し付けは，原理的には個々の国がおかれている状況に見合うように実行されるものだが，緊縮経済の方策（たとえば，公務員の削減や政府支出の抑制），国営企業の民営化や規制緩和，貿易自由化，金融政策の変更（平価切下げ，信用改革など），行政の脱集権化などを含む，非常に画一的な処方箋のセットを推進する傾向があった。

　　　出典：Hellinger et al.　1988；McMichael 1996：132；Staudt 1991：164-165.

第2章 開発業界(Development Industry)の登場 53

ミニケース2.4「開発政策における手段と目的」

この50年間,開発思想の進歩の障害になるものはほとんどなかったように見えるが,政策変化は無秩序というわけではなかった。4つの主要目標ないし目的がおもな開発援助機関に採用される政策の大半を特徴づける傾向があり,こういった開発援助機関のグループ内では,政策を実行に移す際に特定の計画ないし手法が同じ機関によって採用されてきた。

4つの主要目標は次の内容を含んでいる。

・国内総生産のような広い指標で測られる国家経済,地域経済の成長。
・地域レベル,国家レベルで開発を促進するために考案された活動の管理。
・開発利益の配分に関わる公平性。
・開発の意思決定における多様なグループの関与(参加)。

特定の開発計画の基礎となるさまざまなアプローチや戦略は,次のマトリックスのなかに位置づけられる。

開発の初期を特徴づけたアプローチは,中央集権型国家の計画,資本投入,工業化を含む。これらの戦略は経済成長と管理を指向した。

開発の4つの主要目標
(出典:Hyden 1990 より筆者改変)

その後開発戦略は,成長そのものから開発利益の公平な分配へ関心を移した。計画の脱集権化と地方における計画努力の統合が強調された。開発努力は,成長への前提条件をつくり出すことにおいて,食糧,住居,基礎的サービス(健康,教育その他)などのニーズの供給ないし向上に集中した。

次いで,公平性を強調しつつ,計画アプローチは開発計画における参加の問題に注意を向けはじめた。こうしたアプローチは,開発計画における中間技術の利用,開発の計画,実施,評価をおこなうための能力を地域おいて形成すること,開発努力のパートナーとして非政府組織(NGO)を位置づけることを含む。

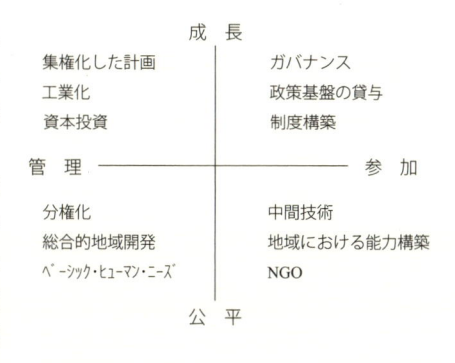

開発戦略 (出典:Hyden 1990 より筆者改変)

最後に,開発政策はふたたびマクロレベルにおける成長の問題に関心を戻しはじめた。しかし今度は,統治,構造調整,実行可能な国家諸制度の構築(あるいは再構築)に集中した試みをとおしてであるが。

出典:Hyden 1990, Serageldin 1995:64 から修正

ェクトをはじめた。それと同時に，冷戦の終結，すなわち超大国の対立の消滅は開発戦略の主要要素の消滅をも意味した。

構造調整はいくつかの面で成功したが，途上国の負債問題は多くの国を悩ませ続けた。1996 年に世界銀行は，約 40 カ国を，「重い債務を負った貧困国」と位置づけた。その大半はアフリカの国々であり，負債の支払いが国家予算に大きく影響していた。

たとえば，タンザニアでは国家予算の 3 分の 1 を債務の支払いに充てている。識字率が 50％にすぎないなかで，それは初等教育予算の 4 倍に相当する数字である。平均寿命が 50 歳に満たないニジェールでは，健康と教育を対象にした予算額よりも多くを債務の支払いに費やしている[34]。

開発業界内の強硬派にとってさえ，債務をめぐるこうした状況のもつ意味が十分に理解されはじめた。1990 年代末までに，債務免除の要求（それまでは開発業界では反逆罪とみなされる行為であった）がますます頻繁に聞かれるようになった。

債務問題にもかかわらず（部分的にはそのために），途上国の国内改革に対する圧力はドナーからかけられ続けた。改革は，私有化，開放的で自由な市場の役割，「市民社会」に関わる諸制度（たとえば，自由な報道，株式市場，情報へのアクセス，地域の参加）の促進を協調した。

多くの国でこうした変化は歓迎されたが，すべての国がそうだったわけではない。これまでは公理として受容されてきた，「成長と繁栄は民主的諸制度と慣行をとおしてのみ達成される」という西洋の主張が，シンガポールやマレーシア，そして近年における中国の成功によって，疑問がもたれるようになった。これらの国々では，政府がいまだに生活の多くの面を支配しているにもかかわらず，記録的な成長を実現し，着実に繁栄を拡大しつつあった。

これらアジア諸国の成功物語は，大規模機関で用いられてきた開発の「正統」な学説に沿うものではないが，1990 年代における唯一の挑戦というわけでもなかった。開発業界とその開発モデルへの批判は常に存在したが，それは大体において学会レベルに限られ，政策的，実践的双方のレベルではほとんど（あるいはまったく）現実的影響をもち得なかった[35]。

しかしその状況も大きく変わった。批判は先進工業諸国内部の主流グループからも出されるようになった。左派の批評家のなかには，開発は植民地主義と同様に，富者（強者）による貧者（弱者）の搾取にすぎないと述べる者もいた。より

右寄りの者は，対外援助を，よくて国際福祉の一形態としてみるだけであった。悪くすれば，豊かな国の貧しい人々が貧しい国の金持ちを助ける賄賂とみなした。また，テレビで毎晩のように放映される飢えた子どもたちや悲惨な難民の映像を見るのに疲れて，自分にできることはほとんどないと感じる者もいた。

　しかし，最も効果的な批判は，労働者やビジネスマン，環境主義者と，普通の市民との間にみられた意外な連携からやってきた。彼らはすべて，世界の貧困と不平等の問題が彼ら自身の経済的・政治的未来に関係していると感じていた。彼らの関心は，多様ではあるが非常に首尾一貫しており，環境劣化，人口圧力，飢饉，地域の不安定性，失業，賃金低下などに集中していた[36]。

　たとえば，ランニングシューズや子ども服を遠くの国で生産するための条件が，アメリカ，カナダ，ヨーロッパの地方都市にあるショッピング・モールでデモやボイコットを誘発した。抗議する人々は，世界の諸問題の解決に進展がないことを見出し，その原因の一部に開発業界の政策的問題があると結論した。1994年にアメリカでおこなわれた「50年は十分」（Fifty Years Is Enough）キャンペーンは，かつてない程に世界銀行に対する一般的な注目を喚起した。同様に1999年のシアトルにおける世界貿易機構（WTO）への抗議は，多国間援助機関がどのようなことをしているかについて，一般の関心を引きつけた。

　研究者のなかには，開発業界における思考の相対的貧困に注意を向け，過去数十年間資金がおもに開発専門家に都合のよい領域に流れたことや，第3世界の貧困の性質とそれに立ち向かう新しい方法について，発展的な議論が展開されてこなかったことを指摘した。こうした評者たちは，開発援助機関は，個々の国の状況の特性についてしばしばリップサービスを与えるが，すべての途上国を同じように扱っているように見えることを指摘している。とくに構造調整プログラムは，大機関が地域の状況をほとんど考慮しておらず，「クッキーの押し型（大量生産）」的青写真として採られたものである。しかし皮肉なことに，各国の内部では，しばしば当惑するほど多くのドナー機関が，それぞれの独自の手続き，要件，目標をもって，それぞれの地位と影響力をめぐり援助を画策しているのである。

　1990年代が終わりに近づくにつれ，開発政策と実践を長年導いてきたパラダイムが本格的に見直されるべき時にきていることが明らかになった。一部の国では大きな進歩があったものの，その進歩を促す開発援助の役割は，決して明らかになっていない。開発努力が地域やコミュニティを変化させたところでさえも，国内および国家間で拡大する貧富の格差に対してインパクトを与えたという証拠

はほとんど見られなかった。

第2章要約

　本章では，国際開発業界について，そしてその業界が世界で生じている貧困問題にどのように対応してきたかについて概観した。

　とくに，第二次世界大戦後の開発途上世界の出現と，戦後復興と地域的安全保障を促すための西洋諸国による新しい経済的枠組み，すなわち開発業界の基盤をなす枠組みの生成からはじめた。

　次いで，開発業界を構成する多国間機関や2国間援助機関，および増大するさまざまな種類のNGOについて見た。多国間機関が開発事業を支配しているが，開発産業のあらゆる部分は融資，人員，情報，さまざまなプロジェクトでの協力をとおして密接に結びついている。

　本章では，過去50年間の開発政策の変化を考察することに重点をおいた。開発政策は，急速な経済成長を促進するために考えられた大規模インフラ投資への関心から，開発における公平性と参加を促進する一連の試みを経て，1980〜90年代の統治と構造調整計画を通じて国家経済の作り直しの試みへと，いくつかの大きな変化を経験した。つい最近まで，これらの政策は東西冷戦下の影響を強く受けていた。

　20世紀の終わりになって，開発業界が貧困と戦い公平な発展を促進するためのより効果的な方法を求め続けるに従って，50年間の努力の結果への不満が広がりはじめた。世界が新しい千年紀に入るとともに，新しい開発枠組みの時代が来たことは多くの人々にとって明らかだった。

［注］
1) New York Times 1996年3月17日，"The Economist" 1993年9月25日参照.
2) Eade（1997：161）；"New York Times" 1999年7月8日：D8.
3) Serageldin（1995：9-10）.
4) たとえば，"New York Times" 1996年7月6日；"The Economist" 1995年10月7日：120；同1998年3月21日参照.
5) Pico Iyer（1994）.
6) Yoder（1988）；"New York Times" 1995年10月22日：8参照.
7) USAIDについてはTendler（1975）とHoben（1980），カナダのCIDAについてはBruneau et al.（1978），イギリスの海外開発庁についてはConlin（1985）参照.
8) ポーターは，USAIDのケーススタディを書き，その政策の歴史を概説している（Porter

1990).
9) ゴーマンは，開発努力へのNGOの関与の概要を描いている（Gorman 1984）．ポールとイスラエルはNGOの世銀への関与に焦点をあてている（Paul and Israel 1991）．
10) Staudt（1991：184）参照．
11) Gardner and Lewis（1996：107）；Smillie（1995：2）；Hackenberg and Hackenberg（1999：6）；Lewis（1988）；Feeney（1998：25）参照．
12) Gardner and Lewis（1996：107）；Hellinger et al.（1988：100）；Brodhead（1987：1），参照．
13) Smillie（1995：117）．
14) Smillie and Helmich（1998：25）．
15) Feeney（1998：25）．
16) Bodley（1994：339）；Micklewait（nd）参照．
17) USAID（1998：2）．
18) Berrios（2000：46-47）．
19) "New York Times" 1996年5月25日．
20) 私の知るかぎり，経済学による開発事業の捉え方は明示されてこなかったが，その本質的要素ははっきりしている．たとえば，ベネットはこう述べている．「職業としての経済学は，単に経済的事実を調べて理論を構築するだけでなく，経済（the Economy）を発展させるという社会的課題をもっている．社会学は，社会（Society）を改良するという課題らしきものをもっているが，それはあいまいで，誰もそれをどうおこなうかについてよく知らない．人類学は歴史的課題をもたない．その任務は純粋な研究，文化的描写の構築であった」（Bennett 1988）．ファーガソンは，「開発官僚制の制度的要請のゆえに，開発問題の複雑さを証明する（そして処方箋を提供する確実性を否定する）人類学的才能は，経済学者や農学者によって確信的に調合される普遍主義的，文脈独立的な予測・処方とはほとんど競合できなかった」（Ferguson 1997：165）と述べる．
21) コーテンは，それを次のように表現する．「ほとんどの国際援助を形作った基本的前提は，以下のようにまとめられる．経済成長は貧困を緩和し，人口増加を軽減し，環境を守り，市民的秩序を強化するための鍵である．経済成長は，貧しすぎて国内貯蓄を通じて生み出すことができないような，投資の一機能である．それゆえ，その成長は外国援助ないし外国投資の形による海外からの貯蓄移転に依存している．外国援助ないし外国投資の額が大きいほど，成長（発展）はより速く，貧困が速く消滅する．また人口は安定し，環境は保持され，市民的秩序は維持される」（Korten 1997：159）．
22) 経済発展の「離陸」理論の古典的な詳細説明は，ロストウ（Rostow 1960）を参照．
23) Hoben and Hefner（1991：25）．
24) 開発援助の多様な側面の包括的概観は，ブロウン（S.Browne 1990）を参照．
25) Hellinger et al.（1988：14）．
26) たとえば，マクマイケル（McMichael 1996：54）に引用されているロストウのコメント（Rostow 1954）を参照．
27) Sagasti（1997）参照．
28) マクナマラ就任に伴う世界銀行の政策に対する影響については，アイレスが詳しく論じている（Ayres 1983）．
29) たとえば，Rondinelli（1985：234-235）．
30) Rapley（1996：37）参照．

31) World Bank（1988：25-28）；McMichael（1996：126, 133），参照．
32) 構造調整政策とその影響についての議論は，モズレーら（Mosley et al. 1991）に見られる．
33) これが世界銀行の定義である（Feeney 1988：13）．
34) "New York Times" 1999 年 6 月 17 日：C2.
35) これに関する文献は膨大な数にのぼるが，大半の実践家はおもに 2 つの理由から興味を抱かないようである．第 1 に，開発を批判する者が指摘する点の多くは，現場で毎日活動している実践家にすでによく知られているという点である．第 2 には，より説得力のある理由は，開発の批判的分析のほとんどは革命をよびかけるものではなく，（どのような規模であれ）変化や改革がいかにもたらされるべきかについてはほとんど何も語っていないという指摘である．言い換えれば，見てわかるとおり諸文献はそれほど間違ってはおらず（実際しばしば非常に明敏である），そのメッセージは暴露的というよりは勧告的である。
36) 開発業界を批判する文献はたくさんある．たとえば，Lappe et al.（1987）を参照．文献のあるものは，とくに開発における人類学の役割についても考察している．たとえば，Escobar（1995）と Autumn（1996）を参照．

第3章　人類学を役立てる

1. 人類学と過去の植民地主義

　人類学は，植民地期に生まれ，発展した学問である。ヨーロッパが地中海を越えて世界を探検するにつれて，人類学者の説明が旅行者，宣教師，商人，兵士，政府官吏の説明につけ加えられた。初期の民族学会はパリとロンドンで1830年代と40年代に設立され，1870年代後半までには，人類学は一人前の学問分野として成立していた。

　この学問分野の歴史がはっきりと示すように，人類学はヨーロッパの拡大につくした[1]。応用人類学（Applied anthropology, 学問分野の外における人類学の利用）は，初期の人類学にとって重要な側面であった[2]。たとえばイギリスでは，人類学者は，大きな変化の渦中にある社会から民族誌的データを救い出すために，そして行政の仕事に取り組みながら，植民地権力に情報と知見を提供するために，大英帝国の遠い辺境の地でフィールド調査を実施した。人類学者は，土地所有制，労働関係，土着の法体系について研究した。ある者は植民地行政官の訓練を補助し，専門的見地からの証言者，コンサルタント，リソース・パースン（困った時に役に立つ人物）として活動した。1930年代までに植民地人類学が十分に確立し，人類学の古典的民族誌の多くがこの時期に書かれた[3]。それらは，典型的には不変の民族誌的現在として設定されたが，多くは文化接触と変化をも扱った。

　周知のように，人類学は植民地期における活動ゆえに（分野の内外から）強く批判や非難を受けてきた[4]。当時の人類学者の多くが植民地行政のさまざまな側面に実際に関与していたが，人類学者と行政官の間の関係は単純なものではなく，状況ごとに大きく異なった。行政官はしばしば人類学者が言わねばならなかったことを無視し，あるいは時には人類学者に敵対した[5]。

2. アメリカ人類学における応用的視点の展開

　アメリカの応用人類学は，19世紀後半に，主としてアメリカ先住民に関する国内問題への対応のために発展した[6]。第二次世界大戦は1941年の応用人類学

会（SfAA）の設立と同時期におこり，そのことが人類学の応用に重要な新しい機会をもたらした。ルース・ベネディクトやマーガレット・ミードらは，アメリカ自身，アメリカの同盟国および敵国が考え行動する仕方を解明するため，「文化とパーソナリティ」研究を生み出した。他の人類学者のなかには，日系アメリカ人の強制移住に関わる者もいた。さらに他の者は，海外の不慣れな土地に赴こうとするアメリカ人のための訓練と予備知識を提供した。

　戦後，開発業界の形が整うにつれ，応用の機会は増大し続けた。人類学者がアメリカ国内外で行政官やコンサルタント，あるいは訓練者として活動した1940年代末から60年代初頭の時期に，開発と変化の問題に対する人類学的応用研究において傑出した著作があらわれた。応用人類学のいくつかの重要なプロジェクトも，この時期におこなわれた。とりわけ，アメリカのフォックス・プロジェクト，ペルーのビコス・プロジェクトが有名である[7]。

　しかしその頃，人類学者たちを学問の世界に引き戻す，2つの相反する状況に見舞われた。1つは1950～60年代におけるアメリカの大学の拡大である。それによって，人類学を学んだ卒業生たちは応用よりも研究・教育を選び，実践よりも理論に焦点をあてるようになった。

　第2の影響はベトナム戦争である。人類学者の多くは戦争に反対し，政府が後援する仕事に関わることをますます嫌うようになった。前章で述べたように，開発援助が安全保障問題と結びつくようになったという事実は，人類学者を実践への関与から遠ざけた。多くの人類学者は，ベトナム戦争時代に，カメロット・プロジェクトとタイ・プロジェクトをめぐって激しい論争をたたかわせた（下記参照）。

　しかし，10年後にその事情がふたたび変化した。1970年代半ばから後半にかけて，学問的拡大が終わり，人類学者が学問の外で活動する機会が増え続けた。1969年国家環境政策法，1973年対外援助法，1974年コミュニティ開発法などの法律は，人類学者が提供しうる研究や報告を必要とするものであった。

　学界内における組織上の変化や再編も，これらの変化に呼応していた。1978年には，応用人類学会が雑誌 "Practicing Anthropology" の刊行をはじめた。ケンタッキー大学の人類学ドキュメンテーション・プロジェクト（The Anthropology Documentation Project）は，応用資料の収集およびそれらの最新リストの刊行を開始した。アメリカ人類学会（AAA）の内部では，1984年に人類学的実践のための国家協会（National Association for the Practice of Anthropology，以下NAPA）

が設立された。NAPA は次の 10 年間に，応用に焦点をあてた重要なモノグラフ・シリーズを生み出した。人類学者のための学問的訓練も変化しはじめた。1970 年代には応用人類学のためのプログラムはわずかしかなかったが，1980 年代末までに多くの応用的プログラムがつくられ，トレーニング・コースの内容，インターン制度などに関する議論が応用人類学会の研究会における通常のテーマとなった[8]。

このような変化にもかかわらず，応用は，人類学の伝統的で学問的な側面に対して，弱い立場のままである。応用人類学はいまだに統一的な理論的基盤をもたないし，伝統的かつ主流的な人類学に対して，その意義や関心をうまく主張できないでいる[9]。

少数の顕著な例外を除いて，応用人類学者はアカデミックな人類学の外側にとどまり，主要雑誌や書籍シリーズで出版される機会はほとんどない。大学の人類学科（部門）における研究者（教員）の採用，昇進，終身在職権（tenure）の基準は，全般的にいまだに伝統的スタイルの人類学者に偏る傾向がある。結果として応用的な活動は，それに好んで参加する者にとっても，必然的に副業的あるいは慈善活動的になる。

伝統的スタイルの人類学のなかでは，応用人類学の正確な定義，学問分野にとってのその意義，その理論との関係についての議論が続いている。いまだに，「応用」人類学は人類学ではないという立場をとる者もいる[10]。

しかし，学会がそのような議論を展開する一方で，応用領域ではすでに変化がおこり，人類学に深く持続的な影響を与えはじめた。これらの変化を理解するためには，応用人類学が実際にどのように実践されているかを詳しく考察することが必要である。

3. さまざまな人類学の応用

今日では多くの人類学者が応用的業務に関わっているといわれるが，すべての人類学者が自らの知見を同じような方法で応用しているわけではない。今日の応用人類学は，3 つの大きなカテゴリーに分けられる。

第 1 に，伝統的スタイルのアカデミックな人類学者のなかに，短期コンサルタントや専門的見地からの証言者として，時折応用的領域に参加する者がいる。このタイプの人類学者にとって応用は，興味深く重要ではあるが，本質的に周辺的

である。

　第2のタイプは応用人類学者そのものである。これは典型的には，大学を基盤に活動し，その関心が応用領域に集中するような人類学者である。こういう人々の教育，研究，学外における活動は応用的領域への関心を反映するが，それらは学内の文脈に基づくものである。

　第3のタイプは実践家である。人類学の高等学位（修士，博士）をもつが，学問的機関に恒常的ないし安定した所属をもたない者である。こういう人は，しばしばコンサルタントとして，ふつう外部組織のために働くか，個人営業である。実践家のなかには，比較的安定し保証された仕事をもつものもいるが，単発の割り当ての仕事に依存する者もいる。人類学の応用が彼らの仕事の中心であるが，大学という本拠地をもたない。こうした分類については，表3.1で明示する。

4. アカデミックな人類学，応用人類学，実践人類学

　応用人類学は常に3種類すべてをそのなかに抱えてきたが，とくに興味深いのは，人類学的実践の姿である［訳注（1）］。

5. 人類学的実践

　1968年に人類学博士の学位を取得した者のうち約75％は研究職についていた。しかし1980年までに，アメリカ人類学会の会員の4分の1は常勤の応用人類学者になり，5年後には学会の内よりも外でより多くの人類学者が活動していた[11]。1986年にウィリゲンは，この状況を次のように記述している。「実践人類学者として労働市場に参入する人類学者の多くは，将来的にも研究職を得るとは思えない。なぜなら，そもそも彼らのための仕事がないだろうし，給料の希望は満たされず，彼ら自身それを望まないからである」[12]。

　この傾向は1980年代半ばに頂点に達したように見える。当時，人類学を学んだ新卒者の50％以上は学界の外で働いた。それ以降，この割合は卒業生の30％で安定したようである[13]。

　いくつかのことが，実践分野の急速な成長に寄与していた。1つは，すでに暗に言及したように，卒業生の数に比べ研究職が不足していることである。それは，もはや人類学が自ら生み出したものを完全に吸収できるような閉じたシステムで

表 3.1 アカデミックな人類学，応用人類学，実践人類学の間の差異

	雇用の場	中核的活動	誰が結果を判定するか
アカデミックな人類学者	学問的雇用	研究，事務，補助金申請，出版，教育．仕事の中核をなすトピックは，ふつう，常にではないが，理論に集中する．	学会内部では評価は同僚，終身在職権審査委員会，評価委員会が行う．学会の外では評価は同業の評価者（出版か補助金）や専門家機関のメンバーが行う．
応用人類学者	大半は学問的雇用．時々自己の選択による状況に応じて，臨時のコンサルタントとして大学外で活動．大学は活動のベースおよび避難所として使われる．	アカデミックな人類学者に似るが，外部顧客のためになされる活動が加わる．訓練，助言，アドボカシー，調査そのほかを含む．	結果は究極的には学会内の同僚によって判定される．外部顧客の評価は，多くの場合重要ではあるが，ふつうその人の職業や仕事の保障には悪い影響は与えない．
実践人類学者	たいてい自家営業的であるが，機関や企業雇用の場合もある．	活動は非常に多様で，任務に応じて変わる．研究，経営，評価，訓練，助言，アドボカシーそのほか．	雇用者と顧客がふつう独自の基準に沿って評価する．評価の結果は，将来の仕事や任務に直接関わる．

はないことを意味する。

　加えて，人類学の新しい領域が学界の外に開けてきた点も指摘できることである。立法に支えられた公共部門のさまざまなプログラムは，各計画とその評価において膨大な量の社会的データを必要とした。実践家のネットワークができはじめたので，より多くの卒業生たちが大学の領域を越えて仕事を見つけることが容易になった。

　現在，組織化された大規模な実践家コミュニティが存在する。研究外の機会における刺激と将来性が卒業生の関心と想像力を捉え，人類学的実践はおそらくこの学問分野の最もダイナミックな側面となりつつある。

　人類学的実践について公にされた議論の大半は現在も学界内で生じたものであ

るが，学界はもはや外部で出現しつつある実践の文化を定義し掌握することはできない[14]。実践家たちは学界を除外しないものの，学界に依存しないやり方でネットワークや地方組織，インターネットを通じて組織化されている。

現地の実践家による組織（LPOs：Local Practitioner Organizations）は，生まれつつある実践文化の，とりわけ重要な部分である。最初のLPOsの1つ，専門的人類学者協会（SOPA：Society of Professional Anthropologists）は1973年にツーソンで設立された。ワシントン実践人類学者協会（WAPA：Washington Association of Practicing Anthropologists）がすぐその後に続いた[15]。LPOsのメンバーシップは関心をもつすべての人類学者に開かれているが，もともと，学会に支配された全国組織が実践の諸問題に十分に対応していないという思いからつくられた[16]。

人類学の実践は，すでに過去とはかなり様相を異にする。今日，「実務に携わる人類学者」の概念（大学の外で働く，常勤の専門職）ははっきり確立している。人類学者はもはや遠く離れた土地でエキゾチックな人々とだけ関わっているのではない。人類学者は，アメリカでもどこでも，さまざまな機関や政府，企業のなかで，広範な問題について，広範な顧客，広範な同僚と共に仕事している。こうした実践家はますます組織内の常勤スタッフとなり，政策決定の役割にまで踏み込むようになった。

要するに，実践活動の拡大は学界の及ぶ範囲を超えて活動する非学問的人類学者を大量に生み出したのである。これらの実践家のうち，ある意味で失敗した学者とみなされる者もわずかにいるかもしれないが，圧倒的大多数はそうではない。この実践家コミュニティの発展は，人類学が保健，教育，都市計画，社会的サービス，環境，その他多くの領域にどのように応用されうるか，またされるべきかについて，学問内外での持続的議論を喚起した。実践家は，人類学をこれらの諸問題に関わらせる方法を磨いてきた。今やその任務は，実践の世界と学問の世界を結びつけて，互いに学び合うことができるようにするための，より効果的な方法を見出すことといえる。

実践は本当に別種の人類学なのであろうか。確かに多くの点でそうである。実践家は，単に世界を観察するだけでなく，活発で献身的な参加者として世界に関与する。参加者として彼らは，その行動の結果に責任を負う[17]。彼らは物事を，内側から外に向かって，また外側から内に向かって見る。

実践の世界と学問の世界は，多くの点で異なる文化的世界を構成する。これらの差異の最も顕著なものを図3.1に示した。

アカデミックな研究者		実 践 家
決定への圧力はほとんどない	⇐ 決 定 ⇒	決定に強い外部の圧力
学年歴以外，予定表がほとんどない	⇐ 予定表 ⇒	頻繁な予定，厳密な期限
大学の，非公式的関係．仕事はだいたい個別に行われる	⇐ 労働関係 ⇒	階層的・公式的関係．仕事は通常他者と一緒に行われる．
中立性と客観性．真実と発見への傾倒	⇐ 契約と客観性 ⇒	党派的，関与的．成功への傾倒
世界を記述することへの関心．説明にかかわる（しばしば事実後）	⇐ 行動の目的 ⇒	世界を変えることへの関心．選択の帰結の予測にかかわる．
しばしば高度に専門化	⇐ 専門化の程度 ⇒	しばしば多価的
分析と抽象のレベルは非常に高いか非常に低い傾向	⇐ 行動の焦点 ⇒	しばしば中間レベルに焦点．実施を強調．
個人が一つの学問的立場から問題にアプローチする傾向	⇐ 理論的立場 ⇒	複数の視点の統合を試みる．
個人はほぼ独立的で，ほとんど直接的なアカウンタビリティをもたない	⇐ アカウンタビリティ ⇒	雇用者，同僚，ステークホルダーに直接のアカウンタビリティ

図 3.1 研究者と実践家のいくつかの顕著な差異
(出典：Bernad 1974；Fisher 1988；Barger and Hutton 1980 より筆者改変)

実践は単に別種の人類学というだけではない。それは人類学者を成長させ，変化させ，その過程で人類学の基礎と目的を再考させるための触媒である。

6. 今日の開発人類学

実践において最もやりがいのある領域は，国際開発業務である。1970年代以降，開発業界において専業で働く人類学者の数はとても増えた[18]。たとえば USAID では，1974年に専業の人類学者は1人しかいなかったが，1977年までに22人，1980年には35人，1983年までに50人以上が業務に携わっていた。1990年代初頭までに65人の人類学者が USAID 内で専業で働いており，その多くは高い地位にあった[19]。「人類学者」(anthropologist) という肩書きをもつ者はわずかしかいなかったが，彼らの多くはプロジェクトの計画や実施段階で働くことに加えて，

重要な政策領域に関与した[20]。

(1) 開発人類学者がすること

開発に関わる仕事をおこなう人類学者は，密接に関連した3つの役割を担う。彼らは，情報を収集・分析し，計画と政策の立案を助け，行動をとおして計画を実施する[21]。

情報に関しては，人類学者はさまざまな開発関連のトピックについて調査を立案し，実施する。彼らは改良されたデータ収集のための方法論を開発，試行し，プロジェクトやプログラムの結果を評価する[22]。

情報は，直接に政策決定と計画に結びつく。人類学者は，情報を，開発事業のための政策立案を助け，政策を実行するプログラムやプロジェクトを計画するために用いる。社会的影響評価のための政策，住民移転活動のための政策，先住民政策などが，USAIDや世界銀行と仕事をする人類学者がつくってきた主要な開発政策である。

行動に関しては，人類学者は，プログラムやプロジェクトの実施者として，単独で，あるいは学際的チームの一員として働く。時にこれらの役割は短期的かつ一時的なものである。なぜなら，人類学者はプロジェクト・サイクルのさまざまな時点でコンサルタントとして依頼されるからである[23]。しかし，ますます人類学者は，最初から最後まで関与するプロジェクト・チームの常勤メンバーになりつつある。事実，近年その広い視野と多様なステークホルダーと共に働ける能力のゆえに，プロジェクト・チームにおけるグループ・リーダーや団長の地位に人類学者が好まれる傾向がある。

(2) 開発への人類学の貢献

開発事業に人類学的知識や方法を応用することに伴いさまざまな問題（詳しくは後章で論じる）が生じているにもかかわらず，過去数十年間，人類学は開発に大きな影響を与えてきた。とりわけ，現実の姿に対して明確で鋭敏な感覚を提供し，政策，計画，現場の各レベルにおける実施の間のギャップを橋渡しするために，決定的な役割を果たしうる。同時に，開発は，人類学（と人類学者）に技術と方法を磨く機会を提供する。何よりも，よき開発人類学はよき人類学でなければならない[24]。人類学が開発事業に貢献してきたいくつかの最重要領域について，下記のとおり要約する[25]。

(3) 研究

　人類学者は，開発のさまざまな側面に関連して，（革新的な研究方法論の開発だけでなく）多くの有益な研究を生み出してきた。人類学者はこの研究のために援助実施機関や基金からたくさんの研究契約を得て，影響力のある出版物を多数生み出した。その成果の多くが，重要な政策提言に転化された。

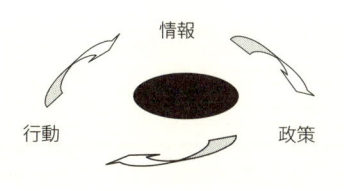

図 3.2　開発人類学のおもな側面
（出典：van Willigen 1986:9-10 より筆者改変）

(4) リーダーシップ

　人類学者は今や多くの開発プロジェクトでリーダーシップの役割を演じ，チーム・リーダーか団長を務めることも稀ではない。人類学者は，主要な開発問題において他の専門家たちと密接に協働している。たとえば，貧困の軽減，それと環境の長期的持続可能性との関係については，人類学者，生物学者，生態学者を協力者として結びつけた [26]。

(5) 評価

　人類学者は，開発政策や開発プロジェクトのなかに受益者の生活に有害なものがあることを示すことができたので，ますますプロジェクトやプログラムを展開させる全サイクルで活用されている。当初は社会的影響評価と事後評価に限定されていたが，人類学はプロジェクト開発のあらゆる局面で，頻繁に用いられている。

(6) 土着の知識と現地の視点

　最後に（そしておそらく最も重要なことに），計画と実施において受益者の視点が，単に有用なだけでなく開発の成功にとって不可欠であることが徐々に認められつつある [27]。人類学者は現地にある技能，知識，経験，専門性を明らかにし，これらの資源が現地での計画と行動の性格を形成ないし再形成することにどのように使うことができるかを，政策決定者に示すことができた。

ミニケース 3.1「世界銀行における開発人類学」

　研究者のなかには「社会学的諸問題は，世界銀行の目的と手続きに自然になじむわけではない」（Kardam 1993：1777）と述べる者がいる。

　世界銀行に所属する専門職員の約 70％は経済学者であり（Escobar 1995：165），残りの多くは技術者である。ホロウィッツは，世界銀行における経済学者の他のすべての人に対する割合は 28 対 1 だという（Horowitz 1996a：1）。ロバート・チェンバースはその点について，20 対 1 と 50 対 1 の間であると述べている（Chambers 1997：49）。

　世界銀行における経済学者の圧倒的優位にもかかわらず，そこで働く人類学者の数は 1992 年における 22 人から 1996 年の 64 人へ着実に増加した（Horowitz 1996a）。

　1970 年代に貧困軽減が重要性を帯びるようになるとともに，人類学も世界銀行において重要になりはじめた。ペレットとレテムによると，開発プロジェクトの「社会的文脈」への注目は，公式には 1972 年にプロジェクト実施における人類学の利用に関するある報告書からはじまったという（Perrett and Lethem 1980）。そしてそのすぐ後に，1 人の社会学者が常勤職員として任用された。

　貧困に焦点をあてることは，貧困層のコミュニティに焦点をあてることを意味した。まず人類学者と社会学者は，おそらく世界銀行融資のうち 3 分の 1 を占める農業・地方開発プロジェクトで活動した。人類学者と社会学者は，技術や融資の面ではなく，人間や資源に関する事柄に注目し，プロジェクトがやろうとすることと地域コミュニティがすでにもっている知識との間に「整合性」をつくり出そうとした。

　今日世界銀行における人類学者と社会学者は，チェルネアの推計では，世界中の開発で働く社会科学者のなかの最大グループ（50〜60 人）である（Cernea 1996）。

　社会科学者は，非公式なネットワークを通じて世界銀行内で彼らの計画を実行しはじめた。1970 年代末にこのネットワークは，「社会学グループ」（Sociology Group）として表面化した。それは，人類学者と社会学者だけでなく，定期的に会合を開いて議論し情報を共有する人々の自発的かつ非公式な集まりであった。カルダムは，このグループを「世界銀行における内的アドボカシーと変化の重要な媒体」（Kardam 1993：1779）とよんでいる。グループは，世界銀行内でその見解を表明するために 2 つの基本戦略を用いた。1 つは，議論と表明をとおしての説得である。もう 1 つは，どのように社会的要素が開発の結果に影響して特定の政策や手順に反映させるかということについて，社会科学者の知見を徐々に，かつ確実に変化させることであった。

　チェルネアは，この試みの趣旨を次のように要約している。「社会調査や分析に必要とされ，それらに埋め込まれている人類学的・社会学的知識は，開発を誘導することへの**贅沢で周辺的な付け足しなどではなく**，開発計画の実行可能性と目的や方向性を立案し確認するために，**経済分析と同じぐらい重要なものである**」（強調［太字］は引用元）（Cernea 1996：10）。

チェルネアが指摘するように、人類学と社会学を世界銀行にもち込むことは、単により多くの社会的知識を「挿入する」以上のことを必要とした（Cernea 1991：21）。それは、世界銀行がこの種の知識について決定を下すルールを変更することも含んでいた。かくして政策形成は人類学と社会学にとっての主要な「エントリー・ポイント」となった。

人類学と世界銀行の政策：主要領域	
●非自発的移転	●初等教育
●先住民族	●林業と森林再生
●非政府組織	●水資源
●都市の成長	●貧困軽減

右上の表は、人類学が影響力をもってきた主要政策領域（部門別、部門間、一般的なもの）のいくつかを示している。

これらに関する仕事は継続している。1996年3月に、世界銀行が開発の社会的次元をより効果的に自らの活動のなかに統合できるよう、アメリカのクリントン大統領が社会開発特別委員会（Social Development Task Force）を創設した。

しかしながら、状況が完全にポジティブなものに移行したというわけではない。世界銀行の政策は、機関外部の人類学者などから不適切で偏向したものとして批判された（たとえば、先住民族に対する世界銀行の政策への批判については、Bodley 1988：406-413 を参照）。他の者は、世界銀行はいまだに経済成長に最大の関心があり、貧困軽減は二の次だと指摘する。世界銀行は社会的投入を用いるが、それを計画において優先させないのである。チェルネアは、世界銀行の思考法の多くを「経済中心的」、「技術中心的」、「商品中心的」と特徴づける（Cernea 1996）。ホロウィッツは、世界銀行の人類学者は「ゲットー化」、すなわち支配的な成長の経済的枠組みと自由市場の活動によって参加を妨げられ、周辺に追いやられていると述べる（Horowitz 1996a：4）。

世界銀行が社会的諸問題やそれらの要因を活動のなかに取り入れるには、間違いなく長い時間が必要である。カルダムは次のように述べる。

　　（これらの結果が）印象的だとしても、文脈的諸要因と内部的抵抗、すなわち外部圧力に対する世界銀行の乏しい感受性と偏向した経済的枠組み、あるいは旧式の手続きの遍在に由来する抵抗のために、変化は限られたものでしかなかった。しかし、一部の職員の意識的努力なくして、すでに達成されたこれらの結果でさえも得られたかどうかは非常に疑問である（Kardam 1993：1785）。

チェルネアは、開発援助機関が人類学を今以上に取り入れることへの主要な障害の1つは、社会科学に対する開発援助機関上級職員の一般的無知であるという。彼は、「世界的にみられるこの種の障害の大きさが過小評価されている。両者のギャップは続いていて、事実それは、技術専門家が学問の世界で「育てられる」場合が多いことから、テクニカル・カレッジを卒業する人たちによって再生産されている」（Cernea 1988：21）。

彼はまた、人類学者も開発援助機関の制度的文脈についてもっと学ぶべきだとい

う。「経済学者の文化のなかで毎日生活していて,私は,実践の人類学は経済学的概念から多くを学び,量的方法論を内部化することによって強化されると思うし,事実そうしなければならないと確信している」(Cernea 1996：24)。
出典：Cernea 1987, 1981, 1996；R.Chambers 1997；Escobar 1995：M.Horowitz 1996a；Kardam 1993；Perrett & Lethem 1980；Bodley 1988.

7. 応用の弁証法

　開発事業における人類学の経験は,とくにいくつかの応用領域に注目した。それは政策形成,仲介,アドボカシー（擁護）,倫理などを含む領域である。こうした関心は今や人類学の内部では新しいものではないが,開発における経験が人類学者の理解に新たな次元を加えた。

(1) 政策

　開発計画や開発プロジェクトはでたらめなやり方で展開するのではなく,規則とガイドラインの文脈のなかで形成され,そしてそれらの制限を受ける。これらの規則は,政策,すなわち特定の目標に焦点をあてた行動と選択のための枠組みにしたがう[28]。今日では（とくに開発事業において）,人類学者は積極的に政策の形成に関わっている。

　政策をめぐる環境は特別のものであり,学問の世界とは非常に異なる。政策決定者たちは,理論や長期的研究に関心をよせず,短い期間で時代の切迫した要求に応えようとする。政策立案は決して価値中立的なものではない。むしろそれは,アドボカシーを目的とし,高度に政治的である。そして政策（よいものであれ,悪いものであれ）は,それをつくる者にとっても,それに影響される者にとっても,何らかの結果を伴う。

　開発援助機関における政策文化はこれらの点に影響されるだろうし,政策決定者は何であれ彼らの仕事に役立つものには最大限の注意を払う。このことは,政策決定を助ける情報や技術ないし分析が,理論や厚い記述,仮説的シナリオよりも好まれることを意味する。政策決定者は,自らの目的に直接必要のない研究やデータを望まない。とりわけ,彼らが「当然のこと」と考えるものを疑わせるような情報は望まないものである。

　政策の形成とその実施はまったく別の次元のことである。建築家の設計する建

ミニケース 3.2「開発プロジェクトの人類学的研究」

　開発プロジェクトの成功要因を明らかにするためのいくつかの重要な比較研究がある。たとえばチェルネアは，1969年から80年までの間に実施された世界銀行による25の大規模プロジェクトを分析した（Cernea 1987）。コタックは，世界銀行に57ある農業開発・地域開発プロジェクトを研究した（Kottack 1985）。1978年から84年まで，Development Alternatives, Inc.（DAI）と Research Triangle Institute（RTI）は，アジア，アフリカ，ラテン・アメリカとカリブ海地域における24の統合的地域開発プロジェクトに関する研究をおこなっている（Honadle and Van Sant 1985）。

　チェルネアの研究は，1980年から84年の間に実施されたインパクト研究に基づいていた。とりわけ，これらの研究は持続可能性をテーマとするものであった。彼はその概念を，プロジェクト完了後にプロジェクトの投資からあがる容認可能な純計循環（net flow）の維持，と定義する。検証したすべてのプロジェクトは，当初は十分な長期的展望をもって「成功」と判断された。しかし後の研究によって，12のプロジェクトは長期的な持続可能性を達成したが，他の12プロジェクトはそうではなかったことが示された。次の5つの要因がその原因とみなされた。

1. 制度的構造と受益者の参加
2. 技術的改良
3. 社会経済的適合性
4. 有利な政策環境
5. 間接費用（recurrent cost）の融資，あるいは回収

　チェルネアはその研究のなかで，成功への鍵の1つとして「制度」を強調した。彼は，開発援助機関はいまだに受益者（参加者）の組織化よりも融資に焦点をあてたがると述べる（Cernea 1987：125）。しかし，プロジェクトは一時的投資よりも長く残るローカルな制度・組織を形成ないし強化しないかぎり失敗すると，彼は注意を促している。

　コタックの研究は，プロジェクトがおこなわれる地域の文脈との適合性に注意をひいた。彼の研究において，プロジェクトの立案が伝統的な文化や社会経済的文脈に適合的であった30のプロジェクトは約18.3％の経済的収益率（ERR）をもったのに対し，適合的でなかった27のプロジェクトは8.6％の平均経済収益率しかなかった。

　オナドルとヴァン・サンの結論は，プロジェクト開発の相互作用的側面を強調している。「計画の失敗は，第1に政治意思の欠如の結果ではない。むしろそれは，少なくとも部分的には，矛盾しあうさまざまな意思と，開発プロセスの組織や管理に対するその矛盾の影響に由来する」（Honadle and Van Sant 1985：5）。彼らは，プロジェクトを成功に導く7つの要因を特定した。そのうち5つは「プロセス」要因であり，他の2つは本質的ないし構造的要因である。プロセス要因は，

・協働的スタイル，前もって決められた解決への依存ではなく，いかに物事を働かせ

> るかを学ぶことへの強調,リスクの共有,複数レベルでの関与,論証の強調を含む。構造要因は,
> - ・動機の存在
> - ・資源ベース,を含む。
>
> 　彼らの視点では,成功は,ミクロなプロセスの組み合わせと,「適切でないかもしれない広範におよぶ課題(agenda)に突き進む前に特定の環境の固有性を理解する必要性」(Honadle and Van Sant 1985：98-99)に負うている。
>
> 　　　　　　　　出典：Honadle and Van Sant 1985；Cernea 1987；Kottak 1991

物が図面において感動的であったとしても,実際の建築物は悪夢としか思えないものもある。さまざまな観念が試され,計画が実施され,そして結果(あるいは単に反対の結果)があらわれはじめる。

　政策の仕事が非常に難しい理由の1つは,多くのステークホルダー,すなわち結果への関心と結果に何らかのかたちで影響力を発揮する集団ないし個人が存在するという事実である。ステークホルダーとその重要性のトピックについては,また後の章で触れる。

　各ステークホルダーのグループは,政策形成およびその後の実施プロセス双方を,複雑にするかもしくは前進させる潜在的可能性をもつ。それゆえ,政策の世界に参入する人類学者は,その焦点を一集団から多集団に拡大し,ステークホルダー間の政策的対話がどのように発展・変化するのか,政策の考案と形成に対して世界観の違いがどのような役割を果たすのか,について考察しなければならない。

　何年も前に,エドワード・スパイサーは,人類学者が政策立案をめぐる意思決定過程の比較民族誌をつくるべきであると述べた。そして,それをとおしてどのようにして観念が行動に変換されるのかを理解することが,その政策決定過程に上手に参加することにつながると述べていた[29]。この考えについては後の章でふたたび議論する。

(2) 仲介

　多様なステークホルダーの存在は,しばしば,人類学者が文化的仲介(cultural brokerage)とよぶものの必要性を生み出す。通常,開発プロジェクトは多様な集団を含むものである。人類学者はこれらすべての集団との関係だけでなく,諸集団相

互の関係にも注目しなければならない[30]。これは，協働や協力の推進，情報交換，資源の共有，共同計画や共同行動への関与，問題がおこった時の迅速な対応を意味する。

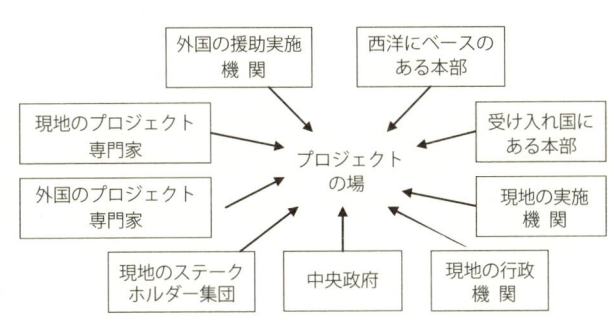

```
外国の援助実施機関      西洋にベースのある本部
現地のプロジェクト専門家                受け入れ国にある本部
                    プロジェクトの場
外国のプロジェクト専門家                現地の実施機関
現地のステークホルダー集団   中央政府   現地の行政機関
```

図3.3 典型的なプロジェクトにおけるステークホルダー集団

開発人類学者が得意とする仲介は，1つの役割を意味するのではなく，複数の役割を含むものである。時に，仲介者（ブローカー）は，自ら語ることのできない，あるいは語ろうとしない集団のための代弁者（spokesperson）である。また仲介者は，対立的あるいは敵対的集団間の調停者（mediator）にもなりうる。仲介者は情報をやりとりする教師（teachers）ないしインフォーマントとしても機能し，時には実際に結果を生むような示唆を与える触媒（catalysts）でもある[31]。事実，仲介は非常に複雑な活動であり，象徴，意味，時間，資源への精通と操作の双方を含んでいる[32]。

仲介者は情報交換を円滑に進めることができると広く考えられているが，実際には情報を操作（manage）しているのである。これは，知っていることのすべてを言わないこと，あるいは知っていることを非常に選択的に戦略的なやり方で伝えることを意味する。仲介者は一種の通訳（interpreter）である。すなわち，アンブローズ・ビアースがかつて述べた言葉にあるように，通訳者とは，「別の言語を話すふたりが互いを理解できるよう，一方がそう発言すれば通訳にとって都合がいいと思えることを，その通りに伝えるひとのこと」である[33][訳注(2)]。

政策の仕事と同様に，開発における仲介は古典的理論や民族誌ではほとんど有益な答えを与えられないような要求を人類学者につきつける。

(3) アドボカシー

1960年代と70年代に，世界先住民族会議（World Council of Indigenous People），カルチュラル・サバイバル（Cultural Survival），先住民のための国際ワークグループ（the International Work Group for Indigenous Affairs），サバイバル・インターナショナル（Survival International）のような欧米に基盤をもつグループと共に，先住民運動が開発シーンに登場した[34]。

開発人類学者はこれらの集団や運動に関与するようになり，それとともに，アドボカシー（擁護）が重要な役割として追加されるようになった。関与はするが相対的に中立的な媒介者であろうとする「仲介」とは異なり，アドボカシーは明確に一方の味方をし，肩入れすることを含むものである[35]。

　アドボカシーの関係は3つの重要な側面をもつ。第1に，人類学者は外部機関のために働くのではなく，コミュニティのために働き，情報を提供する。第2に，取り組むべきトピック，テーマは，人類学者ではなく主としてコミュニティが決定する。最後に，擁護者（advocate）としての人類学者は，コミュニティに対して説明責任を負い，実践を専門とする同僚に対しての責任は2次的である。

　擁護者として人類学者は，多くの異なる役割を演じることができる。彼らはふつう，最前線の活動家としてではなく，弱い立場にある集団のための調査者，訓練者，リソース・パースンとして活動する。その他に，時に歴史家，ロビイスト，専門的見地からの証言者，あるいは極端な場合には告発者としても行動する。いずれにしても擁護者としての役割が何であれ，目的は同じである，すなわち，コミュニティをエンパワーし，人々の能力の形成を助けることである[36]。

　それゆえアドボカシーは，個人の目標を集団の目標に従属させ，集団が規定した基準と手続きにおいて適切かつ効果的に働き，集団の必要に合致する結果を生み出すことを意味する。アドボカシーの成功は，政治的に洗練されることを必要とし，人類学者をふたたび学問の世界からかけ離れた活動に参加させることになる。

(4) 倫理

　人類学者が開発プロジェクトにおいてそのステークホルダーとの相互関係のもとにおかれることは，遅かれ早かれ，倫理の問題をひきおこす。これまで見てきたように，開発プロジェクトにおけるステークホルダーは，広い範囲の集団に及ぶ。そのなかには，プロジェクトの現場に物理的に存在していないものもあるかもしれない。集団間の利害が対立する事態は，必然的に起こりうる。

　応用人類学における倫理的関心は，もちろん新しい事柄ではない。応用人類学会は1940年代に，倫理に関する最初の声明を出し，それ以来いくつかの改定が加えられた。アメリカ人類学協会の『専門的職業の責任に関する諸原則』("Principles of Professional Responsibility") は，6つの主要なステークホルダー集団へのアカウンタビリティを強調した。すなわち，私たちが研究対象とする

第 3 章　人類学を役立てる　75

> ミニケース 3.3「タイにおけるキャメロット・プロジェクトと対ゲリラ研究」
> 　キャメロット・プロジェクトは 1964 年にはじめられた社会調査プロジェクトであり，アメリカ軍が資金を提供した。その目標は，「発展途上国の社会変化について政治的に重要な諸側面を予測し，同社会にインパクトを与えることを可能にするような一般的システム・モデルを開発すること」であった。とくにこのプロジェクトは，途上国社会における国内紛争の発生可能性を評価することと，そうした紛争を回避するような活動を示すことを求めた。もともとこれは，ラテン・アメリカ諸国を対象にはじめられたのであるが，アジア，アフリカ，ヨーロッパの国々も含めるようになった。このプロジェクトへの人類学的関与は最小限であったが，プロジェクトをめぐる有名な論争が巻き起こり，多くの本や論文で取り上げられた。いくつかの実践を専門とする人たちの団体は，「秘密の」研究や反ゲリラ活動のために社会科学を利用することに対して反対の決議をおこなった。社会科学者の間でおきたそのような動きもあり，このプロジェクトは急速に，いつの間にか終結した。
> 　しかし同時に，人類学者の間で研究の適切性と，人類学的研究が究極的にどのように用いられるかに関する根本的な倫理的・政治的疑問が，タイにおける社会科学者の別の活動をめぐって生じた。数年にわたり，アメリカ国防総省先端研究プロジェクト機関（ARPA）（後にインターネットをもたらすことになる集団）の融資を受けて，人類学者が北部タイの山岳諸民族のもとで仕事をおこなった。ベトナム戦争の激化に伴い，ARPA の北部タイ向け調査資金も増大した。ラテン・アメリカでのキャメロット・プロジェクトと同様に，その目的は反ゲリラ活動のための基礎的な文化的・人口学的情報の収集であったようである。
> 　タイの調査プロジェクトをめぐる論争は，キャメロット・プロジェクトの場合よりも激しくおこなわれ，長引いた（時にはこの 2 つの出来事は単一の問題として融合する傾向があったが）。キャメロット・プロジェクトとタイは，人類学者の間に倫理についての有益で遠大な議論を喚起し，多くのフィールド調査者に外部によるデータ利用に関する諸問題を検証させた。しかしこれらの論争は，1960 年代半ば以降，USAID の新方針（New Directions）と世界銀行のマクナマラ・ドクトリンが出される 1970 年代半ばまでの期間，人類学と国際開発事業との関係を冷え込ませる効果をもった。
> 出典：Sjoberg 1967；Jones 1971；Beals 1969；Belshaw 1976；I.Horowitz 1965, 1967；Watkins 1992；Wax 1978；Wolf & Jorgenson 1970.

人々，一般大衆，学問分野，学生や訓練を受ける者，私たちの雇用者・依頼者・スポンサー，そして政府である。これらの集団に対して人類学者は，その方法，目的，資金源を明らかにすることが求められる。人類学者は対象のコミュニティ

を尊重しなければならない。同僚の仕事を妨げてはならない。同時に学生に対しては自由なアクセスを与えるべきである。人類学者はその技能と知識を社会全体に対して利用可能にすべきであり、人類学者を雇う人たちに対して正確で満足のいくサービスを提供しなければならない[37]。

　人類学における倫理への関心は、1960年代〜70年代に強くなった。ベトナム戦争とそれ以前の出来事、とくによく知られたカメロット・プロジェクトをめぐる論争は、学界内部に応用的活動の適否と関与の限界について、深刻な疑問を提示した。この論争は、倫理だけでなく、時に政治に関わるものでもあった。ある応用人類学者が言うように、「ラディカルな見方をすれば、応用人類学は、その表明された目的が何であれ、権力者が虐げられた人々への支配を強めるための手段にほかならないものになった」のである[38]。

　開発人類学の倫理的ジレンマは、多くの倫理的ジレンマがそうであるように、力と情報の問題に集中する傾向がある。何が研究されるのか、誰の利益になるのか、人類学者が知ることで何がおこるか、そして、人類学者の関与の結果として人々に何がおこるのかが、開発人類学者が遭遇する倫理的問題の最も重要なものである。

　私たち人類学者は、不完全な知識に基づいて提言をおこなわなければならない時がある。この点において人類学者は開発専門家とほとんど変わらないが、その専門的主張はしばしば独自のやり方で深く掘り下げられた理解に基づいて述べられる。人類学者がフィールドワークをおこなったコミュニティについては、確かに多くを知っているかもしれない。しかし、私たちが数週間滞在しただけの場所についてどれだけのことが言えるのだろうか。言い換えれば、どれだけの知識で「十分」といえるのだろうか。

　開発プロジェクトは、しばしば認知している社会経済的関心に加えて、はっきりとした政治的アジェンダをもつ、大きく強力な諸機関によって計画され、融資がおこなわれる。プロジェクトは、たいてい、政治的自由の伝統をもたない国々、自由な学問的研究の伝統などないような貧しい国々で展開される。国内に立ち入り禁止地域を設けている国もあるかもしれない。こうした状況において開発人類学者は、自らの忠誠と義務をどこに向かって果たせばよいのか、とくに難しい選択に直面する。

　開発人類学者の多くは、多くのステークホルダーのなかの極く一部でしかない特定の顧客のために契約を結び、実践する。しばしば、人類学者が取り組むこと

になる問題（そしてしばしば期待される解決の形）は，あらかじめ顧客によって決められている。顧客が関心を抱かない問題，あるいは顧客にとって有害な問題は，事実上無視される。

開発人類学者は，じきに他の専門家と同様に，顧客の命令に従うために支払いを受けることを学ぶ。有償の専門家はたくさん文句を言うことが許され，時には権力者に違ったものの見方をするように説得することも許されるが，1つの基本ルールは残されている。すなわち，もし私たち人類学者が顧客を説得できなければ，私たちは協力するか，その関係から降りるのみである。

最後に，人類学者は，自らの知識や知見を誰に対してどれくらい提示するのか，決めなければならない。これは「汚れた手－罪深い知識」問題（"dirty hands-guilty knowledge" problem）とよばれてきた[39]。無駄，不正，腐敗，無能力，不注意は，必ずしも開発業界内で他よりも広まっているわけではないが，それらはたしかに存在する。他の人々と同じく，人類学者は，開発プロジェクトが実際にどのように実施されたかについて，彼らが知っていることすべてを語るべきか（また誰に対して），慎重に考えなければならなかった。権力に対して真実を語ることは，原理的にはよい考えだが，それは今後の活動に支障が出ないのだろうか。もっと悪くすれば，開発全体に対する一般的支持を失うことにならないだろうか。

こういった問題（これ以外の問題も含めて）について，現時点では人類学内部でコンセンサスはほとんどない。開発事業からの需要は人類学者に多様な課題をつきつけ，信念と原則を試すとともに，人類学者自身の能力を高めることを求めた。

第3章要約

第3章では，人類学が現代の社会問題にどのように応用されてきたかという点について検証した。応用人類学は植民地時代以来の人類学の特色の1つであり，今日では人類学の重要でかつ発展的な部分を担っている。

大学に所属せずに実務に携わる人類学者（人類学の教育を受けた者）は，応用人類学のなかでも最も急速に増大するカテゴリーであり，彼らの多くが国際開発に関与している。開発業界内では，彼らは情報収集，政策形成，現場でのプロジェクト立案や管理など，さまざまな領域で働いている。

人類学者は，さまざまな問題に直面しながらも，開発に関する事業の主要な部

分に大きな影響を与えてきた．また同時に，開発事業の性格と範囲はさまざまな方法で実践家と彼らの専攻分野に挑戦してきた．こうした成功にもかかわらず，開発人類学を含むあらゆる形態の応用人類学は，それらの親学問に対していまだに曖昧で二級的な扱いに甘んじている．

［注］
1) たとえば，van Willigen (1986), R. Chambers (1985), Grillo and Rew (1985), Ervin (2000) 参照．
2) ピット＝リヴァーズが1880年代にこの語を造ったといわれる．ラドクリフ＝ブラウンは1920年代にこの語を使い，同様にこの語を使ったマリノフスキーは植民地統治下の諸社会がどのように変化しているかを研究するために「実践人類学」(Practical anthropology) をよびかけた．
3) この時期の議論については，Gardener and Lewis (1996：29)，Naylor (1996：10)，Grillo and Rew (1985：10) を参照．フォードは，英領アフリカにおける人類学の簡潔な説明 (Forde 1953) をしている．
4) より詳しくは，Gough (1968), Hymes, ed. 1972, Asad (1973)，その他を参照．
5) Naylor (1996：10)，Gardener and Lewis (1996：33) を参照．
6) アメリカ応用人類学の初期の発展については，van Willigen (1986) に詳しい．
7) フォックス・プロジェクトは，アメリカ・アイオワ州に居住するメスクァキー・インディアン (Mesquakie) のもとで1948年から59年の間におこなわれた．ルーベンステインは，このプロジェクトに関する議論と，背景となる引用をしている (Rubenstein 1986)．コーネル＝ペルー・プロジェクトとしても知られるヴィコス (Vicos) は，アラン・ホルムベルグによって1949年にはじめられ，1960年代半ばまで続いた．ドウティーとマンジンがこのプロジェクトについて説明している (Doughty 1987 ; Mangin 1979)．
8) トロッターが，これらの応用訓練プログラムの構造，内容，哲学について詳しく紹介している (Trotter 1988)．1989年には応用人類学会 (SfAA) が『応用人類学における訓練プログラムへの手引き』("Guide to Training Programs in Applied Anthropology") (Hyland and Kirkpatrick 1989) を発行し，アメリカにおける30近くのプログラムをあげている．イギリスでは，遅れて同じような経過をたどった．グリロとリューがこうした展開の概要をまとめている (Grillo and Rew 1985)．1977年には王室人類学協会 (Royal Anthropological Institute) が開発人類学委員会を設立した．1985年には，のちにGAPP (政策と実践における人類学のグループ) となる応用人類学グループが結成された．1983年までにそのグループは150人のメンバーを擁していた．アメリカ同様，イギリスの応用人類学者は，しばしば学会の外から，学問内でますます影響力をもつようになっている．ショアとライトが，イギリスにおける応用人類学の現在の地位について有益な展望をしている (Shore and Wright 1996)．
9) Partridge (1985：139, 141) を参照．
10) 興味深いことに，この立場はフランスの一部でも繰り返されている．Nolan (1998) を参照．
11) Bodley (1994：352), E. Chambers (1985：215) を参照．
12) van Willigen (1986：34)．
13) Fiske and Chambers (1996：4-5)．

14) Fiske and Chambers（1996：8）を参照.
15) SOPA の創設については，ベイントンが記述している（Bainton 1979）．ベネットが LPO の成長を詳述する NAPA 速報をつくった（Bennett 1988）．フィスクとチェンバースは，LPO についての追加的情報を紹介している（Fisk and Chambers 1996）.
16) E. Chambers（1985：215）.
17) 同じ点について，Partridge（1985：144）を参照.
18) ホーベンとピルスバリーが開発人類学の展開について概観している（Hoben 1982；Pillsbury 1986）.
19) Weaver（1985），Grimm（1998）を参照.
20) 人類学と開発との関係は，Ferguson（1997）を参照.
21) van Willigen（1984：78）.
22) 開発プロジェクトに関するいくつかの人類学的研究（Uphoff 1985；Kottak 1991；Cernea 1987）は，プロジェクトの成功や失敗に社会的要因が関与することを理解するうえで，大きな貢献をした.
23) コンサルタントとしての人類学者については，Wilson（1998）を参照.
24) Hoben（1986：194）．Horowitz（1998a：1）も参照.
25) これらについての優れた議論は，Horowitz（1994：508）を参照.
26) ホロウィッツは次のように述べる．「今日では，人類学者が経済学者や他の技術専門家から成るチームを主導することは珍しくない．なぜなら，文化に関する専門性が望まれているだけでなく，全体論的にみる人類学の学問的特徴が，さまざまな専門家の報告を一貫した行動のための提言に統合する作業に最も適しているとみなされるようになってきたためである」（Horowitz 1996b：336）.
27) Cernea（1991：xii）と Green（1987：24）を参照.
28) van Willigen（1986：9，143）を参照.
29) Spicer（1976：129-132）を参照.
30) Gow（1991：11）.
31) これらについてのより詳しい議論は，E. Chambers（1985：30-32）を参照.
32) この点については，政治人類学と社会学内の象徴的相互作用論の双方にすばらしい文献がある．たとえば，紹介として Bailey（1969, 1983, 1988, 1991）と Goffman（1969）を参照.
33) Bierce（1958：69）.
34) これらについての議論は，Bodley（1994：377）を参照.
35) アドボカシーについてのさらに詳しい議論は，van Willigen（1986：118）を参照.
36) シェンスルとシェンスル（Schensul and Schensul）は，「専門家の目的は，顧客集団に属する人々が政治，計画，公共事業の領域で自らのために発言する力を高めることでなければならない」（Grillo and Rew 1985：25 所収）と述べる.
37) Kemper and Royce（1997：479-480）.
38) Angrosino（1976：3-4）.
39) Fetterman（1983）を参照.

［訳注］
（1）3 種類の対比については，63 頁の表 3.1 を参照のこと.
（2）アンブローズ・ビアスの通訳者に関する訳文は，アンブローズ・ビアス（筒井康隆訳）『筒井版・悪魔の辞典―完全補注』講談社，2002 年，218 頁を引用.

第Ⅱ部　開発プロジェクトの検証

　第Ⅰ部「人類学と開発」では，とくに2つの事柄について検討した。すなわち，どのように国際開発が世界の主要な産業として成長したか，それと同時に，人類学はとくに開発業界のなかでどのようにして応用分野を発展させたか，である。

　この第Ⅱ部「開発プロジェクトの検証」では，人類学がフィールドにおいてどのように実践されているか，とりわけ開発分野における人類学の活用のされ方についてみる。第4章「開発プロジェクトの実際」は開発プロジェクトとはどのようなものをさすのか，そしてそれはフィールドにおける変化を促すためにどのように開発援助機関によって実施されているのかを明らかにする。第5章「プロジェクト展開における情報」では，プロジェクトの実施過程におけるデータの役割について述べる。第6章「プロジェクトの形成」は，プロジェクトが実際にどのように設計されるのか，とくに初期段階における重要事項の決定過程に注目する。第7章「プロジェクトの管理」は，プロジェクトの実施過程におけるいくつかの重要な課題について述べる。第8章「プロジェクトの評価（アセスメント）」は，実施されるプロジェクトを検証し，審査する方法について述べる。

第4章　開発プロジェクトの実際

　プロジェクト（project）は本質的には変化をつくり出すシステムであり，さまざまな発想を形にするメカニズムである。実際のプロジェクトには，政策（policy）とプログラム（program）が含まれる。政策は比較的広い見地から述べられた行動原理であり，プロジェクトの全体的な目標あるいは方向性，実際におこなうべき事柄に関して一般的な表現を使って述べたものである。また政策にはその実現に向けたガイドラインも含まれる。プログラムは政策に基づいて作成される。それは到達目標とガイドラインをもち，資源の分配に関係する一連の行為や優先関係に基づいて具体化しはじめる。政策とプログラムは基本的には計画（plan）や意向を表したものであるが，プロジェクトはいくつもの計画を，時期と地域を特定して行動化させたものである。

1. プロジェクトの特徴

　ほとんどの開発援助はプロジェクト形式でおこなわれる。援助ドナーの立場からすると，プロジェクトはさまざまな資源を組織化するための，効率的かつ効果的な方法と考えられている。プロジェクトは十分な説明とその対象となる範囲を明示し，実施のための規則や手続きを準備する。それらをとおしてプロジェクトは，対象地域の人々に対して，これから生じる事態を理解するための術を，少なくともその「幻想」を抱かせるものである。

　プロジェクトは援助ドナーが好むスタイルであるが，問題がないわけではない[1]。プロジェクトは一時的なものであり，しかも地域やテーマを限定しておこなわれる。そのため，結果があらわれたとしても，暫定的で断片的な解決しかもたらさないこともある。また，プロジェクトは時間をかけ労働集約的に展開されるので，その目的となる否定的現象の解決へ向けて近道をとることもある。さらにプロジェクトは，比較的多額の資金を投入して実施される傾向にもある。そして非常に頻繁にみられることであるが，現地事情についての十分な理解を欠いたまま立案され，地域の社会的背景を反映させずに単純なモデルや仮定に基づいて計画されるプロジェクトもある。

```
立案 ↕ 行動
           ┌─政策─┐          政策：達成目標の概略
           │     │          プログラム：優先順位
       プログラム1  プログラム2   や資源の割り当て，行
        ┌─┴─┐   ┌─┴─┐      動に関する達成目標
   プロジェクトA プロジェクトB プロジェクトC プロジェクトD  を実施可能にする．
                                  プロジェクト：これらの計画を
                                  具体的行動に移すこと．
```

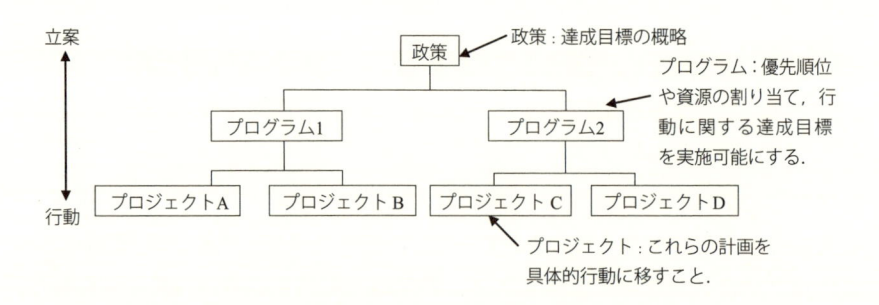

図4.1　政策，プログラム，プロジェクト

　プロジェクトには次の特徴がある。目的，範囲，時間の面で限定的であり，時には新しいアプローチの方法や概念を試すために実験的でさえある。またプロジェクトはそれ自体の活動を終えた後も関連する活動が継続していくよう，持続性を念頭において立案される。その意味において，発展的特徴を備えているともいえる。さらにプロジェクトは，特定の価値を伴う（value-laden）。計画立案者（planner）やその他のステークホルダー（利害関係者）が描く将来像に基づいて物事の取捨選択がおこなわれ，実践活動に反映されるということである。そして，プロジェクトがさまざまな人間集団（たいてい異なる視点をもつ人々）によって実施される点から，協働的（collaborative）という特徴も指摘できる。

　プロジェクトは開発援助の目標に到達するための効果的な方法になりうるが，その計画と実施の過程に多くの困難がつきまとう。たとえば，プロジェクトはさまざまな集団や組織を集約しておこなうものであるが，それらが必ずしも同じ価値観やニーズ，認識，前提，目標をもつとは限らない。関係する組織・集団・個人間にある異なる世界観，関心，期待がプロジェクトの場に混在する。それらに関する差違は時にプロジェクトを特徴づけることにもなる。「成功するプロジェクト」とは，多様なステークホルダー間に協調性がみられ，特定の集団や組織だけでは到達できないような成果を生み出すものをさす。

　あるプロジェクトのオブザーバーは，開発プロジェクトは計画（plan）としてはじまり，そしてすぐに文脈（contexts）に変化する，と述べている[2]。プロジェクトは文脈のなかに存在する多様な世界観を取り込んで展開される。その意味において，さまざまな社会的アクター間の時間をかけた交渉過程ということもできる。その過程において，人類学者は2つの役割を担うことができる。1つはステークホルダー間の差違や共通性を明らかにすることであり，もう1つは多様性

を共通の目的に収斂させる方法の発見に関わることである。

2. プロジェクトの構造とサイクル

(1) プロジェクトの実施

どのようなプロジェクトでも手順や実施過程において，次のような共通の特徴をもつ。

・プロジェクト形成（framing）：第1段階は，プロジェクトの特徴を明確にする構想づくり（framing decision）である。それには，目的（objectives）と達成目標（goals），そのための戦略（strategy），手順（procedure）が含まれる。そしてそれらを位置づけるためには，プロジェクトのステークホルダーとなる人は誰なのか，他所ですでに計画されている，あるいは実行段階にあるプロジェクトにはどのようなものがあるのか，どのような基準で開発の優先順位をつければよいかなど，さまざまな要素あるいは変数を考慮しなければならない。対象となる地域社会やステークホルダーに関する情報は，成功に導く構想を立てるうえでとても重要である。

基本構想をつくることで，その延長線上にある他の部分も明確にすることができる。たとえば，プロジェクトの目的を達成させるための資源（resources）や具体的な活動（activities）である。そしてそのための人員，組織，手順や，この段階では暫定的なものにとどまるが，実施のためのスケジュール（timetable）の作成もおこなう。

・管理（management）：プロジェクト管理は，プロジェクトに関わるさまざまな活動が展開され観察される実施段階に相当する。対象社会についての新しい情報を入手したり，プロジェクト・チームや地元のステークホルダーがプロジェクトを通じて得た経験に基づいて，プロジェクトが構想からずれないようにする調整作業もおこなわれる。

・評価（assessment）：プロジェクトが何らかの活動の結果を見せはじめたところで，結果や結果に至る方法に対する判断が必要になる。それはモニタリング（monitoring）や事後評価（evaluation）という形でおこなわれる。評価を通じて，計画立案者はその後の活動を展開するうえで有益な教訓をプロジェクトから得ようと努めることになる。

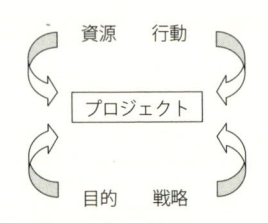

図4.2 プロジェクトの基本要素
資源　行動
プロジェクト
目的　戦略

(2) プロジェクトを構成する要素

すべてのプロジェクトは4つの基本的要素で構成される。それらは，資源（resources），活動（activities），戦略（strategies），目的（objectives）である。

資源はプロジェクトの活動を支える有形・無形の対象であり，物，人材，情報，資金，機材，時間などを含む。プロジェクトのなかには資源をほとんど必要としないものもあるが，通常は不可欠である。プロジェクトの成功にとって，資金と機材は，住民のコミットメントや意思，あるいは信頼できる情報などの無形的資源ほど重要ではない。

活動はプロジェクトに関わる業務とその運営であり，プロジェクトの資源によって内容は変わる。繰り返し述べることになるが，プロジェクトは複合的活動によるものから，より簡易なものまで多様である。その多様性が増すほどに，より高度な管理運営能力が求められる。

プロジェクト戦略は，さまざまな活動を正当化し，形づくり，調整するための計画あるいはアプローチをさす。特定の目標や目的に到達する方法はたいてい複数あるので，どのような戦略を選ぶかがとても重要である。誤った戦略はプロジェクトの資源を浪費するだけでなく，プロジェクト関係者の日常業務や能力に合わないかもしれない。

プロジェクトには，特定の成果，目標，意図あるいはねらいが付随する。目的はこれまで述べた3つの要素（資源，活動，戦略）が収斂される具体的な着地点ということになる。プロジェクトのために設定される目的は当然資源や戦略と符号するはずであるが，より重要な点として，目的は現実的な内容であると同時にステークホルダーが関心を寄せるものでなければならない。

(3) 開発援助機関のプロジェクト・サイクル

上で述べたプロジェクトの諸要素とそれらの運用は，プロジェクト計画がはじめに作成される時点から最終的な評価報告書が提出されるまでのプロセスを含むプロジェクト進行サイクル（project development cycle）にまとめられる。各開発援助機関は微妙に異なるサイクルのもとでプロジェクトを実施しているが（同時に，各機関は異なる政策や進行手順をもつ），基本的にはどの機関のプロジェクト進行サイクルも同様である。ミニケース4.1「世界銀行のプロジェクト・サイ

ミニケース4.1　世界銀行のプロジェクト・サイクル
　世界銀行のプロジェクト・サイクルは，プロジェクトの立案，管理（management），評価を6つの段階に分けている。それは，特定化（identification），準備（preparation），事前評価（appraisal），交渉（negotiation）と提示（presentation），実施（implementation）と管理（supervision），事後評価（evaluation）である。世界銀行は，通常，年に数百のプロジェクトを承認するが，厳しい審査を経たものだけがプロジェクト・サイクルにのることになる。

特定化（identification）
　プロジェクトのアイディア（着想）は，世界銀行の派遣チーム，国連機関，民間のスポンサーなど，いくつかの情報源から生まれる。しかし最終的には，受け入れ国政府がプロジェクトについての正式提案をおこなうことになる。この特定化段階において計画立案者が第1に関心を寄せることは，誰がプロジェクトから利益を得るのか，成果はコストに見合うか，同等の成果をあげるためにどのような別のシナリオがあり得るかという基本的な問いに関係する事柄である。またあるプロジェクトのアイディアは，同様に可能性をもつ他のプロジェクトと競合させて検討されなくてはならない。

準備（preparation）
　プロジェクトを進める決定がおりると，準備作業がはじまる。それは，通常，世界銀行の監督のもと，援助の受け入れ国自身で実施される。「準備」とは，プロジェクトの主要な側面を網羅する詳細な計画書（project proposal）を準備することを意味し，技術的，財政的，経済的，社会的，経営的な内容に及ぶ。プロジェクトの実行可能性がこの段階で試され，問題がなければ，試案的なスケジュールがつくられる。

事前評価（appraisal）
　この段階でプロジェクトは最も重要な査定（世界銀行の事前評価）を受ける。世界銀行のチームは，債務受け入れ国における業務について，とくに4つの領域に注目して審査する。プロジェクトの技術的側面，成功に必要な組織的要件と業績水準，経済的インパクトと利益，収益率，プロジェクトの財政的健全性である。

交渉（negotiation）と提示（presentation）
　世界銀行が事前評価における調査結果を明らかにし，その内容がおおむね肯定的なものであれば，世界銀行と援助受け入れ国は，プロジェクトに着手する前に，課題として残された点や細部に関する交渉を開始する。その交渉によって計画の大幅な練り直しに至る場合もあるし，日常業務に関することに焦点があてられること

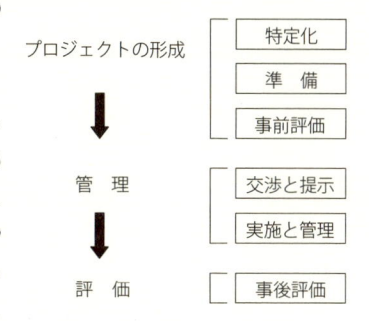

プロジェクトの形成	特定化
	準　備
	事前評価
↓	
管　理	交渉と提示
	実施と管理
↓	
評　価	事後評価

世界銀行のプロジェクト・サイクル

もある。交渉の末に結論が出されると,プロジェクトは承認を得るために世界銀行の役員に正式に提出される。

実施（implementation）と管理（supervision）

　役員の承認を得た後に,プロジェクトを開始するための資金が出される。一般に受け入れ国はプロジェクトの実施全般に責任を負い,たいてい開発コンサルタントや専門家の選任を含め,モノやサービスの入札を公布することになる。資金は段階ごとに支払われるのが一般的で,世界銀行によってプロジェクトの進行が厳しく管理される。その結果,受け入れ国は,品物などの調達,経理,業務報告に関する世界銀行の規則に従わなければならない。

事後評価（evaluation）

　事後評価は,事務局長への報告を担当する世界銀行内の独立した部署がおこなう。この評価では,実際のプロジェクトと計画書の内容を対照し,どのような結果がみられたか,今後同様のプロジェクトをおこなううえでの留意点などに注目して評価する。

出典：World Bank Information Briefs #A. 04. 4. 94

クル」は,多国間援助を扱う大規模開発援助機関の進行過程を説明している。その事例から,プロジェクト・サイクルの準備および事前評価段階において,文脈に関わる詳細な情報を得ることがきわめて重要であることがわかる。

　世界銀行にかぎらず,どの開発援助機関もプロジェクト・サイクルは簡単に概略のみで表現されるが,具体的な内容の設計やそれらを承認する過程は実に複雑で,時間を要する。ひとたびプロジェクトが承認されると,チームが編成され,必要な情報収集がおこなわれ,資料や機材が準備されなければならない。また,プロジェクトの対象となる地域の人々との対話,地域の政治家などによる受け入れを認める調印も必要である。典型的な世界銀行プロジェクトでは,実際に活動を開始する前のこれらの作業に数年を要する。

3．プロジェクト立案へのアプローチ

　構想を決定しプロジェクトを実際に進める作業は,プロジェクトを立案し設計するアプローチのなかでおこなわれる。プロジェクト立案者は単にプロジェクトそのものの選択をおこなうだけでなく,立案の仕方も選択の対象とする。

　プロジェクト立案には,指示的立案（directive planning）と相互作用的立案（interactive planning）の2つのまったく異なるスタイルがある。これらの一方だ

指示的立案		相互作用的立案
環境については理解や予測が可能であり，かなりの程度コントロールできる．	⇐ どのように立案されるのか ⇒	環境は完全には理解されない．それは絶えず変化するものであり，完璧にコントロールできるわけではない．
技術，結果や偶発的な事柄については，プロジェクトのスタート時点に把握されている．新たに付加的に学習する事柄は，プロジェクト活動を実施する際にはほとんど見られない．知識の枠組みは，地元の環境に押しつけられる．	⇐ 現地の文脈の果たす役割 ⇒	知識は不十分なものであるという認識に基づく．プロジェクトの目標の1つは，その環境においてすべきことを発見することである．新しく学ぶ内容は，プロジェクトの成功に不可欠な要素と見られる．意義は外部から付与されるのではなく，現地の文脈のなかで生成される．
全体的な戦略や目的（資源，活動，スケジュールと共に）はあらかじめ詳細に組み立てられる．設計されたプロジェクトの決定は，後からはほとんど変更できない最終的なものである．	⇐ 存在する知識の役割 ⇒	目的と戦略は現地における調査から形成される．資源，行動，スケジュールは経験に基づいて調整される．設計されたプロジェクトの決定は，実験的であり，可変的である．プロジェクトの変形は学習を踏まえたうえでおこなわれる．

図4.3　指示的立案と相互作用的立案：おもな相違点

けを用いてプロジェクトをおこすことはないが，これらは仮定の扱い，優先順位のおき方，手続きにおいて異なる特徴をもち，プロジェクトのゆく末に大きく影響する．指示的立案は権威を基盤にした相対的に固定的なプロジェクトを生み出す傾向があるのに対し，相互作用的立案は情報に基づく事態の変化に柔軟に対応する．両者の差異については，図4.3を参照してほしい．

(1) 指示的立案

指示的立案は，青写真的計画立案（blueprint planning）ともよばれ，詳細な内容を盛り込んでいる．細かな計画内容があらかじめ立てられ，それに沿って計画通りに順次進められる．プロジェクトの設計段階，実施段階を通じて，必要な意思決定における選択肢は主として数量的に計られ，単一であり，調整可能な変数はほとんどない．

この立案スタイルは家屋建築を例にとるとわかりやすい．青写真に基づいては

じめに資材が発注され,続いて業務の割り当て,建設作業の各段階にしたがった予定表づくりがおこなわれる。最初の計画は図面に正確に描かれる。つまり,計画立案のほとんどの作業は初期段階におこなわれるということである。

指示的立案では,立案者は起こりうる問題への対処の仕方をあらかじめ承知しているものと想定される。計画立案における重要な変数のほとんどはすでにわかっていることであり,すべて数量化できることを当然のことと考える。また,他のプロジェクト関係者も皆立案者と同じ認識や価値観のもとにあると信じている。指示的立案をおこなう人たちは,プロジェクトの最初から終了まで,比較的安定的に推移すると仮定するのである。

このようなアプローチは列車をレールの上を走らせる様子と似ている。どのような難しい局面に至っても,小さな技術的修正で簡単に解決できると考える。ひとたびプロジェクトが進行しはじめると,大きな修正を避ける傾向にあり,実際そのような変化はかなりの困難を伴う。プロジェクトの小さな欠陥は計画自体を崩壊させることにはならないが,大きな欠陥はプロジェクト全体を脱線させてしまいかねない。

(2) 相互作用的立案

これは,学びの過程をとおした計画立案(learning-process planning)としても知られ,情報や学習にかなり依存する[3]。相互作用的立案は,実施過程における不確実性を前提としている。条件や問題点,解決策などははじめから完全にわかるものではない。それらに関する知識はプロジェクトの進行のなかで獲得され,適切な修正は学びのなかから得られるという考え方である。ここでは,単一のレールはもはや想定されないのである。相互作用的立案では,プロジェクトに関わる意思決定は揺れ動き,質的要素を取り入れておこなわれる。相互作用的立案は,プロジェクト・サイクルの進行過程において,プロジェクト設計者とプロジェクトをとりまく環境との間の相互作用と,すでに立案されている計画の再評価や調整を認める組織構造を必要とする[4]。プロジェクトの実施は,変えるということを視野に入れた運営を求め,創造的,実験的でさえある。

この意味において,相互作用的立案はヨットレースのようでもある。ゴールははっきりしているかもしれないが,風や海の流れは常に揺れ動いている。ヨットのクルーは絶えず状況に応じて艇の体勢を整えようとする。利用可能な新しい情報が出てくれば,プロジェクトは柔軟にそれに反応するのである。

これら2つのアプローチ（立案方法）は、欠陥が発見されたり失敗に直面した時の対応の仕方において、最もはっきりと違いがあらわれる。指示的立案における失敗では、準備不足や実行の至らなさに原因が求められることが多い。しかし相互作用的立案では、失敗は学習過程につきものと考えられ、むしろそれによってプロジェクトの修正箇所が明らかになると捉える。

(3) どちらのアプローチ（立案方法）がプロジェクトの展開にとって有益なのか

ほとんどの開発プロジェクトは、これら2つのアプローチの組み合わせで計画される。たとえば、状況次第で変更が加えられるコミュニティ開発プロジェクト（相互作用的アプローチによるプロジェクト）が前提的な構造や計画立案（指示的アプローチ）を必要とするように、最も指示的な特徴をもつプロジェクトでさえもフィードバックや中途段階における修正作業を受け入れることになる。そのためプロジェクトの設計者は、どのような構造や柔軟性を計画のなかに盛り込むかを考えておかなければならない。

次章で述べるように、プロジェクトの設計は数多くの要素を1つにまとめあげるものでなければならない。プロジェクトの対象となる地域の環境、とくにそれに参加する集団はプロジェクトに関わっていく開発援助機関とも一体化する必要がある。プロジェクトの基盤となる考え方は、開発援助機関と地元参加者双方で共有されなければならない。プロジェクトの分配構造は地元社会の状況に合わせて考えられる必要がある。そして、プロジェクトの成果は地元社会のニーズに密着していなければならない。

このようなことを念頭におきながら、計画立案者は指示的あるいは相互作用的双方のアプローチをどの程度プロジェクトに盛り込むかについて判断する。図4.4は、そのことに関して留意すべき点をあげたものである。

プロジェクトのなかには、それの置かれた状況から、アプローチの選択が比較的容易にできるものがある。たとえば、災害援助、人道的支援、あるいは緊急避難などは指示的方法によってプロジェクトが実施されることが普通である。計画立案に時間をかける時間などないし、またその必要もない。他方、伝染病流行地でのワクチン接種は間違いなく地元社会の状況や環境についての知識を必要とするが、プロジェクトの求める技術レベルがその主要なアウトラインを決定づけることになると考えられる。

しかし、ほとんどのプロジェクトは、表面的に単純に見えるようなものでさえ

```
ステーク      ┌─ 懸案となる事柄について理解しているか，そして間違いなく
ホルダー ────┤   そのプロジェクトがその懸案事項の解決に役立つのか？
              └─ そのプロジェクト・チームは，どの程度現地の社会や物理的
                 環境について把握しているのか？

開発援助  ─── プロジェクト・チームは，どの程度チームとしての活動経験
機　関         があり，ステークホルダーとの関係を構築しているのか？

コンセプト ─── プロジェクトで利用される技術は理解されているのか？
               その効果についてはどうか？

分配構造  ─── 失敗があるとしたら，それはプロジェクトにどのような影響
               が出るのか？　プロジェクトは修正が可能か？

              ┌─ そのプロジェクトは，どれくらいのスピードで結果を出す必
成　果 ──────┤   要があるのか？　プロジェクトの立案と実施にかける時間
              │   はどれほどか？
              └─ プロジェクトはどのような結果を必要としているのか？
                 物理的な変化か，人々に関する変化か？
```

図4.4　アプローチの選択

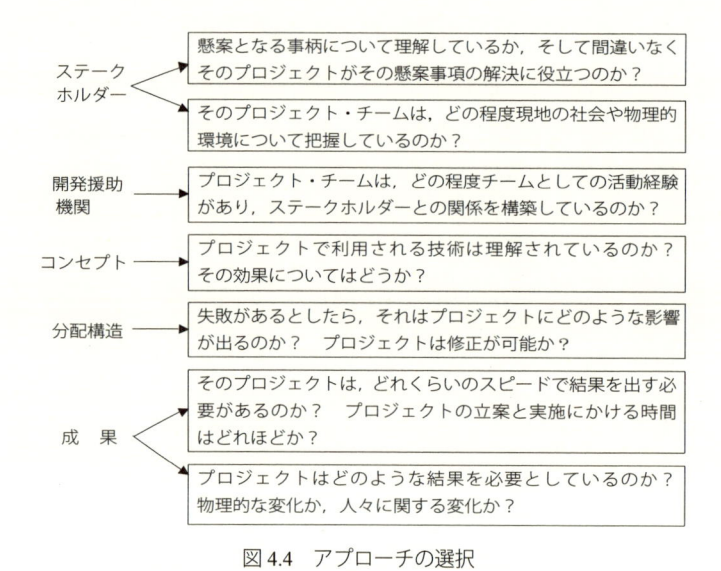

も，計画立案者に重要な選択の機会を与えている。たとえば，ダム建設は指示的方法でプロジェクトが実施されるために，典型的な「青写真」型プロジェクトとしてみられてきたようである。しかし，ダム建設に伴う住民の立ち退きは簡単な問題ではなく，それだけに計画立案者に地元住民などの理解や相互関係の構築が必要になってくる[5]。

実際ほとんどのプロジェクトは，地元社会との調和を考えたうえで，成功を目指して取り組まれる。そのため，できるかぎりの相互性をプロジェクトの展開に組み込むことが強く求められるのである。

(4) プロジェクトの型式

1つのプロジェクトがどれくらいの厳密性をもって立案されるかは，プロジェクトの型式が備える機能によって異なる。各プロジェクトはさまざまな面において独自性をもつが，重要なことは，プロジェクトは効果を発揮するものとそうでないものを明らかにするために設計される，ということである。成功するプロジェクト（あるいは成功するプロジェクトの要素）では，ある状態から別の状態に変更されることがよくある。学びの過程が進むと，プロジェクトの展開に関わるいくつかの様相は相互性が弱くなり，代わりに定型化の度合いが強くなる。

図4.5は4つの基本的なプロジェクトの型を示している。図中の実験的プロジ

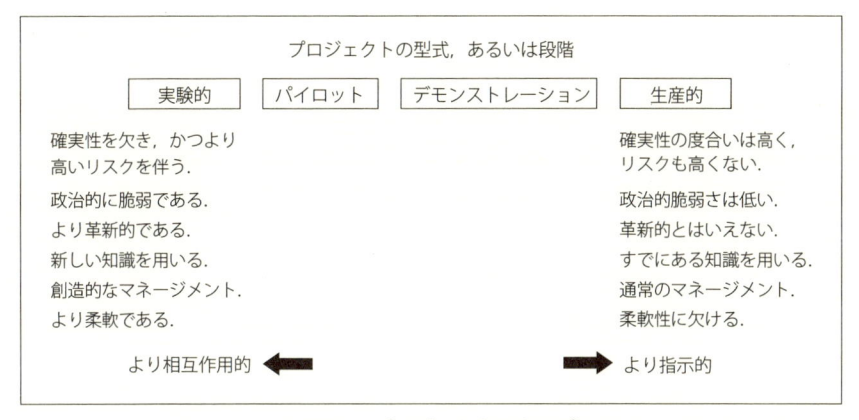

```
┌─────────────────────────────────────────────────────────────┐
│            プロジェクトの型式，あるいは段階                  │
│   ┌─────┐  ┌──────┐  ┌──────────────┐  ┌─────┐              │
│   │実験的│  │パイロット│ │デモンストレーション│  │生産的│              │
│   └─────┘  └──────┘  └──────────────┘  └─────┘              │
│   確実性を欠き，かつより              確実性の度合いは高く，      │
│   高いリスクを伴う．                  リスクも高くない．          │
│   政治的に脆弱である．                政治的脆弱さは低い．        │
│   より革新的である．                  革新的とはいえない．        │
│   新しい知識を用いる．                すでにある知識を用いる．    │
│   創造的なマネージメント．            通常のマネージメント．      │
│   より柔軟である．                    柔軟性に欠ける．            │
│        より相互作用的 ◀━━━━━    ━━━━━▶ より指示的             │
└─────────────────────────────────────────────────────────────┘
```

図 4.5　プロジェクト・タイプ

ェクト（experimental）から生産的プロジェクト（production）へ向かって移動する時，そのプロジェクトは慣例化の様相をみせていることを意味する．もちろん，ある文脈のなかで機能してきた慣例が別のところでは同じように機能しないことはありうることである．そのため，計画立案者は，常に文脈が計画と相互に作用しあうものになっているかに注意を傾けていなければならない．

　実験的プロジェクト（experimental project）は，「問題点」の定義やその考えられる解決策，有効な技術や手順などを含め，多くの未知の部分を含んでいる．この型式のプロジェクトは地元社会の文脈に密着していなければならず，そのため，調査や実行可能性研究，それらをふまえた議論に時間をかけた相互作用的アプローチで計画されることが多い．

　パイロット・プロジェクト（pilot project）は，他所で（あるいは机上で）使われたものの適合性を試すために設計される．そのため，実施，移転，普及に関する効果的な方法をつくり出すことに注意が向けられる．計画立案者は，おもに，すでにあるモデルに適合するか否かに関心を寄せて対象社会の文脈をながめる．既存モデルとの不一致点や問題となる領域が明らかにされると，適宜プロジェクトが修正される．この型式の段階においても，プロジェクトを取り巻く環境との整合性，相互性がかなりの程度みられる．

　他方，デモンストレーション・プロジェクト（demonstration project）は，試験的なアプローチや技術，手続きが地元の人々に受け入れ可能なものであることを証明するためにおこなわれる．この型式では，1つないし数カ所の地域におけるプロジェクトの再現可能性（replicability）や適合性（suitability）が重要視される．

この型式の段階になると，アプローチにおいて指示性（directiveness）がかなり強調され，プロジェクトを動かす概念や技術が問題解決の答とみなされる。プロジェクトがデモンストレーションの条件のもとで機能しない場合，計画立案者は大きな問題があらわれ出してから，その理由を探しはじめるのである。

最後は生産的プロジェクト（production project），あるいは模倣的プロジェクト（replication project）である。これはなるべく広い範囲にプロジェクトの便益を広めることを目的とする時におこなわれる。この型式では，便益を分配するためのシステムや規模の大きな便益を生み出すための体制づくりに注目する。そして，プロジェクト遂行上の不具合はそのシステムと関係づけられずにきた。計画立案者はプロジェクトの失敗理由に関心を寄せるが，その答えを実施体制などに求め，プロジェクトの構想そのものに目を向けようとしない[6]。

4. 問題発生の場としてのプロジェクトの展開

指示的アプローチはある意味で魅力的である。それは検証ずみの論理的なアプローチというイメージでみられる。とりわけ，危険を回避しようとする資金提供者がそれを好む傾向にある[7]。

しかし，いかに技術や費用便益の計算が確かであろうとも，通常，開発プロジェクトは不確実ななかで展開されるものである。社会あるいは自然環境について未知であっても，そのような環境との関係においてプロジェクトの技術が試されるわけでもない。プロジェクト・チームのメンバーは対象地域をはじめて訪れるのかもしれない。プロジェクトはいわば展開途中のドラマであり，多様で変化に富む社会背景があっても，脚本どおりにおこなわれる。

失敗を直視し，失敗から学ぶ姿勢は，このような状況に対してとくに重要である。指示的プロジェクトはここではあまり好ましいものにならない。失敗を受け入れることを不本意とする気持ちがあるだけでなく，失敗したこと自体に鈍感である場合も少なくない[8]。

他方，相互作用的なアプローチによって立案された計画は，比較的失敗に強い。むしろこのアプローチは，失敗をとおして正しい方法を見つけ出そうとする。プロジェクトにおける失敗は理由なしに発生するわけではなく，プロジェクト環境との相互関係から生じるものである。失敗は計画立案者やステークホルダーたちの曖昧な点や盲点を明らかにしてくれるのである。

第4章　開発プロジェクトの実際　95

　特定の処方箋あるいは手法をあてはめればすむ技術的問題とは異なり，プロジェクトの展開は突発的な問題を伴うものである。そして，新しいことや新しいことについての新しい見方を学習し，常に学習をとおしてプロジェクトの戦略を修正することが求められる。プロイセン軍のモルトケ元帥は，「戦略とは間に合わせのシステムである。それは知識を実践に結びつけ，常に変化する状況のもとで元の考えをより精巧なものにしていくことである」[9]と述べていた。
　残念ながら，プロジェクト立案者の多くはこのアドバイスのようには行動しない。時間や資金，官僚的ご都合主義の複合的な圧力のもと，立案者はできあいの枠組みをプロジェクトにもち込むことがよくあるが，それを地元社会の状況に適合させようとはしない。もちろん，指示的アプローチはプロジェクトの展開をかなり単純化しているのであるが，同時に別のアプローチを排除し，地元社会の実情から学び，そのうえでプロジェクトを変えていくことを難しくしている[10]。

(1) 反省的実践としてのプロジェクトの展開

　ほとんどのプロジェクトは，成功のために，地元社会の規範に合わせなければならない[11]。しかしどの規範に合わせることになるのだろうか。
　地元社会の規範は，1つのものでも同質的でもない場合がほとんどである。そのためプロジェクトの展開は，複数の集団の内部，あるいは複数の集団間の交渉の過程となる[12]。強制や詐欺，ごまかし，あまり評判のよくない関係のあり方の例と同様に，やっかいなものは交換や物々交換の関係である。そのためプロジェクト展開のサイクルが緊張と感情，不確実性によって特徴づけられることは不思議ではない。
　そのため，プロジェクト設計の過程は，問題や好機がプロジェクトの結果としてあらわれるところで，適応的変化の姿で立ち上がってくるのである。プロジェクトの成功にとって重要なものとなる多くの問題点は，初期の段階にはよく見えないかもしれない[13]。最終的にプロジェクトは，文脈の中心的達成目標と整合性をもつようになるか，社会的に無視されるか，もしくは中立性を備えるかのいずれかになる。
　プロジェクトの展開は，ドナルド・ショーンが「反省的実践」(reflective practice)とよぶもの，すなわち漸次的，相互的な問題解決の過程であり，技術が適用されるところではその結果が評価の対象となる。そして，これから得られる学習の成果はそれに続く行動に反映されることになる[14]。ショーンは次のよ

うに述べる。「このような状況に対する調査者（enquirer）の関わりは相互的である。調査者はその状況をつくり出すが，状況との対話をとおして調査者自身のモデルや認識を形成する。調査者が理解しようとする現象は，部分的にはその人自身のつくり出したものということになる。つまり調査者は，理解しようとしている状況のなかに自らをおいているのである」[15]。

　プロジェクトを展開させていくうえですべきことは，単に特定の問題を解決する方法を具体的に示すことではない。第1に，関係する問題が何であり，どのようにその問題にアプローチすべきかを，実際の「介入」を計画する前に発見することである。その意味において，プロジェクトの展開は調査よりも情報収集という方が近いかもしれない。計画立案者は最初の段階に完全な情報をもってはいない。しかしそれでも，彼らは活動を進める必要がある。そのため彼らの意志決定は，新しい情報を得て新しいことを学ぶ時でさえも急かされてしまう。しかも，そのような機会は徐々に増加していく傾向にある[16]。

5. 人類学とプロジェクトの展開

　開発プロジェクトは通文化的なドラマの一形態，役者の多くがはじめの段階では台詞をよくわかっていないで演じているような芝居である。脚本はあるけれども，その脚本から派生するものもまたいろいろと出てくる。芝居を成功させるためには，役者どうしが互いに慣れ，脚本に対する必要かつ適度の修正がおこなわれ，最終的に1つの芝居としてまとまりをつけることが必要である[17]。

　人類学は，事態への対応よりも，むしろ事態そのものを発見することに力点がおかれる学問分野である。その点から，人類学者は意味をつくり出す過程において理想的な触媒になりうる。人類学の質的アプローチはプロジェクトにおける異なるステークホルダー間の障壁を取り除き，関連領域を明示して，差違を横断する語りや行動を提示する。

　プロジェクトの形成（framing）において，人類学は問題群や問題の構造，関係する諸集団を特定することに役立つ。ステークホルダーの集団が特定されると，人類学は彼らの特徴やニーズ，可能性を理解するためのツールを提供する。そして人類学は，ステークホルダー集団の特徴を，当該プロジェクトを実施する開発援助機関のカウンターパートに橋渡しすることができる。このようなことを通じて，適切で現実的なプロジェクトが設計され，実施に向けて処理されるのである。

次にプロジェクトの管理であるが，この段階では学習や相互行為（交渉）がより重要になる。人類学はプロジェクト活動が明らかになってくる時にステークホルダー間の関係のあり方を示し，調整する作業に貢献できる。また人類学は，プロジェクトの利害に関わる人々（集団）が予期せぬ事態の進展や新しい情報，あるいはプロジェクトを取り巻く文脈における変化に対処する際の手助けをおこなうことも可能である。

評価段階では，人類学はプロジェクトの結果をステークホルダーがよく理解できるよう示すことにも関わる。プロジェクトがうまくいっているのであれば，人類学は，その便益や体制が確実に継続していくための活動に加わる。逆にプロジェクトが失敗もしくは否定的な結果を生み出しているのであれば，人類学はその原因を特定し，プロジェクトを適切に修正するためステークホルダーに協力する。

プロジェクトが好結果をみせるためには，ステークホルダーは次の2つのことをおこなう必要がある。1つは彼らのおかれている環境と彼らの間の相互関係について学ぶこと，2つめは彼らの相互行為にうまく対応することである。人類学者は情報を集め分析することによって，そしてそれぞれの集団と集団の間の媒介者もしくはファシリテーターとして重要な役割をはたす。人類学者がもともともっている，対象に対する帰納的，質的，全体論的アプローチは，より構造的で量的アプローチを補完し，その有効性を高めることにも貢献する。プロジェクトを不連続なもののつながりとしてみるよりも，むしろ人類学者はそれを発展途中のシステムとしてみる。そしてとくに，さまざまな部分やレベル，構成要素間のさまざまな関係に注意を傾ける。

(1) 人類学者は「専門家」なのか

プロジェクトの展開において人類学者は，他の分野の専門家とはだいぶ異なる役割を担う。というのも，多くのプロジェクト業務は不確実なものを含むからである。多くの業務が不透明であるために，開発援助機関は「専門家」（experts）を求めることになる。何らかの極限的状況にある時，その状況を打開するために必要な問題意識やそれに対する答えを見つけ出すことに時間を費やすのではなく，すでに解決のための知識をもち合わせている人たちに頼ろうとするのである。

プロジェクトをおこなううえで，専門性は成功のための必要条件ともいえるが，1つの専門領域だけで十分ということはない。人類学者は確かに専門家ではあるが，その専門性はおもに発見や解釈の技術であり，前もって確実なものを用意す

表 4.1　専門家とそれ以外

技術専門家	人類学者
物を扱うことが多く,成果は結果や専門家の意見としてあらわれる.	たいてい人間を扱う.成果は文化的意味や解釈に帰結する.
専門家は特定の領域を「もつ」.彼/彼女は課題に精通しているから専門家なのである.	専門性はプロジェクトの文脈そのものにある.人類学者はある技術をもつが,その文脈のもつ意味を伝える仲介者であることが多い.
知識は学問分野や専門領域に結びつけられる.事実は「客観的」であり,中立的である.	知識は社会的構築物であり,いつも因習的に結びつけられているわけではない.知や意味を生み出すプロセスは相互的である.
専門家はあえて知っているといい,不確実な面があっても,そう主張しなければならない.	人類学者もまた知っているというが,関連知識をもつ唯一の存在ではない.不確実性はあらゆるステークホルダーにとって学習の機会とすることが可能である.
専門家はクライアントから一定の距離を維持する.	人類学者はクライアントの思考や感覚のなかに入り込まなければならない.
専門家はクライアントからの尊敬と地位を求める.	人類学者はクライアントとの関係において開放的であり,実際のつながりを求める.

(出典:Schön 1983:42)

ることにあるのではない。この点が人類学を開発に関わる他の専門領域と大きく分けるところである。

　現地調査からわかる真実を受け入れようとする人類学者の姿勢は,他の分野の専門家にはない,おそらくこの分野最大の強みである。「厄介な科学」(uncomfortable science) として人類学は,開発業界における思い違いや未検証の仮定に挑戦することによって,その業界の不安定要因になりがちである[18]。表 4.1 は人類学者と他の開発「専門家」とのおもな相違点を示している。

(2) 文脈におけるプロジェクトの展開

　それぞれのプロジェクトは独自の特徴をもつが,成功するプロジェクトという

のはすべてそれらをとりまく文脈と調和していなければならない。技術的，資金的，管理面での問題は間違いなく重要ではあるが，技術や資金，管理業務の善し悪

外部環境
直接的にプロジェクトに影響する様相

内部環境
プロジェクトの直接的コントロールの下にある様相

隣接的環境
プロジェクトを左右するが，逆にプロジェクトからの影響も受けるような様相

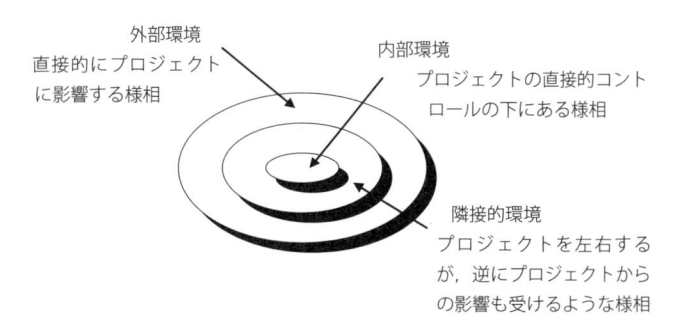

図4.6 プロジェクトの文脈（出典：Siffin 1981 より筆者改変）

しを究極的に決定づけるものは，これらを取り巻く文脈である。成功プロジェクトというのは，地元の人々によって結果や選択，機会が生み出されるものである。それは，人々が理解し，影響を与えることのできる過程をとおして現実化する。言い換えると，社会の文脈のなかで意味をもたなければ，プロジェクトの成功はありえないということである。プロジェクトの文脈は3つの特徴をもつ。

- 内部環境（inner environment）はプロジェクトを構成する一部分であり，プロジェクトの推進機関によって規制される。これは，通常，プロジェクトの立案あるいはその実施組織に関わるすべての内部的な動きを含む。
- 隣接的環境（proximate environment）はプロジェクト組織の外にあるが，プロジェクトと密接な関係にある。この環境はプロジェクトに重大な影響を及ぼすが，逆にプロジェクトからの影響も受ける。これに含まれるものは，プロジェクトの受益者，参加者，ステークホルダー，地方行政機関，援助者，その他の集団である。
- 外部環境（outer environment）もまたプロジェクトに影響を与えるものであるが，プロジェクトのコントロールを受けることはない。外部環境には，国家経済，政治制度，法制度，気候，地形，天然資源などが含まれる[19]。

プロジェクトがその文脈と確実に調和するためには，文脈に関する事前の十分な理解だけでなく，プロジェクトが続いている間の絶え間ない学習が必要である。ミニケース4.2「アラビア語タイプライターの事例」は，異なる文脈がどのようにチュニジアの都市開発プロジェクトのなかで相互に影響し合っていたかを示している。

文脈ベースのプロジェクトは，重要な枠組みが決定される前に，ステークホルダー集団を特定する。このようなプロジェクトは，ステークホルダーを計画立案

ミニケース 4.2　アラビア語タイプライターの事例

　1980年代のはじめ頃，私はチュニス近郊のスラム街における都市生活向上プロジェクトを率いていた。そのプロジェクトの文脈におけるすべての側面（3つの側面）がプロジェクトの展開にとって重要であったが，それぞれは異なる重要性をもっていた。

　プロジェクトの内部環境（inner environment）は，プロジェクト・チームと，メラシーネにあったチームの事務所である。その時，プロジェクトの責任者であった私とチュニジア人のカウンターパートは，チームとチームがおこなう事柄に対してかなりの権限を与えられていた。私たちはスタッフを雇って仕事を割りあて，期限を設定し，設備を購入し，事態の展開に応じてプロジェクトを調整することができた。

　しかし，これらをうまくやり遂げるには，私たちはお互いについて，各々の能力についてよく知らなくてはならなかった。私についていえば，プロジェクトを統括する際に私のやり方をチュニジア事務所の文化的，官僚的風土に適合させる方法を，すみやかに学習しなければならなかった。一方，私のチュニジア人カウンターパートとその同僚も，アメリカ人と共に仕事をすることに慣れる必要があった。プロジェクト資金の大半はアメリカの援助機関から得ていたため，彼らは，報告と手続きに関する新しい事柄を学び，それらに適応することが求められた。

　プロジェクト本部の外には，隣接的環境（proximate environment）があった。これは，さまざまな政府機関事務所，USAIDのチュニス本部，そしてプロジェクトの受益者である多様なコミュニティ集団からなる環境である。私たちにそこからの影響をコントロールする力はほとんどなかった。異なる集団間の活動を調整するために，私たちは，まず彼らについて十分知り，次に彼らが私たちと，そして彼らが互いに協力するように説得する必要があった。プロジェクトが展開するにつれて新たな論点や問題などが常に生じていたため，このような対応が必要なくなることは考えられなかった。プロジェクトを前進させていく私たちの能力は，各集団の利益が可能なかぎり満たされる状態を保障する技術にかかっていた。

　3つめの外部環境（outer environment）であるが，これは当然のことながら私たちのプロジェクトに大きな影響を与えるものであった。2国間援助プロジェクトであったために，私たちは実に多くのチュニジアとアメリカ双方の法律，条約，協定にしたがった。私たちはまた，為替レートやインフラ率などのマクロ経済的条件にも左右された。プロジェクトを成功させるためには，これら外部環境のさまざまな側面を知り，それらを確実にプロジェクトに反映させる能力が必要である。

　異なるレベル間の相互行為は，プロジェクトの実施期間中続けられる。ここで紹介する「アラビア語タイプライターの事例」は，ユニークな展開をみせた事例である。

　プロジェクトの初期に，スタッフと私は，予備的に実施したニーズ評価に基づき，

プロジェクト対象地域で小規模ビジネスをおこなう人々向けのトレーニングがプロジェクトの中核を担うと判断した。私たちの目的は，地元の職人にも読めるようなアラビア語で書かれたトレーニング教材をつくることであった。

　これをおこなうために，私たちはスタッフを雇い入れ，設備を整える必要があった。すると市役所から教材を書く人1名と，数人の教員が割りあてられた。それとアラビア語のタイプライターもいくつか必要であった。ここから，私たちのプロジェクトは未知の領域に入っていった。

　はじめに，タイプライターの大きさ，費用，フォントなどの技術的仕様についてプロジェクト・スタッフと相談した。そして，それらを購入するための許可を市から得る必要があった。市当局の許可を得るには地元商店の見積書が必要であった。それらをすべてクリアしたうえで正式に市に請求した。

　この時点で，USAIDが私たちの活動の視界に入ってきた。懸案となっていたタイプライターがUSAID資金で購入できなかったのである。というのも，そのタイプライターがアメリカで生産されていなかったためである。私たちの会計担当がこのことを知らされた時，私に向かって，「アラビア語のタイプライターを君たちがアメリカで使うとは気づかなかった」といった。

　かなり長い期間調べた結果，IBM社がアラビア語のタイプライターをつくっていることがわかった。しかしそれらはフランスにある本部から注文される必要があった。ふたたび請求書を用意したが，結局USAIDの監査官に拒否されてしまった。私たちは，「それはアメリカ製でなく，フランスIBMの製品である。それにモーターはメキシコでつくられているようだ」といわれた。

　この時点で，私はワシントンにある私たちの本部の助言を求めた。本部からは，「チュニスのUSAID事務所長から権利放棄証書を出してもらいなさい」といわれた。

　解決の糸口となる光明をわずかにみながら，私はUSAID所長と何度か会い，ついにフランスIBMから3台のアラビア語タイプライターを購入するための貴重な権利放棄証書をもらうことができた。この結果を祝うためにプロジェクト・スタッフ全員に行き渡る量のトルココーヒーを買った。

　しかし，さらなるUSAIDの規則が待ち受けていた。タイプライターは，USAIDが認める保険と保険会社によって保障されていなければならなかった。それらはアメリカの運送業者によってフランスからチュニジアへ運搬される必要があったが，アメリカの船が見つからなかったため，USAID所長がふたたび権利放棄証書に署名した。

　最後には税関当局との問題が残った。私と会計担当が税関本局へ行くと，「当然関税を支払ってもらうことになる」と，局長から言われた。「これは2国間援助プロジェクトの必要物です」と私は述べ，免税を訴えた。

「誰がそのような援助の物品であるといったのかね」。
「プロジェクト文書に記されています」と私が言うと，彼は眉をつり上げた。
「それをもってきなさい」。
文書が取り寄せられると，その税関局長は「これはアラビア語で書かれていない」といった。

「馬鹿な」。私は笑顔をこわばらせながら言い，「すぐ戻る」と告げてその場を立ち去った。

数日後，私たちは税関本局に戻った。机の向こう側の男は，その文書を疑い深く見つめ，最後に「われわれの大臣がこれに署名していない」といった。
私は「内務大臣が署名しています」と答え，「内務省はすべての外国援助を承認しています」と続けた。

彼は鼻で笑うように，「彼らは関税を管理していないだよ，ムッシュー。彼らから手紙をもらってきなさい」といわれ，私はため息をついた。

数週間後に手紙をもって関税局に戻った。すると局長が今度は「積荷目録が必要だ」といった。

私は同行した会計担当の方を向いて「パリに電話して送るように告げてくれ」といった。

この話は，その2週間後の冷え冷えとした冬の午後に最終局面を迎えた。私たち全員が，プロジェクト事務所の室内暖房機を囲んでお茶をすすっていると，会計担当が戸口にあらわれた。彼は注意深く顔色を和らげながら，「知らせだ」と静かな声で言った。「船荷取扱店から今電話があった。タイプライターが2日前に貨物船に積まれてマルセイユを発った」。

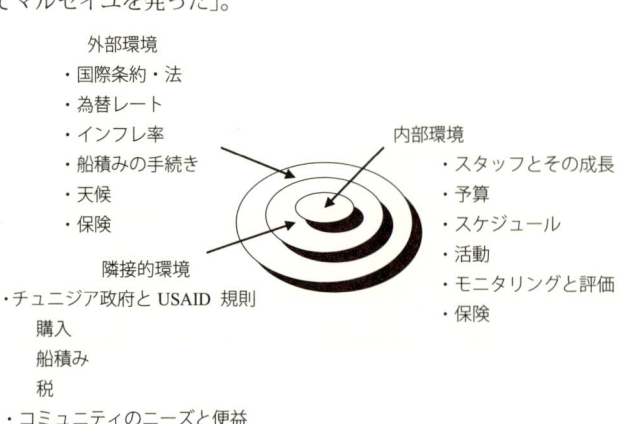

歓声が上がった。会計担当は手で歓声を制止して，こう言った。「もう1つ知らせがある。船は今日の午後，アルジェリア沿岸で，猛吹雪のなか沈んだ」。彼は少し間をおいて，「乗組員は救助された。だが，積み荷はすべて海の底だ」。

外部環境
・国際条約・法
・為替レート
・インフレ率
・船積みの手続き
・天候
・保険

内部環境
・スタッフとその成長
・予算
・スケジュール
・活動
・モニタリングと評価
・保険

隣接的環境
・チュニジア政府とUSAID規則
　購入
　船積み
　税
・コミュニティのニーズと便益
・地元の供給業者

チュニス・プロジェクトの文脈

> その知らせに私たちは、呆然とした。しかし、少なくとも次にすべきことはもうわかっていた。私たちはこれまでにやったすべてのプロセスをもう一度おこなった。今度は順調に進んだ。権利放棄証書への署名と承認はすぐにおりた。しかも地中海は穏やかだった。アラビア語のタイプライターが必要だと最初に決定してから、実に18カ月が経過していた。
>
> もちろん、話はそれでは終わらなかった。タイプライターが届いた次の日の朝、小説を読んでいる秘書の姿が目にとまった。私は「なぜ仕事をしないんだい」と、タイプライターを指差して言った。「私は君が夢中であいつにトライしていると思ったけど」。
>
> すると彼女は首を振り、「私の業務内容にこのことは書かれていません」。腕を組んで彼女は言った。「アラビア語でタイプしろというなら、給料を上げてください」。
>
> 彼女の後ろでは、会計担当が肩をすくめ、かすかな笑みを口元に浮かべて、天を仰ぎ見た。
>
> このタイプライターの話は、人間性、政策、自然の力などを通じた相互作用の姿をとてもよく描き出していると思う。プロジェクトの内部環境において下された決定が、隣接的環境における力によって修正される。そして、それらが今度は予想されない仕方で外部環境の作用を受けるということである。
>
> 文脈が変わることは状況に作用する力が変わることを意味し、起きていることとその理由が変更されることでもある。注意深く計画されたプロジェクトも小さな物語の束であり、タイプライターの事例でみたように、1つひとつの束は実に複雑な様相を呈しているのである。

や実施の段階、評価に関わる重要な局面に加わらせようとする。プロジェクトの設計は、新しい情報にも反応しやすいように、できるだけ柔軟性をもたせる。またモニターするためのシステムや新しい情報を得るための事後評価も取り入れる。最終的に計画立案者は、プロジェクトの経験を環境についての新しい学習と、技術や経験をその環境のなかに最も効果的に適用する方法についての新しい見方、これらを得るための機会としてプロジェクトを扱うのである。

第4章要約

本章では、開発プロジェクトによって開発援助が草の根レベルに到達するまでの基本的方法について述べた。プロジェクトは資源や人間の努力を官僚的にまとめあげるには便利な方法であり、プロジェクトの初期段階において決定される戦

略や目標に応じて形成される。

　本章ではプロジェクトを立案するためのいくつかのアプローチを対比的に説明している。指示的アプローチは，おもにプロジェクトが働きかける環境の安定性を前提にしたものである。他方相互作用的アプローチは，プロジェクトの立案過程における環境的側面についての学習を促すものである。ほとんどの開発プロジェクトは文化的接点を横断して実施されるので，相互作用的アプローチは効率よく機能することが多い。

　プロジェクトがおこなわれる文脈や環境は，3つの主要な部分あるいは様相を伴うことになる。それは，プロジェクトが直接コントロールできる内部環境，プロジェクトが相互的な関係をもつことになる隣接的環境（これには受益者や他の外部的なステークホルダーを含む），プロジェクトに関係しているけれども，基本的にはプロジェクトのコントロールが効かないところにある外部環境である。

　人類学者はプロジェクト実施段階の多くの側面に関わるが，その中心的役割のうちの2つは，プロジェクトのおかれている文脈に関する情報の提供者としての役割，その文脈に関わっているさまざまな集団と集団とをつなぐ媒介者としての役割である。媒介者的役割は複雑な様相としてあらわれるが，関係する諸集団が共通の認識，価値，将来像をもたない状況においては重要である。

［注］
1) 開発におけるプロジェクトの役割については，これまでに多くの人々によって議論されてきた．たとえば，Honadle and Rosengard (1983), Conlin (1985：76), Gow (1991), Uphoff (1990), Rondinelli (1992：529) など．
2) Pigg (1997：270).
3) このアプローチの詳細については，Korten (1980), Korten and Klaus (1984) を参照．
4) Honadle and Van Sant (1985：92) を参照．ブリンカーホフとイングルはこのアプローチを「構造化された柔軟性」(structured flexibility) とよぶ (Brinkerhoff and Ingle 1987：9).
5) たとえば，Cernea and Guggenheim (1993), Cernea and McDowell (2000). "Practicing Anthropology" 誌の Vol.12 No.3 はダム建設と住民の再定住に関する特集が組まれている．
6) Rondinelli (1983).
7) Rondinelli (1985：235).
8) Gow (1991).
9) Dörner (1996：97-98).
10) Gow (1991：3).
11) Epstein and Ahmed (1984：50) を参照．
12) たとえば，Partridge (1979：26；1985), Honadle and Van Sant (1985：117) を参照．
13) Rondinelli (1983：14-15).

14) Schön（1983：40）.
15) Schön（1983：150-151）.
16) Moris and Copestake（1993：63-64）.
17) コーニグは，USAID の開発プロジェクトにおいて，どれほどの異なるステークホルダーがプロジェクトの意味を明確にするために関わり合っているかを，見事に例示している（Koenig 1988：345-364）.
18) Grillo and Rew（1985：23）に引用されていた Firth の文献.
19) Siffin（1981），Honadle and Cooper（1989：1531）.

第5章 プロジェクト展開における情報

1. プロジェクト・レベル

　計画立案者は，5つのプロジェクト・レベルを統合するために，プロジェクト・サイクルのなかで情報を活用する。5つのレベルとは，プロジェクトに関わるステークホルダー（利害関係者），プロジェクト実施の責任を担う開発援助機関，プロジェクトの基本的なコンセプトやアイディア，プロジェクトの構造，そして期待される変化や成果である。

(1) ステークホルダー（stakeholders）
　これまで見てきたように，ステークホルダーとは，プロジェクトの結果に関心を寄せ，それに対してある程度の影響力をもつ地域レベルの集団や組織である。ステークホルダー集団は，特定の構造的文化的特性や技術，能力，そして政治的課題をもつ。またステークホルダーには，これまでに関わった他の開発プロジェクトとの関係の歴史（経験）もある[1]。ステークホルダーはプロジェクトを支持することも支持しないこともできるので，彼らの利益とニーズに配慮することはきわめて重要である。

(2) 開発援助機関（agency）
　プロジェクトの資源を管理し，実施に責任を負う地元のプロジェクト・チームは，たいてい1つかそれ以上の国内もしくは国際的な開発援助機関と結びつき，そうした機関の利害を代表している。地元社会のステークホルダーと同様に，開発援助機関にもそれぞれ組織文化と構造があり，それらがプロジェクトの結果を左右する[2]。

(3) 基本的なコンセプトあるいはアイディア
　それぞれのプロジェクトは，中核に基本となるコンセプトまたはアイディアをもつ。これは，ある機械や新品種の種といった，プロジェクトの一部として試される改良や新技術であることがよくある。あるいは，戦略やプロジェクトをおこ

なうためのアプローチや手法をさす場合もある。

(4) プロジェクトの構造（structure）

　第4章で述べたように，1つのプロジェクトは資源，活動，戦略，目的を結びつけるさまざまな作業からなる。これらは，現地のステークホルダーとプロジェクトの実施者双方のニーズや能力と，またプロジェクトにおいて試行される特定のアイディアまたは基本的コンセプトと一致していなければならない。

(5) 変化（changes）あるいは成果（outcomes）

　あらゆるプロジェクトは，特定の成果を目ざしておこなわれる。この成果は，現地のステークホルダーとプロジェクト実施者である開発援助機関双方のニーズに関連していて，プロジェクトについての基本的なコンセプトや構造の点からみて現実的でなければならない。

2. プロジェクト・レベルの統合

　さまざまなプロジェクト・レベルを統合することは，家を建てることとどこか似ている。適切な土地がなければ家は建たない。しかし，土地は単に他の要素の礎になるだけではない。それは最終的な完成物としての家にとっても重要であり，土地が壁，窓，屋根までも支えている。同様に，成功したプロジェクトでは，先に概観した5つのレベルそれぞれに内在するニーズや特徴，制約条件，可能性がうまくかみ合っている。プロジェクトは抽象的概念ではなく，ステークホルダーの社会経済的環境に埋め込まれている。同様にプロジェクト実施機関も，プロジェクトの可能性を制限する，あるいは高めるという特徴をもつ。そして，プロジェクト実施機関とステークホルダーとの相互行為を通じてはじめて，プロジェクトの核を形成するアイディアや基本的コンセプトが浮かびあがってくるのである。このようにして表面化する基本的なコンセプトもまた，求めるものがある。最終的には，ステークホルダーとプロジェクト実施機関，基本的コンセプト，そしてプロジェクトの4つのレベルが，実現しそうな（あるいは実現しそうにない）結果に向かって組み合わされるのである。

　計画立案やマネージメント，評価業務には，上述の5つのレベルに関する情報が必要である。ステークホルダーのコミュニティやプロジェクト実施機関につ

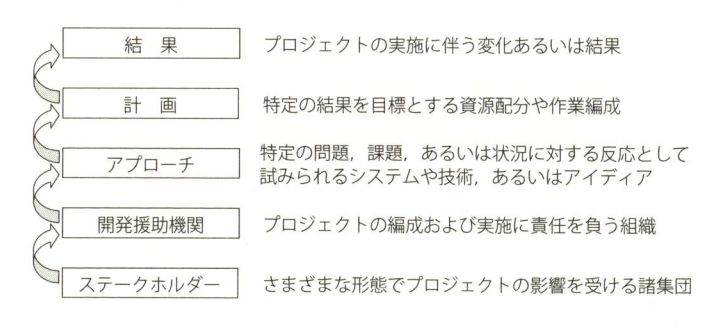

```
┌──────────────┐
│     結果     │  プロジェクトの実施に伴う変化あるいは結果
├──────────────┤
│     計画     │  特定の結果を目標とする資源配分や作業編成
├──────────────┤
│   アプローチ   │  特定の問題，課題，あるいは状況に対する反応として
│              │  試みられるシステムや技術，あるいはアイディア
├──────────────┤
│  開発援助機関  │  プロジェクトの編成および実施に責任を負う組織
├──────────────┤
│ ステークホルダー │  さまざまな形態でプロジェクトの影響を受ける諸集団
└──────────────┘
```

図5.1　プロジェクトレベルの統合

いての理解，そしてプロジェクトに伴い生ずる変化の性質への基本的な理解がなければ，プロジェクト実施過程への理解も，完了したプロジェクトの成果に対する理解も，ほとんど得られない。5つのレベルがどのように構築されるのか，またどう相互に作用しているのか，それらがどのような相互関係のもとにあるのかについてよく理解していなければ，いかなるプロジェクトも否定的な結果に終わるだろう。ミニケース5.1「ハイチの木」は，上記の諸レベルがうまく統合され，成功に至った森林管理プロジェクトについての話である。

　本章および以下に続く章では，上述の各レベルについて詳細に述べることにする。本章ではこの後，ステークホルダーに焦点をあてる。まずステークホルダーとは誰なのか，なぜ彼らに焦点をあてることが重要なのかという点について，ステークホルダーたちについての理解を深めるための人類学的方法論を検証しながらみていこう。第6章では，プロジェクトの根底にあるアイディアとコンセプト，およびそうしたアイディアを行動へと転換するためのシステムについて考察する。第7章では開発援助機関の業務面を取り上げるが，ここでは組織文化についても検討する。最後に，第8章でプロジェクトの目的と結果について議論する。

3. ステークホルダーの特定

(1) ステークホルダーとは何か

　これまで見てきたように，ステークホルダーとはプロジェクトとその結果に利害を有する集団や組織のことである。ステークホルダー集団はあらゆるプロジェクトの基礎的部分であり，彼らについての詳細な知識なくして成功の見込みはない。プロジェクトの現場から物理的に離れているステークホルダーも存在するが，

ミニケース 5.1「ハイチの木：農林福祉事業」

　ハイチの木は絶滅の危機に瀕した種である。絶え間ない人口増加と木炭市場の拡大に伴う，過去数百年におよぶ木材伐採によって，ハイチ郊外の広大な地域が丸裸になった。森林再生事業はほとんどが失敗している。マレーは，木材事業に対する「日常化した敵意」について語った。

　マレーがみるように，問題は単純でしかも手ごわい。「金に困っていて挑戦的な木炭製造の小作人に，新しく植えた樹木への愛情や名誉，敬意を植えつけること」。マレーは，ハイチの土地制度に関する研究を以前におこなっていたため，USAID からこの仕事の声がかかった。そしてこれのためにかなりの資金（400 万ドル）を受けた。彼は，「人類学の発想を実践するという気持ちの高ぶりはくじかれた。失敗すれば誰が非難され冷笑されるか，そのことをはっきりと知る不安からである。失敗は，デュバリエ政権下のハイチで十分にあり得た」と述べている。

　土地制度と畜産と穀物栽培は，それ自体，植樹とまったく相入れないわけではない。この確信から，軽量で成長の早い苗木を農民に提供する革新的なシステムが考案された。続いて，同じ土地に樹木と穀物を植えるという改革が導入された。同時に，これらの樹木を国有ではなく小作農の所有にして，彼らが木の実や果物，木材を収穫し販売する事業に参画することが期待された。「ハイチの小作人は頑固で押しの強い換金作物生産者である。彼らが生産する穀物や家畜のほとんどは，ただちに地元の市場に出荷される。樹木がもう 1 つの市場作物として彼らに加わるという具体的な提案を，小作農たちは生まれてはじめて聞いた」。

　この事業では，樹木はすぐに成熟すること，他の作物と組み合わせて栽培できること，そして小作人たちが樹木を所有できることを周知徹底する必要があった。とくに 3 点目が最も重要であった。というのも，それまでハイチ政府が管理に関わると，ほとんど確実に失敗に終わっていたからである。

　しかし，USAID のハイチ駐在ミッションのなかで，「制度構築」の名のもとにハイチ政府の官僚に事業の権限を与え続けるようアメリカ政府役人から強い圧力があった。アメリカ政府当局者は，「『制度』(institution) という用語を『政府官僚機構』(government bureaucracy) と同一視し，彼ら自身の仕事上の成功を，村落レベルの資源の流れによってではなく，官僚から官僚への多額でタイミングを見計らった送金によってはかった。そうして実際には，海外ドナーからの援助資金を，これまで他に類をみないほどの浪費，そして（あるいは）横領をしてきた採取産業省の業務にアメリカの資源を分配していたのである」。

　代わりに，同プロジェクトは，アメリカに拠点を置く NGO を管理組織として据えることに成功し，その後ハイチの複数の NGO と連携をはかった。これらの現地 NGO は支援と技術面で助言を与えてくれた。最も重要な点は，彼らが村落のまとめ役を提

供してくれたことである。まとめ役はコミュニティにおける取り組みを主導する立場を任された。

プロジェクトは1981年から85年まで続いた。当初は300万本の植林が見込まれていたが，4年目の終わりには2000万本の木が植えられた。木炭のために収穫される木もあったが，小作農たちは木を「貯めこみ」，どこか適当な場所に残していることは明らかであった。

プロジェクトが成功した結果，いくつかの認識に変化が生じた。たとえば，現地のNGOは，木に対する生態学的・環境保護的なアプローチが木を換金作物とみる小作農たちの見方よりも効果が低いと考えるようになった。マレーは，「AOP（農林福祉事業）は，木の機能への精神的な賛美の幻想からPVO（民間のボランティア組織）を離れさせたことで，彼らを小作農の経済的利益により身近に接触させるようになった」点に注目する。

USAIDの活動もまた変化した。彼らは，以前よりも現地の民間組織との協力関係を望むようになった。ただし，官僚制度上の理由から，USAIDからの援助金を受けとる，上部機関的な統括的組織（umbrella institution）を必要とした。1980年代中旬までに，ハイチ共和国に対するUSAID援助額の60％近くは，NGOへ支給された。

このプロジェクトの成功には，かなりの部分で人類学の果たす役割が大きかった。マレーは，「私たちは，人類学からの投入で影響を受けている進行中のプロジェクトではなく，プロジェクトの存在自体が人類学的調査に基づいているようなプロジェクト，人類学的指向や人類学的知見を取り入れたマネージメントを特徴とするプロジェクトを扱っている」と述べている。

人類学は，以下の3点においてとくに重要であった。
・プロジェクトの構想づくりにおいて，ハイチの文脈についての詳細な民族誌的知識が用いられた。これは，小作農の社会的・経済的システム，園芸，土地制度，そして市場システムを含む。
・人類学的手法がプロジェクトの設計段階で用いられた。プロジェクトにおけるさまざまな選択肢の実行可能性を割り出し，樹木の民間分類法を明らかにし，制度の実行具合を調査するために，インタビュー調査や参与観察が採り入れられた。関連する基本情報収集システムを設計するために，ハイチのクレオールについての知識も利用された。
・人類学の理論もまたプロジェクトの形成に貢献した。保全の問題としてではなく，作付けや収穫の問題として木の問題を捉え直すために，狩猟採集から牧畜への進化的移行についての人類学者の知識を活用した。

プロジェクトは，基本的にハイチの小作農がすでに知っていたことやおこなってきたことに基づいていた。それがもたらした実際の変化は，変化を進める立場（agent）

> と開発援助機関のレベルでおこった。プロジェクトの設計者は（その多くは人類学者だったが）地元のシステムがもつ力を変化にどう活かせるかについての新たな知見を得た。USAID はあまり乗り気ではなかったが，開発援助のスタイルを再考することになった。
>
> 出典：Murray 1987

　本書における主要な関心は，現地のステークホルダー，すなわち，プロジェクトの実施地域におけるコミュニティ集団（その成員がプロジェクトの受益者と見込まれる集団）である。

　ステークホルダーたちは，内部的にどのような構成のもとにあろうと，いずれも 3 つの重要な特徴をもつ。それは，プロジェクトへの利害（interests），プロジェクトの展開に役立つ提供可能な資源（resources），そしてプロジェクトの過程を前進させたり妨げたりする力（power）である。ステークホルダーたちは，自分たちの利害に対する配慮を感じれば，おそらくそのプロジェクトを支援するだろう。そうではなく，無視されたり脅かされていると感じると，支援を差し控えるか，またはプロジェクトに対して明確に反対の姿勢をあらわすかもしれない。ステークホルダーの信条や価値観，好みは，プロジェクトの結果に（プロジェクトの成功に）大きく影響する。そのため，誰がステークホルダーで，彼らはどのような人々かを特定する作業は，プロジェクト展開の重要な部分である。

　ステークホルダー集団は，共通の地盤をもつこともあるし，ある特定の活動分野もしくは利害を軸にまとまっていることもある。あるいは，モノやサービスへのアクセスを有する（またはアクセスを欠く）人々であるかもしれない。年齢や社会階層，性別，財産，学歴など，その他のさまざまな特徴によって分類される場合もある。さらにステークホルダーは，潜在的に何らかの危険な状態にある人々，ということもありうる。潜在的危険は多岐にわたる。ミニケース 5.2「メラシーネのステークホルダー」は，チュニスにおける都市整備プロジェクトに関与する一連のステークホルダーと，彼らの比較的重要な役割について述べたものである。

　地元のステークホルダー・コミュニティは，彼らの生活に適した既存システムのもとにある。そうしたシステムは，不変ではないにしろ外部からの変化に激しく抵抗するであろう。既存のシステムが（プロジェクト実施機関に代表されるような）外部的システムと相互に影響し合う時，どこに両者の共存を妨げるものがあるのか，さらに重要なこととして，そのような状態が実際にはどのように解決

第 5 章　プロジェクト展開における情報　113

ミニケース 5.2「メラシーネのステークホルダー」

　1979 年から 82 年にかけて，私は，メラシーネにおける都市貧困者のための総合的改善プロジェクト（IIPUP）のディレクターを務めた。これは，チュニス周辺のスラム・コミュニティの 1 つで実施された都市整備プロジェクトである。当時私は，ワシントンに拠点をおく「計画と開発の連携」（PADCO）という会社で社会経済プランナーとして勤務していた。この会社は，世界中のさまざまな都市プロジェクトに対する技術援助とその他の支援サービスを提供するための長期契約を，USAID と結んでいた。このプロジェクトがどのように展開し，どのような成果をあげたかを語ればそれだけで 1 冊の本になってしまうが，ここではとくに，プロジェクトの設計と実施が進行するにつれて顕在化した，さまざまなステークホルダーに注目したい。

　下の図は主要なステークホルダーを示している。また，プロジェクトにおけるこれらステークホルダーのおもな役割を以下の表に示す。

　各ステークホルダーはプロジェクトにおいて異なる利害をもつ。それぞれは異なる利害に異なる影響をもたらす。主要な政府ドナー（チュニジア政府とアメリカ政府）は，彼らが資金を出すのだからプロジェクトの実施を広範囲にわたって管理できるはずと思っていたが，実際にはそうはいかなかった。その思惑に反して，他のステークホルダーは，なかには目に見える力をほとんどもたぬ者もいたが，さまざまな戦略を用いてプロジェクトに影響を与えることができた。この点でメラシーネの IIPUP プロジェクトは，決して異常なものではなかった。

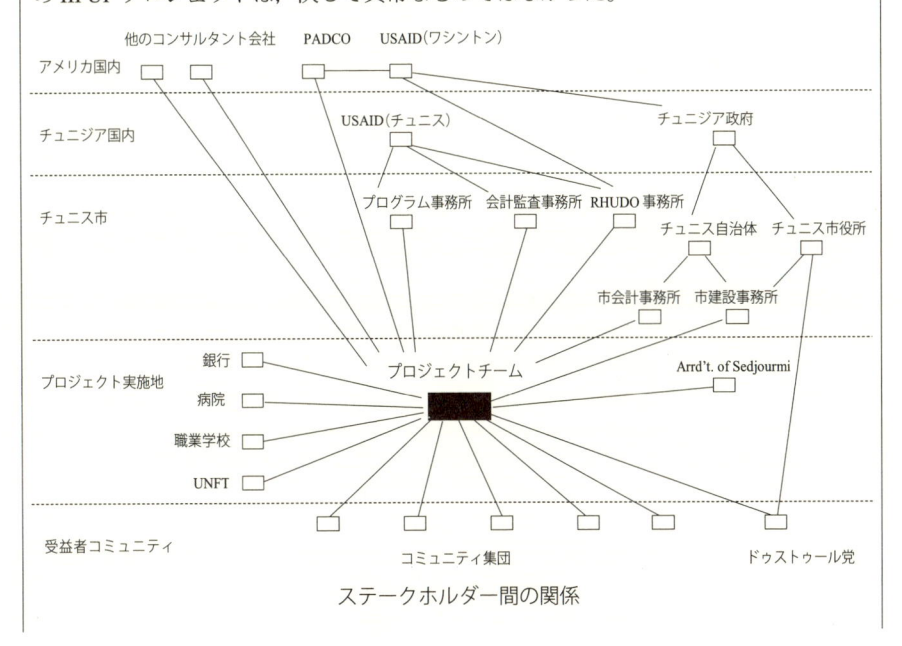

ステークホルダー間の関係

主要なステークホルダー	ステークホルダーの役割と/または利害
USAID（ワシントン）	USAIDはチュニジア外務省との2国間合意に基づいて，プロジェクトへの資金を供与した．
チュニジア外務省	チュニジア政府は公式にプロジェクトを受け入れた．プロジェクトに関して後に生じる変更は同省の了承を受けなければならない．
USAID（チュニス）	USAIDのチュニス事務所は，プロジェクト実施の責任を担った．
プログラム事務所	USAIDチュニス事務所のなかで，プログラム事務所はプロジェクト実施上の主要な役割を担った．実際には，彼らはこの責任をPHUDO事務所（後述）と分配した．
会計監査事務所	USAIDチュニス事務所の会計監査事務所は，予算の監視とチュニジアの団体に対するプロジェクト資金の支払いと返済についての責任を負った．
RHUDO事務所	USAIDの「住宅と都市開発事務所」（RHUDO）は，特別な隙間分野を担当した．名目上はUSAIDチュニス・ミッションの管理下にあったが，RHUDOの資金はワシントンから直接来ていたため，USAIDチュニス事務所の管理からははずれていた．このためUSAIDチュニス・ミッションの2つの部門の関係は日々話し合われていた．
PADCO	計画と開発の国際連携組織（PADCO）は，ワシントンに拠点を置き，USAIDワシントンを通じてプロジェクトの実施契約を結んだ．彼らはプロジェクト管理サービスと補給支援を提供した．
他のコンサルタント会社	プロジェクト資金は，必要に応じて，他社からのアメリカ政府の技術協力資金を含んでいた．
プロジェクトチーム	プロジェクト現場に召集されたチームには，私と20人以上のチュニジア人が含まれた（秘書，務員，カウンターパート，運転手，技術者，守衛など）．
チュニス自治体	チュニスの自治体が，チュニスの主要なプロジェクトの実施機関になっていた．形式的には，市長執務室がすべてのプロジェクト運営を監視することになっていた．
市役所	市役所はチュニスの町の主要な建設および改善プロジェクトに責任を負い，日々のプロジェクト運営の責任を担った．
市の会計監査事務所	プロジェクトから要求される予算はすべて市の会計監査事務所が認可した．
チュニス行政区域	知事執務室がプロジェクト実施地域を管理し，プロジェクトの主要な事柄に対する認許可業務をおこなった．

ドゥストゥール党	行政区域においては政権政党が主要な組織であり，公式な現地住民の代弁者として扱われた．
参加援助機関	プロジェクトは，小規模ビジネスのための融資と，社会サービス，職業訓練などいくつかの異なる要素からなっており，各要素は現地組織の参加を必要とした．
地元銀行	いくつかの地元銀行が，プロジェクトにおける小規模ビジネス融資の運営を助けた．
社会福祉事務所	この政府機関は，プロジェクトにソーシャル・ワーカーを供給していた．
地元病院	地元の病院は，プロジェクトに健康教育の専門家を供給した．
チュニジア女性全国連合	この政府機関は，若い女性のための職業訓練学校を運営した．

　期せずしてプロジェクトの責任者となった人類学者としての私の役割は，さまざまなステークホルダー間を調停する方法を探ることであった。ステークホルダーはいくつもの大陸にまたがり，3つの異なる言語（フランス語，英語，アラビア語）を話し，複数の異なる法律，会計，行政制度のもとで仕事に従事していた。

　私のおもな役割は，時おり異なるステークホルダー集団を召集し，プロジェクト実施のための取り決めを多様な集団が受け入れられるよう，交渉の調整をすることであった。しかし，それ以外には，USAIDの調達規則がチュニス市によって採用されていた（文字どおりの）ビザンチン式制度と衝突した時のように，あるステークホルダー集団の考え方を別の集団に説明し，仲介に入ることもあった（ミニケース4.2表参照）。その結果実施されたプロジェクトは（最終的には成功したわけだが），どちらか一方の文化システムがもう一方のシステムに勝利したことを意味するわけではない。そうではなく，そこでは，どこかよその異なるシステムで実施されているものとは別のルールやカテゴリー，手続きが発展し，ゆっくりと，また時には痛みを伴いながら「プロジェクト文化」がつくられたのである。

されるのかを，常に事前に予測できるわけではない。それゆえ，プロジェクトの目的や手順が決定される前に，地元のコミュニティについて，そしてそれがプロジェクト展開の初期段階でどう作用するのかについて理解することが，とても重要である。

(2) ステークホルダーとは誰か
　人類学者は，プロジェクト計画の立案者が地元のステークホルダーについて理

解を深めるうえで，重要な役割を担うことができる。地元のステークホルダーが単一の集団ということはありえない。複数の，時には相反する利害関係下にあるいくつかの集団である。計画立案者が単一性を想定するとしたら，それは誤りである[3]。

プロジェクトに関係する集団を特定したら，次にこれらの集団からさまざまな重要な事柄を学ばなければならない。そこには，意思決定のされ方，彼らの選択の基礎となる価値観，目的達成のために用いられる資源などが含まれる。意思決定や選択をおこなう際に重要となる象徴的側面が彼らにあるのなら，主要な構想づくりが終わる前にそれらについても学ばなければならない。

表5.1 は，ステークホルダーに関する事前分析をおこなうための簡単な枠組みをあらわす。プロジェクトの初期段階において計画立案者が知る必要のある，最も重要な事柄のいくつかに焦点があてられている。これは，プロジェクト計画者が個々のステークホルダー集団に対してプロジェクトの何を伝えるべきかを判断する際に役立つものである。また，このあとの段階においてステークホルダーたちがどのように建設的にプロジェクトとの間で相互性を享受できるかについて，最初の手がかりを提供するかもしれない。

当然ながら，すべてのステークホルダーが同じ様にプロジェクトに関与するわけではない。したがって，事前分析はプロジェクトに対する支持／不支持の連続線上にステークホルダー集団全体をおおまかに配置する際に役立つ。図5.2 は，これをおこなう方法を示している。このような簡易な分析でも，早い段階に実施しておけば，地元の支援をうまく得られないようなプロジェクトを計画立案者が設計する事態を避けることができる。

しかし最初の段階では，計画立案者によるステークホルダー集団の特定は難しいかもしれない。たとえ集団が特定されたとしても，それらに誤ったレッテルが貼られることもある。また，複数の多様な下位集団（しばしば相反するニーズをもつ）が単一の集団とみなされてしまうこともありうる。

ミニケース5.3「ここに暮らすのは誰か」は，セネガルの地方社会における農業プロジェクトを取り上げ，プロジェクト計画者がステークホルダー集団を特定する際に，またそうした関係者集団の参加を促す方法を理解するために，領域分析（domain analysis）の活用について検討している。

プロジェクトの早い段階で満足のいく情報を入手できれば，ステークホルダーが果たす役割（相互行為）を建設的に管理することは可能である。ステークホル

表 5.1 初期段階におけるステークホルダー分析のマトリックス

誰が異なる集団に属しているのか？	ステークホルダー集団には，現地の組織，コミュニティ，ビジネス組織，利益集団，個人，役人，公益的機関などを含めることができる．
彼らにはどのような権限と影響力があるのか？	ステークホルダーは多種多様な関心をもつ．彼らは受益者であったり，監視者であったり，情報提供者や会計責任者，資金提供者，立法者，寄付者，雇用者 などであるかもしれない．
彼らはプロジェクトから何を求めているのか，あるいは必要としているのか？	同様に，彼らは非常に多様なニーズや期待をプロジェクトに対してもっている．なかには変化を好む集団がいたり，現状を維持しようとする集団もいる．経済的利益を望む集団がいるかと思えば，それよりも新しい技術の修得，より強い権限を望む人々もいる．
彼らはプロジェクトに対してどのような貢献が可能か？	ステークホルダーはプロジェクトに適応可能な資源，たとえば，知識，技術，資金，参加，物資，政治的サポート，あるいはアドバイスなどをもっている．
彼らについて何をもっと知るべきなのか？	ステークホルダーと有益な関係を築くためにプロジェクト立案者は，彼らについてさらに知る必要がある．たとえば，ステークホルダーの人員構成，規模，歴史，パーソナリティ，リーダーシップ構造，規範，嗜好，社会的つながり，他の諸問題における位置などである．

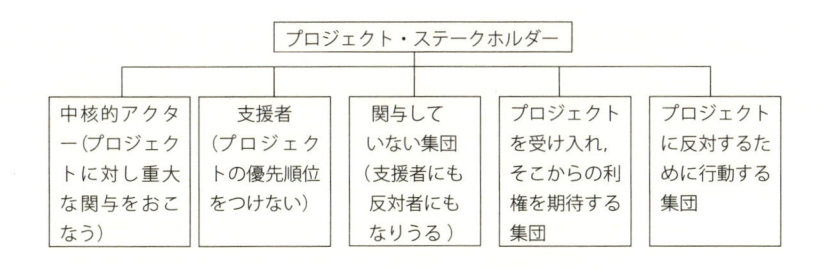

```
                  プロジェクト・ステークホルダー
    ┌──────────┬──────────┬──────────┬──────────┬──────────┐
 中核的アクター  支援者      関与して    プロジェクト  プロジェクト
 (プロジェク    (プロジェク  いない集団  を受け入れ，  に反対するた
 トに対し重大   トの優先順位 (支援者にも  そこからの利  めに行動する
 な関与をおこ   をつけない)  反対者にも   権を期待する  集団
 なう)                       なりうる)    集団
```

図 5.2 プロジェクト・ステークホルダー
（出典：Ilchman and Uphoff 1969（Staudt 1991:66 に引用）より筆者改変）

ミニケース 5.3「ここで暮らすのは誰か：セネガルのステークホルダー」

　ここで取り上げる事例は，1970年代後半にセネガルで実施されたプロジェクト設計の作業に基づく，比較的簡易な領域分析である。当時，私はセネガルの農村における農業プロジェクトを設計したUSAIDチームの一員であった。

　プロジェクトが求める技術は，さまざまな時点でかなりの労働力の投入を必要としていた。技術者や農学者は，働き盛りの村人はすべて作業に参加するものと考えていた。しかし彼らは，彼らの提案に対して村の指導者たちが気乗りしない様子をみて，戸惑った。私たちは，住民参加を議論する前に，コミュニティがどのような構造のもとにあるかを理解する必要があることに気づかされたのである。

　数字だけでは十分ではない。プロジェクト・チームは数字が意味することにまで思いをめぐらす必要があった。村人とプロジェクトの技術者を含めて何度もおこなわれた協議会において，私たちは，プロジェクトに参加する人々とその時期の決定に大きな影響を与える2つの重要な文化領域を描く（map）ことができた。これらの描写は，2つの簡単（にみえる）質問，「誰がここに住んでいるのか」，「どのようにここでは時間が使われるのか」の答えを明らかにした。

　その結果はプロジェクトの技術者を驚かせた。私たちの分析によれば，単一に見える村落は，実際にはいくつかの集団で構成され，必ずしも全村民がプロジェクトの恩恵を享受し，プロジェクトに参加するわけではない。セネガルの村落に暮らす人々についての「（下記の）描写」は，さまざまな集団と集団をつくり出す組織化の原理を示す。

　当然のことながら，村から世界をみる見方は，プロジェクトを設計する外国の「専門家」（expert）の見方とは大いに異なる。

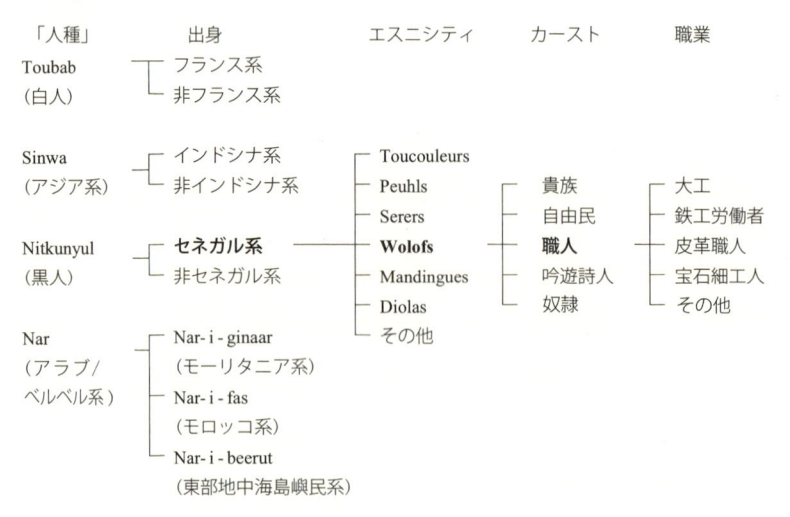

「人種」	出身	エスニシティ	カースト	職業
Toubab（白人）	┬ フランス系 └ 非フランス系			
Sinwa（アジア系）	┬ インドシナ系 └ 非インドシナ系	┬ Toucouleurs ├ Peuhls ├ Serers ├ **Wolofs** ├ Mandingues ├ Diolas └ その他	┬ 貴族 ├ 自由民 ├ **職人** ├ 吟遊詩人 └ 奴隷	┬ 大工 ├ 鉄工労働者 ├ 皮革職人 ├ 宝石細工人 └ その他
Nitkunyul（黒人）	┬ **セネガル系** └ 非セネガル系			
Nar（アラブ／ベルベル系）	┬ Nar-i-ginaar │　（モーリタニア系） ├ Nar-i-fas │　（モロッコ系） └ Nar-i-beerut 　　（東部地中海島嶼民系）			

ウォロフ村の人々は，アフリカ以外の人々を分類するカテゴリーをほとんどもたない（ただし，興味深いことに，彼らはアラブ系ベルベル人のなかを3つのタイプに区別していた）。村人は，外部者については，比較的単純で広範なカテゴリーをもつ（たとえば，白人，アジア人，アラブ系ベルベル人など）。他方，地元住民については複雑で特別なカテゴリーで分類し，民族集団や階級制による区別，職業別の階級で区別される。

　さまざまなカテゴリーに付随する価値や期待は，著しく異なる。たとえば，ウォルフ社会にはカースト制や奴隷集団が存在し，階級，奴隷，自由人，貴族の関係や異なる民族集団間の関係は，複雑な決まりによって規定される。プロジェクトの計画立案者はこれらのことに気づいていなかった。これらは，誰がプロジェクトに参加し，誰がプロジェクトの結果生じる利益を享受することになるのかという2点に大きく関係してくる。このようなことは，いうまでもなく西洋式の世帯調査から浮かびあがってくるわけではない。

　同様に，時間を図示することでも大事な点を知ることができた。村人は技術者たちと同じ生活カレンダー（日ごと，月ごと，年ごと）を使っていたけれども，彼らにとっての時間の区切りにはまったく異なる意味が伴っていた。たとえば，灌漑のスケジュールは，毎日の祈りの時間，昼寝の時間，そして金曜日ごとにおこなわれるモスクでの少し長めの礼拝に合わさなければならなかった。ラマダンの太陰月には，労働者たちに対して別の規制が働く。最後に，妖術師があらわれるといわれるティミス（*timis*）という夕暮れ時には，田畑で村人の姿を見ることはない。

　このように，村人によって認識され用いられる時間の観念は文化型式と結びついており，1日，1週間，あるいは1年のどの時にどの仕事がおこなわれるかということに大きく関係してくる。こうした型の発見は，そのような作業がプロジェクト設計の早い段階に盛り込まれることで可能となる。

　もしも，外部からもちこんだカテゴリーにコミュニティの住民たちを分類してしまっていたら（馴染み深い方法ではあるが），私たちは住民自身による重要な差異化の原理を見過ごしてしまっていただろう。現地の人々による差異のつけ方が，価値や構造，嗜好性などの面を知るための大切な手がかりを提供してくれることはよくある。

　現地の分類や価値観が，プロジェクトの展開において問題を生み出すこともある。上で述べた事例では，プロジェクト・チームが奴隷階層の存在を認識したために，プロジェクトのために誰が最も多く働き，誰がプロジェクトによる利益を最も多く享受するかについて，深刻な疑問が生じた。こうした点については，最終的にはコミュニティの住民との交渉を経なければならなかった。その結果妥協がはかられ，それは誰にとってもかなり有益なものとなった。

ダーや，彼らのニーズおよび潜在的ニーズについて理解できず，彼らをプロジェクトに関与させることができなければ，そのことで後に問題や予期せぬ出来事を生むことは十分に考えられることである。

4. ステークホルダー・コミュニティについて知る

プロジェクトの成功のために，ステークホルダーからの支持はきわめて重要な要素である。したがって，鍵となるステークホルダー・コミュニティについての正確で詳細な把握が必要である。そのためには，プロジェクト・サイクルの初期に体系的な調査がおこなわれなければならない。人類学的方法はこうした初期の調査研究に適している。とくに人類学が調査の限定的要素（parameter）や重要な文化的諸領域を明らかにし，現地の文脈において関連する事柄や価値観，問題点などを特定し，それらの意味を明確にするために用いられる場合である。

(1) 基本的な問い

コミュニティから何をどのように学ぶかは，その人がすでに知る事柄に大きく左右される。もしもプロジェクトの実施地域に関する2次資料があり，懸案となっている事柄と関連し，なおかつ信頼に足るものであるならば，それは使われるべきである。しかしながら，たいていそのような資料は内容的に不十分であるか，どこか不備があるものである。

良質な2次資料があろうとなかろうと，計画立案者は彼らの調査の前提となる全体的構想を，たとえ大まかなものであっても，もたなければならない。全体的構想に固定的なモデルはないが，表5.2 はさまざまな状況に有効な構想の基本的特徴を示している。

最初の段階で全体的構想をもつことは，計画立案者にとってはいくつかの点で都合がよい。第1にそれによって情報が欠けている点を特定できること，第2に新しい情報を収集する際の参考になることである。最終的には，構想が進むことによって，プロジェクト設計上の鍵となる疑問を解消することに役立つ。体系的な資料収集は，コミュニティ住民が関心をもちそうな領域と，住民が興味をひきそうな問題解決のタイプ，そして問題解決のために最も効果的で適切であると住民が感じる戦略を特定することに役立つ。しかし，さらに重要なことは，ステークホルダー・コミュニティを体系的に調べることによって，集団内部の差異を特

表 5.2　コミュニティ研究の基本構成

対象	必要な情報の例
人々	その地域に誰が住んでいるのか．その集団の構造と構成はどのようなものか．どのような分類が可能か．保健，教育，労働，収入などに関するその地域の基本情報はどのようなものか．リーダーシップのあり方はどうか．彼らの信仰，価値意識，実践において何が重要なのか．集団のなかには他の集団よりも強い権力，あるいは影響力をもつものがあるのか．
環境	コミュニティの地理的，社会的境界はどこにあるのか．気候，地誌，自然資源，季節変化のどの様相が重要視されるのか．地勢学的にどのような重要な特徴がみられるか．環境と人間生活とのつながりはどのようなものか．
インフラストラクチャー	どのような機関，組織，施設，あるいはサービスがその地域に存在するのか．現在，あるいは過去において，それらと地元住民との関係のあり方はどのようなものか．将来において起こりうる変化はどのようなものか．
資源	コミュニティは有益なものとしてどのようなものをもっているのか，あるいはそれらにアクセスしてきたのか．それらには，経済資源や知的資源、人的資源，情報資源なども含まれる．これらのものはどのように得られて，管理されるのか．それらの利用においてどのようなルールがあるのか．
生活様式	経済基盤は何か．どのように人々は労働を組織するのか．どのように彼らは結びつき，そして（あるいは）相互に差異化するのか．極端な富と貧困は存在するのか．現在の経済動向はどのようなものか．どのように資源と便益が分配されるのか．どのように時間が使われるのか．
問題点と関心事	どのような事柄が人々の時間や思考，エネルギーを拘束してきたのか．人々の主要な関心事あるいは問題点は何か．どのように彼らはそれらの問題について考えているのか．人々の間に問題点に関する意見の相違はあるのか．どのような意見がそれらの問題に対処する際に受け入れ可能なものとして見られうるのか．
主要な規制	コミュニティのコントロールあるいは予測の外で，どのような要素や条件が，コミュニティ内で生じている事態を理解することに役立つのか．人々はそれらについてどのように考えているのか．彼らは時間の経過とともに変化するのか．

定することにもつながるという点である。

(2) 情報収集

　計画立案者は意思決定において良質なデータに大きく依存するものであるが，「良質」なデータに何が含まれるか，はじめは明確な考えをもっていない場合が多い[4]。質的データよりも量的データがよいと信じる人は多いが，数字だけでは数えられているものが本当に必要な事柄と関係あるのかどうかがわからない。データそのものに価値や意味は内在しておらず，それは文脈と結びつけられてはじめて意味をもつのである。そのようにして意味を得た時，データは情報となる。

　たとえば，プロジェクトを実施している地区における今日の気温が「30度」だといわれれば，数あるデータのなかの1つを得たことになる。しかし，そのデータを取り巻く文脈について知らなければ，それは無用に近いデータとなってしまう。もしも「30度」が華氏ならば外に出るのに暖かいコートをはおる必要があるが，摂氏ならば半袖でよい。アメリカ北東部の1月であれば華氏30度であってもおかしくないが，それが8月ならば異常気象である。もしもオーストラリアかアルゼンチンにいたなら，状況はその逆である。氷点下の気温は冬のオリンピックには非常にふさわしいが，9月の「労働者の日」（the Labor Day）にはふさわしくない。

　プロジェクトに関与する専門家は，その業務をおこなうために必要な知識をすでに備えていると思いがちである。しかし人類学者のアプローチはいくぶん異なる。専門家の知識を疑うというのではなく，人類学者はそれに価値判断を可能にする洞察をつけ加えることができる。人類学者は，ステークホルダー・コミュニティのなかにある文脈に沿った知識を探し出す。その際人類学者はさまざまな手法を用いるが，その多くは質的な手法である。このアプローチは，先入観に基づく考えに対抗するものである。

　すべての知識（プロジェクトに関与する専門家が知っていることも含む）は文化的な文脈に埋め込まれており，関連する一連の価値観，前提，偏見を含むものである。専門家は確かに特定の話題についてよく知っている。しかし彼らは，それらの話題が現地社会において，あるいは時間的な流れのなかで他のシステムとどう結びついているのか，さほど理解していないことが多い。他方，現地のステークホルダーは，特定の事柄について専門家ほどの知識をもっていないとしても，彼らを取り巻く環境が全体としてどう機能しているかについてよく理解している

場合もある[5]。残念なことに，土着の知識（indigenous knowledge）は，プロジェクト計画者たちに無視されたり，軽く扱われたりすることが多い[6]。

専門家の知と土着の知の守備範囲は対立するのではなく，むしろ互いに補完しあい強化しあうはずである。状況についての明確な図式を創出するために，土着の知識は計画立案者たちが知っていること（または学び取れること）と効果的に結合できるものである。地域の文化的文脈に埋め込まれている土着の知識は，単なるデータ以上のものである。それには，その世界のなかにどのようなものがあり，それらが互いにどのように結びついているのか，そうしたことを学び利用するための適切な方法を導く考えが含まれている。言い換えるなら，地元の知識（local knowledge）は，計画立案に単純には「接続され」（plugged into）ないのである[7]。

(3) あるものを〜とみなすこと

データ収集を質問票調査（サーベイ調査）からはじめようという誘惑は常にある。それは，体系的かつ管理されたやり方でデータを収集する昔ながらのやり方である。プロジェクトの展開において，とりわけ特定の変化を評価するためにおこなわれる長期的なデータ群の収集は，とても有効な手法になり得る。また，住民のなかの下位集団を特定し，その特徴を述べる際にも役立つものである。

しかしそのような調査は，プロジェクトの作業を進めるうえで不都合な面もある。1つは，早まった結論づけに伴う見当はずれな具体性という問題である。理解を急ぐ時，中心的または主要な変数として調査者が期待する事柄を拾い上げ，それに関わるデータ収集をおこなうことがよくある[8]。もう1つは，西洋式の質問票調査には，通常，人間についての数多くの前提が組み込まれていて，それらは非西洋世界の人々にはほとんどあてはまらないという問題である。

しかし，そのような問題以上に，質問票調査スタイルにおいて最も基本的な問題として指摘できるのは，以下の点である。すなわち，あるものを適切に設計し用いるために探している情報は何か，それは現場の文脈においてどのように表象されているかを知る必要があるということである。ある調査者はこう指摘する。「観察者は，何が，あるものを特定の何かとして認定するかについて知らなければならない。それは，あるものを〜とみなすこと（counting to one）を伴う」と[9]。

典型的なプロジェクトにみられる異文化的環境において，あるものを〜とみなすということは（つまり，みなす対象と，みなすことの理由や方法を明らかにす

ることは），必ず分析作業や最終的な理解の前におこなわれていなければならない。見知らぬ国にいて，部屋の向こう側からあなたに向かってウィンクする者がいるとしよう。あなたはそのウィンクの回数を数えることはできる。しかしあなたはどのようにしてウィンクの意味を知るのだろうか。クリーヴランドは次のように述べている。「ある過程や構造が自然資源を保護する，社会的公平性を高める，あるいは経済的合理性の程度を経験的データによって主観的に考察しはじめることができるのは，個人や集団によって任意に，あるいは異なる価値観をもつ個人

ミニケース 5.4 「地方開発観光」

　プロジェクトの計画立案者が情報を収集するために対象地域を訪れることは，ごく一般的である。質問票調査（サーベイ）とは異なり，現地滞在は比較的低コストですみ，しかも念入りな準備も必要としない。しかし，それらは多くの偏りを含み，ロバート・チェンバース（Chambers 1980）が「開発観光」（development tourism）とよぶものにもなりかねない。

- 空間的偏り。情報収集のための滞在は，たいてい道が舗装され（したがってより開発されたところ），簡単に行くことのできる地域に集中する。
- プロジェクトの偏り。進行中の「成功」プロジェクトが頻繁に訪問を受ける。これは，チェンバース（Chambers 1993：115）が「輝く救済の島」（shining islands of salvation）とよぶ問題である（プロジェクトが陳列棚の作品として展示され，特別の支援と注目を受ける）。失敗したプロジェクト，または以前に避けられた地域は無視される傾向にある。
- 人の偏り。訪問者は，すでにサービスや便益へのアクセスを獲得している比較的裕福な人々と会う傾向がある。その「比較的裕福」な人々は，基本的には社会のなかで他の人々と同等であるが，働き盛りの成人男性のなかでもとりわけ影響力が強く，学歴が高く，そしてはっきりとものをいう傾向がある。
- 乾期への偏り。訪問は，移動が楽で，天候がよく，病気や飢餓が流行していない時期に実施される傾向がある。
- 礼儀の偏り。訪問の間は誰もが非常に礼儀正しい。答えにくい質問はされず，回答はたいてい予想可能で親切である。厄介な事柄が話し合われることはほとんどない。
- 専門性の偏り。訪問者は，たとえ現地の状況について知らなくても，常に専門家として見られ（扱われ）る。そして懸案事項の解決策はたいてい専門家から発信され現地の人々へ向かい，その逆方向はない。

　これらの偏りのために，プロジェクトの計画立案者は，構造的貧困（structured poverty）などコミュニティで生じている大きな問題を見落としがちである。彼らが

収集する情報はたいてい不十分である。現地の人との間で親密な関係が築かれることもほとんどない。関心は関係性よりも物事そのものに向けられる。当該地域は短時間で見られる。そのような「専門家」は訪問からはほとんど何も学ばず，代わりに自分たちの先入観を強化させるのである。

　私は，はからずも，そしていささか不本意にも地方開発観光の一部に参加した。1970年代後半のことである。その時私は，セネガル・フェルロ地域に対するプロジェクト設計チームの人類学者として活動していた。フランス語といくらかの現地語を話す数少ないメンバーのひとりだったために，他の専門家たちのデータ収集によく同伴した。

　ある日畜産経済学者と共にいた時，その学者はこう言った。「何人かの牧夫と会う必要がある。彼らと話して，現地のニーズを分析したい」と。私は，「問題ありません」と，四輪駆動車のギアを入れながら答えた。私たちはブッシュを縦横無尽に動き回り，ついに，給水所のまわりに牛の群れが集まっていることを示す塵雲を見つけた。私たちは群れの端に車を停めた。500頭あまりの牛と24人の牧夫が私たちを見ていた。その経済学者が，一番背の高い男に手を振って合図し，「きみ，いくつかの質問に答えてくれないか」といった。

　背の高いその牧夫は自分を指差して，目を大きく開けた。「Moi?」経済学者は前置きもせずにいきなりまくしたてた。「きみにとっての基本的ニーズは何か，話して欲しいんだ」。彼はノートとペンを手に，牧夫を見上げた。「いつでも，はじめてくれたまえ」。牧夫は振り向いて私に警戒と楽しみの入り混じった表情をしながら，「この toubab は何をしたいんだい？」とウォロフ語で訊いた。
「大丈夫だよ。彼はいくつか質問したいだけだ。きみの基本的ニーズについて」。
「僕の何だって？」
「ああ，待って」。経済学者は手を振っていた。「待ってくれ。優先順位に沿ってきみの基本的ニーズが知りたい。優先順位をつけていってくれ。いいかい？」

　すぐにたくさんの人たちが集まり，私たちを取り囲んだ。みんなの表情には期待感が浮かび，目は好奇心と興奮で光っていた。映画よりもよいぞ。いったい次に何が起こるのだろう。

　ついにその牧夫は語った。「あんたはアメリカから来たんだな」。彼は男に向かっていった。「アメリカには，よいものがたくさんあると聞いた」。彼は手を広げて言った。「おそらく，そういうよいものをあなたはもってきているだろう。それをすべて見せてくれたら，俺らに何が必要か話してやろう」。彼は微笑を浮かべて「優先順位をつけてな」といった。

　こうした偏りはどうしたら克服できるのだろうか。チェンバースはいくつかの提案をおこなっている。

- 特定のグループ（女性，非利用者，サービスが手つかずの人々）を明らかにし，会合や議論の場に取り込む。
- ある集団が抱える貧困問題について，その鍵となる指標をみつける。家屋，有形資産，出生時体重，収入など。
- 通常の接触の範囲を超える。異なる視点をもつ多様な集団や個人からの情報を求める。
- 自由回答式の質問をして，その回答を注意深く聞く。
- オフシーズンに訪問し，しばらく待機する。
- 暇をみては立ち寄り，儀礼的なやり取り無しでも済ませられる関係を築く。訪問が特別なことと感じられないぐらいの状態をつくる。
- メインロードを離れて，少し歩いてみる。
- 気長にやる。
- データ収集に複合的なアプローチを用いる。

出典：R. Chambers 1985, 1993；Morris and Copestake 1993；Nolan 1997；Ryan 1981

ミニケース 5.5「バサリ村の人口調査」

　西アフリカにおけるフィールドワークのはじめの頃，私は滞在地であるバサリ村の人口調査をやりたいと思っていた。性別や年齢，職業など，基本的な人口統計上の情報を集めるためであった。私はアメリカとイギリスで同様の調査をしていたので，簡単にできるという自信があった。いくつかの簡単な質問を準備しておこない，その調査結果は今後の調査に役立つデータベースになりうると考えた。

　しかしながら，その調査を進めるにつれ，私が想定したカテゴリーに基づく質問事項が回答者たちのなかに問題を引き起こしていることに気づかされた。調査は思ったようには進まず，回答者たちに混乱と矛盾，時折苦悩さえ抱かせてしまった。私は誤りと混乱の原因を調査して，バサリ村の社会構造と村人たちの価値観に関する重要な点を学びはじめた。

　私が用意した回答用紙の質問の多くは，意味を成さないように見えた。あるいは，意味を成さない事柄に言及していたため回答されなかった。私の調査は，社会環境について知るための手段というよりも，むしろ理解の妨げになっていることがわかった。もし私が最初の調査に固執していたら，そこから得られるデータは，誤解を招くような，そして基本的には何の役にも立たないようなものになっていただろう。現地の助手と村人の辛抱強さのおかげで，私は最終的には「あるものを～とみなす」（count to one）ことができるようになった。言い換えると，文脈において意味を成す文化的カテゴリーは何か，それらに関する質問をどのように構成したらよいかを理解した。最初に立てた調査内容に対するその後の修正点を以下にあげておく。

バサリ村人口調査

もとの質問	調査を実施して学んだこと	どのように私は質問を修正したか
名　前	バサリ人はいくつかの名前をもつ：子どもの名前，出生順の名称，成年名 initiation name．状況や接触によって，用いるべき名前は異なる．質問を受けた回答者は，いずれかの名前を述べるだろう．	成年の名 出生順の名 その他の名
年　齢	年配のバサリ人の多くは自分の年齢について，6年ごとの年齢別等級以外は知らない．	年齢別等級
姓	バサリ人は8つの母系出自集団をもつ．各リネージは特定の儀礼的権利義務をもつ．	リネージ名
両親の名	両親を亡くした村人が両親の名を聞かれて困ることがあると知り，この質問を削除した．	削　除
居住する村	バサリ人は「村」(village)に相当する語をもつが，この語には国(country)や民族(nation)という意味もある．代わりに，バサリ人は首長(chief)への忠誠，または農作業集団のメンバーシップによって集団を形成する．結局は，農業労働力を交換し合う世帯を意味する「近所の人々」(neighborhood)という語を用いることにした．	近所の人々
職　業	村の住民はみな農民だが，ヤシ酒づくり，窯業，鍛冶，病気治療，そして超能力といったいくつかの副業的な専門職業があった．	削　除
妻の名	バサリ社会には，一夫多妻，高い離婚率，未亡人となった女性を亡き夫の兄弟が引き継ぐレヴィレート婚などがある．	妻の名 前妻たち 現在の妻の数
子どもの名	母系制であるため，子どもは母親のリネージ名をもつ．村人にとって父系親族はさほど重要ではなく，父親が不明か認知されていないことを意味する「村の」子どもというカテゴリーもある．	出生順の名 他の名 両親の名

や集団間の社会的交渉を通じて相互的に，目標が主観性をもって定義づけられる時だけである」[10]。

異文化状況における質問票調査（サーベイ調査）の設計者は，特定の文脈において，どの物事が価値あるものとみなされているのか，そのようなコンセプトは何に基づいているのかを理解する必要がある。ある文化にとっての外部者が単純に分類や意味を状況にあてはめようとすると，地元の人々が重要と考えることの多くを見落としてしまいかねない。多くの場合，短期の現地調査だけで重要なことを判断することはできない。ミニケース5.4「地方社会の開発観光」は，そのような短い現地調査が陥る落とし穴のいくつかを概説している。

何に注目すべきかの判断は，思った以上に難解な問題である。大半のデータ収集技法は，調査され，質問され，価値づけられ，評価される単位がすでに知られている自明のものと考えている。しかし，そのようなことは異文化環境ではほとんどありえない。世帯というきわめて基本的な単位でさえ，文化によってかなり多様なのである。

たとえば，昔ながらの西洋的思考では，個人は単一の家族（「世帯」）に属し，「コミュニティ」とよばれるより大きな単位の一部として位置づけられる。しかし，多くの社会において，計数単位としての世帯が社会的あるいは経済的単位としての世帯と同じとは限らないことを，私たちは経験から知っている[11]。

現地社会の文脈を規定する外部者の試みは，誤解を招くか，わかりにくいデータに帰着しがちである。人類学者は，個人間の関係性について，それが「世帯」としてまとまっていてもいなくても，それを自明のものとして想定することはない。その代わりに，参与観察を通じて関係を発見しようと試みる[12]。世帯は，「農地」や「村」がそうであるように，文化的な構築物であり，その形態や機能，そして意味は地元の文脈と結びついているのである。

したがって，「何を考慮するのか」という問いには，もう少し複雑ないくつかの問いが含まれることになる。

・どのようなものを考慮に入れるべきか。
・そこにはいくつの異なる種類のものがあるのか。
・そうしたさまざまなものの「違い」を説明するものは何か。
・現地のステークホルダーにとって，それらは何を意味するのか。
・私たちの目的のために，それらの何を知る必要があるのか。

人類学者は，領域分析やその他の質的調査手法を用いて，プロジェクト実施

表 5.3　ジャワ島における裕福さの指標

指標	低レベルの裕福度	中レベルの裕福度	高レベルの裕福度
住居	竹製	組み合わせ	煉瓦／漆喰／チーク材
部屋	1〜2部屋（小部屋）	―	多くの広い部屋
床	土間	煉瓦＋セメント	磨かれたセメントブロック
照明	小さな石油ランプ	吊り下げ式灯油ランプ	自家発電
交通手段	なし	自転車，荷車	エンジン付きの車両

（出典：Honadle 1982；Soetoro 1979 より筆者改変）

地の住民が抱える社会文化的世界の性質を明らかにすることに関わることができる。質的なアプローチを用いて，集団のどの成員が彼らの経験を分類し定義づけるかを明らかにする。そして，それによってどのような量的変数が注目に値するのかを，そしてそれら変数の意味や判断の方法を知ることができる。

　このことを，私は駆け出しのフィールドワーカーの時に苦労して学んだ。ミニケース 5.5「バサリ村の人口調査」では，西アフリカのある村でおこなった調査のなかで，私が外部のカテゴリーを現地社会にあてはめようとしたことについて検討している。

(4) 判断基準と代用品

　何を知りたいのかがはっきりした時でさえ，判断の基準は明確でないかもしれない。直接的な判断基準が不可能なら，その代用となるもの（proxy measures）をみつける必要がある。ここにおいても，ある文化的状況で用いた基準を他の文化に単純にもち込むことはできない。判断の基準が意味と社会性をもつのであれば，それは現地社会の文脈に位置づけられなければならない。たとえば，アメリカにおける従業員の離職率はそれ自体間接的なデータにすぎないが，場合によってはアメリカで問題を抱える職場環境についての正確な指標になるかもしれない。東南アジアの市場で売られる作業用の象の価格は，この地域でおこなわれている不法伐採の広がりを示す指標になるかもしれないし，村でトタン屋根のある家の数は不法伐採による儲けを示す指標にもなりうる[13]。

　貧富を分ける判断基準もまた，多くのプロジェクトにおいて重要である。非常に貧しいとされる国においても，貧困にはさまざまな段階がある。これらの段階とそのあらわれ方に対する理解は，適切な介入を企図するうえで不可欠である。

その土地で定義される豊かさと貧しさに関するいくつかの指標を見出し，それらを整理し，検証されなければならない。たとえばジャワでは，調査者は表 5.3 に示したように，その土地で用いられる貧困の基準を整理している。

(5) 簡易評価

簡易評価法（RAP）は，プロジェクト環境についての知識を得る過程の初期段階によく用いられる。これは，プロジェクト・サイクルのはじめに生じるさまざまな疑問に対して，迅速かつ有用な回答を計画立案者に提供しうる。また，簡易評価によって，さらにより体系的な調査の対象領域を特定することも可能である。

RAP は，プロジェクト対象地の文脈を短期間で理解することや，より因襲的なデータ収集法のもつ限界と偏りを克服するという共通の目的をもつさまざまなアプローチを網羅する用語として，1970 年代に登場した。当然のことながら，それは，プロジェクトのおこなわれる場についてよく知られていない場合に，とくに有効である。RAP の枠組みは 2 つの会議（1978 年サセックス大学，1985 年コンケーン大学）がもとになって確立され，それ以来多数の文献が出版されている[14]。

RAP は単一の調査技法ではなく，複数の方法からなる。それは基本的にはチームによる情報収集であり，準体系的，分野横断的，状況対応型で，柔軟性が高い。RAP は，他のデータ収集法とは異なるいくつかの独創的な特徴をもつ。それは迅速（rapid，時宜を得た情報を意思決定者に提供するため）であり，折衷的（eclectic，異なる方法論の組み合わせ）であり，全体論的（holistic，コミュニティ生活の様ざまな側面を対象）なアプローチである。また，双方向的（interactive，外部者と地元の人々との対話を強調する），漸進的（evolutionary，学習が進展するにつれて目的と方法が発展する），土着的（indigenous，事前に考案された調査内容が現地の環境に適したアプローチと技術に置き換えられる）という特徴ももつ[15]。

簡易評価は，計画立案者がプロジェクトに関わる重要な決定をおこなう際に役立つ方法である。たとえば，農業システムを包括的に描写することは，計画立案者が，プロジェクトとしてそのシステムのどの部分に介入したらよいかの判断の助けになるはずである。いくつかの異なる農村の概略を描写することは，プロジェクト活動に最も適した場所を計画者が選択する際に役立つだろう。選択したコミュニティの人口統計や社会的・経済的構造の概略的理解は，プロジェクトの受

表 5.4 RAP 簡易評価法で使われる共通の方法

- 記録の検証
- 直接的な観察
- インタビュー
- 鍵になるインフォーマント
- デルファイ法
- 鍵となる指標の特定
- グループ・インタビュー
- 個別インタビュー
- ワークショップとフォーカスグループ
- 航空測量
- グループ，個別の順位づけ
- 強要しない手法
- 参与観察
- 日常活動の分析
- 事例研究
- 社会的ネットワークの分析
- 標本調査
- 鍵となるインフォーマントへのインタビュー
- ライフヒストリー
- 顧問団／タスクフォース
- コミュニティ・ミーティング
- 地域ツアー

益者を決定するために有効である。また，対象社会の主要な行事と気象条件をまとめた年間カレンダーの作成は，プロジェクト実施のタイミングをはかるうえで有効である[16]。また RAP は，飢餓や疫病など，急速に拡大する問題を扱う時にも役立つ。こうした問題に対して，伝統的な調査方法では時間がかかりすぎるのである。

RAP は，現地住民との双方向の対話の過程で獲得される情報を利用する。指標や基準は，現地の実情を正確に反映し，現地の人々が納得できるものでなければならない。新たな情報が出てくると，新しい作業仮説の方が好まれ，古いものは放棄されるかもしれない。それによって調査は，多少なりとも路線を変更されることになる。調査では，全体的な社会の姿を描くために複合的な方法（三角測量とよばれるアプローチなど）が用いられる。

RAP はプロジェクトの対象となる地域社会の文脈にデータを明確に位置づけ，全体の平均値やパターンだけでなく，データのもつ内部的な多様性にも焦点をあてる。三角測量は社会状況をよりよく表現できるというだけでなく，プロジェクトの専門家が互いに専門分野を超えた議論や，地元の人たちと対話する状況を生み出せる。表 5.4 は，RAP において通常用いられる手法である。

RAP は，よりよい情報の提供を通じて，プロジェクト・チームに役立つことを主目的に設計されるが，その1つである参加型農村調査法（PRA, Participatory Rural Appraisal）とよばれるアプローチは，現地のコミュニティに力を与えること（empowerment）を強調する[17]。PRA は，どのような情報がいかにして収集さ

れたか，その情報によって何がおこなわれたかに関する語りをとおして，ステークホルダーに力を与える。PRA はまた，当該社会の外部からやってくる専門家と地元住民との現行の関係を，根本的かつ持続的に変えようと試みる。PRA では現地の人々を支援するが，支配はしない。手法は規制的ではなく，柔軟性をもつ。そして，PRA を通じた学習の過程は共同性と情報の共有によって特徴づけられる[18]。

やっつけ仕事といわれることの多い RAP とはちがい，PRA では調査者がかなりの時間を現地で過ごすことが求められる。それによって，より内容が豊富で本質的なデータを得られる可能性が高い。PRA の成功は，調査者が現地の人々との間で築いた関係のありかたによる。地元の知識（local knowledge）がこのアプローチの基礎をなす。そこでは地元の人々は単なる情報提供者ではなく，調査者の理解を導く存在といえる。

RAP と PRA は明確に区別できるアプローチではない。しかしこの2つは，現地で得られる情報，漸進的学習，複合的データ収集法，そして地元を熟知する者としての住民の卓越性という共通性をもつ。これらのアプローチは，他の調査手法の代わりになるものというわけではないし，すべての疑問点や問題点を解決するわけでもない。簡易評価はそれ自体が目的ではなく，むしろ計画立案者とステークホルダーとの対話の開始を意味し，相互的な学びの機会を発展させる手段といえる。しかしながら，それは誰にでも使える簡単な手法というわけではない。地元住民の参加を強調するアプローチでさえも，ジェンダーや権力，進行過程に関する問題を無視することがある[19]。参加型アプローチが地元住民の期待を非現実的に高めたり，地元住民と外部からやってくる調査者との対話を歪めてしまうこともある[20]。

5. 情報収集の管理

どんなアプローチを用いても，情報収集がプロジェクトを展開させるうえで重要な部分を占めることは，すでに明らかである。情報はプロジェクト・サイクルの開始時点（まさに，計画者とステークホルダーが互いを最もよく知らない時点）において，とくに必要性が高い。

プロジェクトの計画立案者たちは，事態を展開させるために理解の範囲を広げようと努めるのではなく，すでに知っていることに依拠して結論を出すことがあ

る。よくある話として，専門家が何かについてわからない時，それは専門家が知るに値しないと感じるからか（そうでなければ，利用可能で見るべきデータがすでにある），または実際には調査をせずにその重要性について推測しているかのどちらかである。

あるいは，実際に必要とされるよりももっと多くの情報を集めたいという誘惑も当然あるだろう。しかし，だからといってそうすることがよりよいプロジェクトを保証するわけでもない。実際，情報収集に必要とされる時間と労力は，他の必要不可欠な活動の障害になることもある。データはただではない。データの収集と分析は時間を要し，希少な資源を使う。そうした資源の1つが管理能力そのものであるかもしれない[21]。

こうした両極端な事態を避けるために，プロジェクトの計画立案者はすでにあるデータを有効利用し，彼らが追加的データとして必要なものを明確にし，できるかぎり効果的で効率的な方法でそれらを収集しなければならない。プロジェクト展開のためのあらゆる情報は，望ましいことと状況のなかで可能なこととの間の妥協を意味する。情報収集には費用も時間もかかる。ゆえに現実的な調査を心がけることが必要である。

情報収集に役立つ2つの原則は，最も適した無視（optimal ignorance）と適切な不明確さ（appropriate imprecision）である[22]。最も適した無視は「知る価値のない事実とは何か」という問いに関係し，適切な不明確さは「意思決定に十分な厳密さとはどの程度のものか」と問うことである。これら2つの指針を用いることで，簡潔でしかも有用な情報収集の方法を考案することができる。

たとえば，私が1980年代に関わったスリランカにおける低所得の都市再開発プロジェクトでは，コミュニティの構造に関することと住民の収入水準について知る必要があった。私たちのコミュニティ調査では，人々に名前を尋ねるとともに（スリランカでは一般に名前から出身の民族がわかることから，名前の調査を取り入れた），財に関する鍵となる指標に注意を払った。財に関する調査では，家屋に用いられる屋根の種類や，自転車やオートバイの所有，家具の種類なども含まれていた。コミュニティにおける宗教組織の規模は，地域のモスク，教会，仏教寺院やヒンドゥー教寺院，宗教学校を，目視で数えて推計した。これらは決して全体的なデータではなく，的確な方法とは言い難い。しかし，それらによってプロジェクトの計画立案者は，効果的にコミュニティのニーズに合うやり方と，活動を実施する場所についての構想づくりをおこなうことができたのである。

こうして見ると，情報収集と情報の分析は，精密な調査というよりも，地元の知識を収集すること（intelligence gathering）といえそうである。プロジェクトのスタッフは，今現在彼らが知っていることに基づいて決定を下す必要に迫られることがよくある。そして後になって，他の側面が明らかになった時点でその決定を修正する。しかしこのやり方が機能するには，何が重要なのか，なぜそれが重要なのかを知る必要がある[23]。このことは，これまで述べてきたように，プロジェクト展開における柔軟で相互作用的なスタイルを強調しているのである。

第5章要約

　本章ではプロジェクトを文脈に合致させるための情報の使い方について述べた。まずプロジェクトの5つのレベルを紹介し，プロジェクトを成功に導くために各レベルを相互に結びつけることの重要性を指摘した。

　プロジェクトの成功にとって鍵となる点は，おもに5つのレベルのうちの第1点目，すなわちステークホルダーにあるといえる。第5章の後半は，そのステークホルダー集団について述べている。

　ステークホルダーの情報を集めるためのアプローチのなかで，ステークホルダーの特徴を明らかにするための導入としてRAP（簡易調査法）を紹介し，その効果や価値についての指摘をおこなった。そして，情報収集の管理についていくつかの重要なポイントを，本章のまとめとしてあげている。

［注］
1) ピーター・カストロが編集した"World Development"誌 Vol.26 No.9には，過去の開発プロジェクトとステークホルダーとの関係がどのように現在のプロジェクト計画やその結末に影響しているかについて分析した論文が掲載されている．
2) たとえば，クリトガードは，制度的な欠陥が入念に設計された貧困削減プログラムをどのような方向に導いていくか，具体的に述べている（Klitgaard 1997）．他方グリンドルは，組織の様態が途上国における援助実施機関の活動にどのように影響するかについて述べている（Grindle 1997）．
3) Kottak（1991：431）．
4) Gow（1994：5）．
5) DeWalt（1994）．
6) Grenier（1998：46-51）．
7) Gardner and Lewis（1996：120）．
8) Dörner（1996：186-188）を参照．ただ1つのことに焦点をあてること，あるいは少ない事象に注目することは時間や分析作業の節約になり，膨大な量の情報収集がい

らなくなる．それは，現地の文化を知ることによって生じる問題を避けることにもなる．
9) Kirk and Miller (1986：9).
10) Cleveland (2000：271).
11) Wilk and Miller (1997：64).
12) Turton (1988：133).
13) Honadle (1982：635-637).
14) 簡易農村調査 (rapid rural reconnaissance)，農業システム調査 (farming system research) なども，簡易調査に相当する名称である．アプローチと方法は，Simmonds (1985)，DeWalt (1985)，Khon Kaen (1987)，Beebe (1995, 2001) を含め，多くの研究にみられる．ECRIS (Enquête Colloctive Rapide d' Identification des Conflits et des Groupes Stratégiques) というフランス語の文献については，Bierschenk and Oliver de Sardan (1997) に概要が紹介されている．RRA の人類学的応用については，Scrimshaw and Hurtado (1987)，Scrimshaw and Gleason (1992)，Bentley et al. (1988) に詳しい．
15) Molnar (1991：11-23)．また，Moris and Copestake (1993：39) も参照．
16) この例については，Moris (1981b：38) に詳しい．
17) ロバート・チェンバースは，このアプローチの主唱者のひとりである (Robert Chambers 1994a, 1994b).
18) Robert Chambers (1997：104-105).
19) Grenier (1998：43-45)．その前提にもかかわらず，参加型アプローチの中身は「官僚的」にもみられうる（たとえば，Labrecque 2000：217 において）．
20) ビアーシェンクとオリバー・デ・サルダンは，次のように述べる．「アフリカでは，『開発に関する借り入れ (development rent)』，すなわち外国からの援助は，今や多くの村落における経済の構造的部分であり，農民は戦略的にそれを扱おうとする．要求を出すことが援助の流れの発端になると村人はみている．そして村人たちは，調査チームに対して，まとまりのある活動的な村というつくり話を語ろうとするのである」(Bierschenk and Oliver de Sardan 1997：240).
21) R. Chambers (1993：17).
22) R. Chambers (1985：403).
23) たとえば，Moris and Copestake (1993：63) を参照．

第6章　プロジェクトの形成

　第4章で述べたように，あらゆるプロジェクトは，枠組みの決定（framing decision）とよぶもの，すなわち，プロジェクトの基本構造を規定する設計上の選択からはじまる。枠組みを決めるうえで最も重要な点は，プロジェクトの目的（purpose），プロジェクトの戦略（strategy），プロジェクトの持続可能性（sustainability），そしてプロジェクトの学習（learning）に関する事柄である。変更は後からでもできるが，いずれもはじめに決められた枠組みの範囲内でおこなわれることになる。

1. プロジェクトの目的

　プロジェクト形成においてはじめに決定すべき点は目的に関することであり，最も重要な作業になる。これには，プロジェクトが焦点をあてる問題，争点，状況の選定が含まれる。同時に，プロジェクトをとおして期待される成果がどのようなもので，どの程度の規模であるかについても具体的に言及される。

　通常はここで，簡易評価手法（RAP）か他の何らかの方法によるコミュニティ調査がおこなわれる。この時点で，プロジェクト実施機関の能力や優先事項に対する考え方と現実世界とのつきあわせがはじまることになる。情報が収集され，分析が進むに従い，問題となるさまざまな事柄が浮かびあがってくる。これはプロジェクトの全体像を描く際に役立つ。そして最後に，目標となる事柄が絞り込まれ，計画をさらに前進させるべく目標は特定の目的へと具体化される。

(1) おこなわれるべきこと
　つまりプロジェクトは，特定の事項を認識することからはじまるのである。1つのプロジェクトは多くの異なる視角から捉えることができる。プロジェクト・チームの調査によってその視角が特定されるかもしれないし，ステークホルダーたちによって特定されるかもしれない。あるいは，先行する計画や調査，援助プログラムの結果として，援助供与国や中央省庁から言い渡されるだけかもしれない。

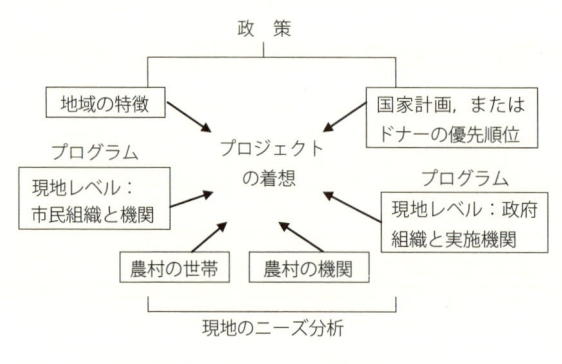

図6.1 プロジェクトの着想の出どころ

(2) さまざまな選択肢のなかから選ぶ

計画立案者ははじめに多様な選択肢をもつ。しかし，プロジェクトは対象となる分野を速やかに決定しなければならないため，これらの選択肢は何らかの明確な基準（criteria）に従って順位づけされるか，分類される必要がある。その基準は実施機関によって設定されるかもしれないが，基準に基づいた決定を下すために必要な情報は主としてプロジェクトがおこなわれる環境から得られるものである。プロジェクトを選択する際に最もよく使われる基準のいくつかを，表6.1 で簡単に説明しておく。

(3) 問題の構造を明らかにする

プロジェクトの中心的課題を選択する行為は，ほんのはじまりにすぎない。適切な対策がつくられる前に，支援の対象となる現象を生み出している課題や問題を分析し，理解する必要がある。計画立案者たちは，さまざまなツールや技術を用いて分析作業や状況の理解に努めるが，それらのツールや技術のなかにはフォースフィールド分析（Force-Field Analysis）や系図（branching tree diagram）なども含まれる[1]。どちらも，問題となる現象の構造や，計画立案者がより明確にそれを理解するために用いられる。いずれも文脈についてあらかじめ理解しておかなければならない。問題となる現象の構造を理解することで，その問題の解決へ向けた選択肢が計画立案者たちに見えてくるのである。

(4) フォースフィールド分析

これは心理学者のクルト・レヴィンが開発した手法で，懸案となっている状況がなぜそうなのかを理解する際に役立つ手法である。レヴィンは，ある時点におけるいかなる状況も，複雑な一連の力（force）の結果であると指摘する。ある力は状況を維持させるために働き，別のある力はそれを変化させようとする。したがって，力の均衡が変われば，状況そのものも変わりうる。計画立案者たちは，

表 6.1 戦略を選択する際の基準

計画の妥当性	プロジェクトが扱う問題や課題は，利害関係者にとって重要な関心事なのか．それは，実施機関にとっても，同等あるいは同程度に重要な関心事なのか．その問題は，他と比べてどの程度の緊急性があり，深刻ないし重要であるのか．この問題を解決することが他の問題の解決にも役立つのか．計画立案者はここで誰の見解を考慮するのか．問題はどれ程の範囲に拡大しているのか．その解決はどの程度の範囲にまで及ぶのか．対象となる事象は重要な課題なのか．どれくらいの住民が影響を受けるのか．人々が何もしなかった場合，どのような事態になるか．
変 化	プロジェクトが成功したら何が起こるのか．プロジェクトの恩恵（果実）を得るのは誰か．損失を被るのは誰か．誰がより多く（より少なく）得るのか．彼らはどこの集団か．彼らは有力か，貧しいのか，女性か，少数派か．この特定の問題あるいは課題がうまく解決すると，下部ではどのような結果が予測されるのか．他の課題はこの問題への取り組みから影響を受けるのか．解決は継続的か，一時的か．
学 習	プロジェクトがこの課題，問題に取り組むと，どのような学習の可能性が生まれるのか．その可能性は高いのか，あるいは低いのか．ここで人々が何かを学ぶと，他の状況への波及効果が生まれるのか．このプロジェクトは，よそで再現または拡大できるのか．
過 程	問題はどの程度複雑か．それは単一の問題なのか，複数なのか．利用可能な技能と資源のもとでは，どの問題に最もよく対応できるのか．誰か他の人がこの領域に取り組んでいるか．取り組んでいるとすれば，この実施機関の活動をそれとどう調和させていくのか．要求される投入物は現地で入手可能か．プロジェクト終了後も入手可能なのか．ここで起こることを，計画立案者は実際に管理できるのか．住民に，変化をおこすための十分な時間があるか．
作用させる力の水準	この特定の課題は扱いやすいのか．それは実施機関の能力の範囲内か．彼らの資源と技能によってその問題に対応できるのか．コミュニティにとってどの問題が最も重大な関心事か．コミュニティは、効果的に計画や実施過程に参加できるのか．参加は現地住民の能力を高めることができるか．

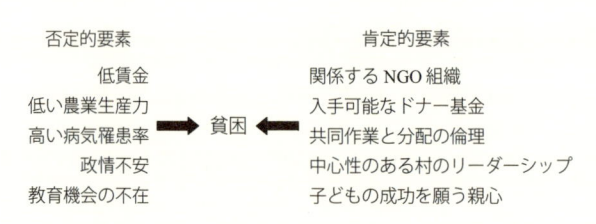

```
否定的要素            肯定的要素
    低賃金         関係するNGO組織
 低い農業生産力       入手可能なドナー基金
 高い病気罹患率 → 貧困 ← 共同作業と分配の倫理
    政情不安       中心性のある村のリーダーシップ
  教育機会の不在      子どもの成功を願う親心
```

図6.2　フォースフィールド分析

これらの力の性質を理解することによって，変える方向性を知ることができるという。

これらの力の性質を描くには，通常，現地のステークホルダーとの共同作業が必要となる。それは，問題ないし課題，文脈，考えられる変化のポイント（leverage point）に対する彼らの見方を理解するためである。このことを簡単な例を用いて説明しておこう。低い年間所得として定義される「貧困」について，ある農村で調査したとする。予備調査に基づくフォースフィールド分析（図6.2）によって，貧困を「支持」する条件，「不支持」の条件の双方を見つけ出すことができるかもしれない。

フォースフィールド分析では，貧困に肯定的あるいは否定的に作用する一連の影響力に注目するのである。通常プロジェクトの計画立案者は，リストにあげたさまざまな力を見て，肯定的または否定的な影響力のどれが変更可能か，または新しい肯定的な力を導入することができるかを検討する。

(5) 系図

これをさらに一歩進めて，系図手法は，懸案となる状況を生み出しているさまざまな要素間の因果関係を見るものである。フォースフィールド分析と同様に，計画立案者はまず問題の論点が何かを明示する（この事例では貧困）。それから遡って，「何が原因か」を問う。

前に述べた事例よりもいくらか複雑化するが，要素間のつながりという意味においてより理解しやすくなる。

本書の事例をみると，貧困は，さまざまな条件の組み合わせで生み出されているように見える。すなわち，低収入，低い農業生産力，高い疾病率，不安定な政局といった条件である（図6.3参照）。そこで計画立案者は，それぞれの条件について「なぜそうなのか」を問う。こうして，彼らは中心的課題となる対象について，いくつものレベルにわたる分析をおこなうことになる。

分析が進むと，計画立案者は問題がどのように構成されているかを理解することができる。これは，どのプロジェクト目標が可能であるか，または必要である

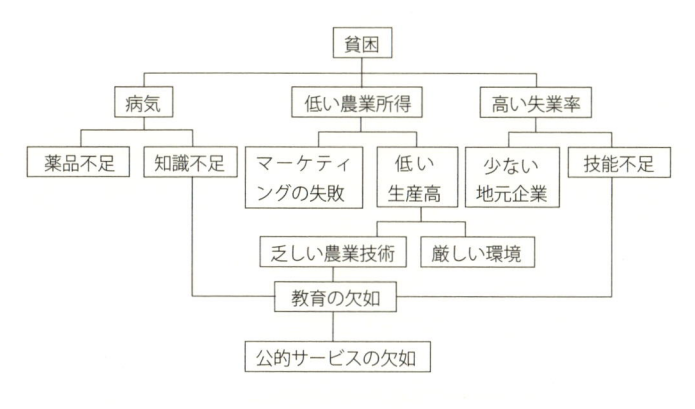

```
         貧困
   ┌──────┼──────┐
  病気  低い農業所得  高い失業率
 ┌─┴─┐  ┌─┴──┐  ┌─┴──┐
薬品 知識 マーケティ 低い 少ない 技能
不足 不足 ングの失敗 生産高 地元企業 不足
           ┌─┴──┐
         乏しい農業技術 厳しい環境
              │
           教育の欠如
              │
         公的サービスの欠如
```

図 6.3　系図分析

かを理解するための重要な手がかりとなる。そして，できるかぎり多くの因果関係の連鎖を加え，分析のレベルを多層化していく。

　系図分析には，技術，能力，そして忍耐が求められる。1つの系図は単なる推測ではなく，理解に基づいていなければならない。問題の構造を概観するためには，フォースフィールド分析と同様に，文脈についての詳細な情報が必要となる。この手法をうまく活用できれば，問題の定義を明確にし，実行可能な解決策をつくり出すことができる。系図は，知られていることを要約するだけでなく，さらに踏み込んだ理解を促すためのものである。

(6) 介入点の選択

　フォースフィールド分析と系図分析は，計画立案者が介入点（intervention point）を明らかにするために有効である。介入点を明らかにするということは，プロジェクトの目的を明確にするということでもある。これらの手法によって計画立案者は，実際に活動の対象となる問題のさまざまな側面を知ることができる。そして，うまくいけば，その結果が問題構造の他の部分に対して肯定的な効果をもたらすことにもなる。これらは必然的に，実施機関の能力と何を優先順位の上位におくかに関わることである。

　ここで取り上げた事例は単純なものである。当然実生活の状況はより複雑であり，因果関係のつながりや，肯定的・否定的な力（force）を完全に明らかにすることはできないかもしれない。また，実際の状況が複雑すぎて，プロジェクトの設計者たちはそれを誤って分析してしまうおそれもある。

2. プロジェクトの戦略

　プロジェクトの目標と目的の全体像を作成したら，次に目的を達成するための戦略（strategy）を練る必要がある。「戦略」という言葉は，望ましい結果を生み出す際に用いられる手法とアプローチを意味する。この段階において，開発プロジェクトの立案者は，戦略として考えられるいくつもの選択肢をあげ，それらのなかで最もうまく機能するものを選び出す必要がある。

　前に述べた事例において，包括的な目標が貧困の軽減であるとしたら，その問題の構造において介入が可能となるところはいくつか考えられる。悪天候や文民行政の欠如などの問題は，プロジェクト組織の権限と能力を超えることであるかもしれない。しかし，それら以外の事柄で解決策が得られることもある。貧困を生み出すいくつかの要素は教育の欠如とつながっている。ということは，学校教育は可能なプロジェクトの戦略の1つとなりうる。もちろん，それだけが利用可能な戦略ではない。ある与えられた目標は，いくつかの異なる方法によって達成される場合が多い。そのため，戦略の選択はプロジェクトの枠組みに関わる重要な決定事項といえる。選択肢のいくつかは，プロジェクトの実施者やステークホルダーにとって文化的に受け入れ難いものであるかもしれない。選択肢のなかには，非実用的なものや，投入資金がかかりすぎるなど，リスクの高いものが含まれることもある[2]。逆に，プロジェクトの文脈に適していて，実行可能な選択肢もあるだろう。

　どの戦略を選択するかは，開発プロジェクトの他の側面について見てきた時と同様に，文脈についての詳細な情報が必要である。それがなければ効果的な選択は難しい。選択肢を評価するための基準は，現地の文脈において定義され，解釈される必要がある。この過程において，戦略の選択肢と文脈との適合の程度に，人類学的関与が大きく関係してくる。

　戦略の選択肢はさまざまな方法で検証することができる。戦略を決定する時にプロジェクトの設計者が最も注意を払うポイントは，次の2点である。1つはその戦略がプロジェクトにおいてどのような資源を必要とするのかということ，もう1つは，その戦略がプロジェクトの文脈のさまざまなレベルに沿うものであるかという点である。

第6章　プロジェクトの形成　143

表 6.2　戦略の選択

基　準	現地の状況
立ち上げと継続に必要な経費	すべてのプロジェクト戦略は，立ち上げにかかる経費と継続させるための経費を必要とする．立ち上げ経費をプロジェクトの負担とすると，継続的に必要な経費はどのように調達されるのか．現地ではどのような資源が利用可能で，どのような資源を入手できるのか．それらの資源は特定の集団によって管理されているのか．プロジェクトの持続性について何が推測されるか．
必要とされる時間と資源	戦略は，時間，エネルギー，空間，あるいは資機材を継続的に注ぎ込むことを求めるかもしれない．これらの投入がプロジェクト環境において可能なのか．そして，必要な時に利用できる見込みがあるのか．たとえば，もし労働力が必要だとしたら，誰が，何に基づいてそれを提供するのか．
普及と公平性の問題	プロジェクトは，すべての人に同程度の恩恵（果実）をもたらすわけではない．そうであれば，多くの便益を受けるのは誰で，そうでない者は誰なのか．受益者となるのは何人か．長期的には，結果としてどのように利益が生じると考えられるのか．
必要とされる投入の管理	管理上ないし監督上の水準をプロジェクト戦略が要求した場合，それらを用意するだけの技術と意欲を，受益者となる現地コミュニティは備えているのか．それがないとすれば，必要な管理専門家はどこからくるのか．
リスクと不確実性の水準	すべてのプロジェクトは，一定のリスクを伴う．現地の利害関係者はこのリスクをどのように理解しているのか．また，これらのリスクは，現地の文脈において，どの程度重要だとみなされているのか．プロジェクトが失敗したら，何が起こるのか．
目標達成度	「目標達成度」は戦略が実際に機能する程度，意図されたことをもたらす程度を意味する．現地においてそれはどのように定義されるのか．この点において，ステークホルダーは計画立案者とは異なる期待を抱いているのか．
波及効果	プロジェクト戦略には波及効果があるかもしれない．それらは事前に知られている場合もあるし，そうでないこともある．周知の波及効果が現れたら，それらはステークホルダーにどのような影響をもたらすのか．ステークホルダーは，そうした波及効果の見込みとその結果をどう捉えているのか．予期せぬ波及効果の場合，そのことを知るためのシステムはあるのか．

(1) 求められる資源

　すべての戦略は資源を必要とする。しかしそれはわずかにみられるだけである。したがって計画立案者は，ある特定の戦略またはアプローチの方法が，ステークホルダーや開発援助機関（agency）に求める資源を評価する必要がある。開発援助機関の資源は一般的に知られているはずであるが，利害に関わる現地のコミュニティで利用可能な，そして現地コミュニティから求められる資源については，その限りではない。

　資源には，たとえば，資金，人材，資機材といった，比較的わかりやすいものがある。さらに，時間，知識，誠意，専門的知識などのように，簡単には定義しづらいがプロジェクトの成功にとって重要な資源もある。したがって，ある戦略が求める重要な資源を事前に特定すること，それぞれの資源の必要度を明らかにすること，必要とされる資源がプロジェクトにおいて実際に利用可能かどうかをできるかぎり明確にすることは，理にかなった行為といえる。表6.3は，資源に関する簡単なチェック・リストである。

(2) 戦略に関わる選択肢を文脈に適合させること

　第5章では，文脈のもつ3つの基本的側面について扱った。第1の側面は，プロジェクトそのものの内部環境（inner environment）で，計画立案者がかなり大きな統制力ないし影響力をもつ。第2は隣接的環境（proximate environment）である。それには利害関係をもつ現地の集団が含まれる。第3の外部環境（outer environment）では，計画立案者はほとんど統制力をもたない。

　文脈がもつこれらの側面を参照しつつ，戦略の選択肢が検討される。その際，プロジェクトの全体像を設計するためにさまざまなツールが用いられる。そこで設計されたものはミニ・シナリオとしての役割を担う。つまり，それによって設計者と参加者は，思い描いたものがどのように機能するかを試したり，不具合を発見して吟味したり，必要に応じて現場に戻って追加情報を収集するのである。

(3) 内部環境：ロジカル・フレームワークづくり

　プロジェクトを設計する1つのやり方は，因果関係の連鎖としてそれを捉えることである。プロジェクトの資源は直接的な成果を生みだすための諸活動をおこなう際に用いられる。そして，最終的に活動は長期的な成果につながる。たとえば，先のフォースフィールド分析と系図分析の結果をたどり，ある教育プロジェ

表 6.3 プロジェクトの資源

資 源	現地の要素
資 金	プロジェクトを立ち上げ継続させるために，現地のステークホルダーからの資金的貢献が必要であるか．どのような貢献を期待するのが合理的か．ステークホルダーのうちどの階層の人々がプロジェクトに貢献するだけの経済的余裕があるのか．貢献は持続可能なものか．
時 間	ステークホルダーは，プロジェクトに時間をさくことを求められるのか．どれくらいの時間が必要か．ステークホルダー集団における活動傾向はどのようなもので，プロジェクトはどのようにしてこれらとの調和を図るのか．プロジェクト活動に関われないのはどの集団か．
労 働	ステークホルダーから労働力の投入が求められる場合，それはどのような性質のものか．必要な労働を提供することが可能で，その意志があるのはコミュニティのなかのどのようなステークホルダーか．社会構造において，ある集団を参加から排除する側面はあるのか．
資機材と施設	プロジェクトは，何らかの施設ないし資機材，設備（道具や場所，収納庫など）の提供をステークホルダーに求めるのか．それらは現地で利用可能か．利用条件はあるか．それらは，ステークホルダー・コミュニティにおいて，特定の下位集団によって所有ないし管理されているか．
技 術	プロジェクトは，かなり特殊な技術を必要とするかもしれない．それらの技術は現地で入手できるのか．誰がそれらの技術をもつのか．それらの技術は，リーダーシップや影響力，社会構造における他の側面とどのように関係しているか．
知 識	プロジェクトが必要とする現地の知識はどのようなもので，ステークホルダー諸集団から入手できるか．その知識に対するプロジェクトにとっての必要性と現地の知識システムとは一致するのか．または，何らかの「翻訳」が必要か．ステークホルダーの間で，こうした知識について意見の相違はあるか．異なるステークホルダー集団は，異なる種類の知識をもつのか．
意 欲	あらゆるプロジェクトはそれを進めるための関与と活力を必要とする．これらが現地のステークホルダーから要求されるならば，どのようにして獲得されるのか．彼らはプロジェクトのどの点に最も魅力を感じるのか．その魅力はどのようにして際立たせることができるのか．プロジェクトにとくに関心をもつのは，ステークホルダーにおける下位集団のなかで，どの集団が最もプロジェクトに魅力を感じるか．またそれはなぜか．そのことは他集団に問題となって影響するのか．
正当性	プロジェクトは，ステークホルダー・コミュニティのリーダーたちからの承認や許可を必要とするのか．それはどのようにして得られるのか．承認を得るための交換条件はあるか．これらは，プロジェクトの実行と持続性にどのような結果をもたらすのか．

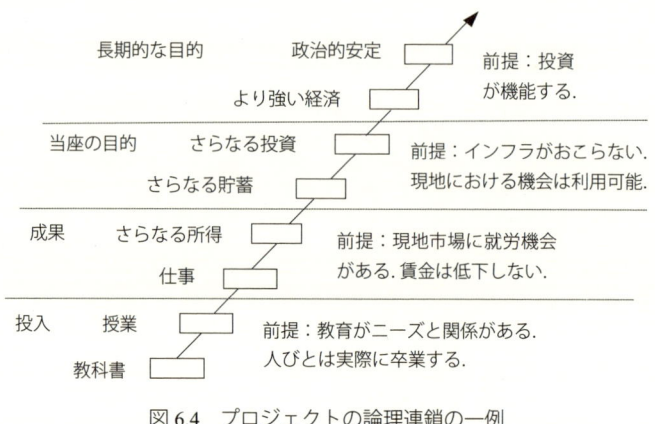

図 6.4　プロジェクトの論理連鎖の一例

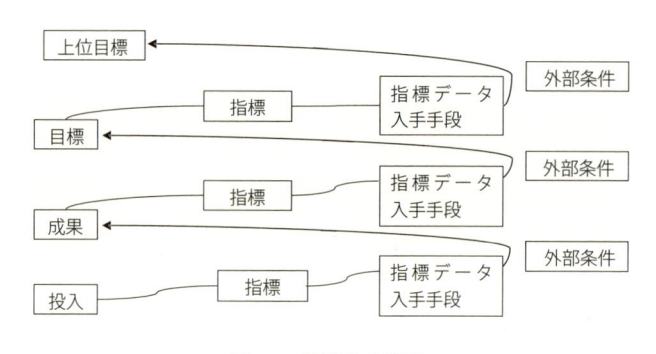

図 6.5　枠組みの論理

クトの設計に着手するに至る流れを考えてみよう。その因果関係はどのようなものになるだろうか。

　図 6.4 は，所得の増加を意図した学校教育プロジェクトの論理的連鎖を示したものである。教科書を支給することで，授業が可能になる。学校教育は生徒がよりよい仕事を得ることを可能にする。このことは，より多くの収入，貯蓄，そしてその結果，より多くの投資に結びつく。さらなる投資は，最終的には国家経済を強化し，地域の政治的安定を促すことにもなる。

　このような論理のつながりは，形式的かつ包括的な方法，すなわちロジカル・フレームワーク（logical framework，以下ログ・フレームという語を用いる）であらわされることが多い。ログ・フレームは，計画立案者がプロジェクトの構成要素とそれらの相互関係を理解することを助け，目標の指標と基準を定義するこ

表6.4 ログ・フレームのレイアウト

プロジェクトの構成要素	プロジェクトの要約	指　標	指標データ入手手段	外部条件
上位目標	国レベルでみた場合のプロジェクトの意義は何か.	プロジェクトがより上位の目的に貢献したことを示すもの.	これらのデータをどのように入手するのか.	プロジェクト目標が上位目標に貢献するとしたら、何がそのことに役立つのか.
プロジェクトの目標	プロジェクトが適切に実施された場合,達成されるものは何か.	プロジェクトが完了したことをどのようにして知るのか. 成功する時期はいつか.	これらのデータをどのように入手するのか.	成果がプロジェクト目標を達成させるのに貢献するものは何か.
成　果	適切な投入がなされた場合の直接的な結果は何か.	結果が現れた時,それをどのようにして知るのか.	これらのデータをどのように入手するのか.	成果の程度と中身を決定づけるものは何か.
投　入	プロジェクトが機能するために、どのような活動と資源が投入されるべきか.	どのようにして投入について判断するのか.	これらのデータをどのように入手するのか.	入力するものの入手可能性と有効性を確定するのに,何が役立つか.

とや，戦略の論理が依拠する重要な前提を確認するものである。

　ログ・フレームの縦軸は，投入 (inputs, 資源と計画された活動) と成果 (outputs, 活動によってもたらされる具体的な結果であり，比較的短期的な成果) との関係性を示している。成果はプロジェクト目標 (purpose, 成果によってもたらされる中期的な成果) に関係し，それがより上位の目標 (goals, より長期的な成果) と結びつく。表6.4では，そのフレームワークを示している。

　プロジェクトの要約 (narrative summary) は，そのプロジェクトがなぜおこなわれるのか，何を目標にし，どのようにしてそれが達成されるのかなど，プロジェクトの基本的な枠組みについて述べたものである。投入が成果に転じるポイントでは，プロジェクト管理が最も重要になる。そして計画立案者は，期待される成果が投入の結果導かれることを実際に保証できなければならない。プロジェク

トをめぐる諸事象が成果を超えてプロジェクト目標へ，そしてその後，より上位の目標へ展開する時，（外部条件 important assumption の欄に記された）さまざまな外部条件が関与するようになり，結果に対する直接的なコントロールは弱まる。

　ログ・フレームというのは，実際には，「その方法で示され，計られるそれらの投入がおこなわれれば，そしてそれらの外部条件が正しければ，これらの成果に帰結する」という論理の展開を示すものである。横軸では論理の連鎖が起こる諸条件とそれらのあらわれ方を明らかにする。そこには，指標（indicators）と指標データ入手手段（means of verification），外部条件（important assumption）が記載される。指標は，プロジェクトの達成度を見きわめるための客観的で具体的なものでなければならない。複数の指標が必要になることも十分に考えられる。指標データ入手手段は，これらの指標をどのような場所で，どのようにして得るかについての情報である。外部条件はプロジェクトによるコントロールが効かない，いわばプロジェクトの外部に横たわる条件であるが，プロジェクトの展開に重大な影響力をもつものである。それだけに，プロジェクトが進行する際に，外部条件の変化を十分注視しなければならない。

　ログ・フレームは，おもにプロジェクトの内部に一貫性があるかどうかを確認する際に役立つ。ログ・フレームを通じて計画立案者は，プロジェクトに投入されるもの，期待される成果，その理由を明確に認識するようになる。さらに計画立案者は，ログ・フレームによって，投入と成果，成果と短期的・長期的目標との相互関係を理解することになる。それはまた，予定された成果が得られた時，そのことを計画立案者や他の人々が知る方法を明らかにし，成果を追跡するのに必要な情報の種類を明確にする。そしてログ・フレームは外部条件をも明示することになる。

(4) 隣接的環境：プロジェクトの成果を分配するシステムを計画する

　戦略に関する選択肢を評価する1つの方法として，計画立案者はよく，プロジェクトの実務がおこなわれる方法を示すアクセス構造（access structure）を設計する。ログ・フレームはおもにプロジェクトの内的な状態に注目するのに対して，アクセス構造は，隣・近接環境におけるプロジェクトとステークホルダーとの関係を検討する。

　アクセス構造は3つの基本要素を含む。入口（gate），列（line），窓口（counter）である。入口は適切な受益者とそうでない者を区別する。列は受益者を優先順位

に沿って配置する。窓口はさまざまなモノやサービスを受益者に配分する仕方を体系づける。プロジェクトごとに戦略は，さまざまな成果，やり方，受益者をもつことになるので，アクセス構造を設計することは，プロジェクトの実務をニーズと一致させることを容易にする。そのことは，簡単な図であらわすことができる。

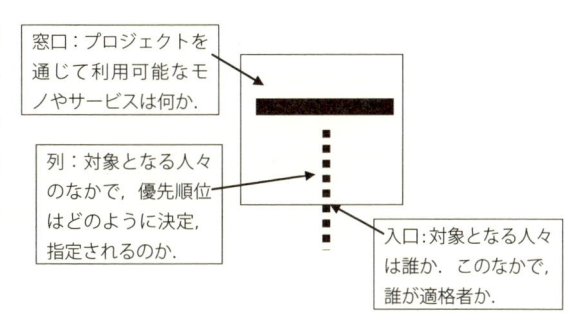

窓口：プロジェクトを通じて利用可能なモノやサービスは何か．

列：対象となる人々のなかで，優先順位はどのように決定，指定されるのか．

入口：対象となる人々は誰か．このなかで，誰が適格者か．

図6.6　基本的アクセス構造

　プロジェクトで生まれるモノの分配システムを確実に実施するためには，ステークホルダーのコミュニティに関する詳細な予備知識が必要である。対象となる人々を明確にした後で，資格のある者とそうでない者を，そして有資格者のなかの優先順位を確定しなければならない。プロジェクト活動とその成果は，受益者のニーズと選択に応じて，慎重に調整されなければならない。

　プロジェクトのアクセス構造を明示することは，支援を求めている人に確実にプロジェクトの恩恵が行き渡るようにすることである。つまり，プロジェクトで提供されるものを人々のニーズと一致させ，人々に効率的かつ効果的に提供するシステムを構築するということである。それは，プロジェクトの果実を受益者が獲得し活用するために必要な情報を計画立案者が理解するための作業，といえる。さらに，プロジェクトの活動が適切かどうかを判断するために，計画立案者自身に必要な情報は何かを知ることにも役立つはずである。

　またアクセス構造は，潜在的な問題と，プロジェクトの実施過程におけるその問題の解決方法を，計画立案者に気づかせる。たとえば，クライアントないし受益者がシステムと接点をもつことが困難な場合がある。また，システムがうまく組織されていなかったり，もたついていたり，腐敗していることもある。プロジェクトからもたらされるものが，受益者のニーズに適合していない可能性もある。受益者は，うまく設計されていないアクセス・システムに対して，無視や回避，あるいは非難や破壊などの反応をみせる。

(5) 外部環境：システム・マトリックスの作成

　最後に，計画立案者は，提案されたプロジェクト戦略と外部環境との結びつき方について把握しておく必要がある。外部環境とは，プロジェクト関係者がほとんど（あるいはまったく）コントロールできない文脈に関わる領域である。上記の結びつきを知るうえで，システム・マトリックス（system matrix）が有効である[3]。

　ログ・フレームと同様に，システム・マトリックスは2つの軸をもつ。縦軸にはプロジェクトの主要な要素が記される。ここに含まれるのは，目的（purpose, プロジェクトの基本目的），投入（inputs, プロジェクトのシステムに誰，または何が加わるのか），成果（outputs, 誰が，または何がシステムによって生み出されるのか），連鎖（sequence, 投入が成果に変換されるステップ），環境（environment, プロジェクトのシステムが実施される外部的文脈。たとえば，法律，行政，財政など），物理的要素（physical components, たとえば，資機材や空間など），人材（personnel），そして情報（information）である。横軸は5つの次元をもつ。それは，物語（narrative, プロジェクトにおける各要素の描写），程度（rate, システムの運用状況に関する測定），管理（control, モニターと規制に関わること），インターフェース（interface, このシステムと他のシステムとの接合），対象（targets, システム状態における予想された変化）である。

　ある具体的なプロジェクトにおいて，システム・マトリックスのすべてのセルを埋める必要はない。しかしそのマトリックスは，プロジェクトとそれを支える周囲の環境とのつながりを計画立案者が理解するためのものであり，それによってプロジェクト設計を改善させることができる。ログ・フレームと並行して用いることで，プロジェクトを成功させるために必要な，前提となるいくつかの事柄を明らかにするのである。

　たとえば，ここに架空の教育プロジェクトに関するシステム・マトリックスがある（表6.5参照）。このマトリックスを見ると，プロジェクトの成功にとって複数の外部との関係がきわめて重要であることが明らかになる。投入の欄に1つのウィークポイントがはっきりと見られる。この欄には，適切な数の入学者数が，とりわけ小学校卒業率と学費支払い能力，女子の数に大きく依存することが示されている。それ以外の重要なインターフェースに成果がある。適切な大学の配置や卒業生のための労働機会がなければ，どんなによい学校であっても，優秀な学生でも，彼らの目的を達成することはできない。他にも，重要な関係が浮かび上がってくる。たとえば，教員養成学校を卒業した教員の数は，プロジェクトに著

表6.5 学校プロジェクトのシステム・マトリックス

	物 語	程 度	管 理	インターフェース	対 象
目 的	生徒を教育する	登録を維持する．女生徒の登録を増やす	教育委員会，国家法，教員組合	予算獲得で競い合う他の中学校．職員と生徒	安定した登録と職員，適当な予算，適当な卒業率
投 入	中学生	毎年200人が入学する	利用可能な場所，募集，競争力，学費支払い能力	村の世帯，地域の小学校	登録の増加，とくにリスク集団の登録
成 果	高校卒業者	毎年150人の卒業生	試験，学費の支払い	仕事，大学の配置，社会サービス	質の向上，職業紹介率の上昇，大学陣営の増加，修了期間短の短縮
連 鎖	4年間（9〜12学年）	修了までの平均年数4〜5年	さまざまな点検サイクル	－	合理化された手続き，失敗や行き詰まりの減少
環 境	農村地域（孤立し，貧しく，まばらな住居）	地域の5カ年開発計画，移民，人口増加，地域産業開発	国民議会，計画省，民間企業，国際援助資金供与者	地域資本，担当部署の資本，地方議会，公務員	持続的な資金基盤，経済成長
物理的要素	建物と設備	地域の予算，プロジェクトの予算	現地の学校行政，現地のプロジェクト管理	地方政府	教育5カ年計画の完了
人 材	教員，職員，支援者	需要に見合った適切な教員数の募集	教員免許，団体協約	教員養成学校，平和部隊，その他の専門機関	質と技術の向上
情 報	学校の記録，授業シラバスと解説，データベース，予算	生徒のサイクルを通じた情報の必要性	点検と監査の手続き	初等教育，大学と産業	記録の向上，収集と分析の簡素化

しい成果をもたらすだろう。国家と地方政府の構造から継続的に資金を調達する能力もまた，同様にプロジェクトに重要な影響力をもつはずである。

ここでも必要になるのは，プロジェクトの設計における他の側面と同様に，詳細で正確な文脈に基づく質的および量的情報である。

3. プロジェクトの持続性

プロジェクトが，さまざまな環境的側面に適するように形成されたとして，その長期的持続を保証するものとは何なのだろうか。プロジェクトそのものは一時的なものとして設計されるが，結果はそうではない。持続性（sustainability）は，究極的にはプロジェクトがどの程度周囲の状況と調和しているかということに左右される。そこにある文化システムとあまりにもかけ離れたプロジェクトは，何らかのかたちで批判にさらされるものである。

プロジェクト自体は，内部的に十分によく設計されていることが肝要である。とくに，目的が明確かつ現実的で，しかも測定可能な内容が盛り込まれていること，実施機関と多様なステークホルダー双方の能力に配慮した計画であることが重要である。プロジェクトは，財政的には経済的な妥当さと入手可能な運転経費，確実で安定した財源が必要である。プロジェクトに生産物が関わっているとすれば，信頼できる販路も求められる。

主要なステークホルダーによる積極的な関与も不可欠である。現地のステークホルダーが長期的な運営と持続に責任を負うとしたら，プロジェクト実施中に適切な訓練と支援が提供されなければならない。プロジェクト設計へのステークホルダーの参加については，あとで本章のなかで詳述する。

プロジェクトは，外部環境，すなわち周囲の政策環境とも適合していなければならない。プロジェクトの長期的持続性を高めるために方針を変更する場合，プロジェクトの実施前に必要な作業や手続きをふんでおくべきである。

持続性についての重要な課題は，たいていステークホルダーに関わることである。その課題はプロジェクトごとにいくらか異なるものであるが，共通してみられる最も重要な課題は，おおむね表 6.6 のとおりである[4]。

プロジェクトの成功と持続にとって，ステークホルダーの関与はきわめて重要である。したがって，その点を詳細に検討しておく必要がある。

表 6.6　持続性の重要な側面

移　転	活動が「移譲される」としたら，そのための計画はあるのか．カウンターパートは指名されているか．移譲のための日程はあるか．円滑な移譲を確実にするために追加的な訓練は必要か．不測の事態に対応する準備はできているか．
資源の流れ	長期的な便益のために資金を投入するにはどのような資源が必要か．必要な外部資源の出所はどこか．必要とされる財政上，管理上の投入は，どの程度現地で入手可能か．
管理能力	組織は便益を生み続けるための基本的システムを維持することができるだけの能力をもつのか．もしそれらがないとすれば，どのようにしてその能力の向上をはかるのか．どのようなサービスが現地で運営されるのか．それを誰が管理するのか．
維　持	プロジェクトはどのように維持されるのか．そのために住民は訓練を受けるのか．必要とされる維持活動を支える資源があるのか．

4. 現地住民の参加

　現地のステークホルダーはどのようにプロジェクトに関与すべきなのか。このことは，計画立案者がおこなうプロジェクト形成において最も重要なポイントの1つである。現地のコミュニティが実際に開発の成果に影響を及ぼすことができるような条件をつくり出すことは1つの挑戦であり，また重要な機会でもある[5]。
　参加（participation）は，本質的にはプロジェクト・チームとステークホルダーとの関係である。この関係は弱いかもしれないし，強いかもしれない。永続的かもしれないし，一時的なものかもしれない。参加がプロジェクトの全側面にわたってみられる場合もあれば，わずかな面だけの場合もある。あるプロジェクトでは，主としてプロジェクトを実施する際に現地住民が時間，労力，知識を提供したり，他の形式の貢献をおこなう意味で「参加」を定義するかもしれない。しかし他にも，参加が，意思決定や資源の管理，場合によっては現地住民が実施過程の重要なポイントで拒否権をもつことを「参加」の意味として捉えるプロジェクトもある。これらの例では，現地のステークホルダー集団が力を強め，技術や能力を高めていく過程として，「参加」の意味を理解する[6]。
　ステークホルダーの参加は，いくつかの理由から理にかなっている。たとえば

ステークホルダーは，プロジェクトの展開に役立つ技術と知識をもっていることが多い。ステークホルダーの関与は，プロジェクトの経費を大きく軽減し，また，果実（成果）のよりよい配分を可能にするかもしれない。参加を通じてステークホルダーの能力が高まり，それがプロジェクトを長期的に発展させる可能性もある[7]。

しかしながら，参加は，それが慎重に計画された時にのみ成功する。計画立案者は，枠組みづくりの段階で参加に関する3つの問いに取り組まなければならない。ステークホルダーはどのような活動に参加するのか，どのような人々が参加するのか，彼らはどれほどの力（power）をもつのか，という問いである。

(1) 活動

実際のステークホルダーの関与のあり方をみると，本来の意味での参加に至っていない例もある。住民に「知らせること」（informing）は，参加と同義ではない。住民と「相談」（consultation）し，すでに作成されている計画を説明し議論がおこなわれたとしても，単なる「知らせること」と大きな違いはない。住民のなかで発言力をもって関与する者がいるかもしれないが，継続的な対話も結局は形だけの平等主義や追認にすぎない。

これに対して真の権限分与（住民参加の実現）は，通常，次の要素を含むものである。すなわち，パートナーシップ，意思決定をおこなう集団の実質的な代表，権限の委託，プロジェクトの全体あるいは一部分に対する徹底した住民主導の運営である。

つまり，プロジェクトを実施する際に，ステークホルダーがプロジェクトの活動に幅広く関与するということである。ステークホルダーはプロジェクトの計画立案を助け，プロジェクトの実施と評価に参加する。そして，プロジェクトが成功すれば，その後もそれを管理し続ける。表6.7は，ステークホルダーの関与について示したものである。

(2) 人々

これらの活動がどのようにおこなわれるかは，誰がそれらをおこなうかという問いと密接に関わる。計画立案者が不適切な方法で住民の組織化（参加）を避けるために，ここでふたたび現地のステークホルダー・コミュニティの構造を理解する必要がある。

表6.7 ステークホルダーの関与のタイプ

関与のタイプ	例
広範な権限 　ステークホルダーは，プロジェクトの基本的な枠組みに関する決定をおこない，プロジェクトの展開においてはその運営を担う．	運営委員会：現地のプロジェクト当局
限定された権限 　ステークホルダーは，プロジェクト全般ではないがいくつかの側面について決定をくだす．	委員会
設計 　ステークホルダーは，すべての（または部分的に）プロジェクトの設計作業をおこなう．	現地の取引集団
運営 　ステークホルダーは，完成したプロジェクトの部分的（または全体的）な運営と維持について責任を負う．	プロジェクトの職員と従業員
労力 　ステークホルダーは，現場での作業を部分的（または全般的）におこなう．	建設中の労働者と職人：建設完了後の職員
助言 　ステークホルダーは，プロジェクト・サイクルの諸段階において，計画と政策に対する提言と批評をおこなう．	利用者または受益者組合：現地の諮問委員会

　たとえば，仮にプロジェクトが現地のリーダーを通じて活動する方法を選択した場合，誰が現地のリーダーなのか，ステークホルダー・コミュニティにおける実際のリーダーシップが何によって形成されているのか，それらを知ることが重要である。これは，複雑な問いに発展しうるものであり，社会構造と過程に関する詳細な民族誌的知識が求められることも多い。ミニケース6.1「バサリ社会のリーダーシップ構造」は，西アフリカ社会においてどのように影響力が形成されるかを概観し，リーダーシップ問題の複雑性について述べたものである。

ミニケース 6.1　バサリ社会のリーダーシップ構造

　バサリ社会は，性別，年齢，リネージ，居住地に応じて組織される。それぞれの組織にリーダーシップ構造があり，それらは部分的に重なりながらもまったく異なる役割をもつこともある。男と女は両性の間で相似的かつ相補的な年齢階梯において編成される。社会全体のリーダーシップは，年長者と年齢階梯ごとのリーダーが担う。世代間は，6年周期でおこなわれる一連の複雑な儀礼と農業交換を通じて結びつけられる。男と女は儀礼に関する相補的な知識をもつ。また男女間には，やはり相補的である農業生産に関する役割があり，重要な作物を別々に所有する。さらに，各リネージが儀礼活動の異なる側面をコントロールし，重要な聖地に対する責任も負う。バサリ農民は，地理的には，個々の世帯主を通じて，近隣地域における労働交換によって結びついている。同様にして，村落どうしも労働と儀礼によって結びつく。

　このような構造のなかでは，通常，村落のリーダーシップは弱い。一般にフランスの植民地行政のやり方は直接統治とみられており，それは現地のリーダーがフランス人の役人に取って代わられたことを意味する。しかし実際には，バサリのフランス人は，現地のリーダーに通常の「責任者」（chef coutumier）という称号を与え，重大な意思決定の権限を与え，「伝統的」リーダーをつくり出した。これらの「慣習上の責任者」は，税の徴収，徴集された労働者の組織化，現地での法の執行の責任を担った。独立によってこの制度は消え，それに代わるものはない。今やバサリ村

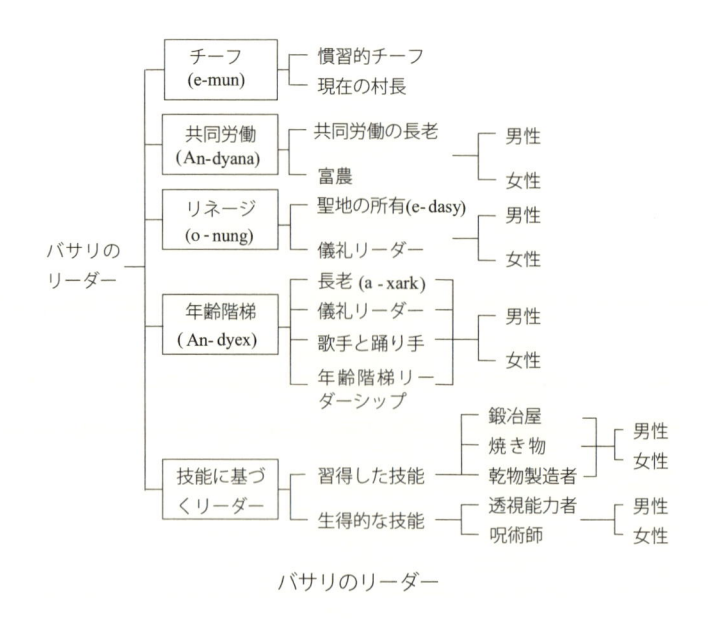

```
                    ┌─ チーフ      ─┬─ 慣習的チーフ
                    │  (e-mun)      └─ 現在の村長
                    │
                    ├─ 共同労働    ─┬─ 共同労働の長老 ─┬─ 男性
                    │  (An-dyana)   │                  └─ 女性
                    │               └─ 富農
                    │
                    ├─ リネージ    ─┬─ 聖地の所有(e-dasy) ─┬─ 男性
バサリの ─────┤  (o-nung)     │                      └─ 女性
リーダー            │               └─ 儀礼リーダー
                    │
                    ├─ 年齢階梯    ─┬─ 長老 (a-xark)     ─┬─ 男性
                    │  (An-dyex)    ├─ 儀礼リーダー      └─ 女性
                    │               ├─ 歌手と踊り手
                    │               └─ 年齢階梯リーダーシップ
                    │
                    └─ 技能に基づ  ─┬─ 習得した技能 ─┬─ 鍛冶屋   ─┬─ 男性
                       くリーダー   │                ├─ 焼き物    └─ 女性
                                    │                └─ 乾物製造者
                                    └─ 生得的な技能 ─┬─ 透視能力者 ─┬─ 男性
                                                     └─ 呪術師       └─ 女性
```

バサリのリーダー

> 落の責任者に実質的な権限はなく，税の徴収と中央政府からの情報を伝達する役割を担うのみである。
>
> 　最後に，個々のバサリ人はまた，特定の能力（スキル）によってリーダーシップを保持する。その能力というのは，鍛冶屋のような習得したものや，透視能力のように生得的なものもある。バサリ社会におけるリーダーシップは1つの次元からではなく，多数の次元からなる。これらは，社会全体の統合のされ方に関する理解がなければ，効果的に理解することはできない。
>
> 　バサリ社会における「リーダーシップ」は，広範囲に広がり特定的なので，基本的事項の決定でさえも多様な集団や個人が関与することになる。たとえば（1970年代から80年代にかけて，いくつかのバサリの村落で実際に起きた例），換金作物としての米の生産をはじめるか否かという決定は，村長だけでなく，年齢階梯グループのリーダーたち（年齢階梯グループは多くの農業労働者を村落の世帯に提供している），共同労働のリーダー（共同労働のスケジュールをアレンジする），両性の長老（男女は異なる作物を管理する），そしてさまざまな儀礼リーダー（究極的に作物をつくり出す力を管理するから）を巻き込んだ。言い換えれば，たとえ個々の農民や世帯にしか影響しないような事柄に見えても，ひとりの人間，または1つの集団だけで決断を下すような権威をもつことはなかった。
>
> 　　　　　　　　　　　　　　　　　　　　　　　　出典：Nolan 1986

(3) 力（power）

　住民参加は，根本的には，プロジェクトの形態と実施に関わる決定に住民がどれほどの力をもつかという問題である。当然ながら，力は連続体をなしており，その管理はプロジェクト・サイクルのポイントごとに異なる。次の3つの力の程度がほとんどの作業を形成することになる。

・声（voice）：最も力の弱い選択肢である。他者によって設定された計画と目的について議論し，質問し，提言する機会が現地の人々にあたえられる。そのような提言は，実施機関の職員が考慮する場合もあるし，そうでないこともある。

・投票（vote）：これを通じて現地住民は，プロジェクトの計画と運営に関する公式の発言権を得る。投票はさまざまな形式をとる。たとえば，住民がステークホルダーのなかの多数派を占める委員会において，彼らがその代表になるかもしれない。いくつかの組織において形式だけの代表権を与えられるような場合には，彼らの投票だけで結果を左右することはできない。

・拒否権（veto）：この選択肢は，現地住民に絶対的な権限を与える。拒否権は，プロジェクトのすべての側面に拡大されるわけではない。また，現地コミュニテ

ィのすべての構成員に関わるものでもない。しかしそれは，関係するコミュニティに，プロジェクトの重要な部分を中止させたり延期させたりする力を与える。

(4) 参加への障害

　ステークホルダーの参加の中身と形態について決める際，計画立案者はプロジェクト環境の3つの側面に配慮しなければならない。それらは，既存の規則と政策，ステークホルダー・コミュニティの性質，プロジェクトの性質である。それぞれは障害にもなりうる。

・既存の規則と政策

　受入国や援助供与国の政策は，住民参加の障害となることがある。政治的あるいは行政的構造が，参加を規制するかもしれない。高度に集権化された実施機関は，直接的に住民と活動することを難しいと感じるかもしれない。さらに，複雑な財政手続きも障害となりうる。プロジェクトのあらゆる面が事前に計画されていても（プロジェクトを展開させるための青写真アプローチ），住民参加は難しいかもしれない。そして，現地住民に相談する必要性を感じていない技術者や官僚は，とりわけ手ごわい障害となる。

・ステークホルダー・コミュニティの性質

　コミュニティそのものの性質もまた，参加のあり方に影響する。プロジェクトの開始時に，実質的なコミュニティ組織が存在しないこともある。また，コミュニティが派閥によって分裂しているかもしれないし，階級やエスニシティ，政治や宗教，プロジェクトへの無関心，敵意によって割れているかもしれない。逆に，プロジェクトの運営をめぐって衝突する，対立しあう組織が存在するかもしれない。

　しかしながら，内部的に分裂していないコミュニティであっても，結合力があり，均質な社会を形成しているというわけではない。そのため住民は，集団的行動をとる際に必要な共通の関心を見つけられずに悩むかもしれない。たとえば，多くの都市コミュニティはとくに安定的というわけでもない。短期的滞在者は，彼らの時間や活力を長期的なプロジェクトに注ぐことを避けようともする。

　リーダーシップと意思決定に関わる伝統的スタイルは，当然ながら参加のあり方に影響する。プロジェクトが既得権益をもつ人々に支配されるかもしれない。コミュニティ・リーダーが無力であったり，腐敗していることもありうる。代表者を自称する者が必ずしも女性や高齢者，若者，貧困層などの声を代弁している

とは限らないのである。

あるコミュニティの住民の大半が技術をもたず，そのために参加に至らないことがある。たとえば，コミュニティ住民に基礎的な計算力や識字能力が欠如している場合，それによって特定の仕事ができないという事態もありうる。別のコミュニティでは，仕事に関連した何らかの技術（たとえば，経理やデータ処理，作図，または経営管理の能力）が欠如しているということもある。

・プロジェクトの性質

プロジェクトの特徴のなかには，参加を妨げるものもある。複雑な手続き，高度な技術，高い基準，大きな資本を必要とするような手続き，あるいは馴染みの薄い機材の導入などによって，参加が困難になる場合である。複雑なプロジェクト，危険なプロジェクトもある。大規模建設プロジェクトでは，負傷者や死者が出ることも稀ではない。

プロジェクトを投入する時期やプロジェクトをおこなう場所，日程が，現地事情とのずれで問題化し，重要なステークホルダー集団の参加を排除する可能性もある。

電気や水道の敷設や家の改修ローン，教育プログラムのようなプロジェクトは，個々の家族レベルの問題として影響されるかもしれない。そうした事例では，たいていコミュニティ全体からの支援はほとんど（あるいはまったく）求められない。代わりに，支援は家族または個人に向けられる。コミュニティ施設やアクセス道路の敷地割りとその建設，下水管と排水路敷設計画などのプロジェクトはコミュニティのすべての人々に及び，集団的サポートを必要とする。

・プロジェクト設計との関わり

すでに強調したように，計画立案者が当事者コミュニティについて深く理解し，その理解を発展させることによって，参加のスタイルが特定される。少なくとも，計画立案者は，ステークホルダーがどのように社会的，政治的，経済的に組織されているかを知る必要がある。また，さまざまな当事者集団がもつ技能，知識，技術，意思決定の傾向と方法，現地の価値体系について熟知していなければならない。そして最終的に計画立案者は，これらがどのように相互に関連しあい，リーダーシップと資源配分の関係や集団間協力を生み出しているかを理解しなければならない。

参加は，ある程度の脱中心化や柔軟性，自律性を実施機関の内部に求める。このことは，プロジェクトにおいて指導的な計画立案スタイルよりも対話式のもの

が重視され，決定はできるかぎり地元の人々のもとでなされるべきという考えに基づくものである。また参加には，人々が関与し続けられるような動機づけも必要である。

最後に，実際に参加は効果的にプロジェクトに作用しなければならない（作用していると見せなければならない）。その意味するところは，住民が参加の価値をすぐに判断できるように，最初の取り組みとして，比較的簡素で短期的，そして目に見えやすい活動に集中するべきということである。

5. プロジェクトのインパクトを予測する

プロジェクト形成に関する主要な決定がおこなわれたら，プロジェクトは通常何らかの形で事前評価（appraisal）を受ける。これは，表6.8に示したように，いくつかの重要な項目に沿っておこなわれる。いずれの項目も重要であるが，開発人類学者が最も興味を抱くのは，社会文化的事前評価（socio-cultural appraisal）である。

(1) 社会文化的事前評価

社会文化的事前評価（社会的インパクト分析 social impact analysis ともよばれる）の実施は，1970年代半ば以降，USAIDと世界銀行のプロジェクトの特徴となっており，現在では多くの開発援助機関に普及している[8]。

社会文化的事前評価は，文脈の問題をプロジェクトの設計に適切に反映させる機会を人類学者に与えるものである。この評価は人類学者の技能と知識を前面に引き出し，他の専門家たちの技能や知識と組み合わせ，1つの専門分野ではできない考察と理解を可能にする。当然ながら，社会文化的事前評価はプロジェクトの設計者と受益者とが深い対話をおこなう機会にもなる。

社会文化的事前評価では，女性や子ども，農民，失業者など，特定の人々に及ぼす影響に格別の注意を払う。効果的な事前評価は，これらのステークホルダーや他の人々の関与と参加を促し，否定的な結果が生じるのを抑え，持続性を確実にすることに役立つ。

実施機関によって方法はさまざまであるが，典型的な社会文化的事前評価は，3つの関連する事柄，すなわち適切さ（appropriateness），インパクト（impact），普及（spread）について検討する。

表6.8 その他のプロジェクト評価の形態

環境的	プロジェクトはどのように物質的環境に影響するのか．（たとえば，水や木材，土地など）現地の資源の利用法を変えたり，（漁，農業，狩猟といった）現地の生業を変化させたりするプロジェクトは，間違いなく綿密な調査を必要とする．工業製品や鉱山開発，その他の有毒廃棄物を生み出す活動に関わるプロジェクトもまた，環境への影響調査が必要となる．(湿地帯，沼地，サバンナ，高山地帯，岩礁など) 脆弱な生態系は，とりわけ注意が必要である．評価の範囲には，住民，植物，動物，大気と水などが含まれるべきである．計画されているプロジェクトの環境面に関する適切な評価を通じて，計画立案者と利害関係者が現在と将来における費用便益についてはっきりと認識できるようにしなければならない．（たとえば，風下や下流などで）時期的に遅れて結果があらわれる場合や，直接関係するプロジェクト地域の外に及ぶ効果に対して，特別の注意が払われなければならない．評価は，否定的な結果を大きく軽減させうる別の設計案，または設計の修正を提示しなければならない．最後に，プロジェクトの進行中にその効果を監視し評価するシステムを設計するためにも，評価は用いられなければならない．
経済／財政的	プロジェクトの金銭的な費用と利益は何か．またそれらを支えているのは誰か．プロジェクトは商業的に存続可能であるか．コミュニティ，地域，国家の経済に対するプロジェクトの効果は何か．財政面に関する事前評価は，通常，予想される収入と支出の分析と，利益がどこで，誰に，どのくらいの期間生じるかに関する調査を含む．一方，経済面の事前評価は，より広い地域または国家経済に対するプロジェクトの影響を調査する．費用便益比と内部収益率は，通常，財政と経済分析の中心的構成要素となる．
技術的	プロジェクトの技術要求はどのようなものか．それらは金銭的に入手可能で信頼性があり，てごろで，操作も容易なものか．どこから技術の投入がおこなわれ，その出所は確実で信頼できるのか．プロジェクト技術の費用は，初期支出と継続的経費において，どれ程度のものか．技術を使いこなすためにどのような技能が必要か．それがなければ，誰がその役割を担うのか．
組織的	プロジェクトは，それを実施する集団と組織にどのように作用し，あるいはそれらからどのような作用を受けるのか．要求される管理の質とは何か．制度に関する事前評価では，プロジェクトの実施を担う組織の能力を調査することによって，プロジェクトの管理業務に含まれる中身をさぐる．これには，政策や技能および経験のレベル，動機，他に並行しておこなわれる諸活動が実施機関や組織に求める内容を含む．制度に関する評価には，通常，（海外支援支出の吸収と手配を含む）財務管理能力，必要なら外部技術支援を利用する能力，プロジェクト開始後にはそれを適切に監視し評価する能力への配慮が含まれる．

「適切さ」というのは，つくられたプロジェクトが当事者集団のなかで機能するかどうかに関する評価を含む．誰がこのプロジェクトに関心をもち，誰がもたないのか．プロジェクトの設計，実施，持続において利用可能な現地の特性とは

ミニケース 6.2 北カメルーンにおける社会的実現性

　1976年にアラン・ホーベンは，USAID のカメルーン派遣団のために，社会的実現性分析をおこなった。彼の調査結果が理由の1つとなり，USAID は提案されたプロジェクトに資金を拠出しないという決定を下した。それは，農村開発と再定住化を軸とするプロジェクトであった。プロジェクトへの彼の関与と，彼がどのように実現可能性分析をおこなったかについての記述は，それ自体興味深い。しかし，同様の分析をフィールドでおこなう開発人類学者との関連でいえば，調査結果を深刻かつ確実に受けとめてもらうために人類学者がすべきことに関する彼の見解の方に注目したい。

　ホーベンは，「開発援助機関はそれまでに人類学者のアドバイスを取り入れたことがあるか」と問うと，圧倒的に「時には」と答える。アドバイスが深刻に受け止められるために，彼は，開発援助機関における意思決定の文脈を分析し，理解するようにと人類学者に忠告する。言い換えると，プロジェクトの受益者を見るのと同様に，開発援助機関の文化と構造にも注意を傾ける必要があるということである。

　そのような分析の目的についてホーベンは，プロジェクトを展開させる際に開発援助機関が利用できる選択肢を知るためであると述べる。開発援助機関はある特定の選択行為や受益者についてどのように考えているのか。開発援助機関の職員はプロジェクトを進める時に，どのような情報が最も有用だと考えているのかなどがそれに相当する。

　開発援助機関を見る時，ホーベンは，一連の重要なポイントになる問いに注目することを提案する。それは以下の点である。

　A. 開発援助機関における主要な経済的・政治的機能は何か。それらはどのように開発援助機関への圧力をつくり出しているのか。
　B. 開発援助機関の本部とフィールド事務所との間で，それらの圧力の作用の仕方に違いはあるのか。
　C. 開発援助機関が依頼してきた内容に関わる，彼らの最近の方針と現状はどのようなものか。
　D. 開発援助機関のなかで鍵となる意思決定者は誰か。彼らが物事を決定する際に用いる枠組みはどのようなものか。
　E. プロジェクトを展開させる際の意思決定過程はどのようなものか。その時，開発援助機関はその過程のどこに位置しているのか。
　F. 提言を出した時に，開発援助機関のなかで誰が協力者や支援者となりうるか。

　ホーベンは，調査結果を提示する方法についても，次のように述べている。

　1. 調査結果は，事前に主要な人物と議論されていなければならない。
　2. ある特定のプロジェクトをおこなう際の重要な前提を明確にし，調査結果がそれらの前提とどのように関連するのかを示す。
　3. 可能であれば，提言を，自らのこれまでの経験と結びつける。支持されていな

い論拠は用いない。
4. 問題を提示するなら，同時にその問題の解決策も示す。
5. 簡潔，簡明に書き，冒頭に調査結果と提言内容を要約する。要約部分しか読まない者もいる。

　ホーベンの最後の指摘は，ロバート・チェンバースの「適切な不正確」(appropriate imprecision) という考えと共鳴する。ホーベンによると，多くのデータは，おそらく有用でも必要でもなかったということである。より長期的に調査をおこなえば，再定住計画の社会的，経済的，環境的コストについてより正確に証明できたかもしれないが，USAID がそのプロジェクトを却下するという決断には影響しなかっただろう (Hoben 1986：192-193)。

出典：Hoben 1986

何か。参加者の社会的プロフィールはどのようなものか。プロジェクトについて参加者どうしでどのように対話しているのか。また参加していない者とはどうなのか。

　「インパクト」は，プロジェクトがステークホルダー（集団）にどのような影響を与えることになるかということである。誰が利益を受け，誰が受けないのか。何が変わり，何が変わらないか。そのプロジェクトが彼らの経済状況にどのような効果をもたらすのか。社会組織や生活様式，制度にどのような効果が及ぶのか。コミュニティ生活のある側面における変化がどのようにして別の側面を変化させたかなども，調査で検討する。影響を受けやすいのは誰で，それはどのような影響なのか。起こりうる変化の規模はどの程度かということも，インパクトに関わる事項である。

　「普及」は，プロジェクトの便益が，プロジェクト実施地域を越えてどの程度の範囲まで広がっていくかということである。プロジェクトの実施時期と成果との関連性や，プロジェクトに伴う変化の規模を管理する方法，プロジェクトの修正方法なども「普及」項目に含まれる検討事項である。

(2) プロジェクトの修正と再設計
　事前評価は，プロジェクトが将来的にもたらしうる成果，とくにその長期的持続性に重点がおかれる。質のよい評価は，プロジェクト実施前に修正可能な点を具体的に明らかにし，正確に指摘する。プロジェクトのなかには，重大な悪影響をもたらす危険性のあるものや，経費がかさむもの，あるいはその他の否定的特

徴を備えたものなど，切り捨ての対象となるプロジェクトも少しはある。しかしたいていは，切り捨てるのではなく設計を改めることによってプロジェクトの否定的側面を修正し，変更される。変更点が明白で，指摘の容易な例もあるが，さらに分析と設計が必要となる場合もある[9]。

たとえば，現地実施機関の長所と短所を明らかにすることは，計画立案者が重要な点を修正し，必要に応じて簡素化することに役立つ。特定の弱点に対処するための訓練計画や，管理責任を現地のステークホルダー集団に移行する計画をつくる際にも，システマティックな評価はおこなわれる。

環境評価は，必要に応じてプロジェクト設計の修正ができるように，プロジェクト・サイクルの早い段階で実施されるべきものである。環境上の問題を早期に，そして適切に認識することで，あとの段階になるとかかってしまう多額の修正費用を節約することができる。また実際に，たとえば省エネルギーを通じて利益を大幅に拡大できるかもしれない。環境評価のすべての段階でステークホルダーを巻き込み，評価の範囲と方法を決定し，プロジェクトへの影響について議論することが重要である。

第6章要約

第6章では，プロジェクト設計（プロジェクトの性格に関わる枠組みづくり）の過程について述べた。

枠組みづくりは，プロジェクトの展開における2つの根本的部分に関わる決定を軸とする。すなわち，プロジェクトで扱う問題を決めること，それに取り組むための接近方法や戦略を決めることである。本章では，これらの決定に関わるいくつかの手法を検証した。

プロジェクト戦略の選択も重要な枠組みづくりの1つである。本章ではいくつかのツールと手法（とくにプロジェクトを環境に適合させる際に役立つもの）を取り上げ，議論した。

たとえば，プロジェクトの内部環境を扱う方法としてログ・フレームを提示した。他方，アクセス構造は，ステークホルダー・コミュニティがどう扱われるか，どのような便益が利用可能か，誰が便益を得るべきかということを明らかにすることで，プロジェクトの配置とプロジェクトの隣接的環境を接合させた。システム・マトリックスは，プロジェクトとその外部環境との間にある，またはあるべ

きつながりと関係を描く方法であった．

また，本章において，枠組みづくりの際に鍵となる他の決定事項，とくにプロジェクトの持続性とステークホルダーによる計画，実施，評価業務への参加も，課題として議論された．これらはすべて，プロジェクト設計の初期に扱われる問題である．

[注]
1) これらについては Delp (1977) を参照．
2) 1990年代初頭に，数人のロシア人工場長と戦略づくりをおこなったことがある．私は彼らに「村をイメージしてください」といった．そして「シベリアの針葉樹林帯のはるかかなたです．あなたたちはそこの村の平均的な世帯収入を 50％上昇させたい．どのような選択肢がありますか」と尋ねた．答えがすぐに返ってきた．「工場を建てよう」．別の人は「人々に政府の援助を与えよう」といった．「いいや違う．学校だ．技術を教えるための学校が必要だ」．「コルホーズ（集団農場）をまたつくればよい」．そこにいたすべての人が意見を述べた．1人の年配の男を除いて．彼は不機嫌な顔をして隅の方に座っていた．私は彼に，「あなただけ何も発言していません．何か意見はありませんか」と訊いた．彼はうんざりしたように手を振り，こう言った．「話があまりにも込み入っている．金持ちを撃ち殺せば簡単なのに」．
3) Delp (1977：67) を参照．
4) 持続性に関するさらに詳細な議論は，Honadle and Van Sant (1985：109-110), Grenier (1998) を参照．
5) Winthrop (1998：8)．
6) Oakley (1991：17-18) を参照．
7) 参加が「正しい」開発のために不可欠な原則であると思いこむ傾向にあるが，これは必ずしもその例ではないかもしれない．ストーンはネパールにおける参加の事例を詳細に報告している．そのなかで彼女は，現地住民の自助努力や参加を強調することが西洋文化的価値に根ざした行為なのではないかという疑問を提示した（Stone 1989）．
8) 社会的インパクト分析に関する USAID の方法は，「社会的健全性」(social soundness) とよばれ，1970年代に人類学者が開発した．その中心的役割を担った人類学者，コクレーンやノロンハの文献 (Cochrane 1971, 1976；Cochrane and Noronha 1973) を参照．このような個々の開発援助機関の求めにあわせて考案される特定のアプローチのほかにも，社会的インパクト分析についてより広い見地から考察したものもある．それについては，Halstead et al. (1984), Roche (1999), Goldman (2000) などがある．
9) プロジェクト設計において必要とされる変化についての専門家と，そのような変化を起こさせるための作業手順に関する専門家の間には，意見の食い違いがよくみられる．

第7章　プロジェクトの管理

1. プロジェクト管理の必要性

　プロジェクトのハードウェアとは，設備，資金，建物といった有形のものだけでなく，期限，目的，手順など組織運営上の変更しがたい事項も含む。一方，プロジェクトのソフトウェアとは対象地域における制度のことであり，ハードウェアはそのなかで機能することになる。計画立案者はしばしばハードウェアに気を取られてソフトウェアを忘れてしまう。しかしプロジェクトは，多様な文化様式，構造，手順，前提を協調させていく文化横断的な試みである。

　プロジェクトの管理とは，本来，プロジェクトのハードウェアとソフトウェアをかみ合わせることである。人類学者はその適性ゆえにプロジェクト管理に携わる機会が増えてきた。プロジェクト管理者は，（人類学者であってもなくても）多様なステークホルダーやさまざまな価値観を含む環境のなかで仕事をすることになる。

　多くの管理業務は定型的であるが，以下の4点はとくに通文化的な技術と理解が求められる領域である。それは，組織文化を分析すること，効果的な意思決定を促進すること，交渉と紛争解決，技術援助とカウンターパート関係の強化である。以下では，これらを順に検討していく。

2. 組織文化

(1) 文化と管理スタイル

　管理の慣行は普遍的ではない。開発プロジェクトとは，しばしば多数の文化システムが絶えず緊密に触れ合う場である。管理スタイルの衝突はおよそ避けがたい。

　最も単純な形態のプロジェクトであっても，1つ以上の国際機関が1つ以上の被援助国機関および複数のステークホルダーと関わることになる。そこではたくさんの衝突や誤解が起こり，事態が深刻化することもある。問題は，何をどのようにおこなうかについてさまざまな考えが出されることにあるが，そうした食い

表 7.1　アメリカの職場において核となる価値

組　織	通常，アメリカ企業はなんらかの公式な階層構造をもつ．組織のさまざまな部分は専門化しており，各部分は特別な役割を担うと同時に，他の部分に対する関係は明瞭に定められている．
人間関係	人間関係において，率直さ，親しさ，決断力を強調する．ビジネス関係の最終的な表現として文書に依存する．中立性と公平さ重視の態度によって多くの人間関係は特徴づけられ，個人的な友情に優先することがよくある．
意思決定方法	合理的で指導的な意思決定を基本とする．規則，方針，経験的データ（事実と数字）に強く依拠し，二者択一の思考を重視する．仕事を進める方法として頻繁に会議を開催する．会議にはさまざまな形態があるが，ほぼすべての会議はある程度具体的，明瞭な方法で意思決定することを目的とする．
行動基準	行動の基準と評価は効率性，競争，時間厳守，競合力，個人の自発性，勤勉，リスクなどの価値観に基づく．

違いは一見目立たないが，実は根深い重要な価値観の違いを反映している。

　各社会は文化を形づくる多くの価値観をもっているが，核となる価値観はその文化の世界観を形成するうえでとくに重要である。それは必ずしも全員が共有しているわけではないが，次の2つの意味において「核」であるといえる。1つは，ある社会のなかで大多数の人々がその価値観を抱いていること。もう1つは，それを共有していない人々でさえも，人とつきあったり応対したりする際に，それを意識するということである。

　たとえばアメリカの職場における活動は，広い意味でのアメリカ文化の核となるいくつかの価値観を反映している。これらの価値観は，実際に人々が常にそれにこだわるわけではないが，ほとんどの組織で人々の考え方，つき合い方，反応の仕方に影響する以上，規範として存在しているといえる。こうした例を表 7.1 にいくつか示した。

　多くのアメリカ人はこのような職場の価値観を，ほぼ普遍的なもの，あるいは少なくとも世界中で望まれる標準であると考えている。実際には，文化が異なると，そうした価値観がまったく同じように見出されることはまずない。外国の開発プロジェクトで働いているアメリカ人は管理に関する問題点をたくさん報告し

表7.2 組織運営に関する文化差

文化 A	管理業務と機能	文化 B
状況は変化可能でかつ変化させなければならない	問題の規定	状況は変化不可能で，現状を受け入れなければならない
独自の新しい実行方法を探す	選択肢の規定	選択は過去の伝統と前例に基づく
個人的な意思決定を用いる	意思決定	集団的な意思決定を用いる
個人責任，上意下達	決定事項の実行	連帯責任，すべての役職者が参加し同意する
人が未来に影響を与えられる	計画とスケジュール	人は未来を変えられない
譲ったみかえりを得る	交渉	必要なものを得る
結果に対する報酬	報酬	努力に対する報酬
プロジェクトや会社に帰属	集団意識	家族や親族集団に帰属
最も能力の高い者	雇用	家族，集団，友人間の義務が優先
仕事ができなければ解雇	解雇	解雇は苦難をともない体面をつぶすのでめったに行われない
誰でも昇進可能	昇進	昇進は相応の背景や縁故をもつ者にかぎられる
開かれた自由な表現が重要	コミュニケーション	意見はリーダーの考えに従うもの
直接的で率直であることが重要	批判	人間関係を円滑，円満に保つことが重要

(出典：Adler 1986: 14-15, Harris and Moran 1991: 79-80, Austin 1990: 355 より筆者改変)

ており，これらの問題点はアメリカ人の視点からはプロジェクトの失敗や非能率に加担しているようにみえる。興味深いことに，これらの問題点の多くは，以下に述べるようなアメリカ人の核となる価値観のどれかに反しているのである。

　たとえば，雇用と解雇が，実力よりもひいきや縁故に基づいておこなわれることがある。組織の共有財産は個人の私的な目的のために利用されたり，横流しさ

れたりもする。重要な設備や建物の維持管理はないがしろにされ，機械の技術要件も無視されたり守られなかったりするかもしれない。つまり「合理的」で「客観的」に決定されるべきことが，政治的，個人的に判断されているのである。経営トップが責任の委譲を拒否すると，結果的に組織内の部下たちは怠けがちになり，トップだけが過剰な負担を背負い続けることになる。それで計画は不確かなものとなり，結果的に持続性が失われることになる。

　アメリカ人は，通常これらの問題を，組織が普通どおり機能していないためと考える。しかし実際には，必ずしもそうではない。いくつかの事例では，問題は組織そのものにある。表7.2では，文化が管理スタイルに影響する際のいくつかの次元を示した。

(2) 組織文化の構成要素

　こうした仕事のスタイルの多様性は，個人についてだけでなく，集団についてもあてはまる。後者の場合は組織文化の問題である。プロジェクトの現場では，通常，複数の組織文化が作動している。開発援助機関は被援助国の行政とはかなり違った文化をもっていることがある。外国人専門家は現地のカウンターパートと働き方が大きく異なり，ステークホルダー集団もさまざまな特徴を備えているかもしれない。

　国際援助機関の組織文化は1つとは限らず，複数存在することもあるので，事態はより複雑になる。たとえば，ある組織の本部の文化は，同じ組織の海外支部の文化とはまったく違ったものであるかもしれない。1つのオフィスのなかに違った文化の要素が混在する場合すらある。

　開発援助機関には，作業方法を導く基本的な志向性がしばしばみられる。何よりも結果を重視する業務志向型の機関がある一方で，階層制あるいは官僚制志向の機関もある。後者では規則と役割が優先され，しきたりや手続きに照らして誤りを犯していないことのほうが，それらに忠実であることよりも重視される。封建的で，強力な中心人物の支配下にある機関もある一方，メンバー間の平等と同意を強調する機関もある[1]。

　たとえば私が1980年代初頭に担当したチュニジアにおけるプロジェクト（ミニケース5.2に概要を示した）で，プロジェクトの主要な契約を取りつけていたコンサルタント会社は，明らかにメンバー間の平等を強調する組織であると同時に，業務志向型であった。その組織の内部では，各個人が互いに協力的で建設的

表 7.3　組織文化の重要な変数

	構　造
役割と責任	業務と役職面で組織は公式にどのような構造をもっているか．それぞれの役職はどのような責任と期待を伴っているか．
リーダーシップ	誰が責任者か．その人物の権威はどこまで及んでいるか．組織図には表れないが，よりインフォーマルなリーダーは他にいないのか．フォーマルなリーダーとインフォーマルなリーダーはそれぞれどのような権威と責任があるのか．その組織ではどのようにすればリーダーになれるのか．
提携関係	どのような組織でも内部に公式とはいえない集団が存在する．そうした集団はその組織の公的な構造と対応しているのか，異なるのか．大きな集団のなかに党派や下部組織が存在するか．その組織のなかでこれらの集団はどのような役割を演じているか．集団は協力的か対立的か．
	目　的
目　標	組織はどのような到達目標や結果を求めているか．どのような結果を避けようとしているか．誰がそれを決めているのか．こうした目的を達成するためにその集団はどのような手段を用いているか．それはどの程度成功しているか．
評価基準	組織は仕事が適切におこなわれているか否かをどのように判断するのか．割りあてられた仕事の成果を判断する共通の基準は何か．その基準に関して意見の不一致はあるか．基準はその組織に固有か．誰が基準を決めたのか．
動機づけ	組織のメンバーを夢中にさせるものは何か．彼らを落胆させるものは何か．人々はその組織のために働くことから何を得ていると感じているか．彼らは実際には得られないものを欲していないか．
	手　順
コミュニケーション	組織のなかでどのようにメッセージが伝達されるのか．コミュニケーションは公式か非公式か，双方．既定の伝達経路に替わる内密な経路があるか．
意思決定	組織では誰が意思決定をするのか．その決定に影響する要因や価値観は何か．既定の意思決定はどうおこなわれ，それには通常どれくらいの時間がかかるのか．決定事項は他者に受け入れられるのか，それとも抵抗されたり，覆されたりするのか．
規律と問題克服	組織はどのように自らを律し，問題を克服していくのか．有効な規則は何で，それはどのように適用されるのか．その組織では人々は自分の業績評価をどのように知らされるのか．公然と公式におこなわれるのか，非公式におこなわれるのか．
参　加	組織では人々は相互にどのような関係にあるのか．主要な意思決定には誰が関与するか．その議論に誰が参加するか．通常誰がそこから排除されるのか．

紛争解決	組織は紛争をどう処理するのか．そのための既定の方法があるか．それとも紛争は非公式に，あるいはその都度ごとに解決されるのか．紛争は実際に解決されているか．それとも問題として存在し続けているか．
	個　性
経　歴	組織のメンバーの経歴は共通か多様か．メンバーの共通点は何か．差異はどこにあるのか．そのような差異はどの程度重要と思われているのか．人々の間でどのような党派対立，嫉妬，競争関係があるか．
参加形式	組織のメンバーはどのように共同作業をおこなっているか．彼らは集団あるいは個人として何をしているのか．協力はうまくいっているのか，難しいか．
会　話	組織のメンバーは相互にどのように話しているか．彼らはどのような言語，方法，話し方を好んでいるか．会話時に話し方を変化させるなど特異な行動にでることがあるか．言外の意味が十分共有されているか，いないか．
リーダーシップの形式	組織のメンバーはどのようなリーダーシップの形式を好んでいるか．リーダーに期待されるものは何か．よいリーダーと結びつく価値は何か．悪いリーダーの場合はどうか．
態度，認識，期待	組織のメンバーにとって最も重要なことは何か．多くの人が抱く人生観はどのようなものか．彼らにとって特別な意味をもつ重要な問題はあるか．

に仕事に向き合うと同時に，迅速かつ専門的にこなしていくことが期待されていた。その一方で，プロジェクトに資金提供していたアメリカ政府の2国間援助機関（USAID）は明らかに官僚的で，職員たちは規則に従うことに常に気を配っていた。また，チュニジアのさまざまな組織は官僚制と封建制の混合物であった。これらすべての組織間の関係をとりまとめることは，大変な仕事であった。

　このような組織文化が制度的枠組みやその限界を設定し，そのなかでプロジェクトの成否が決まる。組織文化は際限なく多様であるが，無秩序ではない。構造，目的，手順，個性などいくつかの鍵となる変数に着目すれば，誰でもその組織文化の特徴を理解することができる。そのような変数の詳細を表7.3に示した。

　異なる組織が協力する際，プロジェクトは異なる世界観が競合しながら相互に作用しあう場となる。プロジェクトの成功は，このような多文化間の接触が相乗効果を起こし，個別の組織が単独で活動して達成できる以上の創造的な結果を生む場合である。

　しかし，組織どうしが敵対関係に陥り，相手側に自分たちの見解を押しつけようとすることがしばしばおこる。こうした状態のまま実施されるプロジェクトは

重大な問題を抱えこむことが多く，長期的にみて持続可能性が高いとはいえないだろう。ミニケース 7.1「家畜，文化と混乱」は，そうなってしまったセネガルのあるプロジェクトを紹介している。

3. 意思決定

　プロジェクトの進行につれて，計画立案者は数百，数千の決断を下さなければならない。これらの多くは不確かで曖昧な状況のなかでおこなわれる。そこでは適切な活動方針をめぐってさまざまな異論がわきおこるが，選択肢の是非がただちに明らかになるわけでもない。多数の決定を短時間におこなわなければならないので，プロジェクト担当者は鍵となる重要な決定に特別の注意を払うことを学ぶ。これら重要決断のいくつかは第6章「プロジェクトの形成」ですでに確認した。

　プロジェクトの鍵となる決定事項には，多くの共通した特徴がある。その1つは，貴重な資源に関する決定である。これらの資源は他の目的を差し置いて優先的に使われるため，資源に関わる決定は重要である。変更不可能，あるいは変更困難な事柄も重要な決定事項といえる。多様なオプションのなかからの選択も，とりわけ何か普遍的な基準が存在せず，異なる立場の意見が交錯している場合には，重要な決定となる。また以後の一連の判断を「拘束する」決定も，明らかに鍵となる決定である。

(1) グループでの決定

　どのようなプロジェクトでも，鍵となる決定はたいてい個人よりもグループによってなされる。グループでの決定が必要になるのは，解決策を見つけるのにさまざまな考えや視点が必要である時，考慮すべき専門性や知識がさまざまな人々の間に拡散している時，そしてとりわけ重要なのは共通認識やリスク共有の必要がある時である。

　そのため多くのプロジェクトでは会議が日常茶飯事で，会議はさまざまな用途を満たす。会議での行動は，その文化の核となる価値観にかなりの影響を受ける。いくつかの文化では，どちらかというと会議の前に争点を個人的に打ち合わせ，意見の不一致をみないよう根回しをする（たとえば日本やインドネシア）。会議中は意見の不一致が表にあらわれず，誰も体面を失わずにすむ。そうした状況では，議長の役割は議論を導くことではなく，むしろグループの意思を表現するこ

ミニケース 7.1 「家畜，文化，混乱：SODESP 畜産プロジェクト」

開発分野で働く人類学者は，現地におけるプロジェクト受益者の社会適性分析（social soundness analysis）の必要性を認めているが，プロジェクト実施者の文化にはほとんど関心を払わない。このケースが示すように，私もその罪を犯したひとりである。

ボイルが分析したセネガルの SODESP 畜産計画（Boyle 1984）の初期段階に，私は USAID の計画調査団のメンバーとして関わった。計画は承認され，開始されたものの，USAID はやがて資金拠出を中止することになった。私たちの調査団は，受益者となるはずの牧畜民の文化と，セネガル北部にある森林放牧地域の自然環境について詳しい調査をおこなったが，セネガル側実施機関の分析については，計画文書においてまったく配慮しなかった。

振り返ってみると，このことは大きな間違いであった。「どんなによく練られたプロジェクトでも，実施体制が最善であるか否かを検討しないことがあり，その怠慢が長期的にどのような結果をもたらすか予想されていない」とボイルは語る。

プロジェクトには，通常，国，地方，地域など異なるレベルの政府機関や開発援助機関（先進国にある本部と現地事務所），契約企業あるいは機関（同様に，本部と現地事務所）など，さまざまな実施組織が関わる。

一般に，開発援助機関と受益者との間で誤解が生じるのと同様に，異なる開発援助機関の間でも誤解が生じやすい。事業が進むと，各機関の文化的な偏りや想定が露呈して，協力関係が変化したり破綻したりすることもある。ボイルも，セネガルの SODESP 畜産計画をこの観点から分析した。

私は，プロジェクトペーパー（USAID の文書で，プロジェクトを進めるための枠組みについて書かれている）の作成を担当する調査団に人類学者として加わった。調査団は，プロジェクト地域に住むフルベ族（牧畜民）への影響と，林間放牧地域の環境に対する長期的な影響に関心をもっていた。私たちのフィールドワークとその後の分析は，おもにこれらのことに焦点をしぼっておこなわれた。

しかしその過程で，私たちは新たに2つの問題に気づいた。それらはやがてプロジェクトが停止する原因になるほど重大な問題であった。1つは管理スタイルの問題，もう1つはプロジェクトの目標の問題である。もちろん両者は基本的には関連し合うものである。

SODESP のセネガル人プロジェクト責任者は，強い意志のもとに組織をトップダウン式（きわめて集権的）に運営していた。彼は獣医学を学び，計画や実施段階に技術官僚的アプローチをもち込んでいた。

彼自身もそのスタッフも，アメリカ人のプロジェクト設計者のようにはプロジェクトを捉えていなかった。私たちからすれば，脆弱な林間放牧の環境を守りながら，

地元の牧畜民の生活向上を図ることが重要であった。そうした基本的な目標がみたされてはじめて，ようやく牛肉生産が成功するものと想定していた。

しかし，その責任者は異なる意見をもっていた。彼は，自分の仕事を都市市場向けの牛肉生産と考え，実際にそれを進めようとした。環境変化に興味をもっていなかったのである。プロジェクトのガイドラインに従っているかぎり，地元の牧畜民は従順な受益者であった。だがもし従わなければ，障害物とみなされた。いずれにしても，牧畜民は本当の意味でパートナーではなかった。

私たちの調査団は，そのような考え方の違いに気づいていた。アメリカの調査団のなかでフランス語を話す数少ないメンバーとして，私はたびたびセネガル人とアメリカ人技術者の会議や交渉時に通訳を依頼された。そこでの議論において，私には「放牧地管理」という言葉がまったく違って理解されているように思えた。

アメリカ人にとって，この言葉は畜産収益性の向上以上の意味があった。それだけでなく，環境や住民の生活を長期にわたり持続的に維持することをも意味した。私たちが話し合ったセネガル人は，そのコンセプトを理解していたかのようだったが，彼らは「放牧地管理」を別の言葉に翻訳していた。フランス語で「牧場経営」といったり「国土開発」といったりした。どちらも英語の「放牧地管理」の意味を正確に伝えるものではなかった。

こうした問題が生じたのは，双方が異なるものを欲していたからだけではなく，もっと根本的なレベルでいえば，双方が異なるものを「見て」いたからである。彼らはプロジェクト形成の段階でお互いにこの違いを明確にしていなかったため，結果的に見解の相違がプロジェクトの最終計画に十分反映されなかったのである。

私たちの調査団は人類学，放牧地管理，畜産経済学，水管理の専門家から構成されていたが，管理スタイルの問題が最終的にプロジェクトを運命づけることになると気づき，慎重になった。USAIDの現地事務所職員と管理問題を話し合うだけでなく，プロジェクト地域の環境条件を緊密にモニターするようプロジェクトペーパーに書き込んだり，集めるべき情報の種類を詳細に記述したりした。

ポイントは，それにもかかわらずこれらの重要な相違が，プロジェクトの最終計画案に反映されなかったことである。USAIDの枠組みにはそのための余地がなかった。何人かの調査団員はその違いに気づき，計画に盛り込もうとしたが，他のステークホルダーの事情が優先された。というのはフランス，カナダ，世界銀行もこのプロジェクトに興味をもっていたので，USAIDダカール事務所はこのプロジェクトに何とか予算をつけようとした。最終計画案は，ワシントンのUSAID本部を説得して資金を引き出すべく，プロジェクトを保証する文書になってしまった。

もちろん，私がこの報告を提出した後，私とプロジェクトとの関係は終わった。USAIDはプロジェクトを承認し，技術協力の契約を結んだ。そして，SODESPと仕

事をするために4人の専門家が到着した。だがやがて4人とも，辞任またはプロジェクト責任者に解雇されることになった。したがってUSAIDはそれ以上の資金提供をやめた。ボイルの分析が明示しているように，こうした結末を迎えた対立は，組織の文化の違いに由来しているのである。

技術専門家

　ボイルの記述によれば，プロジェクトの実施を支援するために雇われたアメリカ人契約職員は自分たちを自立した専門家とみなしていたのに対し，プロジェクトの責任者は彼らを部下とみなし，さまざまな日常的管理業務の遂行を求めたという。契約職員たちは，彼らにとって重要と思われた環境悪化や地元牧畜民の福祉問題に集中しようとした。

　　技術職員自身の考えでは，彼らは放牧地管理，牧畜民へのサービス提供，牧畜民生活の質に関する社会経済調査といった重要な問題に対処するために雇用されたはずであった。そのため彼らは，セネガル人のプロジェクト責任者のリーダーシップをとくに警戒していた。責任者はアメリカ側ほど牧畜民の社会経済的な影響に関心はなく，その分，セネガルの都市民，とくにダカール市民向けの牛肉生産という純粋に技術的な目標にこだわっていた。

SODESP計画のリーダーシップ

　プロジェクト責任者は，都市市場向け牛肉生産を重視し，契約職員の問題意識を軽く扱った。SODESPは都市市場向けに牛肉生産を望んだ。そして技術官僚的な視点から，SODESPの伝統であるトップダウン的考えや中央管理に固執した。牧畜民はパートナーではなく，受益者か障害とみなされた。「プロジェクト責任者は，新しく赴任したアメリカ人によそよそしく，懐疑的であり，そうした外人と折り合うために彼の操る組織の構造や目的，価値観を変えようともしなかった。彼にとって外人専門家は，USAIDが彼に押しつけた取り決めに応じてやってきた厄介者のように感じられた」(Boyle 1984：14)。

　USAIDの現地事務所は，その組織文化ゆえにこの紛争と距離をとり，契約職員のアメリカ国内にある事務所は，契約破棄を恐れて現地のやり方にあわせるよう派遣職員に命令した。最終的に，すべてのアメリカ人専門家は辞職，または解雇され，USAIDはプロジェクトへの資金提供を更新しないことを決めた。

USAIDダカール事務所

　はじめからUSAIDは，プロジェクト実施の詳細に関わろうとはしなかった。しかしセネガル政府との関係を維持することを望んだ。「リーダーを含む4人の技術者が

> 辞職あるいは解雇された時，USAID の現地事務所が目の当たりにしたのは，やりたい放題を手に入れたプロジェクト組織，すなわち自分の都合で金を動かし，従来の業務をまったく改めない組織の姿であった。プロジェクトが贈与条件の履行を拒否した段階で，USAID はプロジェクトの第 2 フェーズに対する資金援助をやめるよう決断した」（Boyle 1984：16）。
>
> 結論
>
> SODESP プロジェクトが示すように，プロジェクト受益者の社会分析だけでは不十分である。プロジェクト推進に必要な能力と意志があるかという観点から，おもなステークホルダーをもれなく含む全体的な実施構造を検討する必要がある。「プロジェクトを実施する際に協力が必要となる諸組織の文化を適切に把握していないために，開発計画のなかではコミュニケーションや協力の破綻がしばしば生じる」と，ボイルはコメントする（Boyle 1984：4）。
>
> 振り返って考えれば，この誤解は計画的で相互的だったふしがある。おそらくそのとおりなのだろう。USAID は資金供与のため大規模プロジェクトを手にし，セネガル人は既存の手順や取り決めを変えることなく，自分の思い通りになるプロジェクト資金を得たとボイルは指摘する。
>
> 出典：Boyle 1984

とにあるといえる。そのような会議の特徴は，調和を維持し予期せぬ事態を最小限にとどめようとすることにある。

一方アメリカ人にとって，会議は争点がオープンに議論され，決定がなされる機会である。アメリカ人は会議でのはっきりした意見対立や，盛んな議論の応酬を歓迎する。実際にアメリカ人は，考えを試す方法として意見の対立点を進んで探そうとする。また多くのアメリカ人は，議論を会話の一形式として積極的に受け止め，時にはそれを相手との関係強化の目的で使う[2]。一度決定がなされれば，アメリカ人はしばしばそれを文書化しておくことを望む。もちろん他の文化では事情は違う。そこでは人間関係を契約以上のものとして重視し，それを固定的ではなく時間を経て成長するものと見ているようである。

(2) 意志決定の支援

こうした会議のスタイルの違いにもかかわらず，プロジェクトの職員は重要な争点を議論し決定する方法を見つけなければならない。人類学者はいくつかの方法でこれら違ったスタイル間の相互交流を促進することができる。第 1 に，重要

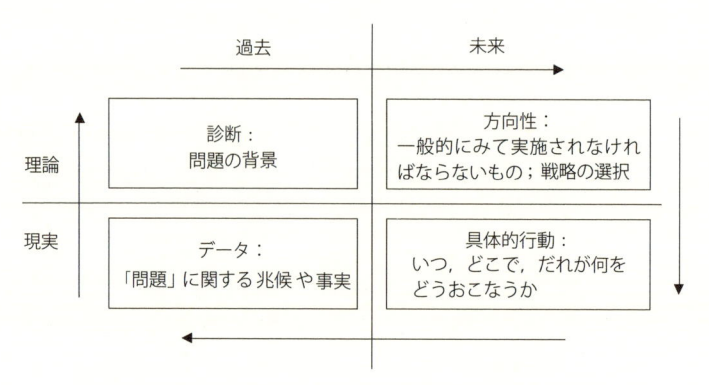

```
           過去              未来
    ┌──────────────┬──────────────┐
    │   診断：      │ 方向性：      │
理論│   問題の背景  │ 一般的にみて実施されなけれ│
    │              │ ばならないもの；戦略の選択│
    ├──────────────┼──────────────┤
    │   データ：    │ 具体的行動：  │
現実│  「問題」に関する│ いつ，どこで，だれが何を│
    │   兆候や事実  │ どうおこなうか│
    └──────────────┴──────────────┘
```

図 7.1　グループ・ディスカッションと意思決定の枠組み
（出典：Fisher and Sharp 1998:79 より筆者改変）

な問題が議題にあがっているか注意すること。第2に，異なるグループが各々の解決策を決めたうえで，お互いの要求を理解するように手助けすること。第3の役割は，議論の進行を助けることである。

　プロジェクトに参加する各グループは，自分たちが処理すべき問題は何か，どのような情報を考慮すべきか，どのような解決法なら受け入れることができるかという3点について合意する必要がある。人類学者は，鍵となる論点が考慮されているかどうか，および適切な意見が交わされているかどうかの確認作業を通じて，議論の進行を支援できる。また人類学者は，適切な情報が参加者に提供されているか，そしてその情報の意味が適切に説明され全員に理解されているかを確かめることもできる。さまざまな戦略のオプションが提示されて議論された時，人類学者は，人々にどの目標と価値が彼らと他のグループの好みに合致するかアドバイスできる。もちろん人類学者は，人々が文化的に無理のない適切な選択をするよう導くことにも貢献できる。

　議論や決定のスタイルが文化的に異なる場合，1つの共通の枠組みをもつことが有効である[3]。フィッシャーとシャープは集団作業のためのシンプルだが効果的なモデルを提供している。彼らの指摘によれば，集団で議論すると，理論と現実の間，あるいは過去と現在の間を行ったり来たりすることがよくある。これら4領域すべてが確固たる思考には必要だが，会議の場では整理されなければならない。そのため進行役の役割の1つは，多様な参加者の意見を適切な領域に配置すること，そして参加者が各領域の関連性を理解できるようにすることである。

　以上の手順においては，計画に参加している集団内部の多様性が，重要な力の

源となる。多様性とは技術，知識，経験，アプローチ，価値，あるいは態度面における差異であるが，こうした多様性があれば，人によって状況把握が異なることを集団のメンバーは実感することができる。全員が同じ争点を気にするわけではないし，全員が同じ争点を同じように考えるわけでもない。解決策とは全員をある程度満足させるべきものなので，行動に移す前に違った視点間の議論が必要である。機が熟して行動に移す時には，グループ内の多様性は，それぞれ持ち味をもった多数の問題解決法を生み出すであろう。

4. 交渉と紛争解決

　時には，プロジェクトの進行を止めてしまうような意見の対立や衝突がおきる。そういう意見対立はさまざまな原因から生じる。コミュニケーションの欠如，認識や価値観の著しい相違，必要・望み・願いの多様性などである。こうした場合，話し合いは交渉を意味し，極端にいえば紛争解決とみなすこともできる。ここでも人類学者は，仲介と和解促進の重要な役割を演じることができる。

　何もしなければ，プロジェクト・チーム内部における意見の不一致はすぐにも紛争となるだろう。紛争は多大なエネルギーを浪費し，組織のまとまりを破壊し，時には事態を袋小路に追い込む。紛争は本質的には人間関係に関わることである。人々が争い合うのは，お互いの差異が原因である。紛争を下手に扱えば，どちらの側も必要なものを得られないばかりか，将来のつきあいも難しくなる。

　しかし紛争は，破壊的であるだけでなく有用な面もある。紛争の結果が常にネガティブとは限らない。よく仲裁者が好んで指摘するように，紛争は意見を異にする人々が本当に必要なものは何かを明らかにすることに役立つ。上手に扱えば，紛争は皆が視点の違いを理解し，互いに満足のいく解決を引き出す機会となる。これにより両者の関係が強化され，双方が望んでいたことのすべて，あるいは少なくとも一部を手にし，共に働き続ける意志を確認できるのである。このように紛争は，組織と個人に，学び，気づき，成長する機会を提供する。

　ほとんどの紛争は交渉の余地がある。紛争は何かが変だとか不満だと感じることから生じる。こうした不満があるということは，対立する者どうしが交渉の材料を手にしているということである。しばしばもめるのは資源の配分についてである。もし紛争当事者どうしが相手の欲求を止めることができるものならば，両者は喜んで交渉に応じるであろう。

```
              低い ←———— 成果への関心 ————→ 高い
```

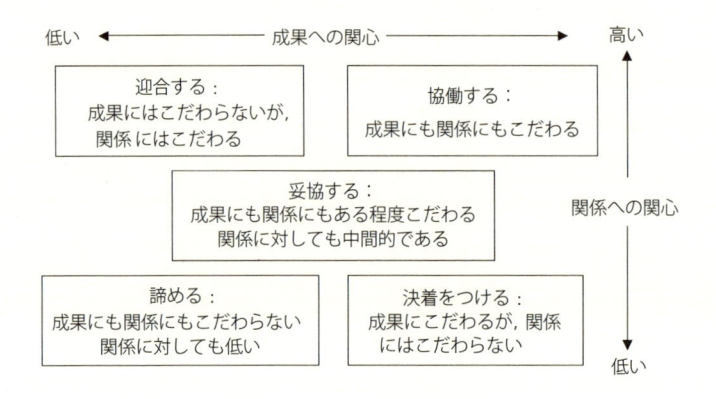

```
┌─────────────────────┐              ┌─────────────────────┐
│  迎合する：         │              │  協働する：         │
│  成果にはこだわらないが，│              │  成果にも関係にもこだわる│
│  関係にはこだわる    │              │                     │
└─────────────────────┘              └─────────────────────┘
              ┌─────────────────────┐
              │  妥協する：         │
              │  成果にも関係にもある程度こだわる│                     関係への関心
              │  関係に対しても中間的である│
              └─────────────────────┘
┌─────────────────────┐              ┌─────────────────────┐
│  諦める：           │              │  決着をつける：     │
│  成果にも関係にもこだわらない│              │  成果にこだわるが，関係│
│  関係に対しても低い  │              │  にはこだわらない   │
└─────────────────────┘              └─────────────────────┘
                                                            低い
```

図 7.2 交渉における選択

　しかし，紛争当事者が問題を解決したいと望む必要がある。そのために何か双方が受け入れられる手続きをみつけよう。上手な交渉とは，時間や労力をかけすぎずに相手とのよい関係を促し，双方が満足できる，公平で長続きする結果を得ることである[4]。単に相手の集団が欲しいものを手にすることを妨げたいというだけでは，交渉に臨むことはできない。

(1) 交渉へのアプローチ

　交渉に応じる人々は，通常，2つの大切なことを意識する。それは交渉相手との関係から何を得たいかということと，自分自身のためにどんな成果が欲しいかということである。交渉者がこれら2つの基本的な事柄をどう感じているかによって，おおむね，交渉手順のアプローチは変わってくる。以下に，5つの基本的アプローチを示す。

・決着をつける：これは，ある特定の成果に強くこだわる者がとる戦略である。しかし交渉相手との将来的な関係についてはほとんど考慮しない。「勝つためには手段を選ばない」というのがこのアプローチの特徴である。そのため高飛車な態度，奪うか失うかという緊張感，そして脅しを伴う。交渉中の関係は敵対的なものとなり，結果的に勝敗がはっきりする。こうした戦略は短期的には非常に効果的かもしれないが，長期的によい関係を生むことはないし，敗者の側に復讐や引き分けにもち込もうという願望を与える可能性もある。

・諦める：成果にも相手との関係にもほとんど関心がない時には，交渉当事者は身を引くことになるだろう。彼らは無力で交渉結果が変わらないと感じたり，交渉相手を嫌ったりする。おそらく彼らは，何がどう起ころうとまったく気にしないのである。この場合の戦略は，「手に入れられる物はどんなに小さな物でも勝手にもっていけ」ということになる。上にあげた「決着をつける」戦略と似て，諦めることは短期的な解決にはなるが，後で問題がより大きくなる。このタイプの交渉は不公平であまり機能しない状況をつくり出し，また憤りの感情を発生させることがある。やがて誰かが公平な状態に戻そうとするだろう。それまでは交渉当事者は関係を閉ざすことになるかもしれない。

・迎合する：この戦略をとる者は相手との関係を維持することに焦点をおき，交渉成果自体に大きな関心をもたない。その態度は「仲よくしよう」である。この戦略を用いると，人々は協調関係を促進しようと努力し，相手との違いを問題にすることを最小限に留めたり避けたりするだろう。彼らは関係を維持するというただそのために，ある特定の問題に対する圧力に屈しやすくなっている。この戦略を用いて得られる結果もまた，やがて不十分で持続性がないものであることが明らかになるだろう。

・妥協する：これを戦略としてとる者は，交渉の成果と交渉相手との関係を同程度に考慮する。部分的に相手の要求を満たし，自分もその分何かを得て妥協しようと努力する。「違いを分け合う」という理念がこの交渉アプローチを特徴づけている。交渉当事者は互いに自分の望む物を一部あきらめ，その代わりに別の物を手に入れようとする。この戦略の生む結果は，どちらにとっても成果，関係とも最善とはならないが，両者が長期的に共存していけるというものである。

・協働する：この戦略をとる者は，成果と関係双方に強い関心があり，しばしば創造的な方法で，2つとも最大化するよう試みる。「両方を勝者に」が，このアプローチの特徴である。交渉当事者は互いの共通の関心事を探すが，それが失敗した場合は，相手にほとんど，あるいはまったく負担をかけずに達成できる個別の関心を特定しようとする。この考えは，双方の好みを最大化するための方法をみつけるために協力しようというものである。

(2) 交渉における異文化間関係の問題

　以上のなかでも妥協と協働の2つは，既存の関係を維持，強化することにつながりやすく，双方に対して望む物の一部または全部をもたらす。とくに協働は，表面的な欲望ではなく，相手を動かしている真の必要を探そうとする活動である。もし相手が自分たちと異なる物を必要としていることが判明したならば，それ以上仲たがいしている理由はなくなる。もし相手が同じ物を必要としているなら，一緒にそれを求めるよう説得することが可能であろう。プロジェクトの実施過程でおこなわれる多くの交渉は，当然，異文化間交渉という性質をもつ。このことで交渉が困難になる面もあるが，同時にそれは協働型の解決が成立する可能性を高めているともいえる。

　協働型アプローチのなかで効果的なのは，3段階からなる交渉具体化アプローチである。第1段階は初期診断であり，現状を概観し，争点と問題点をできるだけ明確に記述する。第2段階は合意に導く原則の決定である。原則はあくまで抽象論であるが，何が交渉されるか，どこに境界が引かれるか，どのような価値や原理で解決に至るかを設定する。最後の第3段階は，診断と原則をできるだけ具体的に考えることである。診断と原則を用いて自分の負担，欲求，譲歩の程度を明確にしようとする。

　私はこのアプローチを，なじみのない異国の状況下で，市場で必要な物を探す時に使った。とくに記憶に残っているのは，ロシア西部に冬が早めにやってきて，ある朝，暖かい服を買いにモスクワ郊外の大きな闇市へ向かった時のことである。

　ここでの診断段階とは，市場のなかで毛のついた帽子「チャプカ」を売っている場所を探し出し，売り子を見つけ，商品の値段の範囲を調べることであった。非常に多種多様なチャプカが並んでいた。私は次々に尋ねられた。欲しいのはおしゃれな帽子か普通の帽子か，ウサギ皮か北極キツネ皮か。それともコサック帽か，はたまたハンマーと鎌の記章のついたソビエト歩兵の帽子がよいかと。

　希望の帽子に目ぼしをつけたところで，私たちは原則を設定した。この原則は，交渉するための言語や購入手段など，いくつかの基本的事項を含んでいた。私のロシア語は貧弱なもので，ドイツ語は通じる程度，フランス語はまずまずで，英語は流暢である。その日の帽子売りには英語，フランス語，ドイツ語を話す者はいなかったため，私の限られたロシア語の語彙と，世界中で通じるはずの身振り手振りを用いることになった。

　私にはドルとルーブルとフィンランド・マルク，それに着ている衣服があった。

当初，私のジーンズとオーバーコートに強い関心が集まったが，結局，私たちはドルを交換手段とすることに落ち着いた。

いったん原則をうち立てると交渉は真剣なものとなりはじめ，私たちは購入予定のチャプカの実売価格を決めるための協働に入った。私は少し貧しくなったものの，その帽子のおかげで非常に暖かくなって市場を去った。

表7.4　交渉スタイルの相違

あるグループの関心	他のグループの関心
原則	詳細
勝者と敗者になる機会	双方が勝者になる機会
閉鎖性	開放性
形式	実質
関係性	結果
話	行動
象徴的価値	実践的価値
同意	階層
威信	利益
議論あるいは討論	円滑な関係

プロジェクト進行中のほとんどの交渉は，もちろんこれよりずっと複雑である。交渉当事者がそれぞれ異なった文化的背景をもつ場合，実質的な必要と表面的な立場や欲求とを区別することは難しい。異文化間の接触においては，皆が事実を共有できるわけでなく，その事実に気づかないことさえある。事実が共有されても，皆がそれらの事実に同じような解釈や反応をするわけでもない。これによって交渉のスタイルに目立った相違が生じることになる。こうした違いのいくつかを表7.4に示した。

異文化間での交渉において素朴な感覚で議論することには十分注意したい。「私たちがおこなうやり方はまったく間違っていない」と誰もが主張し，相手については「彼らがおこなうやり方はアラブ（あるいはアフリカ，エンジニア，経済学者）流だ」と決めつける。実際，交渉の当事者たちは誰でも，自分たちの文化の意味の網の目に織り込まれた関心に基づいて行動しているのである。

1990年代初頭，私はエストニアのタリンで，外交官が軍の撤退についてロシア人と議論できるように，交渉術の研修を手伝っていた。私たちの研修チームは，ある日の午後，時間をかけて上手な交渉者が身に着けるべき技術と性格を理論的に考察していた。そこで私たちはエストニアの外交官を4つのグループに分け，それぞれに巧みな交渉者の特徴について自分で感じていることを書いてもらった。

すると4つのグループのうち3つが，それぞれ独自に，大量にウォッカを飲む能力を重要事項リストの最初にあげた。驚いているアメリカ人たちに対して，彼らは，これがロシア人とつき合ううえでどれほど大切なことであるかを，長々と

説明した。「私たちが呑むのは，それがロシア人からの尊敬を得る唯一の方法だから」と彼らは言った。

私たちは腑に落ちずに首をかしげ，「でも，なぜ彼らは呑むのだろう」と尋ねた。「なぜかって。それは彼らがロシア人だからに決まっているじゃないか」とエストニア人たちは肩をすくめた。

文化が違うという事実は，障害と同時に機会をもたらすものである。実際，異なる文化が違った方法で物を分類したり価値づけたりするからこそ，相互に受け入れ可能な解決が見つかることもある。たとえば，ある文化がより形式にこだわり，他の文化が実質を重視して見た目をそれほど気にしないのであれば，それは「ジャック・スプラットとその妻」の話と似た状況になる。両者が互いに相手の関心にダメージを与えずに，最も価値を置いている物を手に入れることができるのである。

そうはいっても，こうした解決法がいつも得られるわけではない。異文化間の交渉では，相手の必要，欲求，感情，関心について性急に結論しないことが賢明である。価値判断を避けて，根気よく協議と質問を重ねていくことで，交渉当事者は，問題点がどう定義されているか理解する可能性が高まる。そしてうまくいけば，解決策の講じ方もわかるであろう。

事態を進展させるために，コミュニケーションのスタイルそのものを理解しなければならないこともある。エドワード・ホールが解説した，文脈依存度の高低という2分法は，実際のメッセージ自体よりも，コミュニケーションをとりまく文脈に人々がどれくらい注意を払うかという基準で文化を識別するものである[5]。表7.5にはこれらの違いのいくつかを示した。

文脈依存度の高い文化では，メッセージを解釈するためにさまざまな物事を考慮する。誰が話したか，その人と聞き手はどのような人間関係にあるのかということも重要である。一方，文脈依存度の低い文化では，そうした手がかりは無意味ではないものの，人々は，メッセージそのものとそれが伝える「事実」に関心を集中する傾向がある。

文脈依存度の違いは，私が参加したプロジェクトの交渉で頻繁にあらわれた。チュニジア人とセネガル人は多くの点で文化的な違いがあるのだが，多くのUSAID職員に見られるような文脈依存度の低さと比べれば，両国民とも非常に文脈を重んじる人々である。これらの話し合いでアメリカ人は，チュニジア人とセネガル人が時々発する感情的な発言を，「単に騒いでいるだけ」と解釈する傾

表 7.5　文脈依存度の対比

文脈依存度の低い文化	文脈依存度の高い文化
・情報は明確に言葉で伝えられなければならない．詳しい背景情報と，事情を知っている者からの明確で注意深い指導を求める．	・多くの情報を周辺から得る．明確に伝達されることはきわめて少ない．環境，状況，身振り，雰囲気はすべて考慮される．
・非言語的な手がかり，環境，状況をあまり気にしない．	・非言語的な手がかりやサインが意味を規定するのにきわめて重要．
・よく発達したネットワークを欠いていることがある．	・広範な情報ネットワークを維持する．
・情報を区切り，細分化して保存する傾向にある．知識は取引可能．	・意味は現実の状況に激しく依存する．状況を読める者ならだれでも，そこに存在する意味を理解することができる．
・知る必要度に応じて情報をコントロールする．	・情報は自由に流れる．

（出典：Hall and Hall 1989 より筆者改変）

向があった。一方，チュニジア人とセネガル人は，アメリカ人がていねいに説明する話の細部を無視し，その代わり人間関係の感情的な側面に注目した。

このように，セネガル人やチュニジア人が関係をつくり上げる試みは（それは文脈をさらに強めようとする試みでもある），「仕事を進めよう」とするアメリカ人からは軽くあしらわれる傾向にある。思い出されるのは，アメリカ人の態度によってチュニジア人職員が取り乱し，協議を中断して部屋を退出した時のことである。事態がさらに複雑だったのは，誰の母語でもないフランス語で全員がやり取りしていたという事実である。

文脈を重視する状況では，直感的な能力がかなり求められるが，文脈を重視しない状況では，文字通りに考えることが必要になる。もし交渉当事者たちが文脈に対して共通の態度をとっている場合は，いくらか事態は容易になるだろう。しかし共通の態度が見られないことはよくあり，そこに誤解が生じる。こうした困難を認識している時でさえ，関係の構築，つまり関係者の間での適切で円滑な文

表 7.6　基本的な交渉原理

・議論になっている懸案を，議論している相手から切り離して考える．	・問題が複雑な場合は，簡単なことから始める．大きな問題は，可能ならば小さな問題に分割する．
・述べられた欲求や建前でなく，その根底にある必要に焦点をあてる．	・1つの解決策を採用する前に，さまざまな解決策を検討する．解決策は持続性があり，双方が納得できる基準や尺度に照らして受け入れ可能であることを確認する．
・議論を継続するためには，共通の基盤として見つけたものは何でも利用する．差異と同じくらい共通点を話題にする．	・諸個人は真空状態で交渉にあたるのではない．誰もが1つ以上の関連団体のメンバーであり，有効な解決策を講じるには，その団体の利害も考慮しなければならない．
・相手が問題点，あなた自身，そして相手自身をどうみているかできるだけ学ぶ．自分の判断や基準を押し付けることを避ける．常に敬意を示し，全員の尊厳を守る．	・原則論にこだわって議論を乱さないよう気をつける．原則論を問題にすると，解決への障害になる傾向がある．

脈の構築には時間がかかるものである。

5. 技術援助とカウンターパート関係

(1) 技術援助

　技術援助，つまりプロジェクトのなかで必要に応じて外部専門家を投入することは，ほとんどの開発活動でおこなわれている。たいていこれらの外部専門家は，プロジェクトに資金を提供する贈与や借款の一条件として派遣される。あるプロジェクトに対する技術援助は，個人もしくはチームの形で行われる。プロジェクトの終わりまでずっと関わることもあれば，一時的ということもある。外部の者は，1つか2つの鍵となる分野で作業するスペシャリストということもあれば，計画や実施を広範囲に管理するジェネラリストということもある。必要な専門的知識の提供に加えて，外部専門家はプロジェクト期間中に自分を派遣した開発援助機関の関心が現場で確実に反映されるよう努力しなければならない。

指導性高い					指導性低い
実演者	代行者	訪問者	教師	協力者	助言者
実演者はプロジェクトに製品やサービスを提供する.	代行者は一時的に他の者の代理となり,任務を遂行する.	訪問者は部外者や新参者の地位を占めながら,おもに触媒として機能する.	教師は技術を地元のカウンターパートに移転することを任務の一部とする.	協力者は地元の人と共同作業し,結果に対する責任を共有する.	助言者はおもに訓練,関係構築,紛争調停,その他をとおして相手を支援する責任をもつ.

図 7.3 技術援助者の役割連続体
(出典：Silverman 1984, Lethem and Cooper 1983, Honadle and Van Sant 1985 より筆者改変)

　技術援助者の役割は，外部の者がもつ責任と権威に応じて連続体をなすといえるだろう。一方の極では，外部の者はいつも単独で働くことにより与えられた役割を演じたり，任務を果たしたりする。連続体の中間では，外部の専門家はちょうど徒弟制のような関係に身をおくことになり，教師や研修者として活動する。そこからもう少し反対側の極に近づくと，外部の者と現地の者が平等な立場で協力する。そして，もう一方の極では，外部の者はおもに参考人や助言者として機能している。この連続体は図 7.3 に示すとおりである。

(2) カウンターパート
　より大きなプロジェクトは，数人あるいはそれ以上の外部専門家を抱え，各人が連続体のなかのどこかに位置を占める。とくに興味深いのは，通常カウンターパートとよばれる現地の専門家の役割である。カウンターパートとの関係は，多くのプロジェクトに共通の特徴で，プロジェクトに利益をもたらすだけでなく，現地の運営能力向上のための手段となる。
　カウンターパートとの関係は，プロジェクトの成功と持続可能性にしばしば決定的な影響力をもつが，誤って運用されることも多い。そもそも外部専門家も現地のカウンターパートも，通常は互いの関係についてほとんど発言できない。外部の者と現地の者は，適合性や背景，その他の重要な問題を充分に考慮することなしにペアを組まされてしまうことがよくある。能力の不十分な人がカウンターパートとして割りあてられたり，あるいは有望な現地職員が，無気力で無関心な外部専門家と組まされたりすることもある[6]。
　プロジェクトでは普通，専門的知識は主として外部から現地へ一方通行で伝わ

```
外部者が意志決定    外部者が意志決定案を    外部者がルールを決め，    外部者はすべての権限をカ
しそれを伝える．    提示し，意見を聞く．    カウンターパートに意    ウンターパートに委ね，助
                                            志決定をゆだねる．       言者として機能する．
```

　　　外部専門家による推進

　　　　　　　　　　　　　　　　　　　　　　　　地元カウンター
　　　　　　　　　　　　　　　　　　　　　　　　パートによる推進

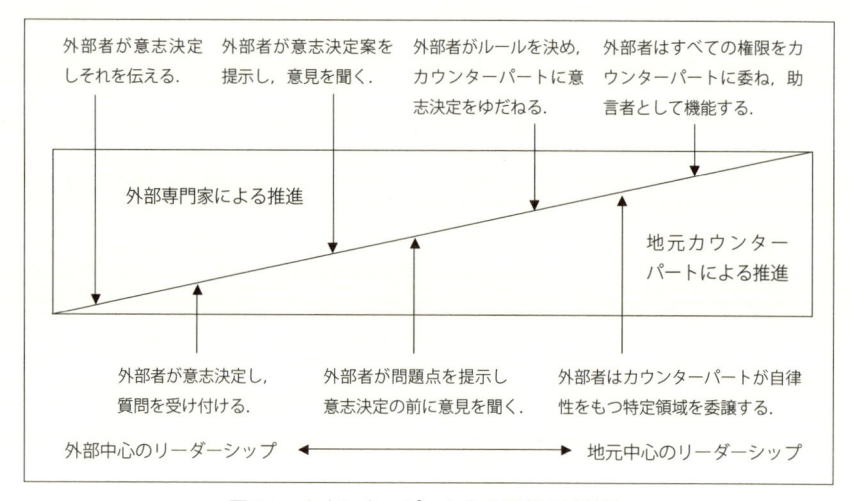

```
外部者が意志決定し，    外部者が問題点を提示し    外部者はカウンターパートが自律
質問を受け付ける．      意志決定の前に意見を聞く．  性をもつ特定領域を委譲する．
```

外部中心のリーダーシップ　←――――――――――→　地元中心のリーダーシップ

図 7.4　カウンターパートとの関係の連続体
（出典：Peace Corps 1983, Schein 1969 より筆者改変）

ると想定されている。しかし，現地のカウンターパートが計り知れないほど貴重な情報と知恵をもっていることも多い。多くのプロジェクトでは，カウンターパートとの関係が事前に計画されていなかったり，明確に協議されなかったりする。むしろ共同作業と技術移転は成りゆきで自然に生じるものと想定されているのである。

　カウンターパートとの関係は，外部専門家と現地のカウンターパートとの間の相対的な力関係に応じた連続体上に位置づけることができる。関係がうまくいっていれば，時間とともに，より地元側に主導権が移行するものである。

　プロジェクトに参加している外部専門家には任務遂行の責任があるが，目標達成の成否は，カウンターパート自身やカウンターパートとの関係によるところが大きい。カウンターパートとよい関係ができると，異種の技術や知識が結合されることになる。その関係のなかで各人は，特定の比較優位となる特質をもつ。それは独特な知識，態度，技術のセットであり，単独では成功に至らないが，共同作業のなかで用いられればとても役に立つものである。カウンターパート相互の比較優位を組み合わせると，独創的ですばらしい結果を生むことができる。

(3) カウンターパートとの関係をつくる

　カウンターパートとの関係を円滑にするためには，双方が所属するそれぞれの

組織が責任をもって取り組む必要がある。カウンターパートを重視しその関係を機能させることを，プロジェクトの計画にはじめから組み込むべきである。

外国の機関も現地の開発援助機関も，カウンターパートとの関係を築いて管理する特別な技術をもっていないのが普通である。そこで基本的な手順，仕事内容，作業予定について前もって確実に合意をつくっておかなければならない。これについても，人類学的な専門性がきわめて有効である。人類学者はしばしば公式にも非公式にも自らを異文化理解の専門家と認識しているので，（現地と外国双方の）プロジェクト関係者にどのように意志疎通し，共同作業の効率を上げるかを示すことができる。

誰がカウンターパートとなるのか：カウンターパートとの良好な関係は，ペアを組むのに適切な人間を選択することからはじまる。計画者はこの点にほとんど発言できないかもしれないが，可能なかぎり選択するべきである。ペアとなる者の双方に異文化間での作業経験があるほど，カウンターパート関係を上手に築き，維持しやすくなる。両者はその関係が機能するように動機づけられていなければならない。

理想的な関係とは互恵的な関係のことであり，おのおのが相手に役立つ技術を身につけていて，両者とも自分の知識を相手と共有する気もちをもつことが重要である。もちろん実際に知識を共有するための能力も重要である。プロジェクトの専門家のなかには，研修をおこなったり研究指導したりする経験をほとんどもたない者も珍しくないが，こうした伝達能力はとても貴重である。

プロジェクトでペアを組んだ者どうしが効果的な作業関係を発展させるためには，十分な期間，両者がプロジェクトに関われるように配慮することも大切である。多くの開発途上国では，分野を問わず熟練した人材の需要が大きく，カウンターパートが必要事項を吸収できるほど1つの仕事に長くとどまることはめったにない。

(4) 技術移転はどのように行われるべきか

協力が最もうまくいくのは，共通の目標や課題がある場合である。明確な期待と目標を設定することは，各々が相手の技術と能力について話し合うきっかけとなり，カウンターパート関係を向上させる方法である。

カウンターパートとの良好な関係を促進するために，次の3点が重要である。緊密な意志疎通がおこなわれること，双方向的に学べる環境を確立すること，お

および進捗状況を定期的に確認することである。

　効果的な異文化間コミュニケーションは，互いに敬意をあらわす方法をみつけることからはじまる。カウンターパートどうしで必ずしも好意を抱く必要はないが，相互に尊敬するべきであり，文化的に適切なやり方でそれをあらわすことができなければならない。彼らは効果的に意思疎通していくことも学ばなければならない。文化が異なると職場での意思疎通の方法も異なるため，基本的な会話術を身につけたい。それは，ものを尋ねたり，何かを約束したり，拒否したり，質問したり，意思表示や発表をする方法などである。

　いったん円滑なコミュニケーションが確立されれば，焦点は相互の学習へと移行する。外部専門家の技術的な知識が効果的に伝達されるためには，その知識が使われる文脈にうまく適合されなければならない。この点からも，外部の専門家と現地のカウンターパートは，作業を完遂するために相互に学ぶ必要がある。

　技術と経験を移転することへの期待が高まると，カウンターパートどうしはいっそう熱心に共同作業に従事するようになる。その際外部専門家は，カウンターパートを訓練することよりも仕事をやり遂げることに関心を向けがちである。技術移転とプロジェクト目標の両立を目指すことで実際に目指すべきゴールが見えてくる。両者を達成するのに必要なことを議論して見つけ，何をもって成功としたらよいか現実的に考えることができるだろう。こうした事柄の話し合いは，カウンターパートとの関係が存続する期間中，継続するものである。

　カウンターパート関係を築くのに重要な側面の1つは，学習がおこなわれる手順を明確にしておくことである。カウンターパートどうし，そしてそれぞれの所属する組織どうしは，お互いの組織文化のなかでどのような学習と協力のモデルが常識となっており，何がその常識の根拠なのか理解しなければならない。1つの文化的パターンがプロジェクトのなかで優位を占めることもあるが，学習，指導，共同作業が成立するのは，普通，複数の文化的基準が相互に関わりあう状況のもとである。

　よい関係を築くには長い時間がかかるので，カウンターパートどうしが共同作業を学ぶ時間的余裕をみておくべきである。そうすれば両者とも互いに何を知っていて，どう感じ，どう行動するかという判断に変化がみられるようになる。こうなると当然，関係自体が変化したといえる。したがって重要なのは，常に協力関係を点検して，必要な部分を調整していくことである。カウンターパートとの関係が目指すのは，単に知識や技術の移転以上のものである。それは，異なる文

化的な視点が組み合わされることでいかに生産的で創造的になるかを実感することなのである。

第7章要約

　本章では，プロジェクト管理に関するいくつかの鍵となる側面に注目することで，引き続きプロジェクト過程の検証をおこなった．プロジェクトでは文化的に多様な集団や個人が継続して作業にあたるため，その管理業務で最も重要なのは，これらの多様性に生産的かつ建設的に対処することである．

　本章は，まず組織文化に着目することからはじめ，そのおもな要素を示し，これらが文化に応じてどのように異なるか議論した．次に組織内部の意思決定に話題を移し，意思決定がなされる方法が文化によって大きく異なることを指摘しつつ，集団的意思決定を容易にするための簡単なモデルを提示した．

　続いてやはり文化比較の視点から，交渉と紛争解決について論じた．採るべき戦略の選択肢をセットにして提示し，それらを最も有効に使うためのヒントも書き添えた．

　プロジェクト管理の重要なポイントとして最後に取り上げたのは，外部専門家と現地プロジェクト・スタッフとの効果的なカウンターパート関係である．この関係を異文化間の相互学習と捉えれば，文化的な違いは長所にも短所にもなる．本章はカウンターパート関係においてお互いに相手から最良のものを引き出すための効果的な方法を示した．

［注］
1) Staudt（1991：54）を参照．ある機関の文化がどのようにプロジェクトに影響するかという問題に焦点を絞った研究はほとんどない．しかし興味深い例は，ウォルコットのマレーシアにおける研究（Wolcott 1983）である．彼は宗教系開発援助機関の組織文化に着目し，これが農村におけるその組織の活動にどのような影響をもたらすかを記述した．
2) 討論と対立は，アメリカあるいは西洋の文化様式に深く刻み込まれている．アメリカの法廷，企業役員室，教室，議会ではどこでも，基本的に対立的アプローチをとって真実に迫ろうとする．そして他者の議論にあまりに簡単に説得されてしまうと感じた時には，アメリカ人は不一致を強調するためにあえて反対の態度をとることがよくある．
3) Fisher and Sharp（1998：79）を参照．
4) Fisher and Ury（1981）を参照．
5) たとえば Hall and Hall（1989：6-10）を参照．

6) スコット＝スティーブンスのすばらしい研究（Scott-Stevens 1987）を除けば，技術協力におけるカウンターパート関係の研究はほとんどない．ルコントは，より一般的なレベルで双方が最大の利益を得るために，技術協力関係をどのように構築したらよいか論じた（Lecompte 1986：123-131）．

第8章　プロジェクトの評価（アセスメント）

1．評価の目的

　開発プロジェクトは社会的実験であり，特定の文化状況において機能する（あるいは機能しない）事柄に関する新しい重要な知見をもたらすものである。それゆえ評価（アセスメント）はプロジェクト開発の非常に重要な部分である。

　評価は，プロジェクトの実施中に必ず起こる予想外の事態に対処する計画立案者を助け，よりよい意思決定ができるようにする。プロジェクトの環境に照らした，プロジェクトの前提，仮説，手続き，モデルの検証を通じて，計画立案者はプロジェクトの成果が持続する方法を考える。開発援助機関の職員はプロジェクトの達成状況を追うことによって必要なフィードバックを手に入れ，プロジェクトの運営を改善する。政策や手続きを変更する必要がある場合，評価データは現在採択されているものとは違うやり方を示す。

　プロジェクトの結果が出た時には，評価は計画立案者やステークホルダーが投入と成果の関係を理解する際に役に立つ。つまり彼らが現在のプロジェクトを改良（もしくは修正）して，それを次のプロジェクトの教訓として活かしていくことを可能にする。プロジェクト終了時の評価は，外部からの出資者に対してプロジェクトを詳細に報告し，正当化するために必要な情報を提供する機会である。

　評価は基本的かつ重要な問いに答えようとする。それはたとえば，プロジェクトで何がおこなわれたのか，どのようにして，またどうしてそのような結果ないし成果を得ることになったのか，そのことは将来の援助活動のために何を教えてくれるのか，などの問いである。

　評価にはさまざまな集団が関係する。現地ではプロジェクト担当者，受益者，その他の参加者が直接の関心をもっている。2国間援助機関や国際機関も重要なステークホルダーである。現場から遠く離れているが，政策決定者と政策決定者に協力する当該専門分野の学識者もステークホルダーとみなすことができる。

　有益な評価をおこなうためには，明確な手順が組み立てられる必要がある。データは正確かつ偏りなく収集されなければならない。また評価結果が学習され，業務の改善に利用されなければならない[1]。そのため，プロジェクト設計の段階

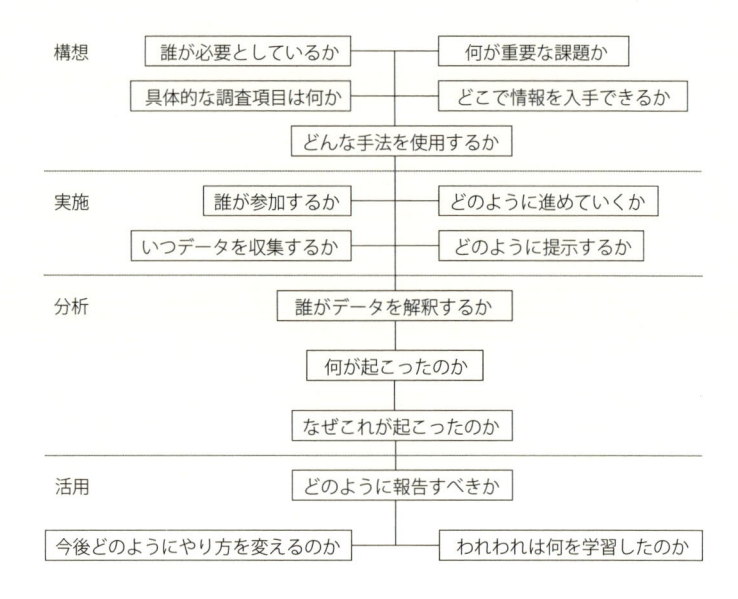

```
構想 ── 誰が必要としているか ──── 何が重要な課題か
     ── 具体的な調査項目は何か ── どこで情報を入手できるか
     ──── どんな手法を使用するか

実施 ── 誰が参加するか ──── どのように進めていくか
     ── いつデータを収集するか ── どのように提示するか

分析 ──── 誰がデータを解釈するか
     ──── 何が起こったのか
     ──── なぜこれが起こったのか

活用 ──── どのように報告すべきか
     ── 今後どのようにやり方を変えるのか ── われわれは何を学習したのか
```

図 8.1　プロジェクト評価の枠組み

であらかじめ評価を組み込んでおく必要がある。また，評価に必要なデータは，プロジェクトの進行中に効率よく収集されなければならない。

　よい評価システムを組み立てるということは，プロジェクトの目的に最も関連しているデータを明らかにし，それらのデータを早く確実に収集する方法を決め，必要な時に調査結果を提供できるようにすることを意味する。

　評価計画の立案はプロジェクト設計と似ていて，4つの主要な構成要素からなる。すなわち，構想（framing，何を，いかに，なぜ調べるかを明確にする），実施（implementation，データの収集），分析（analysis，データを情報に変換する），活用（use，学習したことを利用する）である。この評価の枠組みに関わる運営上の決定事項については，表 8.1 に概要を示した。

　構想段階ではいくつかの重要な決定がおこなわれる。たとえば，誰が評価データの主要な受益者で，彼らがどのような問題に対する答えを必要としているのかを決めなければならない。評価を活用するグループと主要な課題が明らかになったら，調査方法上の問題に取り組むことができる。たとえば，課題をより具体的かつ詳細な調査項目に変換していくこと，これら調査項目の答えに結びつきそうな事柄を明らかにすること，そのための適切な手法を選択することなどが含まれる。後にプロジェクトの結果と比較する必要があるならば，ベースライン・デー

表 8.1　評価調査を構想するうえで必要な運営上の決定事項

必要事項	どのような調査項目が必要か．どのようなデータがこの回答を得るのに役立つか．
調査方法	データはどこから入手するのか．何を調べるのか．これらのデータは入手可能か．
手　法	データをどのように収集し，処理し，分析するか．このような手法を用いるためにどのような調査スキルが必要か．
タイミング	いつデータ収集活動をおこなうか．どのようなプロジェクトのニーズがデータ収集に影響するのか．またどのような周囲の状況への配慮がデータ収集に影響するのか．
資　源	プロジェクトを評価するためにどのくらいの人員，資機材，時間，資金が必要か．特別なスキルは必要か．必要である場合，このような資源はどこで入手可能か．
誰が関与すべきか	プロジェクトのなかで誰がデータ収集の責任をもつのか．ステークホルダー集団のなかで誰が必要なデータを提供してくれるか．他にどのような集団ないし個人を関与させる必要があるか．
活　用	評価結果はどのようにプロジェクト設計と運営に還元されるのか．その実現のためにはどのような手続きないし手はずが用意されていなければならないか．

タ（基本的情報，すなわちプロジェクト開始前の状況）の収集も含まれる．

　この構想ができたら，実施段階での選択が可能となる．たとえば誰がデータ収集に関与し，いつどのようにデータを収集するかという決定も含まれる．データを分析できるよう，どのように処理し提示するかについての決定も，この段階でおこなわれる．

　分析段階でも，誰がどのようにデータの解釈をおこなうのかなど，他にも必要な決定事項がある．分析過程において評価結果は，他の調査方法による結果と比較される．ここではベースライン・データ，他のプロジェクトからのデータ，理論的モデルから導き出された予測が含まれる．同時にプロジェクトの当初の意図に照らして，どのくらいの成果をもってプロジェクトを成功（あるいは妥当）と

みなすかという水準または基準を決めなければならない。

　最後に評価結果の活用についても決めておく必要がある。これには評価結果をどのように，どの程度頻繁に，誰に報告すべきか，また評価結果を将来のプロジェクトのための教訓と提言にいかに還元するかが含まれる。

2. モニタリング（monitoring）と事後評価（evaluation）

　評価（アセスメント）には2つの基本的な要素がある。モニタリングと事後評価である。これらはプロジェクト運営の理解を深めるために必要な相互補完的な方法であるが，異なる問題を問うものである。2つとも，通常，評価（アセスメント）設計のなかに組み込まれる。

(1) モニタリング

　モニタリングはしばしば形成的評価（formative assessment）とよばれ，プロジェクト実施中の進捗状況を追うものである。モニタリングではプロジェクトの投入が計画通り提供され活用されているか，また，プロジェクトの投入が期待通りの効果を発揮しているかを見る。モニタリングの情報は資源（resources）に関する情報，活動（activities）に関する情報，結果（results）に関する情報の3つに大別される。

　モニタリングは主要な前提と仮説の検討を助け，初期段階の問題点を同定し，一定の傾向に沿ってデータを明らかにし，資源の活用状況を説明し，物事がどこで変更ないし改善されうるかを指摘する[2]。モニタリングでは，物事が予定通り，予算内で，基準どおりにおこなわれているかという点に焦点があてられる。それは，基本的には「プロジェクト設計に沿っているか」を問うものである。

(2) 事後評価

　事後評価はしばしば総括的評価（summative assessment）とよばれ，とくに関係するステークホルダーに関わる，プロジェクトの成果とインパクトを判断するものである。また事後評価は，計画されていない，あるいは予期していなかったプロジェクトの副次的な結果についても調査する。

　事後評価はモニタリングと違い，その状況におけるプロジェクトそのものの可否を判断するために，より全体的な姿を調査することになる。プロジェクトはそ

表 8.2 モニタリングと事後評価の違い

モニタリング	事後評価
・日々の出来事を追う	・長期的視点からみる
・政策と規則を受け入れる	・政策と規則に疑問を投げかける
・計画と目標を受け入れる	・計画と目標が正しく適切であるかを問う
・目標に照らして業績をチェックする	・現実に照らして目標をチェックする
・投入と成果の関係を重視する	・プロジェクトの目的と目標を重視する
・おもにプロジェクトの実施過程を調査する	・計画外の物事,原因,前提についても調査する
・進捗状況を報告する	・得られた教訓を報告する

の目標を達成し成功したのか,これらの目標は価値あるものなのか,プロジェクトの成果はプロジェクトによるものなのか,それとも他の要因に負うところが大きいのか,どんな副次的効果ないし予期せぬ結果が生じたか,そのプロジェクトの実施過程に対する賛成意見,反対意見は何か,プロジェクトの方法は他の代替案と比べて妥当性があったか,そして最後にこの経験から得られた教訓は何か,などの問いを設定する。

それゆえ事後評価は,モニタリングのような「計画に沿ってやってきたか」という問いを立てない。むしろここでは,「計画はよいものだったのか」と問うのである。プロジェクトは滞りなく進展したが期待された変化を生み出さず,その意味でまったく効果がなかったというプロジェクトもありうるのである。プロジェクトはある特定のレベルで成功し,別のレベルでは失敗することもありうる。たとえば,プロジェクトの当初目標と目的達成という点では成功したが,後に多くの2次的な負の影響を生み出したというプロジェクトや,当初は成功したが持続できなかったというものもある。

3. 文脈をベースにした評価（アセスメント）

(1) 何を知る必要があるのか,そしてなぜ

文脈ベースの評価（アセスメント）は,プロジェクトの成果を明らかにするところからはじまる。これをあいまいにしてしまうと,成果が達成されたのかどうかを明らかにすることが難しくなる。評価（アセスメント）は,実際,計画立案者がプロジェクトの成功ないし失敗を立証できる唯一の方法であるため,評価の

表 8.3　プロジェクト開発サイクルにおける評価の必要性

プロジェクト開始時	・設計は実行可能であるか. ・資源は適切か. ・プロジェクトチームは期待どおりの業務を果たせるか. ・前提と概算は正しかったか.
プロジェクト実施中	・予定通り物事が進んでいるか. ・予想していなかった問題が発生していないか. ・住民の反応は肯定的か. ・今修正すべき事項はあるか.
プロジェクト終了時	・受益者は便益を得ているか. ・目標は達成されているか. ・変更ないし設計からの逸脱が起こっていないか. ・他の変化が起こっているか. ・否定的な結果が現れていないか.
プロジェクト終了後	・変化は安定的か. ・便益は持続しているか. ・新しい可能性が創られたか.

手法と手続きはプロジェクトの目的に見合ったものでなければならない。

　モニタリングの必要性はかなりはっきりしている。プロジェクトの管理者はプロジェクトの実施について3つの主要な観点からの情報を必要としている。何がおこなわれてきたのか（活動），その結果は何か（結果ないし成果），活動に要した費用はいくらか（資源の利用）ということである。彼らはこうした情報と，当初の計画，目標あるいは見積もりとを比較し，変化の程度を測るのである。

　事後評価の必要性は，「変化」という概念が多様な側面をもっているため，より複雑である。事後評価には他のものとの比較に基づく，量，方向性，費用，性質，程度についての検討が含まれる。たとえば，計画立案者はプロジェクトの成果をプロジェクト開始時の状況と比べる必要がある。そのため，ベースライン・データ（プロジェクトがはじまる前の情報）を入手することが求められる。これに関する文献データがない場合，プロジェクト本体がはじまる前に収集しておかなければならない。

　プロジェクトの成果は，支援の対象外であった他所の集団のデータや類似プロ

表8.4　代表的なプロジェクト評価基準

有効性	プロジェクトはどの程度円滑に機能するのか．プロジェクトの技術，手続き，手配は実際に機能し，意図した結果を生み出すのか．結果を生み出すにあたって問題が生じている場合，その理由は何か．物事を解決するために何ができたのか．
効率性	費用はいくらか．使用されるべき資源（時間，資金，人員，資機材等）からみて，どのくらいの費用をかければ結果を出せるのか．このコスト水準は維持可能か．
適切性	住民は好意的か．プロジェクトの結果はすべてのステークホルダーに受け入れられるものか．受け入れられない場合，それはなぜか．結果を受け入れられるものにできるか．どうしたら可能になるのか．
妥当性	プロジェクトが便益を生み出している場合，それをどのように分配しているか．すべてのステークホルダー集団が便益を得ているか．全集団が平等に便益を得ているか．除外されている集団はないか．もしあるなら，なぜそういう状況が生じるのか．その問題は是正できるのか．
副次的効果	予想されたプロジェクトの便益に加え，その他予期しないプロジェクトの結果はあるか．これらは肯定的か，否定的な結果か．この影響を受けるのは誰か，またそれはなぜか．是正措置がとられるべきか．もしそうなら何をすべきか．
教訓	プロジェクトを通じて得られた新しい知見は何か．誰が何を学んだか．またなぜその知見が重要あるいは意義があるのか．この教訓は将来どのように活用されるのか．
普及可能性	このプロジェクトの経験を他の場所で再現できるか．もしそれが可能であるなら，何を変更ないし改良すべきか．もしそうでないならそれはなぜか．もっとよいプロジェクトのモデルないし選択肢は存在するのか．

ジェクトの結果，理論モデルから導き出された予測（あるいは事実に基づく推定）と比較できる．それぞれの場合においてデータはこうした目的のためにも実際に入手できるようにしておく必要がある．またデータの入手可能性とその適切性は，プロジェクト設計が完了する前に見極めなければならない．

　評価システムはできるかぎり簡素にしておく方がよい．一般に計画立案段階では過剰なデータ収集を想定してしまいがちである．しかしこれは，しばしば現場

でプロジェクトを成功させるための要件と相容れない場合が多い[3]。データ収集の複雑さはプロジェクトの頓挫や遅れを招く。それによって貴重な時間とエネルギーが大量に奪われることは言うまでもない。

表8.3に示すように，プロジェクト・サイクルの異なる段階においては，それぞれ異なる評価の必要性が強調される。

(2) 評価基準を確立する

評価（アセスメント）はプロジェクトの諸活動と成果の関係を明らかにすることに焦点があてられる。どのような調査形式あるいは手法が採用されようとも，計画立案者はプロジェクトのさまざまな要素間にみられる相互作用や目に見える具体的な結果について理解する必要がある。これを見極めるために集められるデータは，ある基準にあてはめた時にだけ意味をもつ。

この評価基準はプロジェクト立案の一部としてプロジェクトごとに作成されなければならない。すべてのプロジェクトはある意味独自性をもつが，ほとんどすべてのプロジェクトにあてはまる一般的な基準もある。表8.4は最もよく見られるプロジェクトの評価基準を示したものである。

このような基準や同様の基準が評価の設計に組み込まれる方法はたくさんある。1つの方法は，第4章で述べたプロジェクトの構成要素にこの評価基準をあてはめるというものである。この方法によってプロジェクトの準備計画がいかに成果に関わるかということがより詳細に理解できる。表8.5はその一例を示したものである。

(3) 計画立案者はどうやって情報を入手するのか

評価の設計において，計画立案者は3種類のデータを扱う。プロジェクト開始時点の状況に関するデータ（ベースライン・データ），プロジェクトの進捗状況に関するデータ（モニタリング），成果に関するデータ（事後評価）である。

計画立案者はデータ収集に必要な時間，労力，予算のコストを念頭において，データ収集手続きをプロジェクトのすべての段階に組み込まなければならない。彼らは主として，具体的に把握でき，測定可能な物事を調べ，可能な場合は現地の方法を使うなど，複数のやり方で情報を入手しようと努める。

データ収集は幅広くカバーするべきではあるが，同時にできるかぎり簡単にすべきものでもある。プロジェクトのスタッフと受益者は多忙であるので，データ

表 8.5 プロジェクトの構成要素に適用される評価基準の例

基　準	目　的	戦　略	活　動	資　源
有効性：プロジェクトはいかにうまく機能するか.	目的は本当に問題に対処するものになっているか.	戦略は目的を達成したか.	すべての活動は直接プロジェクトの戦略に関連しているか.	提供された資源は計画された活動に直接関連しているか.
効率性：費用はいくらか.	成果全体のためにその方法でプロジェクトを行うと，どのくらいの費用がかかるか.	この戦略は他の可能な戦略と比べてどのくらい費用がかかるのか.	すべての活動は速やかに予算範囲内で実施されたか.	計画された以上の資源が必要になったか. 資源の無駄遣いはなかったか.
適切性：住民は好意的か.	住民は扱われた問題が自分たちにとって真に重要な問題であると認識しているか.	戦略は受益者に受け入れられているか.	活動は住民にとって価値のあるものと映っているか. 住民は参加しているか.	供給された資源は住民のやり方と価値観に適合しているか.
妥当性：全員が便益を得ているか.	問題が放置されていないか. 住民の問題が無視されていないか.	戦略は全員が参加できるようになっているか. 便益を得るようになっているか.	全員がこの活動に参加しているか. 排除された集団はあるか.	十分な資源が供給されたか. 全員がその資源にアクセス可能か.
副次的効果：そのほかに何が生じたか.	目標の達成は新たな問題をつくっていないか.	たとえば積極的な参加を促す戦略が不満を生み出していないか.	たとえば活動が住民に他のことを無視させていないか.	たとえば新しい資源が現地の経済を活性化させたか, 低迷させたか.
教訓：何を見出したか.	住民は問題を分析し自分の目標を設定することを学んだか.	戦略を自分たちで比較検討する機会が住民にあったか.	住民は活動を自分たちで運営することができるか.	住民は資源を効果的に使い, 資源の必要量をより正確に見積もることを学んだか.
普及可能性：プロジェクトを再現できるか.	プロジェクトの候補地になっている地域はすべて同様の問題を抱えているのか.	同じ戦略は他の場所でも機能するのか.	同様の活動は他の状況でも有効なのか.	同様の資源は他のプロジェクトでも手に入れることができるのか.

　収集を綿密に計画しないと，時間ばかりを費やすものになってしまう．とくに記録作成は重複や不要な手間を防ぐために，できるかぎり簡素化すべきである．

プロジェクトの展開におけるほとんどすべての局面と同様に，評価の計画立案においても文化的側面を無視することはできない。第4章で述べたように，重視すべき事項の決定はおそらく評価の設計において最も文化的配慮を必要とする部分である。データ収集の対象となる文化的領域を選び，そのなかで指標あるいはそれに替わる測定基準を決めることが大切である。こうした指標は具体的であり，利用できる手段と方法を通じて実際に手に入るようなものでなければならない。

　インタビュー調査やアンケート調査などの双方向の調査方法は，どのように文化的側面への配慮がそれらのアプローチに組み込まれているかによって成否が左右される。たとえば，季節カレンダー（文化的カレンダー）はデータ収集に大きな影響を及ぼす。気候の季節変動は労働と余暇のパターンに影響を与えるかもしれない。またそれゆえ，誰が評価に（しかも喜んで）参加してくれるかにも影響するだろう。誰が何を知っていそうか（そして調査者に話してくれそうか）も他の多くの要因次第である。そうした要因は事前に想定できず，対象住民との継続的な対話を通じてはじめてわかるものである。

　ほとんどのプロジェクト評価活動は，一種の「時系列方式」(time-series design)を用いている。したがって，データは一定の時間間隔をおいて収集される。コントロールグループは，通常は存在しない。その代わりプロジェクト活動と成果の因果関係は，プロジェクト・サイクルのさまざまな時点におけるデータ収集を通じて説明される。この一般的な評価設計の有効性は，プロジェクト活動が起こる前，途中，プロジェクト後に適切に測定されたかということによって決まる。ケーススタディも時系列データを補うために，またプロジェクトの運営と結果に関する特定の側面に焦点を当てるために，しばしば用いられる。

(4) 評価（アセスメント）の問題点

　プロジェクトの評価には固有の問題点がある。しかし，このような問題点のなかには起こりがちなものもある。その1つは，ベースライン・データがないか，不完全か，あるいは不適切というものである。言い換えれば，最初のベースライン調査はやったが，それにはプロジェクトの状況次第で開始後に新たに重要性が明らかになるような変数が含まれていないということである。このようなケースでは時系列上の比較が困難であるだけでなく，終了時の評価も難しい。

　別の問題点は，評価のために選ばれる指標の種類に関する問題である。プロジェクトの担当者にはしばしば膨大な要求がくる。その結果，担当者は最も収集し

やすいデータに集中してしまう。これはモニタリングの目的には見合うかもしれないが，プロジェクトが受益者の立場から見て最終的に成功であるかどうかを確認する際には，不適切である。たとえば，総計を示す集計的手法は集団に内在する重要な差異を覆い隠してしまいかねない。代用的手法は文化的に不適当かもしれず，現地の現実を正しく描写しないこともありうる。

　最後にプロジェクトの目的を明確に定義することには，基本的に政治的な問題がつきまとう。そこでは，プロジェクト設計者と実施者の利害が他のステークホルダー（とくに開発援助機関や被援助国の政府機関）の利害と直接対立するかもしれない。計画立案の見地からみると，明確で正確な目標を立てることはよいプロジェクト設計の要件である。一方，受益者にとって不適当と映ったとしても，行政官にとっては曖昧で大まかな目標は，ほとんどどんな結果が得られても，「実際に確かに成功した」と開発援助機関が主張することを可能にするのである。

4. プロジェクトの教訓に学ぶ

　評価の内容は，計画立案者が現在および将来のプロジェクト事業に関する重要な決定をおこなう際に役立つものである。短期的には，その情報は計画立案者がプロジェクトを改善するために用いられる。中期的には，計画立案者は情報を通じて，プロジェクトが継続，拡大あるいは繰り返しおこなわれるべきかどうかの判断を下すことができる。より長期的には，評価結果は，同種のプロジェクトが将来どのように計画・運営されるべきかについて重要なことを伝えることができる。

　評価が有用であるためには，記録（文書化）されなければならない。多くのプロジェクト報告書が読まれないままであるというのは事実であるが，なかには読まれる報告書も多くあり，有益な報告書は「何が，なぜおこったか」についての入手可能な唯一の恒久的記録であることが多い。それゆえ，報告書の準備は慎重におこなわれる必要がある。情報がどのように，そして誰に対して伝えられるべきかを決めるにあたり，文化的側面への配慮が重要である。

　プロジェクトの報告書は，特定の読者および読者に対する特定の意図をもつ。読者はたいてい援助実施機関の職員，ドナー組織の関係者，現地のステークホルダー集団などであるが，学術的組織なども含まれるかもしれない。各集団はそれぞれの組織文化をもち，それを通じて報告書の情報が浸透する。それゆえ，こう

した文化的側面への配慮が認知されてきちんと扱われれば，評価情報はより大きな影響をもちうるのである。

　基本的に評価報告書は，プロジェクトの結果をプロジェクトの計画（arrangement）に結びつけようとする。読者層によって，報告書はプロジェクトの沿革や初期目標，誰がおもなステークホルダーかなど，背景に関する記述からはじめることがある。適切な評価計画は，どの問題が重要と考えられ，それに応えるためにどのような方法やアプローチが選ばれたかについて記述される。

　もちろん，どの報告書でも評価における発見がその中核をなす。それらは，読者に応じて詳細に述べられたり，略述されたりする。プロジェクト報告書に共通する5つの焦点は，時間，費用，実行（performance），連関（linkage），驚きである。

　時間，費用，実行はたいていプロジェクト運営チームの管轄下におかれる。時間，費用，実行は，計画の立案段階における投入と産出との関連性がログ・フレームによって表現される際に必要な，プロジェクト実施の要素である。他方，連関は，しばしばプロジェクト・スタッフの直接のコントロール下にはないが，それでも望まれるような，（しばしば目的・目標の項目でログ・フレームにあらわれる）より長期的な結果をさす。最後に，「驚き」というのは，プロジェクトの結果として計画立案者が予期していなかった（肯定的，否定的）結果を含む。

　通常，プロジェクトの計画と結果との間の連続性を明らかにするためには，評価によって見えてくることについて，少し詳しく述べておく方がよいだろう。もし不確定な領域がまだ存在するならば，それを明らかにしておくべきである。評価によって発見された物事についての議論は，現行プロジェクトの変更，あるいは将来におけるプロジェクトの計画や実施に役立つ特定の提言で締めくくるべきである。

(1) プロジェクトの実施中に学ぶ

　あらゆるプロジェクトは，計画段階における成熟度の如何にかかわらず，実施途中で問題に遭遇する。そしてそのことは，評価事業のなかで明確に指摘されることになる。1つには，実行の内容そのものの問題がある。プロジェクトのある部門（あるいは部分）は期待通りに単純に機能するわけではない。時にそれは，本質的に人材の問題であったり，機械や機材の能力を含む技術的問題であったりする。

　他のレベルでは，投入と産出との関連性をめぐる問題もおこりうる。こうした

ケースでは，すべてが期待通りに機能しても結果が伴わない。その代わり，プロジェクトの正の利益の影を薄くしてしまうような負の効果があらわれてしまう。

最後に，プロジェクトに影響する外部要因に関わる変化がありうる。新しい立法，経済的変化，政治的出来事，悪天候など，おもにプロジェクト・スタッフのコントロールの外にある変化の要因は，プロジェクト事業に大きな変化を生み出すかもしれない。

こうした諸問題に呼応して，プロジェクトは可能なかぎり修正されなければならない。第4章で述べたように，プロジェクトが十分に相互的なやり方で計画されていれば，プロジェクトの成果をよくするための小さな修正を加えることは可能であろう。より厳格な（硬直的な）やり方で計画されたプロジェクトを，いったん基本計画が動き出した後に変更することは難しい。

いずれにしても，修正が成功するかどうかは，問題となる点についての正確な診断と，矯正（やり直し）のために利用できる適切な選択肢についての現実的な評価にかかっている。プロジェクトの基礎にある最初の枠組み形成の段階で文化的要因が大きく立ちはだかるように，同様の要因はプロジェクトの修正においても大きな意味をもつ。

(2) 次のプロジェクトのために学ぶ

現行のプロジェクトが完遂されるか否かにかかわらず，評価は，将来のプロジェクトがどのように計画され実施されるべきかについて有益な示唆を与える。たとえば，目標，構造，プロセス，結果の各側面においてそのプロジェクトと他のプロジェクトとの類似点と差異点は何か，ここで用いられた主要な戦略や技術は何だったのか（そしてそれは成功したのか），事が展開するにあたりどのような前提が主要な役割を果たしたのかなど，各プロジェクトについて適切に記録されれば，計画立案者やステークホルダーが重要な問題に対処するためのケーススタディとなる。

(3) プロジェクトの失敗を理解する

もちろんすべてのプロジェクトが成功するわけではない。事実ほとんどのプロジェクトは，ある意味で期待以下である。それゆえ，プロジェクトから学ぶもう1つのやり方は，失敗に注目し，誤りを受け入れて検証することである[4]。

プロジェクトが成功することは，もちろん失敗より望まれる状態には違いない

表 8.6　プロジェクトの失敗に関わるカテゴリー

形成段階	・知識に関わる失敗：プロジェクト形成の初期段階で十分に知らないこと．プロジェクトの文脈における重要な側面が見過ごされる． ・政策決定の失敗：入手可能なデータから誤った結論を引き出す．あるいは誤った選択をする．大切な情報の重要性を過小評価する．
運営段階	・実施における失敗：プロジェクトの重要な側面に対する間違った（あるいは不適切な）運営． ・対応の失敗：プロジェクトが進行するにつれ明らかになる新しい情報や条件の変化に対応してプロジェクトを修正することができない，あるいはしようとしない．
評価段階	・評価の失敗：結果に注意を払わない． ・学習の失敗：教訓を将来の計画や手続きに反映させない．

が，失敗は私たちの注意をひくものである。プロジェクトが，全体として，あるいは部分的に失敗するのはなぜなのか，その理由を理解することが重要である。成功したプロジェクトであっても，適切に記録されなかったものは，目標に向けてプロジェクトを進めていく過程の理解にほとんど寄与しない。逆に失敗したプロジェクトであっても，よい評価データが存在するものは，将来の計画立案のために有益な教訓をもたらすはずである。

　失敗を文脈に結びつけることは，学習の重要なステップである。ある種の失敗は，計画立案者や参加者のコントロール外の事情に由来することが多い。たとえば，外部の政策は，たとえその影響が間接的で控えめなものであったとしても，しばしばプロジェクトの失敗の原因となる。開発援助機関の手続きや規則も，しばしばプロジェクトの失敗に結びつく。いずれの場合でも，プロジェクトの外側を見ようとしない評価は，失敗のこうした原因を特定できないし，ましてやそれらを論じることはできない。

　もちろん，他の失敗はとくに受益者コミュニティにおけるプロジェクトとそのステークホルダーとの間の関係に関連し，その文脈の側面については私がすでに隣接的環境（proximate environment）として言及した。プロジェクトがステークホルダーの特性や嗜好に十分に注意を払って計画され運営されていればこうした失敗は最小化されるだろうが，この結びつきを前提とすることはできない。むしろこの結びつきは，眼に見える結果において示されなければならない。

しかし，最も学ぶところが多いのは，プロジェクトの内部環境（おもにスタッフのコントロール下にある，計画と事業に関する諸側面）である。プロジェクト・スタッフの大部分は，隣接的および外部環境がどのように作用するかについて予期できないし，ましてやそれをコントロールすることなどできない。実際のところ彼らは，プロジェクトを形成し方向づけるために，感覚的に，そして先を見越して自らの行動をコントロールするのみである。

それゆえ，プロジェクトの実施過程においてとられる選択は失敗の要因を理解するための重要な部分となる。トルストイなら言ったかもしれないように，失敗したプロジェクトはそれぞれ個別の事情によって失敗したわけであるが，ある種の共通性（誤りのカテゴリー）が存在する。その点については，表8.6を参照してほしい。

5. 開発民族誌（Development Ethnography）

プロジェクトから学ぶことは，実際にはかなり難しい。開発専門家のなかには，現地の環境から学ぶ資質が十分でない者も多い。彼らが働く開発援助機関は，報告書がその機関の内部部署を通過するたびに，直接的あるいは間接的なやり方で，情報や現場から学んだことをフィルターにかけるかもしれない。開発の実施に政治的にも深く関わる巨大開発援助機関は，ある種の情報をあえて無視（もしくは軽視）する理由があるのかもしれない。この問題については，第9章でより詳しく述べる。

しかし，こうしたことよりも，プロジェクトの環境そのものに根本的問題が存在する。それは多くの要素を含むので，非常に複雑である。プロジェクトの真の結果は，多くの場合，何年もあらわれず，私たちはそれを追跡し分析するための信頼できる手段をほとんどもっていない。私たち人類学者は，受益者の世界観がプロジェクトの成功にとって決定的に重要であること，開発援助機関の文化も同様に重要であることを知っているが，これらの重要な要因を計画立案や評価に組み込むための効果的方法を発展させてこなかった。

プロジェクトの立案や実施について書かれたものがあるにもかかわらず，プロジェクトが実際の進み具合や，ステークホルダーがさまざまなレベルで互いに意味と結果をめぐって交渉するやり方について，民族誌的には私たちはほとんど知らないのである[5]。

人類学者は，開発プロジェクトがおこなわれる文脈を検証し，プロジェクト計画の根底にある諸概念や前提を明らかにして，これらをふたたび組織文化の問題，あるいは開発援助機関の動向に関わる問題に関連づけることにとりわけ適している。しかし，そのことが実践レベルでおこなわれたことはほとんどない。

必要なのは，プロジェクト（開発計画）民族誌，すなわち，報告書に簡単に記載されるような結果を生み出すために，プロジェクトが日常レベルでどのように進められているのかについての，詳細で長期的な分析である。こうした民族誌は，現状の開発関係文書に欠けている出来事についての厚い記述を提供することができる。さらにそれは，ステークホルダーのコミュニティだけでなく，援助実施機関やその上部組織をも含む全体的枠組みのなかにこの記述を位置づけることができるのである。

プロジェクト民族誌は，プロジェクトの実施や政策形成の詳細だけでなく，開発そのものの中核的プロセスを検証するために，人類学的手法を用いる。あるプロジェクトの状況のなかですべてのアクターは合理的に行動しているが，各アクターは同じように考え行動するわけではない。この多文化的行動のシチュー（煮込み）は，単に評価・評定目的の時間の薄切り（slice-of-time）的なスナップショットとしてではなく，事業の全期間にわたって，そしてたぶんそれをも越えて，理解されなければならない[6]。

なぜこれまでプロジェクト民族誌はあまり見られなかったのだろうか。つい最近まで，ほとんどの人類学者は開発および開発プロジェクトを適当な研究上のトピックとしてみなしてこなかった。プロジェクトに直接関わる人類学者の大半は，プロジェクトを形成ないし運営するために雇われるのであり，民族誌を書くためではない。しかし，開発民族誌（いくぶんゆるやかに定義して）の有効性を示す例は，たしかに存在する[7]。

開発民族誌の必要性はかなり高い。多くの開発援助機関で用いられているモデルは，プロジェクトが外的な規則と規準に沿って直線的かつ分節的なやり方で計画・実施されうると主張する。しかしこれまでの長い経験からもわかるように，プロジェクトは相互作用であり，多様な価値，視点，利害をもったステークホルダー間の複雑なゲームなのである[8]。ゲームの進展に従って，プロジェクトに付随する意味が，アクター（参加者）間の交渉プロセスをとおして明らかになる。

行政における政策決定の形式的モデルは，政策決定がいかに起こるかを理解することにあまり役立ちそうにない。目的は多重的かつ可変的であり，環境は不確

かで時には両義的でさえある。もたらされる情報も不完全なものばかりである。プロジェクト民族誌をとおして、「専門家」(experts)と受益者がどのように意味を構築し、どのように彼らの問題を組み立て、どのように選択肢あるいは解決をつくり出すかについての理解を得ることができる。そのようにしてはじめて、私たちは開発の結果を真に理解しはじめるのである。

　プロジェクト民族誌は、2つの特別な目的に役立つ。それはプロジェクトの発展と結果の生成過程に対して効果的であり、その過程でより広く検証可能な別の仮説を生み出す。

　そうした民族誌を生み出すために、人類学者は自らが研究する状況の固有性を強調しすぎる傾向を抑制し、そのかわり規則性やパターン変数を発見し、記述することにも関心を寄せるべきである。また人類学者は、単一の民族集団あるいはコミュニティにのみ焦点をあてるよりも、調査の地平を拡大して、複雑に絡み合うプロジェクトのステークホルダーを取り上げるべきである[9]。

　検証すべき論点、問題の範囲を拡大することで、特定のプロジェクトがなぜ失敗したのか、あるいはなぜ成功したのかについて、より正確に理解することが可能になる。こうした民族誌を比較・対照することによって、さまざまなプロジェクトの発展の根底にある規則性のパターンを理解することができるのである。

　しかし、より正確な社会的知識をもってしても、そのことで開発計画立案が容易になるわけではない。逆にある特定の文脈においておこなわれるプロジェクト開発はより複雑になるだろう。またそれが、必ずしもより一般的なレベルでの問題解決に導くわけでもない。ある状況下でうまくいくプロジェクト（あるいはアプローチ）が、他の状況においてもうまくいくとは限らないのである。それでも、人類学の関与をより効果的なものにしようとするならば、文脈がプロジェクト開発に与える影響についての人類学的理解をより発展させ、精緻化する必要がある。

第8章要約

　プロジェクト開発に関わる最後のテーマは、評価(assessment)、すなわちプロジェクトの結果がどのように判定されるかに焦点をあてたものである。評価には2つの側面、すなわちモニタリング(monitoring)と事後評価(evaluation)がある。
　モニタリングは、第1にプロジェクト実施の進展に応じて内部的にプロジェクトの業務を観察し、結果を計画された目的と比較する。他方、事後評価はより広

ミニケース 8.1 「マサイ牧場プロジェクト」

　これは，あるプロジェクトの詳細な観察が，ステークホルダー，開発援助機関，プロジェクト計画の間の関係を明らかにするとともに，プロジェクトの過程で生み出された結果の要因を明示できることを指摘する事例である。

　この事例のプロジェクトは，さまざまな環境的要素（プロジェクトの内部環境や主要ステークホルダーの隣接的環境，プロジェクトに関わる国家政策的文脈）によって影響を受けている。

　マサイ牧場経営・家畜改良プロジェクトは，タンザニアで1970年から1980年までおこなわれた。開始から10年後にこのプロジェクトは失敗と判定され，USAIDの援助は打ち切られた。

　失敗の原因は複雑であり，公式の文書からでは明らかにならないのかもしれない。ジョン・モリスは，当初プロジェクトの社会学者として関わり，後にチームリーダーとなった人物である。彼は1981年にプロジェクトについて説明をおこなっている。そのなかで相当長期間にわたる内部者の民族誌的説明を提供し，プロジェクトがどのように進展し，なぜ最終的に失敗に至ったのかについて詳しく述べている。

　プロジェクトの中心に「牧場経営」についての西洋的観念があった（既述のSODESPの事例も参照）。モリスが示すように，それはいくつかの暗黙の前提の上に立っていた。そのうちおもなものは，以下のとおりであった。

・生産者と牧場アドバイザーの利害が同じであること
・不利な季節に対処するメカニズム
・牛肉生産への志向性
・適切な情報ベース
・生産者による土地利用コントロール

　モリスは，「USAIDとUNDPが牧場経営技術を移転しようとしたアフリカの文脈では，状況がほとんどすべての点でこれらの条件を満たしていない」（Moris 1981：102）と述べる。

　プロジェクト地域における生産者の戦略自体は合理的ではあるが，牛肉生産を指向するシステムのそれとは異なっており，プロジェクトの技術者は土地利用をコントロールすることが困難あるいは不可能であることを発見した。そのうえ，技術者と牧畜民は互いを信用しない傾向があった。

　モリスはプロジェクトの発端について詳述し，多くの点でそれは当時の社会主義を基盤としたウジャマア（*ujamaa*）運動内部の「異常」であったと指摘する。地域計画や地方役人とプロジェクトとの関係は，常に問題含みであった。こうした争いが顕在化するにつれて，プロジェクトは何度も変更された。その過程で，スタッフの転職率とモラルが問題として表面化した。モリスは，「プロジェクトはタンザニアの

首脳か USAID によって常に再考の対象となっていた」(Moris 1981：106) と述べる。

1973 年には，マサイ族牧畜民の定住化や，家畜生産についてのデータベースづくり，水源開発を加速させるなど，いくつかの重要な決定がなされた。USAID の複雑なプロジェクト資材調達システムがそうであったように，USAID の求める牧場経営技術がプロジェクト引き渡しシステムにおける主要な障害となった。最後に，牧場経営に関する西洋的観念の限界が，プロジェクト環境の制約と結びついて明らかになってきた。モリスは，「プロジェクトは地域の経済的趨勢および社会学的視点に逆らって動いていた。何人もの訪問者が，アメリカ西部で同様の視野を変えるのに 40 年かかったと指摘した」(Moris 1981：110) と述べる。

1976 年までにプロジェクトは，本来の業務の範囲を超えて他のプロジェクトに対しても，付加的責任を負わされていた。

　　これらは期待の大きい，価値あるプロジェクトであった。しかし，彼らがチームの技術者に課した要求は，私たちが進めていた事業の継続性を断ってしまった。その根本的問題は，あるプロジェクトに関する情報の大半はプロジェクトを形成している時にこそ必要とされる，ということである。アメリカの計画立案手続きは，十分な情報がすでに存在することを前提にする傾向がある。マサイの状況では，新しいプロジェクトの形成は情報獲得への巨大な投資を含むものであった (Moris 1981：111)。

事実,これらの活動のすべてを無にしないための葛藤の結果として,「疲労感」(battle fatigue) ばかりが残った。1977 年半ばまでに，当初の外国チームのほとんどはプロジェクトを去り，タンザニアの主要カウンターパートの何人かも去った。1979 年に USAID は，このプロジェクトへの融資を続けないことを発表した。プロジェクトによってつくられたインフラは少しずつ壊れ，朽ちていった。

このプロジェクトからどんな教訓を引き出すことができるのだろうか。モリスはいくつかの点を指摘する。はじめに，計画立案における「べき」と「できる」の間，すなわち，何をなすべきかについての言明と，地域の手段とノウハウを与えられたうえで実際になしうることの間には大きなギャップが存在するという。「マサイ・プロジェクトは，短期間に処方を能力に見合うように修正すること (その逆ではなく) の重要性を示唆している」(Moris 1981：112)。

第 2 の教訓は，「上流に向かって泳ぐことは難しい」，すなわちプロジェクトが地域の趨勢や慣習に反して進行することは期待しがたいということである。リスクの高いプロジェクトでは，たとえプロジェクトの主目標が達成されなかったとしても，人々を潤すことができるような「予備の目的」を考えることが非常に重要であると，モリスは言う。

モリスは，牧畜を近代化することは本質的にシステムの問題であり，そこでは多

> くの力が重なり，相互に関係していると指摘する。彼はマサイの経験から，7つの重要な点を指摘する。すなわち，土地利用のコントロール，代替的食糧供給の開発，個々の家畜の同定，旱魃の間も家畜を生かしておく方法，適切な疾病コントロール，人々に牧場事業に対する責任感を感じさせること，効果的な運送とマーケティングである。「私たちが開発援助機関同士による事業の基本的なやり方を改良する方法を修得しないかぎり，個々のプロジェクト投資は相対的に非効率的なままであろう。他の多くのタイプの村落開発計画も，このジレンマを共有しているように見える」(Moris 1981：112)。
>
> 最後にモリスは，便益が一時的なプロジェクトの文脈においてのみ起こる場合，持続させるのは難しいと指摘する。「マサイ・プロジェクトでは，プロジェクトが終わってからも活動を続けられるようにさまざまな資源を配置する運営基盤が存在しなかった。プロジェクトへの融資が終わってしまうと，優秀なスタッフは他の地域に（しばしば彼ら自身の意志で）移動させられた。私たちが蓄積した多くの報告書，地図その他は散逸し，大規模なプログラムの全体構造はバラバラになってしまった」(Moris 1981：113)。
>
> 彼は，個々のプロジェクトとは切り離してプログラム資源を制度化する必要があると強調する。
>
> これらすべての点は，他の多くの失敗したプロジェクトにもあてはまるかもしれない。しかしモリスは，プロジェクト全体をとおしてそこにとどまり，後に続く出来事に大きな影響を与えた決定が，なぜ，どのようになされたかを詳しく記述することができたという点で，その説明は例外的であった。このように私たちは，それをとおして，プロジェクトがそのアイデンティティと目的を見出すような交渉のプロセスについて，また計画立案者がはじめに仮定し，成果として期待したことからは重要な点でかなり異なる可能性があることについて，より多くを学ぶことができるのである。
>
> 出典：Moris 1981

くプロジェクトがその隣接的環境にどう影響するかについてみる。そのプロジェクトは結果を生み出すやり方としてうまくいったか。得られた結果は本当に有益なものであったかについてである。

計画立案者の主要な任務は，プロジェクト開発の他の側面と同様に，プロジェクト計画とそれが機能すべき文脈との間の一致を保証することである。

しかし評価（アセスメント）は，生み出された情報について実際に何かがなされた場合にのみ効果的である。第8章では，計画と結果の間の関係を理解することを通じて，評価結果の報告とその利用について論じている。

本章では，開発プロジェクトの民族誌がプロジェクトの開発および実施過程において どのような貢献ができるのか，その可能性について述べた．プロジェクトが時とともにそれを取り巻く文脈によって形作られていく過程を観察することによって，私たちは，ある状況における計画と結果の関係について検討する機会を得ることができ，それによって文化的要因がどのように開発の計画，手続き，結果に影響するかを理解することができる．

[注]
1) 詳細については，OECD（1992：133）を参照．
2) Eade（1997：131）．
3) Chambers（1993：31）．
4)「誤りを抱く（embracing error）」という表現は，デイビッド・コーテンによる．詳しい内容については，Korten（1980）を参照．
5) 何年も前にスパイサーは，公的・私的な政策決定機関の「比較民族誌」（comparative ethnography）を提案している（Spicer 1976：132）．
6) リューは，プロジェクト民族誌への主張を次のようにおこなっている．「ある学問分野では，開発計画の立案を技術的なやりとりとその検証を意味するものとして扱うかもしれない．しかし社会人類学者は，計画立案の過程を社会学的文脈のなかに位置づけ，作業チームの社会関係，その事業，顧客について，また社会内のさまざまな集団が彼らの視点でおこなった研究や決定によってどのような影響を受けるかを検証しようと考える．これは実証的研究が非常に少ない分野である．そのような研究の欠落は，一般理論あるいは偏見以外には，開発プロジェクトの実際の活動や，特定の案件あるいは一般的レベルにおける政策形成に必要な調査を常態化させることがほとんどできないことを意味する」（Rew 1985：194-195）．
7) オークランドのモデル都市プロジェクトに関するプレスマンとウィルダヴスキーの優れた研究（Pressman and Wildavsky 1973）は，交渉の場としてのプロジェクトの日常的検証が，政策とその結果との間の差違を明らかにすることができることを示す傑出したモデルである．テンドラーとブルヌーは，外部者の視点からは非合理的に見える行動が，実際に内部的にいかに意味のあることであるかを理解する試みにおいて，開発援助機関（USAIDとCIDA）の内部をみる視点を提供した（Tendler 1975 ; Bruneau et al. 1978）．クレメントは，大援助機関の組織的分析の一例を提供する（Clements 1993）．グリンドルは，プロジェクト実施のプロセスを観察した（Grindle 1980）．モリスとハットフィールドは，東アフリカの牧場経営プロジェクトについて記述している（Moris and Hatfield 1982）．ファーガソンはレソトにおける開発プロジェクトの内容を詳しく解説している（Ferguson 1990）．クリトガードは赤道ギニアにおける事例を記述し，世界銀行が現場で実際にどのように機能しているかについての貴重な解説をおこなっている（Klitgaard 1990）．ジェフリー・グリフィスは，モルジブのVSO（イギリスのボランティア団体）プロジェクトで働き，1987年から1991年の4年間にわたって彼のプロジェクトからの一連の「至急報」を書いた．これらは"Shaviyani Nights"と題され，イギリス王室人類学会の隔月刊誌である"Anthropology Today"に掲載された．マレンは，ソマリアでの開発事業について記述している（Maren 1997）．

8) たとえば，Pottier（1993b：27-28），Peattie（1970），Garber and Jenden（1993：53），Hanchette（1999）を参照．他の研究者も同様の点を強調している．コタックは，民族誌的研究が，開発に関する諸問題の原因や過程，持続要因を明らかにできる唯一の方法であると指摘した（Kottack 1991）．オナドルとヴァン・サンは次のように述べる．「プロジェクト実施に関する細目の説明は，計画立案者，経済学者，政策立案者が関心を抱くことのない細部を強調するために，しばしば顧みられない．そういう人たちは，全体状況に結びついた力と権威に魅かれるのである．しかし，政策が宣言され，計画が開始された後で何が起こるかについての評価なしにグランド・デザインは描けないし，それを達成するための手段は持続しがたい．この状況が修正されるまでは，開発事業は過去と同様のわなと落とし穴に遭遇し続けるであろう」（Honadle and Van Sant 1985：99）．
9) Pottier（1993b：19），Rew（1985：187-188）を参照．

第Ⅲ部　さらなる前進へ向けて

　これまでの章では，人類学がプロジェクト開発にいかに重要な貢献ができるかを議論するとともに，多くの場面でかなりの成功を収めてきたことを論じてきた。
　しかしそれにもかかわらず，人類学は開発業界全体に対してはあまり強い影響を及ぼしていない。第Ⅲ部では，「さらなる前進へ向けて」と題して，開発業界と人類学双方が協働していける方法を明らかにすることを目的に，両者を見ていくことにする。
　第9章「開発業界の改革」では，なぜ開発が期待したような成果をあげていないのか，開発援助機関の思考と行動様式を変えるためには何をすべきか，という点について検討する。第10章「人類学の方向転換」では，大学における人類学の教育方法に目を向け，開発業務をより適切にこなせる人材を育成するための改善策を提言したい。
　第11章「新しい開発のパラダイムとは」では，開発に対する見方を再構築するという課題を取り上げ，結論として，人類学的視点がいかにこの変化の中核的部分を占めることになるかということについて検討し，本書の結論としたい。

第9章　開発業界の改革

1. 20世紀末における開発の状況

(1) 不平等な開発がもたらしたもの

　過去50年間，開発の指標によっては相当な進展が見られるものもある。世界のGNP総額は1960年には1兆3,000億ドルであったが，1990年代の終わりには30兆ドル近くまで増大した。同じ期間に世界の乳幼児死亡率は半数以下となり，就学率は約50％上昇し，貧困国の平均余命は17歳伸びている[1]。

　しかし，このような開発の成果にもかかわらず，国のなかの，そして世界全体での貧富の格差は拡大し続けている。1つの開発の十年が終わり，次の十年に移る時にも，多くの国では，期待したような発展をまったく遂げていない。また，何か進展があったとしても，往々にして人口増加，内戦，対外債務によって帳消しとなってしまった。1950年から90年までに世界の人口は2倍となり，貧困層の人口も2倍となっている。

　1950年には，第1世界と第3世界の1人あたりGNPの格差はおよそ2,200ドルであった。1970年代半ばにはこの差は4,800ドル以上に拡大した[2]。今日多くの国々（その多くはアフリカ諸国である）は1960年よりも貧しくなっている。一方，他の地域（とくにアジア地域）は経済成長を遂げた[3]。たとえば，1950年代には，コンゴと韓国は同程度の所得水準にあった。1997年までに，韓国の1年間の1人あたり所得は約1万ドルとなったが，コンゴでは，1人あたり150ドルのままである。1993年における51の低中所得国の1人あたり実所得は，1980年と比べ低くなっている[4]。

(2) 広がる援助批判

　開発援助機関とその政策は，近年ますます厳しい目と批判にさらされるようになっている[5]。開発介入のあり方を修正する過去の試み（たとえば1970年代におけるUSAIDの「新方針」など）もあったが，実際には援助手法においても貧困緩和においてもほとんど変化をもたらさなかった。

　同時に，東アジア諸国の目覚しい経済成長をみると，それらは世界銀行，

USAID, IMF の処方箋とは異なるやり方で成し遂げられたようである。とくにシンガポールのいわゆる指導された民主主義の経済的成功をみると，経済の繁栄は自由で民主的な社会によってもたらされるものだという，西欧社会で永く信奉されてきた原理が覆されるように思われた。

しかし，援助機関と援助政策にとって最もこたえた現場は，東ヨーロッパと旧ソビエト連邦の新興独立国であった。ここでは，確立されていたはずの西欧の援助体制と手法が，当初の見込み，うたい文句，楽観とはうらはらに，経済的・社会的問題に対処することができないまま，（しばしば劇的に）失敗した。

1990年代半ばまでに，援助批判は，とくにIMFと世界銀行に集中するようになった[6]。これらの開発援助機関は，よりいっそう強力となって影響力を行使しており，いくつかの貧困諸国で経済（それゆえ社会）政策を適確に担ってきたようにみえる。このような状況を新しい形の植民地主義と批判する者もいた[7]。また別の批判は，もし世界銀行が本当に有能であるならば，なぜこれまでに貧困を「解決」してこれなかったのか，と責めた。多くの識者は，開発業界は単に自分が何をしているのかわかっていない，そしてさらに悪いことに，自らの無知を認めることができない，あるいは認めたくないのである，と結論づけた[8]。巨大な多国間援助機関を覆う秘密主義のために，その内部の業務の実態はほとんど公衆の目に触れることはなかった。

(3) 開発援助機関の現場からの撤退

しかし，開発業界の力が増大するにつれ，彼らが世界の貧困層と直接接触する機会はあらゆるレベルで少なくなっているように見える。1980年代と90年代，大規模な開発援助機関は草の根住民との直接的な関わりから離れて，たとえば，ガバナンスや構造調整といったプログラムを通じて，国家政策課題に取り組むようになった。貧困層の現実から離れ，より抽象的な「市場」での業務に移ったのである。

この変化は明確な理念によるものであったが，同時に多くの大規模開発援助機関にとって，現場主義の開発はあまりに面倒で，その割に効果が出ていないという，単純な理由のためでもあった。いまや開発援助機関の内部の方針と手続きこそが，開発ニーズに迅速に選択的に対応することを妨げる最大の障害であった。

効率を高めるため，大規模な開発援助機関は多くの業務のなかから計画立案と実施の部分を抜き出し，自分でやる代わりに外部の企業に請負わせるという従来からのやり方をそのまま続けた。ガバナンスと構造調整プログラムについては，

開発援助機関が現場の現実に継続的に，ほとんど，あるいはまったく関わる必要のないまま，離れたところから管理できるということがわかった。市場が開発成果を最終的に審判するべく，民間部門の成長を積極的に促進していけば，援助機関が公正性に配慮する必要性はなくなるようにみえた。

その結果，開発援助機関の職員は，いかなる分野の専門性のもち主であれ，世界の貧困国の一般住民がどのような生活を送っているか，その実情について知る必要がますます小さくなってしまった。貧困国と大規模な開発援助機関との対話は，交換レート，補助金，経常収支などに特化した，財政と非人格的な世界市場に関する議論にすりかわっていった。開発目標はますます外部者によって設定され，管理されるようになった。

開発援助機関職員の業務の変化は，とくに USAID で顕著であった。USAID では 1970 年代までに，ほとんどの職員が実際にプロジェクトを監督しなくなり，その代わり自分の時間をプロジェクトに関する迷宮のような書類業務の管理に使うようになっていた。長年にわたり USAID は，契約専門家，コンサルタント企業，NGO 団体にプロジェクトとプログラムの計画立案，管理，評価を代行してもらい，その依存度はますます高まっていった。1960 年代のはじめ，USAID で働く者のうち，契約職員か外国人はわずか 25％ であったが，1980 年代の後半にはその割合は 60％ になっていた。同時に，USAID の予算と全体の職員数は減少し続けた。1990 年代には USAID の 25 の海外事務所が閉鎖され，職員の数は 3 分の 1 に減らされた[9]。

(4) 開発援助機関の援助疲れと世論

1990 年代末までに，多くの開発援助機関で「援助疲れ」が目立つようになった。1999 年の公的援助の総額は約 550 億ドルであり，1990 年代はじめの 600 億ドル超から（一定して）減り続けている[10]。援助疲れが最も明らかにみられたのは，アメリカである。1950 年代半ばには，アメリカは一国で全世界の対外援助総額の 60％ を担っていた。しかし，1998 年までにこの割合は 17％ に下落した[11]。アメリカの対外援助予算は，1960 年代には GDP の 3％ を占めていたが，現在では GDP のわずか 0.1％ に落ちてしまった。これはアメリカの歴史上最低であり，主要先進国の援助実績のなかでも最低水準である[12]。実際，過去 20 年間で開発援助額を劇的に増大させた 2 国間援助供与国は，日本だけである[13]。

ミニケース 9.1 「世論と対外援助」

　開発業界の改革に伴う問題の1つは，対外援助にはアメリカ国内の選挙支持基盤がないということである。そして援助の手法も結果も，ほとんどの場合，有権者の目には見えにくい。そのこともあいまって，対外援助は「特別関係者」といってよい人々（外交官，軍人，経済理論家，自由貿易主義者など）によって予算が獲得されてきた。

　アメリカで，対外援助が特別に人々の気をひく話題になったことは一度もない。しかし，世論調査では，アメリカ人は，政府の対外援助プログラムには否定的だが，援助そのものには一般的に好意的である。しかし，アメリカ人は概して，「開発とは何か」，「援助がどのように使われているか」，「援助の結果がどのようになっているか」といったことについて，問題がある時以外はほとんど情報をもたずにきた。

　さらに，おそらく世間の人々は，ひっきりなしに流れてくる災害の物語や，飢える子どもと戦闘で苦しむ村々の写真に当惑しているだろう。いわゆる「援助疲れ」（donor fatigue）は，かなりの部分ここから出ていると思われる。多くの場合，援助の量は減少している。援助が続いているところでも，援助の有効性に対する疑問は強まり，アカウンタビリティと管理に対する要求はいっそう強くなった。

　世論が対外援助に対してどれだけ強く支持しているか，また実際得られたデータが何を本当に意味するかという点については，意見の相違がある。1982年のギャラップ世論調査によれば，3分の2の人々がアメリカの経済援助は貧困層より富裕層のためになっていると答えている。1987年の別の調査では，一般の人々の約90％が，多くの援助はアメリカ政府によって無駄遣いされ，外国政府によって不適切に使われていると考えていることが明らかになった（Hellinger et al. 1988：5）。

　1994年に，ある世論調査会社が26の調査と世論調査の結果をまとめた。それによると，政府に対外援助の実施を求める表立った要求はなかった。また，対外援助への支持も54％から47％に落ちていた。しかし，人々は一貫して援助の総額を過大に見積もっており，本当の額が示されて質問された時には，現行（アメリカ政府予算の1％以下）の5倍の額を出してもよいとも言っている。人道目的と環境への援助の優先度は高く，過去の「安全保障関連」の援助は高くなかった。しかしながら，調査対象者は，アメリカ政府の援助計画が全体として効果が上がっていないと考えていた（Tilman 1995：42-43；ODC and InterAction 1987）。

　スマイリーは，援助への支持の低下を示すデータは，「議論の余地があるか，一時的なもの，あるいは実際には誤りである」（Smillie 1995：125）と述べる。彼は，援助を本当に必要としている国々に対する援助については，調査対象者の80％が支持しているという1995年のアメリカにおける世論調査結果を引き合いに出した。アメリカの市民は，自分たちが実際の金額よりも約15倍もの対外援助をおこなっている

と信じている。実際の援助額の水準を知らされると，非常に多くの人々が援助の現状維持または増加を支持した。

「1％という（実際の）数値についてどう思うか」という質問に対して，「多すぎる」と答えたのは，調査対象者の18％足らずであった（CISSM 1995）。46％は「適切」と感じ，34％が「不十分」と感じていた。58％の回答者は「もしも対外援助の大半が，官僚機構のなかで浪費されたり，汚職をする政府のところにいくのではなく，本当に援助を必要としている貧しい人々のところにいくことがわかれば，対外援助のためにもっと税金を払ってもよい」という選択肢に「賛成する」と回答した。一方で，64％が「外国に援助するよりも，国内の問題に対処する方がもっと重要である」という選択肢に「強く賛成する」としていた。

近年，開発途上国の悲惨な状況がクローズアップされるために，より長期の開発課題から市民の関心がそれてしまっている。今日，人々が開発途上国についてよく思い浮かべるのは，飢饉，飢餓，疾病，難民，紛争である。これらの課題には，多くの開発援助で中核となっている住民参加，キャパシティ・ビルディング，組織強化などのより泥臭くより地味な開発課題とはまったく異なる対応が西欧諸国にとって必要なのである。

援助に対する一般市民の支持にほとんど変化がないように見えるが，多くの「機関」は右派も左派も対外援助に対していまやいっそう後ろ向きになっている。おそらくそれが一因であろうが，最近の調査によれば，アメリカの政策決定者の68％が「一般市民は対外援助に否定的である」（Smillie and Helmich 1998からの引用による）と信じている。

開発援助機関の援助疲れは実際に存在しているのだろうか。それとも単に熱意の衰えなのであろうか。人々は以前よりも海外の出来事について多くの情報を得るようになっている。これがおそらく人々の対外援助に対する見方に影響しているといえる。メディアはこのような事態に大いに責任がある。スマイリーとヘルミックは次のように指摘する。

> （西側先進国の）世論は，災害，異常気象，紛争のイメージに左右され，第3世界の哀れな状況について非常に否定的なイメージをつくり上げてしまった。飢餓か洪水でなければ，スラムと貧困であり，民族浄化と大量虐殺でなければ，無茶苦茶な環境破壊や象牙のための象狩りというイメージである。多くの人々はこれと異なるイメージをますます受けつけなくなっている（Smillie and Helmich 1998：26）。

メディアだけが犯人ではないだろう。スマイリーとヘルミックはNGOが用いる資金調達戦略を取り上げ，NGOの温情主義的メッセージは「何も考えない者をつくり出す」（dumbing down）開発教育であり，それゆえ第3世界の問題に対する世論の認

識を歪めていると指摘している（Smillie and Helmich 1998：35）。
「援助疲れは実在していないかもしれないが，援助に対する理解の乏しさは存在している。また，明らかに「開発援助機関」の疲れは存在している。それは，DAC全体に通じる大幅かつしばしば破滅的な一連の援助予算の削減から来るものである」（Smillie and Helmich 1998：35）。
出典：Overseas Development Council and InterAction 1987；Tilman 1995；Hellinger et al. 1988；Center for International and Security Studies at Maryland 1995；Smillie 1995；Smillie and Helmich 1998.

(5) 市場の支配

　ベルリンの壁の崩壊後の1990年代に，「グローバリゼーション」という言葉が世界に浸透した。グローバリゼーションとは，要するに，世界経済活動の主要な構成要素（金融，生産，情報，技術を含む）が，市場が制御する全体的枠組みのなかで，同時に発生することを指す。この枠組みは，いまや地球上のほとんどすべての地点に広がっている。世界銀行は，現在世界の労働者のなかで世界市場から切り離されている者は10％以下にすぎないと見積もっている[14]。

　グローバリゼーションは多国籍企業と銀行の力を大幅に増大させた。今日4万社の多国籍企業と30万社に及ぶそれらの系列会社が海外に存在し，40兆ドル以上の株を保有している[15]。いくつかの多国籍企業は，いまや多くの国家政府よりも多くの資金をもっている[16]。

　たとえば，世界の大富豪100人のうち51人は法人である。世界最大の企業200社は世界人口の1％以下しか雇用していないが，世界の経済活動の28％を生み出している。各市場部門の上位5社（たとえば，航空機，自動車，マイクロプロセッサー，穀物）は，概して世界の売り上げの35～70％を占めている。さらに，上位500社は世界の貿易の70％を担う。表9.1は1999年における世界最大の企業数社について，その市場投資額をいくつかの国のGDPと比較したものである。

　このような状況の結果，開発途上国へ向けられる公的援助は停滞ないし減少する一方で，民間直接投資は増大していった。開発途上国への民間投資の流れは1988年には公的援助の4分の3であったが，1997年には年間2,500億ドルを超えた。しかしその年の公的援助は，660億ドルに過ぎなかった[17]。

　ある意味で，これはよい知らせである。しかし，別の意味ではそうではない。民間融資はおもに経済が急成長しているアジアに向けられている。より貧しい国々（とくにアフリカ諸国）は，民間投資があったとしても今までごくわずかし

ミニケース 9.2 「東ヨーロッパにおける開発援助の失敗」

　ソビエト連邦が崩壊した時，開発援助の風景は根本的に塗り替えられた。変化の1つは，第3世界への開発援助を盛んに鼓吹してきた東西緊張がほとんどなくなったことである。もう1つの変化は，数百万人もの人々が新たに世界の貧困層に転落してしまったことである。同時に，彼らが住む国々は西側の機関に門戸が開かれるようになった。

　西側諸国，とくにアメリカは間髪入れずに開発援助を開始した。1990年代はじめには活発な援助活動が展開された。モスクワと旧ソビエト連邦諸国とその衛星国の首都にUSAIDの事務所がつくられた。共産圏崩壊の1年後，アメリカは民主化と民間部門育成のために10億ドル近くの援助を承認した。USAIDが中心となり，「移行」を促進するための野心的なプログラムが急ピッチで立案された。アメリカだけで35の連邦機関が援助活動に関わった。

　数年後双方に幻滅が広がった。旧ソビエト連邦の人々は西側諸国の援助のほとんどは不十分で，不誠実で，非効率で，自分たちのニーズと無関係であると結論づけようとしていた。援助資金がおもに外国人のコンサルタントや請負業者のために使われ，地元の政治家によって吸い取られ，自分たちの日常生活の改善にはほとんど無縁とみえるプロジェクトに浪費されるのを見て，彼らの冷笑はますます強くなった。西側諸国では目に見える成果がほとんど上がらず，西側の大量の援助が跡形もなくただ消えてしまったという現実が明らかになるにつれ，苛立ちが募っていった。

　当時は，アメリカ人と東ヨーロッパの人々の見方，経験，ニーズに隔たりがあるということがほとんど理解されていなかった。ウェデルは「数年後にはその隔たりは縮まるどころかどんどん大きくなり，多くの人々が援助に失望する状況がつくり上げられるだろう」（Wedel 1998：2）と指摘している。

　ウェデルは東側諸国に対する西側諸国の援助を大きく3段階に分けている。第1段階は「凱旋期」で多幸感の時期であったが，すぐに第2段階の「幻滅期」に取って代わられた。いくつかの国（とくにポーランド，ハンガリー，チェコ共和国）では，最終的に「調整期」に移行した。この時期には，開発援助機関と被援助国は共生することを覚え，できることについて，概して現実的に捉えるようになった（Wedel 1998：7）。

　ウェデルはアメリカの開発援助機関の職員と開発援助機関は長年の経験にもかかわらず，自分たちと東ヨーロッパの人々との関わり方にほとんど関心を払ってこなかったと指摘し，次のように述べている。

　　援助と開発の研究において，援助の実際の実施方法についてはほとんど関心が払われてこなかった。しかし，援助がどのように（誰から誰に，どのような状況において，どんな目的をもって）実施されているかということは，被援助国の人々が実際に何を得，いかにそれに対応するかということを決めるだけでなく，援

助の最終的な成功，失敗を決めるのである（Wedel 1998：6）。

　被援助国の人々はしばしば受動的で声を上げないように見えるが，彼らの反応，問題，関心は援助の運営，実施，成果に影響を与える。被援助国の人々は開発援助機関が考え出した援助計画に積極的ないし消極的に苛立ち，奨励，阻止，促進，ないし変更することができる（Wedel 1998：9）。

　西側開発援助機関職員と新興独立諸国の援助対象者やカウンターパートとの考え方の相違から起こる問題は，他にもあった。

　西側開発援助機関は，はじめはこの地域の国々を「低開発国」と「先進国」のどちらに分類してよいのかわからなかった。第3世界が低開発である（あるいは低開発であり続けてきた）のなら，第2世界は一部のアメリカ人職員の目には「誤った開発を遂げた」と映り，それゆえ共産主義の遺産の痕跡はすべて一掃されなければならないと考えられた。時間が肝心であり，西側から大量の援助をおこなって変化を引き起こさなければ，この地域は混乱のなかに陥ってしまうか，共産主義に戻ってしまうかもしれないとおそれられた。

　一方，ウェデルによれば，「中央・東ヨーロッパの多くの人々は自分たちをヨーロッパ文化と文明の手本と考えており，共産主義は外から強制的に押しつけられた制度であるとみなしていた。彼らは自分たちの国家が第3世界に含められ，開発方針について相談を受けないことに屈辱を感じていた」（Wedel 1998：39）。

　しかし，過去にアメリカの援助を推し進めてきた開発のパラダイムは，ここでもまた，以前と同様にほとんど形を変えることなく，旧ソビエト連邦諸国に適用された。ウェデルは「開発援助機関は第2世界を独特な国々と認識していたが，その実像についてはほとんど理解しておらず，新しいプログラムを提供する能力は開発援助機関にほとんどなかった。〔中略〕彼らが利用できる援助プログラムとは第3世界で実施されてきたものであった。ほとんど怠慢ともいえる取り組みで，開発援助機関はそれらの多くをそのまま実行した。多くのプログラムは被援助国のニーズに合わず，革新を揉み潰すものだった」（Wedel 1998：33-34）と指摘している。

　外交問題と安全保障問題も，以前と同様に多くの援助計画の推進力となった。西側諸国の経験に基づく計量経済学のモデルが，助言と計画策定の理論的背景となった。現地における運営の大部分は，アジア，アフリカ，中南米での経験をもつUASIDの職員によって担当された。東ヨーロッパもしくはロシアに行ったことのある者，現地語を話す者はほとんどいなかった。また，彼らは自分たちが以前勤務していた場所とこれらの国々の違いについても，ほとんど理解していなかった。

　援助の実務はコンサルタント企業やその他の技術協力の提供者との契約に基づいておこなわれた。その契約交渉の勝利者の大半は，以前第3世界で活発に活動してきた「ベルトウェイ・バンディット」（ワシントンD. C. にオフィスを構える開発コンサ

> ルト企業群）と同じ人々であった。以前と同様，予算を速やかに執行しなければいけないという圧力は，非常に強かった。
>
> ウェデルは，東ヨーロッパへの援助は成功したかもしれないが，少なくともその時の開発援助機関自身の体制と手法は不適切であったと結論づけている。この芝居の役者たちは「お互いに惹かれあっていたとしても，離れ離れの国家と住民からなっていた。文化に対する無知は，『文化的知識は無関係（もしくはすぐに入手できる）』という考えを伴って，援助物語の最初の場面を作り上げた」（Wedel 1998：190）。
>
> ウェデルは開発援助における人類学の価値として（東ヨーロッパへの援助では明らかに見失われているが），いかに人間関係が開発の場での出会いを形づくり，また，開発の出会いによって人間関係が形成されるかを理解する手助けになると主張している。「私たちは政治，経済，社会関係に焦点をあてた，根拠のある現実世界を通じてのみ，開発の場での出会いの「化学反応」を理解し，私たちが開発として理解している世界システムを解放（と変容）へ進歩させることができるのである」（Wedel 1998：196-197）。
>
> 要するに，これらのことはすべて大規模な援助の官僚機構が過去の経験から教訓を学んだり，自分たちが出会うかもしれない新しい状況について学ぶことがいかに難しいかということを示している。東ヨーロッパと旧ソビエト連邦における援助の機会に対するUSAIDの対処方法は，過去あまりうまくいかなかったという明確な証拠があるにもかかわらず，従来からの標準的な手法と標準的な考え方をそのままあてはめるものであった。
>
> 出典：Wedel 1998

か受け取っていない[18]。

実際，世界の多くの貧困国において，開発政策とグローバリゼーションの力の相乗効果の結果，開発の選択肢と世界貿易とはほとんど同じものになってしまった。貧困国では外国投資とグローバルな，そして非人格的な市場のルールをどれだけ進んで受け入れられるかということが，良かれ悪しかれ，その国の最善の成功の条件になっていった。貧困国向けの外国投資と，開発援助機関による国営企業の民営化推進の結果，外国人による国内資産の保有が増大した。同時に多くの国々でさまざまな社会福祉プログラムの予算が減少していった。

多くの識者は，情報はいまやグローバルな通貨になっていると述べる。なかには，1800年代に産業革命がヨーロッパを変革したように，情報革命は21世紀の世界を変革するだろうと主張する者もいる[19]。

しかし，情報技術に関しては，各国間および地域間に深刻な格差が実在してい

表9.1　企業の資金力と国家経済

企業名	市場投資額	それに匹敵する国のGDP
IBM	2010億ドル	コロンビア
Wal-Mart	2960億ドル	アルゼンチン
Microsoft	5930億ドル	スペイン
Intel	2460億ドル	ポーランド
General Electric	4560億ドル	タイ
Cisco Systems	3440億ドル	イラン
Dell Computer	1090億ドル	ベトナム
Lucent Technologies	2270億ドル	南アフリカ
America Online	1940億ドル	フィリピン

(出典：New York Times, December 26, 1999: Section 3:1 より筆者改変)

る。そして，この情報格差はおそらく今後さらに広がっていくと思われる。世界人口の80％が満足な電気通信手段にアクセスできないでいる。世界の電話機の4分の3はわずか8つの先進国にある。マンハッタンだけで，サブサハラ・アフリカの全国家（南アフリカ共和国を除く）よりも多くの電話回線が敷かれている。

アフリカに関するデータのおよそ90％はアフリカ大陸の外にあるコンピューターシステムに蓄積されている。アフリカにある5万のインターネット・ホストのうち，4万8,000は南アフリカ共和国にある[20]。

2．学習できない開発援助機関

なぜ，開発援助機関の援助はよくならないのか。開発援助に対する批判はいつの時代もほとんど同じである。今日問題とされていることとまったく同じことが20年前，30年前にも批判されている[21]。大概の開発援助機関は，貧困問題に直接対処する効果的な政策，プログラム，プロジェクトを立案し，支援する能力をほとんどもち合わせてこなかった[22]。

これは，開発援助機関は自らの経験から学ぶことが困難であるということが大きな理由である。開発援助機関内部の個々人は多くを学ぶことができるかもしれないが，彼らが学んだことは組織のなかになかなか蓄積されていかないのである。では，開発援助機関はいったい何を知っていて，そのような知識をどうやって学ぶのだろうか。

まず最も基本的なこととして，大規模開発援助機関が学習しない理由は，その必要がないからである[23]。自分たちの計画，プロジェクト，プログラムの効果をじかに体験する開発援助機関はほとんどない。彼らの内部の業務はほとんど外部の人間

には不透明であり，内部からあえて自己批判や過去の失敗を議論することはない。

　この組織的な学習障害には大きく3つの理由がある。それらは，開発事業を支配しているパラダイムであり，このパラダイムがつくり出すシナリオまたは開発の語りであり，開発の当事者たちが押し込められている馴れ合いの構造である。以下では，これらを1つずつ見ていこう。

(1) パラダイム：技術屋的思考

　開発業界の思考様式は，しばしば「技術屋的」（technicist）と評されるが，組織的な学習を阻むおもな障害となっている[24]。この業界を歴史的に支配してきた専門領域（経済学，工学，会計学，財政学）に由来する思考様式によって，何を見て，どんな質問をし，その回答をどう解釈すべきかが限定される。

　技術屋的視点は多くの点で有益だが，制約でもある。数量化にこだわるあまり，数値と数式を過剰に信奉している。物事を単純化しようとして，複雑な状況をニュース番組の短いコメント程度の政策に還元してしまう。このアプローチは演繹的で規範的であり，調査する前に現実を説明しようとするため，新しい情報は無意味になってしまう。効率性にとらわれるあまり，計画立案者に過去のモデルを，現在の，しかも異なる状況にあてはめさせようとする。専門知識に基づいているゆえに，考え方も，出てくる結論も仲間内の用語で表現され，一般の人々には不可解で近づきがたいものになっている。さらにこの思考様式は経済成長を大原則と捉えている。より大きく，より強く，前進といった用語はよりよいことと定義されている。

　すべての世界観と同様，技術屋的視点は開発援助機関の業務方法に重大な影響を及ぼしている。事実とされるもの（それゆえ重要なもの）とは，計測できるものにほとんど限られている。さらにこのアプローチのもつ簡略化主義は，数値データを文脈から切り離すように仕向ける。特定の文化的状況に潜む「暗黙」知をしばしば無視するか，見落としてしまう。専門家たちは一般の人々の実状についてほとんど学ぶ必要がないまま理論を構築し，計画を立案することができるのである。

　技術屋的アプローチが誇る合理性とは，管理，速さ，効率性を中心とする西欧の所産に他ならない。この見方によれば，人間とはほとんどの場合，短期の自己利益のために行動する男性である。しかし，こうした前提は西欧社会に由来するにもかかわらず，他の場所においても現地の状況にほとんど注意しないままあてはめられている。

技術屋的アプローチでは多くの事柄が無視される。その結果，精密さ，管理，理解という幻想がもたらされる。つまり，問題は狭く限定され，精密な方法が適用され，データが集められ，比較される。そしてその数値がものを言う。計測できないものや重要性がよくわからないものは無視されるか，軽視されがちである。より重大な問題はまったく議論されない。多くの場合，専門家が知らないことは知る必要がないこと，とみなされる[25]。

　一連の欠点にもかかわらず，技術屋的な見方は明らかに魅力的である。何人かの研究者が指摘しているが，技術屋的アプローチはほとんど宗教になっていて，その信者は他の人々がなぜ違うように考えるのか，理解することすらできない[26]。

　開発の思考様式は依然として技術屋的思考に支配されている。しかし，こうした見方が異文化での問題解決に有効であるという証拠はどこにもないのである。この思考様式が押しつけるモデルは実際驚くほど変化していない。技術屋的思考のせいで援助機関は自分たちが出会う状況に対して基本的に保守的な姿勢をとるよう，仕向けられている。そして開発援助機関は，単純化，数値化可能性，予測可能性，過去の経験との類似性といった基準で状況を把握しようとする。現地のデータはこの枠組みで構築されたモデルの単純さを汚し，壊しがちであるため，できるかぎり排除されてしまう。開発援助機関の分析の多くが奇妙に単調で一面的であるのは，このためである。彼らの分析のなかでは，データは単純なカテゴリーにきれいに並べられ，この情報から得られた結論は時に驚くほど白黒がはっきりつけられ，「型にはまった役に立たない分析」（cookie-cutter analysis）という批判を招くことになる。

　ここで言いたいのは，開発援助機関が漠然とした事柄を認識できないということではない。しかし，開発援助機関には分析を早めに切り上げてしまおうという傾向，ごく少ないデータから幅広い結論を導き出そうという傾向，すでに開発援助機関によって安全と判断されているデータを用いようとする傾向がある[27]。

(2) 開発の語り：われわれに関する物語，彼らに関する物語
　技術屋的思考の所産の1つは開発の語り（開発途上国はなぜ現状のようになっているのかを説明する物語やシナリオ）がつくり出されることである[28]。語りないしシナリオは文化的に構築されたものであって，関連するデータの定義や解釈，除外を助けるもので，採りうる解決策，あるいは少なくとも解決策の選択肢を導き出すものである[29]。

第9章　開発業界の改革　229

「コモンズの悲劇」はそのような開発言説の1つである。他には「高貴な野蛮人」（noble savage）や「伝統に縛られた農民」（tradition-bound peasant）といった概念もこれに含まれる。開発の語りは暗黙裡に，あるいは明白に数多くの開発計画立案の底流となっている寓話ないし神話である。このような言説はある状況を考える時のモデルやある出来事の英雄や犯人を見つける方法，ある出来事と別の出来事の関係を説明する。

人々は常に複雑な物事を考えるために，単純化された言説をその手助けとして用いる[30]。開発の語りは不確かなものを単純化し，複雑なデータの固まりを小ぎれいなパターンに整理してくれる。開発言説が生まれ，もてはやされる理由の1つは，それが専門家にとって開発に関する対話において主導権をとる方法となっているためである。ランドは，「なぜある者は豊かで，ある者は貧しいのか」という疑問に対して，開発言説がどのように説明しているかを描いている。

　ある言説によれば，私たちが非常に豊かで，彼らが非常に貧しいのは，私たちが非常によい人間で，彼らが悪い人間だからである。すなわち，私たちは勤勉で，知識をもち，教育を受け，よく統治され，有能で，生産的である。そして，彼らはその逆である。他の言説によれば，私たちが非常に豊かで彼らが非常に貧しいのは，私たちが非常に悪い人間で，彼らが非常によい人間だからである。つまり，私たちは強欲で無慈悲で搾取的で攻撃的であり，一方，彼らは弱く，無垢で，高潔で，虐げられ，脆弱である。私には1つの議論の方向性が他の議論を排除するものなのかどうかはよくわからないが，しかし，ほとんどの研究者や解説者はこの問題について強い自分の好みをもっている。私たちが貧富の格差について取り組もうと思うかぎりでは，特定の語りに基づく説明はそれぞれ非常に異なる戦略に結びつくということは明らかである[31]。

フランシス・ムーア・ラッペはアメリカの開発援助を批判して，2つの相反する言説を対比している。

　USAIDの見方では，貧しい人々が貧しいのは彼らに何かが欠けているからである。灌漑，融資，優良種子，よい道路，あるいはあなたがもっている物である。しかし私たちは問う。そもそもなぜ，彼らはこれらの物をもっていないのか，と。その理由は，貧しい人々には権力がなく，自分たちが必要とするものを確保する力がないからなのである。〔中略〕公式見解では，貧しい人々は変化のない遅れた環境のなかで生きているので，対外援助は物質

的なインセンティブや慈善的な励ましを提供することによって物事を動かす機能があるとしている[32]。

　語りは，最善の場合，その語りがなければ無視されることになっていた状況のなかの物事に目を向けさせる。最悪の場合，語りは開発の現場において私たちが他の文化的世界と直接向き合うことを妨げてしまう。語りが原則や正当な理論とよばれるようになると，計画立案者は，それらとは食い違うさまざまなパターンのデータに出会うかもしれない現場へ入っていく必要性を，ほとんど感じなくなるのである。

(3) 構造：協力と共謀

　開発援助機関の構造もまた，学習障害を生むことに寄与している。開発援助機関は小さいプロジェクトよりも大きいプロジェクトを好む傾向がある。他に理由がなければ，規模の経済学によって自分たちの予算を効率的に使うためである。設計と承認手続きの複雑さも，大規模案件の方を選択させる。なぜなら，小さいプロジェクトでもかかる手間はほとんど同じだからである[33]。

　その結果，特定の開発課題への対処法は，最大限に規模が拡大されて，開発援助機関が簡単に運営できるものになってしまいがちである。その結果，選択可能な設計も少なくなる。また，後で多様な成功と失敗の経験から学ぶ機会も少なくなってしまう。開発援助機関の職員は各部署や海外事務所を頻繁に異動するため，自分たちがはじめたプロジェクトの成果や成行きを自分の目で見届ける必要がほとんどない。プロジェクトが実際にどのように動いたか，直接的に学ぶ責任も機会もほとんどないのである。

　大規模開発援助機関は，入札を通じて契約した者（contractor）によるプログラムやプロジェクトの運営を好む。そのため，プロジェクト開発の経験は断片的になりがちである。プロジェクト開発に携わった人々（開発援助機関の職員や契約者）は，たいていプロジェクトを最後まで見届けることがない。そのため，決してプロジェクトの成果に強い関わりをもつようにならない。

　さらに，契約者と外部の企業は，開発援助機関の決定に対しほとんど影響力をもたない。その代わり彼らは，開発援助機関と永くよい関係を維持しようとする。何といってもこれらの開発援助機関は彼らの第1の顧客なのである。概してコンサルタント企業が業界に対する批判を避けたがるのは驚くことではない。

　しかし，個人契約者と企業は，しばしば開発の現場で起こる現象とその原因に

ついて非常に多くの実用的な知識を蓄積している。しかし，彼らの雇用主である開発援助機関が実際に吸収する情報はそのうちの一部の特定の種類にすぎない。開発援助機関は援助のパイプラインを通じて資金を動かすことに専念しているため，悪いニュースはこの資金の流れを妨げるものと思われがちである。ほとんどの開発援助機関にとって成功とは，問題を最小限にとどめ，最大限に資金を支出することなのである。

　もちろん，被援助国の官僚機構はこの資金のパイプラインにおけるもう一方の出口である。彼らと開発援助機関との関係はしばしば共生的である。開発援助機関は予算を消化する必要があり，相手国の省庁は開発援助機関が提供する外部資金がなければ機能することができない。このため，被援助国はプロジェクトの「要望リスト」をもっていて，すべての案件が今年度でなくとも，次年度には必ず，資金供与を必要としているのである。

　開発援助機関，とくに2国間援助機関は自分たちの資金供与の優先順位をもっている。これらの優先順位は，通常，開発援助機関の監督機関や規制機関から出たものである。開発援助機関の仕事は資金のパイプラインを開けておくために，自分たちの優先順位を被援助国側の要請に可能なかぎり円滑に結びつけることである。あるいは，少なくともそう見えるようにすることである。その結果，時には特定の開発援助機関が資金供与を用意していたものによって優先順位が決定され，その国の開発の優先順位が捻じ曲げられることもありえる。

　このため，開発援助機関と（その監督機関），被援助国政府，契約専門家とをつなぐ共謀関係が存在している。開発援助機関は自分たちの規制機関に資金を依存しており，いったん資金を得れば，パイプラインを通じて資金を押し出すことにほとんどの時間を費やす。被援助国の省庁は自分たちの生存のために開発援助を必要としている。そして資金を得るためにプロジェクトを正当化する。コンサルタント企業はこれらプロジェクトを立案，実施する人材を提供する。このネットワークにおける各メンバーは，各々のパートナーに対しある種の情報を伝達しようとするが，他の情報は伝えない。

　この過程において，批判的な分析は消されがちである。プロジェクトやプログラムを入念に分析する機会はほとんどない。また組織的学習もほとんどおこなわれない。現場からあがってくる案件の結果や成果に関する悪いニュースは，パイプラインの円滑な運用に支障をきたすかもしれない。プロジェクトの経験や知識がほとんどいつも注意深く書かれ，無毒化された形の報告書で提示されるのは，

こうした理由によるのである。プロジェクトの報告書は，次年度の予算を確保するために必要な賛辞と弁護の文書として機能するのであり，何がなぜ起こったのかを厳正に分析するものではない。プロジェクトの文書では失敗はほとんど取り上げられることはなく，失敗を取り上げてそこから学ぶ機会も通常は無視される。しばしば，終了案件は当然のごとく成功案件とみなされる。なぜなら，それらは次のプロジェクト（そして次の資金供与）への道を拓くものだからである。

協力と共謀の関係性のなかでは，開発援助機関に学習や変化のインセンティブはきわめて少ない。また，学んだことをよりよい計画立案へ転換するメカニズムもほとんどない。プロジェクトの計画立案は，まずプロジェクトの承認と資金供与の原則によって動かされる。プロジェクトの設計は記録が容易であり管理しやすく，業績の証拠として有権者に示すことができるために，数量的側面（資金と機材など）を強調し，前例に沿ったものになりがちである。

3. 変革の可能性

開発ゲームのプレーヤーたちは自己増殖するシステムのなかに閉じ込められているが，このシステムは明らかに変革が必要である。しかしそれは簡単なことではない。組織の文化を変えることは，通常，組織のリーダーによってなされるのが最良であるが，それはつまり既存の体制を通じてトップに上った人物をあてにすることを意味するからだ[34]。しかしここでは少なくとも変革すべき方向性だけは示すことができる。これらはアカウンタビリティ（説明責任），インセンティブ，学習のメカニズムの3つのカテゴリーに大別できる。

(1) アカウンタビリティ

開発援助機関は，学習したり変化するインセンティブをほとんどもち合わせていない。しかし，彼らがもっとアカウンタビリティを果たし，開発の業務を進める際に，もっと状況に敏感になり，経験から学ぶ能力をもつことは「可能である」。それでは，どのような類の改革が提案できるだろうか。

1つのアプローチは，すでにアカウンタビリティを果たし，状況に敏感な組織に注目し，彼らが開発業界に与える教訓を見て試してみることである。たとえば，軍隊は精巧なアカウンタビリティのシステムをもつ。また情報機関は状況に基づく情報分析を重要視している。この2つの機関はどちらも，おそらく全体ではよ

いモデルにはなりえないだろうが，彼らの業務のあり方は開発援助機関にも採用しうるだろう。

別のアプローチは，監視機構に注目することである。いわゆる「自由市場」は，実際には自由からは程遠く，複雑な規制の網のなかで運用しなければいけない。現在，2国間援助機関は自分たちに関係する政府の一部局にアカウンタビリティ（説明責任）を果たすだけである。また，より大きな多国間援助機関にいたっては，事実上誰に対しても説明責任がない。他の業界ではすでに設置されている監視の仕組みだが，開発業界ではどのような類のものが有効に機能するのだろうか。開発援助機関の業務を調べなおし，規制する独立機関を創設するのが望ましいのであろうか。

被援助国の政府も，今以上にアカウンタビリティを果たす必要がある。これは，コンディショナリティ，すなわち開発援助が供与される時の根拠のあり方の変更を意味する。ほとんどいつもコンディショナリティは開発援助機関と援助の受け手との間の反目する綱引きになってしまっており，双方が自分たちの意思を圧力やごまかしで押しつけようとしている。

理想的にはコンディショナリティは，双方で合意されたプロジェクト開発の基盤となる原則であるべきである。この原則はプロジェクトの成功に必要な条件を評価し，同時に現地のステークホルダーがその条件をつくり，執行し，維持する能力を明確かつ現実的に評価した結果出てくるものである。ステークホルダーができない（あるいはしない）ことを要求することは，まったく意味のないことである。

そのような評価は，プロジェクト開発の最も初期段階において不可欠なものとすべきである。また開発援助機関は，前提条件が満たされなければそのプロジェクトを延期もしくは中止する覚悟をもつべきである。もし前提条件が応じ「られた」場合には，開発援助機関の資金供与がなくなった後も，プロジェクトの便益がいったんあらわれたならば持続できるように，プロジェクトには現地の能力強化も含まれるべきである。

(2) インセンティブ

現在，開発援助機関と現場のプロジェクトから得られた結果との間には，まったく何の直接的な関係もない。失敗してもその組織に処分があるわけでもなく，成功しても褒賞もない。また，開発援助機関で働く個人に対しても，ほとんどの

場合何の賞罰もない。上述のとおり，ほとんどすべての開発援助機関にとっておもな成功の基準とは，軋轢を最小限にして，システムを通じて資金を動かす能力であるように思われる。

　開発援助機関はプロジェクトの成否によって職員の報酬を変えることはない。また，通常他の開発援助機関と競合することもない。しかし開発業界の外では，競争は革新，品質向上，応対のよさ，成果を保証するおもな方法として支持されている。援助機関どうしの競争を促進することは有意義だろうか。大きな開発援助機関を分割するのはどうだろうか。

　現段階では，開発援助機関は自分たちの内部の必要事項と自分たちの予算承認機関ないし立法府の要求を満たすように業務をおこなっているだけである。株主制度をつくる利点はあるだろうか。被援助国が開発プロジェクトの入札をいくつかの開発援助機関によび掛け，最も有利な案件を選択するというのは妥当であろうか。

　開発援助機関の内部で，職員の給与とプロジェクトの成果を結びつけたらどうだろうか。民間部門を参考にして，多数の簡単な規準のどれかを用いて給与，賞与，全体予算をプロジェクトの成功と直結させることが可能であろう。成功したプロジェクトの担当者は直接的に利益を得る一方で，不成功なプロジェクトを立案したり推進した担当者は収入や昇進の見込みが減少するだろう。

(3) 学習のメカニズム

　しかし，情報と経験から学ぶ能力を変革することが最も重要である。開発援助機関がプロジェクトを取り巻く環境を見て，そこから学ぶという方式に変えていかないかぎり，また学んだことを計画立案と実施に結びつけ，教訓を後まで覚えていられないかぎり，成果の改良への道はほとんど期待できない。

　プロジェクトは人間の生活を扱っているので，立案し運営するうえで，開発事業の最も難しい側面の1つである。どのプロジェクトもある意味ユニークであり，特殊ケースである。それゆえ，プロジェクトが展開している環境を乗り越えるべき障害とみなすのではなく，理解し，共に働くものとして取り組むべきである，と認めるのは理にかなっている。本書が示そうとしているように，現地の環境を理解し，その環境をプロジェクトの活動項目を促すものとして活用しようという立案運営スタイルは，最も成功するチャンスが大きいだろう。

　これは，プロジェクト開発にさらに相互作用的なアプローチを取り入れることを意味する。そこでは，計画が人々に合うよう，時間と労力をかけ，プロジェ

クト・サイクルの全段階での誤り，遅れ，変更，曖昧さを覚悟することを意味する。現地の能力が不明，または現地のステークホルダーの関与が当初の段階で不確かであれば，プロジェクトは「学習過程」の実験として設計され，遅れや中止が可能なかぎり悪影響を及ぼさないように分割されるべきである。この方法によって，計画立案と実施の初期段階における経験が後の段階に確実に伝えられるのである。そしてその結果としてプロジェクトが中止されることになるのであれば，被害を最小限に抑えられるだろう。

最後に過去のずさんなプロジェクトの失敗から明らかなことであるが，現行のアプローチの最大の欠点は現地の能力を無視していることである。生活の他のあらゆる領域同様，どの集団も異なる比較優位性をもっている。プロジェクトの十分な分析は現地住民の潜在能力を明らかにでき，この能力を現状のままで立案と実施の過程に取り込むことができるかについて冷静な評価を可能にする。そしてその評価を通じて，プロジェクトが真に現地で運営，管理されるためにはどんな技能や能力を強化すればよいのか示すことができよう。

こうした変革の結果，開発援助機関は必ずしも現行の関与の程度を増やすことを要求されるわけではない。しかし別のことを2つ実行することが求められる。1つはモノから人々への関与を高めることであり，もう1つは政策，立案，プロジェクト開発をもっと草の根レベルでおこなうということである。

第9章要約

開発の成果には肯定的な点も多いが，全体としては失望的なものである。数十億の人々の生活は貧困であり続け，富裕層と貧困層の格差は増大し続けている。本章では，この不平等な結果がなぜ生じるのか，事態を改善するために何をすべきかという観点から，開発業界を見てきた。

開発業界はさまざまな方面から，「もっとよい援助をおこなえ」という圧力をかなりかけられている。しかし，まさにその時に，大規模な開発援助機関は実際の現場から遠ざかってしまっている。開発業界とその業務に対する世論の批判があり，世論の支持は全般に減少しているようにみえる。今や民間の投資資金は開発援助の数倍にのぼるが，最貧国へ向けられる民間投資はごくわずかである。

本章では，とくに開発援助機関が経験から教訓を学ぶことの難しさに焦点をあてた。それを難しくしている理由はいくつかある。1つは多くの開発援助機関の

内部で支配的な思考様式によるものであり，もう1つは開発援助機関と契約専門家と被援助国政府の構造的関係によるものである。開発援助機関の学習効果を期待するには，この業界の営み方を根本的に変える必要がある。これについては本章の後半で述べた。

　最後に本章では説明責任，インセンティブ，組織的学習のメカニズムの変更を含む改革のための提言を提起した。

ミニケース9.3　「組織的学習」

　ピーター・センゲはその有名な著書 "The Fifth Discipline" (Senge 1990) のなかで，組織が学習する能力を開発し改善する必要性を詳細に論じている。学習とは本質的に「経験に基づき業績を維持または改善する」組織の能力である（DiBella and Nevis 1998：28）。すべての組織はもちろん学習する。重要なことは何をどのように学ぶかということである。ディベラとネヴィスが指摘しているように，学習の仕方はその組織の文化によって大きく左右されるのである（DiBella and Nevis 1998：21）。

　組織的学習には3つの段階がある。まず知識を創造し，獲得する。次に組織の内部に知識を普及する。最後にその知識を活用する。組織の「学習志向」は，何をいかに学ぶかを規定する。学習される事柄は組織の価値観を大きく反映している。概して組織は，自分たちにとって非常に重要な分野に学習を集中させる。学習された事柄がいかに蓄積され，伝達され，活用されるかということにもまた，組織の価値観と優先順位が反映される。

　たとえば，ある組織は自分たちの周りの状況のほんの一部にだけ注目し，その他を無視する。また，ある組織は「外部」の情報を信用せず，おもに自分たちで集めたデータから学習する。ある組織は成果に特別に注目するのに対し，別の組織は成果が達成される過程も注視する。ある組織は学んだことを正式に規定に盛り込み，マニュアル，標準的手続き，チェックリストなどを通じて説明しようとする。別の組織は組織的学習を個人にゆだね，非公式に共有することを好む。ある組織は既存の知識を見直すことを求め，別の組織はおもにすでにある知識の理解を深めることを求める。

　ディベラとネヴィスは，もしも学習を促す要因が揃っていれば，組織はもっと多く，もっとよく学ぶことができると主張する。それらの要因は以下のとおりである。
・職員が外部に新しい情報を進んで探し出そうとし，また探し出せること。
・現在の業績と望ましい結果とのギャップを組織が認識していること。
・学習と改良の過程で得られたものを明確化し，評価を実施すること。
・新しいアプローチに対する好奇心と，外に開かれ，リスクを恐れず，恒常的に学ぶことを奨励する雰囲気があること。

- 組織の目標を達成するために，複数の手順とアプローチが用いられるように組織内部の運営方法に多様性があること。
- 複数の擁護者がいて，さまざまなレベルのさまざまな人々から新しいアイデアが出てくること。
- 組織の学習を進展させることに明らかに，かつ積極的に関わり，組織のあらゆるレベルの職員に新しいアイデアを出すことを奨励するリーダーがいること。
- 組織のなかのシステムに，各職員が自分たちの努力がどう結びつき，相互に作用しているかわかるような，見通しのよさがあること。

開発業界が組織的学習にうまく関わるようにつくられていないことは，明らかである。現状では技術屋的思考が支配的であるために，現地事情の一部の情報のみが重要と認識されてしまう。官僚的手続きと内部の賞罰のやり方のために新しいアプローチを試みること，組織の教義に疑問や異議を表明すること，外部の集団から学ぶことが難しくなる。同時に，外部の集団（それらの多くは敵対的である）からの圧力や批判に対して防衛するために，足りない点や問題点に関する開かれた議論が妨げられてしまう。

プロジェクトレベルの開発業務は緊急の課題であるため，開発援助機関は学習できなければならない。実施機関の行動様式と現地の行動様式がぶつかる場所で運営されるプロジェクトは，異文化間について優れた学習環境を提供している。

個人レベルでは異文化間学習は5段階で進行する。
- 第1段階では，違いに気がつく。
- 第2段階では，これらの違いの構造と他との結びつき，および違いの「意味するもの」をある程度理解する。
- 第3段階では，日常生活のレベルで違いに対処する方法を見つける。
- 第4段階では，違いに対処できるだけでなく，その違いを上手に操作して目標や目的を達成することができる。
- 第5段階すなわち最終段階では，違いの一部が個人の恒久的な行動様式に統合される。

大半の開発援助機関にとって第1段階と第2段階は可能であるが，違いへの対処方法を双方が受け入れ可能なものにつくり上げた開発援助機関は多くない。文化の相違を自分たちの内部の政策，手続き，思考様式に統合しようとした，あるいは統治できた大規模開発援助機関はほとんどない。

出典：Senge 1990, DiBella and Nevis 1998

[注]
1) World Bank (1999 : 319) を参照.
2) McMichael (1996 : 80) を参照. レイモンド・ベーカーは, 1999年2月5日付 "International Herald Tribune" のなかで, 貧富の格差は急速に拡大していると主張している. 上位20％と下位20％の所得格差は, 複数の推計によれば, 1993年には60 : 1であったが, 1998年には74 : 1に広がっている. しかし, ベーカー自身はさらに, どのデータを使うかによるが, その差は135 : 1かもしれないと述べている.
3) サブサハラ・アフリカは世界中で最も援助を受け取っている地域であり, 公的援助の総額は年間約150億ドルに上る. 同時にここは, 他の地域で新たな危機が発生したり, 他の国や地域がグローバリゼーションの競争のなかで台頭してくると忘れられてしまう危険もある. 1995年1月3日付 "New York Times" 紙における「ほとんどの人にとってグローバルな経済の見通しは明るいものである」という記事では, アフリカについて触れることすらしていない. 国連開発計画 (UNDP) の算定によれば, 11のアフリカ諸国では現在よりも1960年代のほうが1人あたりの所得水準は高かったという (1997年5月20日付 "New York Times"). アフリカの世界市場のシェアは1970年以来50％も減少しており, 1人あたりの所得は1987年以来25％下落している (McMichael 1996 : 196).
4) 世界銀行による数値. Hook (1996 : 2) から引用.
5) これに関しては, 左派, 右派, 中道から多数の著作が出されている. そのなかで主だった著作は世界銀行について述べた Payer (1982), Hancock (1989), Rich (1994), Brecher and Costello (1994), Danaher (1994), Bandow and Vasquez (1994), Samoff (1996) である.
6) 1994年の「50年間は十分に長いキャンペーン1994」("50 Years Is Enough Campaign 1994") に加え, 別のグループも, 技術屋的パラダイム全体を問題視しはじめている. たとえば, "New York Times" に Turning Point Project が出した全面広告 (たとえば, 2000年8月28日付A11面, 1999年11月15日付A7面)「現在の援助と政策に代わる民主的で地域に根ざし, 生態学的に安全な援助と政策を支持する50以上のNPO連合」("a coalition of more than 50 non-profit organizations that favor democratic, localized, ecologically sound alternatives to current practices and policies") を参照.
7) この見方によれば, 国際システムは, 西側資本主義国の利益増大のために第3世界を搾取するべく, つくり上げられている. 貧困国は原料を最低の価格で提供し, これを西側工業国は世界市場向けの高価な消費者物資につくり変えている. 第3世界がこのシステムから抜け出す, あるいは自分たちが優位に立つという試みは, 著しく困難となっている.
8) これに対する初期の頃の強力な論調としては, 1973年に出されたウィリアム・パドックとエリザベス・パドックの "We Don't Know How"(『どうしてよいかわからない』)があげられる.
9) Black (1999 : 66), "New York Times" (1995年2月19日付), "New York Times" (1999年7月6日付A4面).
10) "The Economist" (2000年6月17日 : 21).
11) Hook (1996 : 6), USAID (1998) を参照.
12) アメリカの対外援助動向に関する最近の分析としては, O'Hanlon and Graham (1997) を参照.
13) Tisch and Wallace (1994 : 120).

14) World Bank（1995：1）．
15) Feeney（1998：143）．
16) Kaplan（1997）および McMichael（1996：94）を参照．
17) Feeney（1998：141）．
18) World Bank（1999：320），および McMichael（1996：196）を参照．"The Economist"誌の見積もりによれば，世界の民間投資全体のわずか1％がサブサハラ・アフリカ向けである（"The Economist," 2000年4月8日，46頁）．
19) McMichael（1996：89）．
20) 数値データは "Developments"（4th quarter, 1998）による．
21) これらの問題は以前から認識されている．USAID 内部の開発援助体制に関する1973年の調査によると，「（今回の調査の）データによれば，USAID の現行の官僚機構は多くの点で効果的な専門職的業務をおこなうためには機能的でない．業務体制が機能的でない要因の多くは，マクロレベルの問題から生じている．それらは連邦政府の官僚機構，アメリカの法的制約，利益団体による政治的・行政的影響，さらに究極的には国際情勢による」（Posz et al. 1973：106）．
22) Hellinger et al.（1988：125）．援助の変化と改革の機会は大きく損なわれてきた．ジンマーマンとフックによれば，「持続可能な開発の重視は1990年代のアメリカの外交政策における新しいパラダイムの可能性を示すものである．しかし実際には，すでにつくり上げられた援助プログラムの多くは変化せずに残り，言葉の上の目標だけが変わっている」（Zimmerman and Hook 1996：65）という．さらに「アメリカのリーダーは自己決定，オーナーシップ，エンパワーメントといった概念の重要性は理解しているようだ．しかし，彼らの援助戦略とプロジェクト・プロポーザルは依然としてすでに確立された官僚的・政治的通常業務に基づいている」（Zimmerman and Hook 1996：70）としている．
23) ルイス・ラファムは，父のジョージ・ブッシュ大統領に見られる同様の特徴について述べている．「このような発達の欠如は，生まれながらにして富と地位を約束された人々の間でかなり一般的なものである．彼らは自分が信じたいと選んだものを信じることができ，よりよい現実という教科書を見直す必要はほとんど感じないのだ」（"Harpers", March 1992：7）．冷戦の終結は，私たちの開発援助機関が学習することをさらに困難にしているのかもしれない．資本主義と市場が社会主義と中央集権的計画経済に「打ち勝った」と多くの人の目に映った，ソ連崩壊後の西側諸国の「凱旋気分」の態度について，サモフは次のように指摘する．「援助と政策策定の関係にとって，この凱旋気分は（少なくとも）2つの重大な結果をもたらした．勝った方はもはや，人の話を聞く必要がなくなった．彼らは何が正しいかわかっているので，また自分たちの利益は交渉ではなく，自らの力によって確保されているので，彼らは学ぶよりも指導できるのである．さらにこの勝利は，自分たちの見方が正しいことを証明していると信じているので，彼らは他の人々に何をすべきか伝えることに，遠慮ないし罪悪感を覚えるべきである」（Samoff 1996：616）．
24) Bowers（1988：8-9）．
25) ブラウンなど何人かは，大規模開発援助機関のなかで，経済学以外の研究はしばしば論評すらされないと指摘している（Browne 1996：225など）．私が1980年代後半に世界銀行で働いていた時，一度午後の大半を費やしてインド人の経済学者に，セネガルのマラボー（イスラム教聖者）制度がいかに小農の意思決定に影響を及ぼすか説明し，落花生生産に対する肥料補助金の削減につながる彼の失望すべき回帰結果を説明しようとしたことがある．彼は礼儀正しく私の話を聞いた後，優しい声で

こう言った．「それはとても面白いね．しかし，実際に私の分析に取り込むことはできないな．君が私に話してくれたことはすべて世界銀行が非価格要因（non-price factors）とよんでいるものだよ」．
26) 他の人々はもっと無慈悲である．ロバート・チェンバースはこの見方を「専門職的牢獄」（professional prison）と評している（Robert Chambers 1997b：54）．
27) 世界銀行のような開発援助機関では，自分たちのクライアントに対して「1つの声で話す」（speak with one voice）ことにも非常にこだわっている．同じ開発援助機関から違った見方が公式に出てくるかもしれないという考え方は，通常即座に拒否される．
28)「開発の語り」（development narratives）という用語は，エメリー・ローによってはじめて用いられた（Roe 1991, 1995）．Hoben（1995）も参照．
29) ホーベンは，ある「民俗」信仰がUSAIDの現地事務所のレベルでもたれていると指摘している（Hoben 1980：362）．
30) Hoben（1980：352）およびDouglas（1986）を参照．
31) Landes（1995：74）．
32) Lappé et al.（1987：78）．
33) この問題も何年も前から認識されてきている．マクネイルは次のように述べている．「対外援助の誤りの多くは無能力や汚職によって引き起こされるのではなく，開発援助機関から受益者へ援助を送り届けるために発達させてきた複雑な仕組みによって起こるのである．この仕組みはおもに開発援助機関によって設計され，つくり上げられたものであり，援助のプロセスをより効率的にすることを明言している．しかし，実際にはこの仕組みは援助が解決しようとしているその当の問題の多くを引き起こしたり，悪化させたりしているのだ」（McNeil 1981：9）．
34) Bare（1998：321）．

第10章　人類学の方向転換

　開発人類学者はプロジェクト開発において，データ提供者や文化的ブローカーという伝統的な仕事に加えて，いくつか重要な役割を果たすことができる。近年，人類学者はチーム・リーダー，プロジェクトマネージャー，政策決定者として活動しはじめている。

　このような仕事での成功にもかかわらず，人類学者にとってさまざまなレベルで開発の仕事に伴う困難は今も続いている。大学で人類学を学んだ新卒者が「箱から出てすぐ」に開発介入に十分な貢献をすることはできない。一般に大学では，開発事業においてますます精緻化される要求に見合う教育がおこなわれていないからである。

　本章では，人類学者が開発援助で出くわす典型的な問題についてみていきたい。その後実践上の課題に対応するために大学の教育をどう変更すべきか論じる。

1. 人類学と開発：困難な遭遇

(1) 雇用

　人類学と開発との関係における問題として指摘できることは，人類学は一般的にほとんど開発に携わってこなかったという点である。長い応用の歴史にもかかわらず，学問としての人類学は，常に，変化を計画するプログラム，とくに開発援助に対して意識的に曖昧な態度をとってきた。人類学は変化を引き起こすためにその能力を用いてよいのか，とくに人間社会を「改善」する方法として管理された変化は有用なのか。このような問いについて強い戸惑いをもったままである。

　人類学は開発課題に対して，比較的最近まで，驚く程発言してこなかった。過去に人類学者は，自分たちの仕事が価値中立的で政治的意味をもたないと主張してきた。人類学者は，肯定的な結果を得るためには，自分たちは知識の提供者としての役割，あるいは知識自体で十分であると信じようとしていた。人類学者が現実社会の問題に「実際に」従事した時には，彼らはしばしば（外部と同僚の双方から），現地の人々の現状を擁護するあまり，人々の生活を改善しうる変化に強く反対すると非難された[1]。学問の外で働く人類学者の数は劇的に増えたにも

かかわらず，学問のなかでは実務での正しい役割と実践家に与えられるべき適切な地位に関していまだに論争が続いている。

(2) 表象

しかし開発人類学者は，いったん仕事につくと，いかに自分自身を説明し，実際に何をするべきかという根本的なジレンマに直面する。大学に籍をおく人類学者は，必要であれば自分の本来の学者としてのアイデンティティに戻ればよいが，実践家は自分の役割を注意深く選択しなければならない。自分の能力がともかく「ユニークである」と見せることは実際に何かをするよりも有効なことである。一方で，何でも屋を自称することは業務の遂行にほとんど影響を及ぼさない2次的な仕事に人類学者を追いやる可能性もある[2]。なぜなら，もし人類学に特別な見識もなく，誰でもほとんど練習することなく覚えて使える手法を集めたものにすぎないのなら，人類学者自体の必要性がそもそもなくなるからである。

(3) チームワーク

人類学者は現場において，他の専門家と関わるのがとくにうまいわけではない。他の専門家が何をしているのかあまり知らないし，また仮に経済学や森林管理をある程度知っていたとしても，人類学者は通常独立したフィールド調査を一匹狼的におこなうよう訓練されている。他の専門分野をよく知らないこと（公正に言えば，彼らの方も同様に人類学者に対して無知であるのでお互い様である）に加え，チームワークに一般的に求められる要件とそれに必要な技能をよく知らないため，開発ゲームにおいて人類学者は他の分野よりも役に立たないプレーヤーになってしまう。

しかし，上述のとおり，プロジェクトはチームによって立案され実施される集団的努力の賜物である。すべての開発援助は基本的になんであれチーム作業であるので，他の専門家やステークホルダーと共に働く能力はプロとしての重要な要件である[3]。

プロジェクトのスタッフは常に時間に追われながら仕事をし，専門家たちは研究手法，パーソナリティ，運営方法の違いを解決して急いで円滑に共に働かねばならない。大学における人類学教育では，一般にチームワークの要件に応える経験はほとんど得られない。チームワークにおいては，妥協，調整，他の専門分野の世界観の統合，最適でも理想的でもなく，単に適当であるにすぎない成果に異

存なく落ち着けることが強調される。人類学者は，個人主義者，孤立主義者，あるいは，チームプレーヤーであるよりも自分を雇うプロジェクトの批評家のように振る舞ってしまう人々，と見られている。たいてい人類学者は自分の役割を事業の前提条件に対して疑問を提起すること，事業の確証を揺るがすことだと考えているようである[4]。

さらに多くの開発援助機関では，新参者のためによき指導者になってくれたり，社会化してくれる先輩人類学者のネットワークが確立していない。しかし，この重要な例外の1つは，第3章のミニケースで論じた世界銀行における人類学者の役割である。

(4) 成果

フィールドワークに基づく民族誌は，人類学の商売道具である。しかし，それがプロジェクトの計画立案者を感銘させることは少ない。民族誌は時間がかかりすぎ，計画立案者の求める情報と考えるものを実際に生み出すことはない[5]。ある人は，人類学は他人が真似できない方法で，一般化できない詳しすぎる情報を集めていると述べる。

伝統的な民族誌が求められていないことはわかっていても，人類学者は時に自分のプレゼンテーション・スタイルを変えることができず，難解な専門用語を使って，プロジェクトの計画立案者が直面している難しい問題をややこしくしてしまいがちである。「文化的統合，文化のダイナミクス，接合する社会文化システム」といった用語は大学院のセミナーでは効を成すかもしれないが，たいていのプロジェクト行政官にはそれらの説明が何か行動方針の提言に明確に結びつかないかぎり，意味のない専門用語としか映らないのである[6]。

人類学者が，現地の慣習がいかに優美で適切であるかを説明できるからといって，そのことで人類学者が適切な提言をおこなえるわけではない。人類学者は，次にすべきことについて特定の提言をするよりも，データ，説明，そして時に代替案を提供することに最も居心地のよさを感じるのである。

2. 人類学者と行政官の文化

人類学者が開発業界で出くわす多くの問題は，自分たちと自分たちに仕事を命じる計画立案者や政策決定者との違いから生じる，明らかに文化的なものである。

社会的知識の局面	計画立案報告書	民族誌
問題の定義	特定的，限定的，問題志向	一般的，全体的，無制約
調査の目的	問題解決，意思決定のため．調査は時間的制約と他の外部要因によって制約される．	理論と知識一般を付加するため．在職期限や出版期限に関わらない限り期限はない．
調査の焦点	当座の問題に限定．範囲，場所，時間を限定．	1つの特定の問題や課題に限定しない．調査はさまざまなトピックにわたって広範囲に及ぶ．
必要な情報の種類	定量的情報が優先される．	定量的情報も必要とされるが，大量の定性的データの収集とその解釈がなされる．
必要な情報量	最適な無知と適切な不正確を考慮したうえで抑制される．	「厚い記述」と完全な文書化を好む．
選択肢提示	明確，限定的であり，選択肢のなかの要素と因果関係によって容易に識別できなければならない．	ほとんどの民族誌は問題志向ではないため，「選択肢」が提供されたり論じられることは少ない．
成果の提示	各選択肢ごとに事前に示すことが必要．	典型的には民族誌では将来のことはあまり論じられない．

図 10.1　知識の収集に伴う問題（出典：Curtis 1985:105 より筆者改変）

この違いは知識の収集と活用方法において最も際立っている。図 10.1 と図 10.2 は人類学者とそのほかの人々との違いを，2つの観点から単純化して説明したものである。

時が経つにつれて，人類学者は行政官の文化に居心地よくなってきたとはいえ，違いは依然継続している[7]。その1つを「どのくらいの知識で十分なのか」という疑問形であらわすことができる。

政策決定者は，たいてい間違いなく自分たちが複雑な状況を扱っていることに気がついている。しかし，業務において彼らは，しばしば自分たちを取り巻く物事を単純化し，優先順位をつけようとする（いわば競技場のサイズを小さく制限しようとする）。知識はそれが決定を下し，決定を正当化し，決定がなされた状況を操作することに役立つかぎり，有用とされるのである。

意思決定者がいわば事実を切り詰めよう，その時点で決定を下そうとするのに対し，人類学者はより詳細に学ぶことに興味がある。たとえば，計画立案の問題

	政策決定者	人類学者
弁護	行動方針が承認されるために，時には誇張した主張が必要となる．	より価値中立的，掛り合わない立場．特定の側を支持しない．
合理性	意思決定に他の「非合理的」要因が入り込む．たとえば政治やコネなど．	良質な情報がすべてに優先すると想定されている．
目的	当座の問題に限定される．それ以外のことはすべて迷惑がられる．	しばしば根本的な手続きや前提を問題視する．
応用	現在の状況のもとで可能な最善の解決策を探す．実際は最も悪くはない解決策にすぎないかもしれない．	理想的な情況のもとで可能な最善の解決策を探す．

図10.2 知識の活用の問題

において人類学者は，その教育と気質のせいで，事態の基本とされる事柄について疑問を呈しがちである．しかし，その多くは政策決定者には自明のことと考えられている[8]．要するに，人類学者は事態について学びたいと考えるのであるが，政策決定者は事態について決定を下したい（実際には，下さなければならない）のである．

人類学者と政策決定者のもう1つの大きな違いも，「あなたは誰の側についているのか」という疑問形で示すことができる．

政策決定者は，どの計画も決して理想的なものではないことを承知している．しかしいったん決定がなされれば，彼らは自分のスタッフが一緒に土俵に上がってそれを支持することを期待する．彼らは単に自分たちのアイディアと決定を説明するだけでなく，弁護し，擁護しなければならないことを知っている．また政策決定者は，意思決定に科学的要素だけでなく政治的要素も入ってくることを知っており，それゆえ必要であれば妥協もする．

一方，人類学者は理想的な状況のもとでの理想的な解決方法を議論しがちである．彼らは政策の問題を研究課題と捉えがちであり，時々政策決定者にとっての調査は決定に至るためのたくさんの方法の1つにすぎないということを忘れてしまう．人類学者が最善を尽くした調査は，ほとんどの場合現行のやり方を確認するのではなく，新しく，しばしば食い違う情報を生み出す結果となるため，政策決定者は人類学者を「異議を唱える者」とみなすようになるだろう．

最善の場合，異端者的な人類学者は，他の人々から見て，単にうるさくて苛立たしい存在である．最悪の場合，人類学者は何を言い出すかわからない，信頼で

きないほら吹きと見られてしまう。いずれにしても，他の開発業界の人々から好ましく思われるものではない。以下のコメントは，まさに世界銀行のある職員が開発援助に携わる人類学者について言わねばならなかったことである。

　　　人類学者は〔中略〕，社会を理解する自分たちの技能が経済学者より優れているると考えるので，自分たちこそが，キャッシュ・フローや限界収益率といった粗雑な議論の内側で展開されている社会の真実の姿に迫ることができると主張する。そのこと自体は，おそらくそのとおりなのだろう。しかし私には，人類学者に対するあながち不当というわけではないステレオタイプが思い起こされる。人類学者が数年間村に住み，それを終えると，たいてい村人は皆すばらしい奴らで，彼らの農業のやり方を続けさせるべきだと主張する。村人を取り巻く現実が彼らにそれを許さないにもかかわらず，である。〔中略〕業務一般に社会人類学を適用することは，ごくわずかな，大して深刻でない誤りを防ぐために多大な費用をかけることになってしまうと，私は信じる〔中略〕[9]。

　最後にこの文化の違いが一因となって，開発援助機関と開発援助機関の行政官はどうすれば人類学者を実際に最大限有効に使えるのか，理解していない。一方，人類学者の方は重要な意思決定プロセスに影響力をもつためには，自分たちのプロジェクト開発への関与はまばらで断片的で遅すぎると，頻繁に不平を訴えている[10]。

3. 専門職になるために

　人類学には，その知見を応用するための包括的なモデルないし枠組みが欠けている。このことが一因となって，人類学は多くの人々からエキゾチックで普通でないものに夢中になり，使えるかどうかわからない珍しい，少しばかりのデータを生み出している軟弱な社会科学とみられるようになっている。人類学者はインディ・ジョーンズ的な場違いの冒険家と見られるか，そうでなければ，変わった言語と慣習に精通しているが，しばしば，図書館か博物館の外の世界にはほとんど興味をもたない風変わりな学者と見られる。

　現実世界におけるフィールドワークを中心にしているにもかかわらず，伝統的な人類学は実際のところ理論的な学問分野の1つであり，一般的に公の場での討論を嫌がり，公開論争を著しく嫌う。ラルフ・ビショップがかつて指摘したように，故マーガレット・ミードは今生きている大半の人類学者よりもよい新聞雑誌

の種になっている[11]。

　人類学を学ぶ学生の多くが従来通りに調査者（研究者）として教育されているかぎり，彼らは開発業務に不慣れで準備不足のままである。彼らの多くは，政策関連の知識（およびそのつくられ方）が伝統的なフィールド調査とどう違うかを理解していない。彼らは「顧客のために働く」という考え方に居心地の悪さを感じ，開発援助機関の業務でしばしば必要になる徒党を組むこと，弁護，秘密保持，アカウンタビリティといった要件や，自律性が保てないことにとくに不安を感じる。

(1) 専門職と学問分野

　開発人類学はまだまだ独立した，特定できる職業になっておらず，いまだ純粋な学問分野のレベルにとどまっている。

　学問分野とは，世界観，すなわち一連の規則と指針に沿って，世界に対する理解をつくり上げる方法である。学問分野にとって，知識とは本質的に魅力的なものである。しかしその活用は必ずしも想定ないし必要とされていない。学問分野に関わる対話は，主として同じ分野のなかでおこなわれる。

　対照的に，専門職は知識を「役立てよう」と努力する。専門職は理論に基づいているが，本質的に外部を向いており，その対話はそれゆえ主として顧客との間でなされる。専門職は，自分が提供できると主張したものに価値を見出し，喜んでお金を払ってくれる世界ないし集団や個人がいることで存在している[12]。専門職は柔軟で市場のニーズに対応し，自分たちと他の専門職コミュニティとの相違点と類似点に敏感である。

　専門職は，通常，かなり明白な目的（健康，利益，公正性など）のために問題解決に取り組む。専門職はたいていはっきり決められた範囲の問題ないし課題を取り扱う。そしてその範囲内の問題の診断と解決に，とくに（おそらくただそれだけに）ふさわしい知識，技術，理解を自分はもっていると主張する。

　このような点から，人類学は未だに専門職にはなっていない。そして人類学者がつくり出しがちな知識は，世間からは「役に立つ」というより，「面白い」とみられている[13]。人類学のなかでは，人類学は公共の目的をどこまで追求すべきか，どのような手段と方法が用いられるべきか，人類学者はどのような役割を担うべきか，今でも激しい論争がなされている。その議論において人類学者に期待できることとして，よくても秘密情報の提供者か後知恵の批評家か，せいぜい虐げられた人々の擁護者ぐらいであると主張する者もいる。

それに反論する者もいる。ある開発人類学者はこうコメントしている。「目標の達成に無関心な価値中立で方向性のない応用科学などという概念は馬鹿げている。ほとんどの人類学者は〔中略〕応用科学者としては無能である。なぜなら彼らはプロの仕事として改善策を探すという仕事を引き受けたくない，あるいは単にできないのである」[14]。

4. 学界の変革

人類学も開発の業務で真に役に立ちたいのなら，開発業界同様に人類学自体も変革の必要がある。応用分野の成長は人類学の卒業生にとって就職先の選択肢を大きく変えることになった。しかし，実践家のコミュニティが急速に成長して，大学に籍を置く同僚と自分たちを区別して自分たちのアイデンティティを示し，発達しているにもかかわらず，大学内の教育は未だにほとんどもっぱら研究者の養成に集中している。

実践分野の成長にもかかわらず，多くの伝統的な人類学部では，学生の学界の外における就業機会にほとんど気づいていないようだ。もし大学のなかの者が実践に関わる市場の存在に気づいたとしても，人類学者は学生たちをその仕事にふさわしく養成することが自分たちの仕事とは必ずしも考えていない。このような大学の姿勢のために，人類学の毎年の卒業生たちは，自分が大学の外の世界で働くには基本的に準備不足であると感じている。そして，大学の外の世界における仕事については，自分の指導教授から学ぶのではなく，学生どうしで互いに学びあうほかないという状況がなくならないのである。

幸いなことにこうした状況はさまざまな実践家たちの組織的活動のおかげで変化しはじめている[15]。とくに開発人類学者にとって最も重要な大学外からの支援は，開発人類学研究所（Institute of Development Anthropology, IDA）によるものである。この機関については，ミニケース10.1で詳しく述べる。

(1) 人類学の専門職大学院？

専門職になることは，人類学がおこなってきた多くのことを変更しなければならない。まず学生の教育方法から変えなければならない。実践家を養成する人類学部は，法学，医学，工学，行政学における専門職大学院に近いものになる。そこでの教育は，学問分野のニーズよりも市場のニーズに対応する[16]。

専門職としての人類学の教育機関は，現在の学究的な学部とはいくつか重要な相違点がある。そこでは，より伝統的な講義科目と共に新しいスキルも教えられる。また，在学中に学際的な授業とプロジェクト実務の機会も提供される。そこでは現場体験を提供するために，実地研修と産学協同教育をモデルにしてさまざまな方法が試されることになる。さらに，経験を有する実践家を研究者と対等な同僚として教育課程に迎えるべきである。

・実践を大学にもち込む

　実践家は学界から大きく締め出されているので，彼らは人類学の大学教育体制やその中身にほとんど影響力をもっていない。その結果，人類学の学生は，大学のなかで専門職的な人類学者のモデルとなる人物を見つけることがなかなかできない。実践家を目指す学生は研究者によって教育されるのだが，これら研究者たちはその研究，論文作成，理論構築，教育のスキルがどうであれ，おそらく応用分野で働いたことがない人々である。彼らは，たとえば顧問技師，医師，弁護士，ビジネススクールの専門家のような，実践家のモデルにはなり得ない。また彼らは，学生を市場向けに養成するために重要となる実践家どうしのネットワークも，応用分野での実務経験ももっていない。

　実践家として開発援助に（時には数十年間にわたって）携わってきた人類学者の多くは，自分の調査結果，経験，洞察を学問に還元する時間も機会もない。このため，たとえ非常勤であっても実践家を大学によび入れ，彼らを学生の教育に取り込むことが急務となっている。これは大学における終身在職権（tenure），研究，出版規則の見直しを必要とする。また，実践家のために非常勤および専任の特別ポストをつくるということも必要となる。

・実践技能の教育

　実践技能も重要である。開発に携わる人類学者は，情報収集と分析，政策策定，プロジェクトの立案実施の3つのうち，1つ以上をおこなっている。また彼らは，状況に応じてこれらの業務に携わる。すなわち，理論的，抽象的にではなく，具体的な場所，人，プロジェクトに応じておこなっているのである。

　こうした業務をおこなうために人類学者は，一定の機能的，技術的スキルが必要である。これらの技能は，応用の機会が得られる教育プログラムにおいて最もよく身につけることができる。とくに重要なのは，実践志向の現場経験であろう。

ミニケース 10.1 「開発人類学研究所（IDA）」

1976年に3人の人類学者（マイケル・ホロウィッツ，セイヤー・スカッダー，デビッド・ブロッケンシャ）が開発人類学研究所（以下 IDA）を設立し，世界の貧困層の状況改善のために，開発援助への人類学の手法と視点の応用を目指した。「人類学者は計画され，実施された開発が想定されたようには動いていないという事実をよく認識しており，ケーススタディや一般的な論文のなかで負の影響を報告してきている。しかし，この状況にどう対応するべきかという点については，人類学者のなかにほとんど合意がない」（Scudder 1988：366）。

アメリカのニューヨーク州ビンガムトンにおいて IDA は次第に発展し，ついには応用社会科学の最も優れた事例となった。ここは広範囲の研究，研修，プロジェクト開発の活動に携わっている。IDA には顧問委員会，研究員の一団，数百人の協力者のデータベースが存在している。彼らは皆何らかの分野の開発専門家である。人類学者の他に経済学者，エンジニア，農学者なども含まれている。

IDA の目的は，開発業界に質の高い社会科学的情報を提供することで，同科学がその業界において無視されないようにすることである。時に開発業界に対し非常に批判的であることもあったが，IDA は開発援助の計画立案と実施の改善のために既存の体制のなかで仕事に関わり続けてきた。とくに IDA は，世界の貧困問題に人類学者の技能を集中させることによって，人類学の発言力と影響力を業界のなかで拡大してきた。

スカッダーはこの方向性を明瞭かつ簡潔に説明している。「USAID や世界銀行などの開発援助機関が掲げる目標は私たちにとって大した問題ではない。**しかし問題なのはこれらの開発援助機関がこの目標を実現する時に直面する困難さなのである**」（Scudder 1988：371-373，強調［太字］はスカッダーの著書による）。

IDA が大規模インフラ・プロジェクトに関わるようになった理由について，スカッダーは現実的な理由をあげている。

> 思想的な立場や国家の政治経済の性質にかかわらず，大規模流域開発プロジェクトは続いていく。そのことに対して私たちが取ることのできる選択肢は，傍観者になってこのようなプロジェクトの負の影響についてただ単に脇から批判するか（しかし，そんなことをしても，プロジェクトの数，位置，設計，目的にはほとんど影響力をもたない），あるいは地域住民にプロジェクトの便益を与え，環境上安全であるようにプロジェクトの計画立案，実施，管理に，内部から，そして必要であれば外部から影響を与えようとするか，である。後者こそが IDA のやろうとしていることである。

IDA が得た最初の補助金は USAID からで，農村開発のワークショップのためであった。やがて IDA は，サヘルでの開発援助に携わるようになった。そしてさらに，

アジア，中南米，北アフリカ，中近東，中国にも広がった。

　IDA の活動はほとんどあらゆる開発分野と住民移転，都市と農村の連携，世帯生産システム，牧畜，農業普及・流通，農村協同組合，流域開発，社会林業，雇用創出などの特定課題に広がっている。

　そのなかで最も成功した事業は，セネガル川流域で実施された多年度研究計画である。この事業は，流域開発が立案される前に余裕をもって開始されただけでなく，データ収集と分析の新しい手法を開発することができた。

　IDA のおもな資金提供者は，USAID，世界銀行，FAO，UNDP である。その他には，米州開発銀行，OECD，IFAD，米国科学財団，フォード財団，国際自然保護連合（World Conservation Union）などが IDA の活動に資金提供している。

　IDA は主要な開発援助機関すべてから資金提供を誘致してきた。そして世界中の開発プロジェクトと政策の立案と運営に関わってきた。また，開発の重要な局面について相当数の出版物も出してきた。そのなかには 20 以上のモノグラフと 100 近い調査報告書がある。IDA のニューズレターである "Development Anthropology Network" は，1981 年から発行されている。

　1994 年の記事で，ホロウィッツは人類学が開発に対する見方に対して果たしてきた顕著な貢献を説明している。これらはたいてい直接的ないし間接的に IDA の専門家の仕事から生じたものである。

　①人類学者は開発過程に対する批判的な見解を提供してきた。
　②人類学者は開発計画立案の不可欠な要素として詳細な社会調査の必要性を示し，開発援助機関がそれに賛同するよう働きかけてきた。
　③社会調査の結果は，開発の実施方法の変更，改善への提言に直接的に結びついた。
　④人類学者はプロジェクトでリーダーの役割を果たすようになり，今では開発計画の立案と実施（政策策定を含む）において，以前よりも多くの場面に関わっている。
　⑤人類学者は文化的事象と環境問題を結びつけはじめた。そして異なる専門領域を結びつけることにより，それぞれの領域同士がいかに関連しているか，人々に理解させるようになった。

　IDA は多様な方法によって地域住民の開発への参加においてとくに有益で重要な役割を果たした。また，若手専門家の育成や開発に関する情報の収集と普及にも中心的な役割を果たしてきた。さらにワークショップなどの多数の研修プログラムも実施してきた。

　IDA はまたいくつかのかなり遠大な政策的な議論にも関わった。牧畜システム，流域開発，住民移転における IDA の業務は重要な学術研究を生み出し，その分野の政策変更に結びついた。

> IDA は真っ先に第3世界の社会科学者を IDA の業務に活用してきた。これらの専門家はプロジェクト，プログラム，政策の開発に携わり，必要なデータの収集と分析を手伝ってきた。被援助国の社会科学者は今や IDA の研究や開発プログラムで大いに活躍している。
>
> 出典：Brokensha 1986, M. Horowitz 1994, Scudder 1988

　現場経験を積むには，インターンシップから現場実習，援助事業への参加，実地研修（サービスラーニング）など，多様な方法がある。どのような方法を選ぶにしても，異文化におけるプロジェクト活動でかなりの時間を過ごすことが必要である。現場経験では組織内のチームワークに重点が置かれるべきである。また，プロジェクト開発の活動に従事させ，そこで人類学的手法（簡易評価手法を含む）の適用を学ぶべきである。

　フィールドワークは実践家養成の必要条件であるが，これだけでは十分ではない。そのほかの専門技能と能力向上のために特別な教育が正規のカリキュラムのなかに組み込まれるべきである。とくに重要なのは，伝統的な人類学のテキストのほかに，経済学，行政学，その他関連分野の基本文献を含む文献講読の授業と，実践を専門とする者向けの簡潔で効果的な文書作成の訓練である。最後にコンサルティング，紛争解決，組織分析を含む変化に対応するさまざまな管理能力をも身につけるべきである。

(2) 人類学の学問文化を変える

　人類学の教え方を変えるということは，学問の文化をいくつか重要な点で変化させることを意味する。その1つは，人類学部が学生を実践分野に送り出すことにもっと責任をもつことであろう。これは，学生の指導とネットワーク形成のプログラムを開発し，学生の職探しを積極的に支援し，卒業生の進路と現在の活動を追跡し，実践家の強力な同窓会をつくることを意味する。

　第2に，もし学生の成功を支援したいのであれば，実践志向のプログラムは外部の機関とのつながりが必要である。あらゆるタイプの開発援助機関との連携がプログラムによって形成され，維持されなければならない。

　最後に，人類学が実践分野における専門職としての信頼を得るためには，プログラムは明瞭な基準に従って自分たちを評価できなければならない。また，この評価基準は一般に学界の内部ではなく，顧客によって設定されるべきである。

表 10.1　実践に携わる人類学者に必要なスキル

スキルの種類	スキルの使われ方	スキル向上のために知っておくべき事柄の例
問題発見能力	特定の状況における顕著な事実を見出す．適切な質問を実施し，回答を理解することができる．	調査の設計．簡易評価手法．文献データベース検索．インタビュー手法．ニーズ分析．
分析と学習能力	状況のなかでの事実のもつ意味を理解する．結果と成果が意味するものを理解する．	データ分析．統計学．要約すること．チェックすること．再設計．反復手法．
コミュニケーション能力	自分が学んだことを他者に伝える．	プレゼンテーション．報告書作成．ブリーフィング(要点の説明)．教育・研修スキル．
計画立案と設計能力	状況のなかでの物事の達成方法を理解している．物事を円滑に進める．	プロジェクトおよびプログラムの設計．プロポーザル作成．予算編成．手続きの計画．
運営能力	設定した目標に向けて活動を企画し，維持できる．	他人と協働できる．ファシリテーション．意思決定．交渉と紛争処理．業務の委託と監督．
判断力	達成度を測定し，結果の意味を評価できる．	成果の評価．トラブルシューティングと軌道修正．
文書作成能力	自分の主張を多様な読者層に通じるように書く．	報告書，論文，ブリーフィング，モノグラフ．

5. 将来の方向性

　人類学は開発をめぐる公共の議論から進んで学ぼうとしないかぎり，公共の議論に有益に貢献することはできない。思慮深い実践家である開発人類学者は，この過程において欠くことのできない存在である。

(1) 人類学の立場から主張し，開発の議論をリードするために

　過去において，人類学者が研究フィールドにしている地域へ行きたいと思う他分野の専門家は稀であった。そのため実践を専門とする者の世界では，異質で遠く離れた地域に接することを，おもに人類学者に委ねてきた。今日では交通と通

信の発達により，人類学がフィールドで得る知識と行為の多くは他の専門分野の人々にとっても手の届くものとなった。他の専門分野の人々は，かつて人類学の領域と考えられていた地域を，今や自信をもって行き来している。旧式ソビエト主義者のように，かつて人類学が独占的に取引していた原料はいまやもっと自由に自由市場で入手できるようになった。民族誌的手法や定性的分析は，かつて圧倒的に人類学とごく一部の社会学の領域であったが，今や他のさまざまな分野（たとえば看護学校や教育学の授業など）で教えられ，そして使われている。他の分野の人々も人類学者が示す事実と解釈をチェックでき，またそうするようになった。

このような変化は，開発のような分野から人類学が撤退することを意味するのだろうか。人類学のスキルと教育を身につけた者の居場所はもうないのだろうか。もちろんそのようなことはない。しかし，今日人類学者は，自分たちが何を知り，何ができ，いかにそれを他の人々に伝えるかということを決断しなければならないのである。

国際開発は今後パートナー間の違いを認識し，その違いを越えてパートナー間の適切で持続的な協働関係を構築しなければならない。開発に対する人類学の最も有益な貢献は，他のどの領域よりもおそらくこの領域にあるのだろう。もし人類学自体が必要な方向に変わることができれば，開発の議論をリードできるチャンスがあるだろう。新しい開発のパラダイム（次章のテーマ）は現在構成されている業界のなかからはつくられにくい。しかし，パラダイムの大まかな特徴は概して人類学がすでになじみ，かつ従うよりはリードできる事柄である。

新しい開発のパラダイムは必然的に住民を計画立案の中心におき，プロジェクトの過程と成果の双方で住民の選択と実践が決定的な役割を果たすことを認めている。この新しいパラダイムの基本項目はすでに明らかだが，専門職としての訓練を受けた人類学の実践家たちが他の分野の専門家と協働して，このパラダイムを確立し，精緻化していく余地はまだまだある。

私たちがしなければならない最も大きなことは，もっと多くの人類学者に開発業界における政策策定の役割を担わせなければならないということである。数年前，ローラ・ナダーは私たちに，「詳細に調べよ」と促した。今日私たちは，開発政策と計画立案でより中心的な役割を果たすよう，さらに「前進する」ことが求められている。そのような役割は人類学にとって自然なものである。

過去30年間に，人類学の実践，とくに開発人類学は，その真価を認められる

ようになった。実践の経験は人類学の内部に重大なパラダイムシフトを起こす最初のきっかけとなった。そのパラダイムシフトの最終的な全体像はまだ明らかになっていない。人類学を開発援助の実務に適用するためには，人類学者に新しい技能と能力が要求される。そして新しい需要は逆に人類学のなかに新しい知見を生み出すのである。

実践家としての人類学者の第1世代は，すでにその分野で仕事についている。その次の世代は大きな議論の場で人類学の居場所を確保しなければならない。彼らに，そして世界の他の人々に，今後必要となる重要な仕事に向けた訓練をはじめることを託したい。

第10章要約

本章では，学問分野としての人類学が，開発のニーズと要求にどのように応えてきたかを見てきた。

最近では人類学者による計画立案と政策策定への関与がうまく機能することがあるが，人類学を開発のニーズに適用させるためには，まだ問題が残されている。これらの問題が起こるのは，人類学者が開発に無関心だからではなく，人類学の卒業生が学問領域の外で職を得られるような訓練，教育を受けていないためである。

人類学が開発援助の文脈でさらに役立つためには，単に学問分野としてあるだけでなく，1つの専門職にならなければならない。これは翻って卒業生の教育方法の変革を意味する。とくに卒業生は，開発援助に必要な技能と人類学の知見を，計画立案と実践にもち込むための技能とを身につける必要がある。学問分野としての人類学のなかで必要な変化を起こせるならば，将来人類学は開発の議論をリードする機会を得られるはずである。

[注]
1) Batalla（1966）を参照.
2) 多くの研究者が開発援助機関で活躍する人類学者の相反する，時には曖昧な役割について指摘している．たとえばイギリスの例では Gardner and Lewis（1996：131-132）を参照.
3) もちろんすべての人類学者が学際的チームワークに不慣れなわけではない．現場で学際的会話がどのようにして生じるか，正確に詳しく述べたものはほとんどないが，興味深い事例としては Bentley and Andrews（1991）を参照．ここでは人類学者と昆

虫学者がホンデュラスの病虫害管理プロジェクトにもち込んだ，異なる（そしてしばしば相補う）見方に焦点をあてている．
4) ガッターはこの点について次のように述べている．「学際的研究チームで働く人類学者は，実務的なレベルでは他の専門家の言語を学ぶ必要があると主張するにもかかわらず，人類学者はそれらの言語を分析し，それがどんな前提に基づいているか，調べる傾向がある．このため，他の専門家の仕事をくつがえすように見えてしまう．これでは仕事上のここちよい人間関係の構築は促進されない」（Gatter 1993：177）．
5) Morey and Morey（1994：20）．
6) ハミルトンは，これのとくに顕著な事例について述べている（Hamilton 1973：128-129）．
7) Hoben（1984：16-17）．
8) これはもちろんまったく悪いことではない．しかし，私が言いたいのは，人類学実践家が開発業界と学界の双方で苦労する理由の1つは，人類学者はいわば最前線から報告するが，彼らがもち込むニュースはしばしば混乱をよび動揺させるということである．実践に携わる人類学者は，実際は官僚と研究者がしばしば大雑把にしか書かない世界のなかで生活し，仕事している．
9) Simmonds（1985：51）．
10) ローデスは，このような断片的な関与はプロジェクトの失敗に直結するという（Pottier 1993b：14）．たとえ彼らが適切な時期に連れてこられたとしても，彼らの立場は，彼らにとっても他の人々にとっても不明確で，曖昧である（Hamilton 1973：120-127とも比較）．
11) "American Anthropological Association Newsletter"（April 1985）．
12) 詳細については，Greenwood（1957）を参照．
13) Hoben（1984）．
14) Fleulet（1987：217）．
15) 現地の実践家組織の果たす重要な役割についてはすでに述べた．プラクティカル・ギャザリング（Practical Gathering）のようなほかのグループは現在実務に関する幅広いトピックについて，主要都市や実践を専門とする者の会合において研修と討論の場を企画している．こうした別の形態の実践家教育はおそらく今後増加し，重要性を増していくだろう．
16) アメリカには現在多数の研修プログラムがあるが（たとえばTrotter 1988），真の専門学校に相当するものはまだ存在していない．

第11章　新しい開発のパラダイムとは

1. 私たちはどこにいるのか

　開発とは人類初の地球規模の事業であり，高い成功の見込みと共に大きなリスクを伴うものである。世界の貧困を終わらせることは今や技術的には可能になった。しかし，私たちがそれを達成するための政治的意思または感受性と知性をもち合わせているのかという点は，ますます不明瞭になっている。そう長い時間がかかることなく，誰もがまずまずの生活を送れるようになる，という初期の頃の楽観は，今や浅薄なものに見え，またある人々には見込みのないものと映る。

　貧困は，ある地域では局所的かつ事実上制度化されたものとしてある。集団間の緊張関係が存在しているところに，人口増加と資源減少という問題が加わっている。ある地域では戦争と犯罪（しばしば見分けにくいものだが）によって，人々が支配権を巡り，あるいは単純に生存のために争うようになったために，開発自体の優先順位が低くなってしまった。

　現在，国際開発は紛れもなく1つの業界である。世界銀行，地域開発銀行，国連諸機関などの，少数の，しかし強力な多国間援助機関に独占されている。これらの機関は開発資金のほとんどをコントロールし，情報，人材，影響力を含む開発に必要なその他多くの資源の一番大きなシェアを握っている。このような開発援助機関は民主的な統制からはほとんど独立して機能しており，各開発援助機関は明らかな組織上の個性をもっているものの，さまざまなやり方で互いに結びついている。

　これらの大規模開発援助機関は，とくに世界の貧困国に対しその影響力と権力を次第に増大させているが，貧困層の日常的現実とニーズから離れた遠隔操作で業務をおこなうようになっている。近年の市場経済化によるグローバリゼーションの傾向は，草の根から遠ざかるこの動きに拍車をかけているだけである。

　次第に，西欧諸国その他から，この業界の目標と手続き及び本来の目的に関わる実際の達成度について懸念が示されるようになってきた。経済と政治の自由化という楽観的なビジョンに基づいたアメリカの第3世界に対する介入は当初活気を伴っていたが，今や援助疲れと悲観主義に取って代わられ，開発の目標よりも

外交上，安全保障上，市場の利益が優先されるようになってしまった。

現在，開発は住民中心というよりむしろますます資本中心となっており，技術と市場行動を相交えて形成される経済学のモデルによって推し進められている[1]。前述のように民間資本は今や政府開発援助をしのいでいる。しかし，民間援助資金の流れはきわめて不均衡である。つまり，投資の選択は収益性によって決められ，開発の優先順位やニーズ，公平性，持続性の観点によって決まるものではない。

グローバリゼーションがいくつかの国々では大いに政府の力を弱め，大半の国々が市場に依存するようになったことは疑いない。その意味で，開発の努力はグローバリゼーションに吸収されてしまったといえるだろう。また，現在の開発は世界貿易と経済競争の問題とますます結びつくようになったともいえる[2]。

この見方には，現地の文化的要因に配慮する余地はほとんどない。ボドレーは次のように述べる。「世界の貧困は一貫して技術的な問題として扱われてきた。その理由の1つは貧困層の日常的現実から遠く離れた専門職のエリート集団が開発政策を策定し，資金を供与してきたためである。開発は〔中略〕貧困層のニーズとは無関係かもしれない，豊かなドナーにとって重要な政治的経済的機能を備えた，徹底して制度化された高度に複雑な産業になっている」[3]。

現行のモデルやアプローチに欠点があることは広く認識されているが，開発援助機関はこれに代わる方法論をなかなかつくり上げられないのである。彼らの学ぶことがたとえあるとしても困難であり，自分たちの業務方法をやむにやまれず変更しようとするインセンティブはほとんどない。開発援助機関にとって開発とは，「自分たちがやっていること」とますます定義されるように（また他の人々にとっても）なってきた。

まさに今こそ，開発を再考する時である。

2. 機会と脅威

グローバルな貿易，情報通信，交通が次第に拡大するにつれ，私たちは世界の出来事を今以上にコントロールし，集団安全保障をつくれるという幻想を抱くようになった。しかし多くの点で，おそらく現実はその逆である。実際経済統合が進むにつれ，民族紛争や地域紛争も増大している[4]。

かつて第3世界に限定的とされた問題は今や地球規模で広がり，重大な問題であると認識されるようになった。エイズはそのよい例であるが，他にも多くの事

例がある。環境，移民，女性の権利，児童労働，犯罪，インフレ，失業は今やその規模，影響の点で完全にグローバルな課題となり，富裕層にも貧困層にも同様に影響を与えている。豊かな工業国では経済成長，富の分配，持続可能性，住民参加，環境問題は，かつてはおもに「開発」課題と考えられていたが，今や各国の政策対話の一部にさえなっている。

グローバルなシステムの出現は，出来事や状況に対する私たちの考え方を大きく規定する文化（現実世界についての1つの暗黙の見方）を生み出す。生産者や流通業者のニーズに基づいてこの新しい文化は，市場を信奉し，貨幣をほとんどすべての物事の尺度と考える。この文化は世界を抽象的な数値データで判断し，各地域の詳細は利潤と損失に直接かつ明らかに関与しないかぎり，無視する傾向がある。この文化は希少性，競争，個人の行為を前提とし，勝ち組，負け組という考え方に安心する（あるいは無頓着である）。この文化はどの特定の大衆ないしエリートの伝統にも基づいておらず，おそらくサイバースペース以外にはどこにも根づいていない[5]。

このシステムが貧困と不平等の問題に与える影響は，まだ後になってみないとわからない[6]。グローバリゼーションは，規制がないままでは世界の文化の自然淘汰を引き起こす。グローバルなゲームのなかで，ある文化が勝ち，他の文化が負けるという競争の場をつくり上げると感じる研究者もいる。

このようなシナリオは困った問題を提起する。私たちは，少数の非常に豊かな国が，貧しく人口過剰な国々に取り囲まれるという世界に突入していくのだろうか。あるいは入手可能な資源の減少により，私たちすべてが貧しく，絶望的になる定めなのだろうか[7]。私たちは貧困問題を解決すると同時に，豊かで健全な世界の文化の多様性を保つことができるのだろうか。あるいは私たちは，いわば，村落を守ろうとして実は村落の破壊にいき着くのだろうか。

私たちのジレンマは非常に単純である。現在のやり方のまま工業成長を続けることは，最終的には地球上のすべての人間を危うくする。しかし貧困国の工業化の機会を否定することは，彼らを永遠に貧困に押し込めることにもなるだろう[8]。

最大の危険は私たちが何もしないことではなく，以前のようにただ続けていくことである。多くの人々にとって工業化，人口増加，地球の天然資源の継続的な搾取は，本質的に当然のこととされている。その結果出てくる課題は，技術がさらに進歩することで解決されると想定されている。もちろん，それに反論する者もいる。

答えが同じになるということはありえない。また答えとは単に最善を期待する以上のものであり,「地球社会の制度形態と活動を,時間をかけて強化していく」という漠然とした考え以上のものである。「技術移転を促進する」という単純な勧告は数十年間の悲惨な技術移転の後では逆効果であるだけでなく,**愚か**である[9]（強調［太字］原文）。

・開発の再出発

これらすべての理由から,ぐらついている開発援助の再出発は不可欠である。そのためには私たちが今やっていることの単純な延長ではなく,また現在のトレンドが批判されることもないまま私たちを連れていこうとしているものとは異なる将来像を想像し,つくり上げる必要がある。

人類学にはこの変革をリードする無比の機会がある。過去の開発の歴史における挫折や失敗にかかわらず,人類学は何が役立ち,何が役立たないか,貴重な経験を積んできている。人類学者にとって現在の課題は,自分たちの経験を賢明に効果的に用いる方法を探し出すことである。しかし,世界は必ずしも人類学者を今以上には必要としていない。必要とされるのは人類学の専門性をもった実践家であり,人類学の知見をよりよい未来をつくるために有用なアイディアと戦略に変換することができる人材,言い換えると,私たちが今ほとんど誤ってつくろうとしている未来よりも,よりよい全体のための未来をつくることができる人材である。

開発を再出発させる仕事に向かう時,2つの相反する傾向が存在している。一方である研究者はアメリカ人の間にある厭世観を指摘する。冷戦で疲れ果て,自分たちの生活が海岸線の向こうの出来事と繋がっているといわれてももはや納得することはなく,アメリカとその他先進国の人々の多くはもっと不幸な人々を助けるために時間とエネルギー,資源を投入することにますます消極的になっている[10]。

他方,別の人々の見方では,アメリカ人は依然として自分のイメージどおりに世界を変革することに余念がない。「アメリカ人は来るべき世界の最悪の事例である。そこでは技術,自動化,市場が支配している。アメリカ人はうるさく,ずうずうしく,うぬぼれが強く,国際問題に不得手だが,善良で極端に慈善的である。彼らはドルで計られる成功,物質的な所有,楽しみとレジャー活動に専念している。そして最も重要なことは,彼らは他の人々すべてが自分たちと同じよう

になってほしいと望んでいることである」[11]。

　どちらもそう長くは続かない。必要なことは対等で相手を尊重したやり方で開発途上国とふたたび関わることである。これは私たちがまず開発とは何かという基本的な概念を変革することによってのみできるのである。

3. 新しい開発のパラダイム

(1) 私たちは何を知っているのか

　パラダイムとはものの見方であり，行為を導く枠組み，「さまざまな概念，価値，方法の相補的パターン」である[12]。現在の開発のパラダイムは自文化中心主義的であり，開発途上国の現実には大きくそぐわないものである。この見方によると，開発とは経済成長であり，技術力がその原動力であり，数量化がその尺度である。人間は合理的なアクターであり，個人は主として短期の個人的な便益のために決定を下すとされている。この便益は経済的に定義することができ，またこうしたことは世界中で多かれ少なかれ同じように生じる，と仮定している。さらにこのパラダイムは，技術革新を本質的に進歩と同義にみており，成長は無限に継続し，私たちが途中で出くわす問題は新しい技術によって最終的には解決できると仮定している。

　目下のところ，開発業界の使命とは開発途上国に資金と技術を移転することによって「機会」を提供することであるとされる。この機会とは，たいていの場合，西洋諸国がもっているものの貧弱なコピーであることがわかる。この移転を導く政策や計画は途上国に見合うようにつくる必要はなく，基本的にはめこむことができるものと考えられている。パラダイムのこのような運用は，提示された選択肢のなかから貧困層の人々自身が選択することは認めるものの，実際には彼らが自分たち自身で選びとる自由を許さない。貧困層は既存モデルの担い手，運用者にはなりうるが，独自のモデルの創設者になることは稀である。技術屋的モデルは現地の発言を抑圧しがちであり，従属の構造をつくりやすい。そのため，住民が自分自身で改善のビジョンをつくり，発言しうるようなメカニズムを弱めてしまう。

　しかし，過去50年以上にわたる開発の経験からこのパラダイムの根本的な欠点が明らかになっている。1つは数値化だけでは生活の質をあらわす適切な，あるいは正確な指標としては不十分だということである。また，総量の測定だけで

は便益と損失の分配状況を知る有効な情報を得られない。もう1つには，短期的な経済的利益のみに焦点をあてることは，経済以外の要素を含むより広い意味における長期的持続性への配慮を弱めてしまう。

最も重要な点は，現在のパラダイムでは開発援助活動をその周囲の状況に結びつけられないということである。諸々の援助活動は孤立し，バラバラな，環境の「中」ではなく，環境の「上」でおこなわれる実験になっている。

現地の状況は往々にして無視されてきたため，私たちの開発援助機関は現地の実情をほとんど理解してこなかったし，そのなかでどのように業務をおこなうべきかほとんどわかっていない。しかし同時に，開発プロジェクトは，設計に基づいて（あるいは失敗によって）現地の状況をネガティブに変えることにはしばしば成功している。

開発援助においてはワンサイズが全員にフィットするわけではないこと，また世界の金融資本から生まれた政策と処方箋は，貧困と不平等の問題への持続可能な対応原理としては役立たないことが次第に明らかになってきた。私たちは計画立案と政策において現地の現実を最優先すること，また，現地のアクターを取り込み，ヒエラルキーの最上部にいるアクターを底辺のアクターとつなげることが根本的に重要であることを理解しはじめている。また，これを成功裏に実施するには，私たちが当初想像していたよりも時間がかかり，かなり大変な作業であるということを受け入れはじめている[13]。

皮肉なことに，冷戦の終結は開発の新しい可能性を開いたのではなく，むしろ狭めている。以前は少なくとも競合する2つのイデオロギーと世界の将来像があったが，今は実際には1つしかない[14]。それと同時に，過去に補助金と開発援助をどちらかの陣営から受け取ってきた国のほとんどが，期待されたような「発展」に成功していないことも明らかになっている[15]。

私たちが現在の開発モデルの限界に到達した（あるいは到達しようとしている）ことは明らかである。新しいアプローチが必要なのである。

(2) 新しいパラダイムの達成目標

貧困問題を解決する試みは，あまりに文化的に特殊であり，文化の多様性から学ぼうとしない（活用しようと思わせない）ようなアプローチによって阻まれてきた。新しい開発のパラダイムは世界中すべての文化が対等のパートナーとして参画し，さらにそのパラダイムを通じて，すべてがまだ知らないことを学びなが

ら，共通の目標に向かって進歩できるようなものでなければならない。

　私たちが開発を成功させるために知るべきことは，どこか 1 つの文化体系に含まれているのではなく，複数の文化体系間の対話と相互作用のなかに見出されるということが，新しいパラダイムを創造する時の基本的前提となるのである。

　よって新しい開発のパラダイムの創造は，現行の実践をひっくり返し，世界の貧困層に目標と優先順位を決めさせ，私たちの知識と知恵を下からつくり上げることからはじまるだろう[16]。「〔中略〕（開発の）最適な定義とは，押しつけられた定義を受け入れるよりむしろ，人々自身が声を上げて開発を定義していくプロセスをつくり上げることであろう。人々の声は男性と女性，富裕層と貧困層，国内，そして国外の声でなければならない。声を強めるためには，政治が人々に対するアカウンタビリティを担う構造のなかで，人々自身が自分の生活（生存ぎりぎりのレベルではない生活）について選択できなければならない」[17]。

　理想的にはこの試みは一種の「コスモポリタン的な地域主義」をつくり出すことである。そこでは地域の問題はより世界的な課題に対する解決策と矛盾しない方法で対処されうるだろう[18]。なぜなら，あるレベルでは富裕層と貧困層が直面している問題は明らかに同一だからである。すなわち，いかに繁栄を増やし，ネガティブな副次効果を減らすかという問題である[19]。

(3) 新しい開発のパラダイムの構成要素

　新しい開発のパラダイムにはいくつかの重要な要素が含まれている。

・現場と住民

　第 1 に，私たちは，開発の技術屋的見方を，現場とそこの住民を中心とする見方に変える必要がある。開発計画は状況特定的なものにならなければならない。新しい開発計画では，地域の文化を開発計画のモデルとプロセスのなかに統合させ，地域の資源を計画の実行のために活用すべきである。このようにして，住民と住民が住む自然環境は，乗り越えるべき障害ではなく，受益者であり，パートナーとなるのである[20]。

　したがって，開発の名のもとに導入される計画と実践は人々の能力を高め，人々を取り巻く環境の価値を高めることを求めなければならない。この状況において危険にさらされる物事には，特別の注意が払われなければならない。こうした物事とは，周辺化されたり，不利益をこうむる集団の場合のように，社会的であっ

たり，たとえば壊れそうな生態系を含む物質的なものであるかもしれない。新しい開発のパラダイムでは，人間と環境の問題を切り離しては対処できないということである。

もちろん，またすでに指摘されていることであるが，人々を中心にした開発のパラダイムでは，常に経済成長（少なくとも現在のように定義され，理解されるような）が人々の要望と必要リストのトップにあげられるわけではない。実際貧困層が現実に欲しがっているものの多くは，主要な開発のパラダイムとは相容れないか，関連性がないようである[21]。もちろんこの不適合は，大規模開発援助機関が過去に支援してきた人々から「聞く」ことが難しいと感じていた，もう1つの理由である。

・プロセス

ある世界銀行の職員は，開発に関して「何を得るかは，やり方次第である」と述べた[22]。状況に焦点をあてることは，人々の生活に影響を与え，彼らの未来を決定し，地球上のほかの人々と結びつける決定と行為に人々を十分に関わらせることを計画立案者に求める。第6章で述べたように，プロジェクト開発への参加は多様な形態をとることが可能であり，その形態は現地の状況が求めるものに合わせるべきである。参加のプロセスにおいて，ステークホルダーの能力は高められ，伸ばされ，現地の住民が未来の出来事をよりよくコントロールできるようにならなければならない。いくつかのNGOはさらに先に進んで，人権法から得られる人間の尊厳，差別撤廃，アカウンタビリティ（説明責任），格差是正などの基準を取り入れた，人権に基づくアプローチを開発に適用することを主張している[23]。

・持続可能性

新しい開発のパラダイムは，持続可能性も強調すべきである。持続可能性の1つはもちろん環境が持続可能であることである。現地の生態学的プロセスの破壊が最小限であることと，資源とエネルギーが最大限保全されることが必要である。もう1つはプログラムの体制と成果が制度化される，ないしは持続することである。短期の結果が出るよう，プロジェクトを設計することは比較的容易であるが，時の試練に耐えうるように設計することは，はるかに難しい。単なる革新ではなく，制度化できることが社会変化の真の指標である[24]。

・学習

　最後に私たちは開発を通じて賢明になるべきである。私たちの行動は学習モデルに基づくべきであり，そのモデルによって関係者の誰もが，いかに，そしてなぜ成果を得たか，また将来の成果を改良するためにこの学習結果をどう活用するかを理解できるのである。現地の住民にとって学習志向は，改善をもたらすために現地の立案・運営能力を構築することに役立つ。外部の専門家にとって学習志向は，学際的な協力の障壁を壊し，個人が他との比較対照のプロセスを通じて，自らの技能と経験を増やすことを促す。開発援助機関にとって，学習志向はプロセスと実践を着実に改善することと，過去の経験から学び教訓を記憶することを可能とする。現地の状況に配慮するならば，開発業界はあらゆるレベルでもっと変化と学習を受け入れ，自分たちが支援しようとしている人々に応え，アカウンタビリティを果たすことが必ず求められるだろう。

(4) 開発援助への影響

　新しいパラダイムの採用は開発の実践方法に大きな影響を与えるだろう。現地の文化的，環境的要因を発見し，取り込む手法は相当改善され，計画立案において周辺的でなく，中心的な役割を果たすようになるだろう。

　開発援助機関と個々の専門家は，つじつまの合わない情報に対してかなり寛容になるはずである。また，広範囲のステークホルダーが受容できる結果を生み出せるよう，情報を活用する能力も向上するだろう。計画立案は現地の実情に見合う決定を下せるよう，より分権化され，柔軟になる必要がある。

　開発は計画と成果だけでなく，プロセスにも焦点をあてるようになる。とくに現地の住民を，プロジェクトを監督するパートナーとして取り込む方法に焦点があてられるだろう。それと同時に，自ら新しい分野の活動を展開していくことができるように，住民の能力をつくりあげることが重視される。

　開発の成果は数量化できる物質的目標によってだけではなく，波及効果，公正性，持続性によっても測られ，評価されるようになるだろう。

　そのようなアプローチは，私たちが行動する前に耳を傾け，学習することを要求する。また，真に求められ，地元から十分に支持され，学習と能力開発を相互に強化していく過程にすべての関係者を参加させる，そんな介入を設計するため

に現地のステークホルダーと共に働くことを必要とする。

今や，パラダイムシフトないし変化が起こりつつある（その兆候がある）[25]。しかし，必要とされている変化は容易ではない。

　公正で持続可能で，参加型開発へのシフトには，まったく新しい文化を必要とする。その新しい文化においては，開発援助機関は特定セクターの事業や資本投入プロジェクトよりも，それぞれの居住環境に即して，コミュニティ全体の見地から持続可能な開発について考えるのである。また，実行可能性（feasibility）の審査において，たとえば社会・生態学的基準が経済学的基準と統合されるなど，まったく新しい学問分野が加わることを必要とする。総合的目標に向かってコミュニティを運営する，新しいタイプのプロジェクト管理者が生まれなければならない。その目標づくりにあたっては，生態系全体を資源利用の総合的な所産として捉え，これに社会的公正性を加味して，経済的効率性が決められるべきである[26]。

ミニケース11.1「私たちは敵に遭遇したが実はそれは自分自身だった」では，1人の開発専門家の仕事が，ゆっくりだが着実に新しいパラダイムの出現をもたらしている様を見る。

　開発において出会うさまざまな「現実世界」（real worlds）を特色づけている視点とアプローチの違いは，私たちに持続的な解決策を与えうる。しかしそれは，世界の文化の多様性のなかに潜む創造性と革新の倉庫をあけることができた時にだけ起こりうる。開発援助は明瞭な将来像を描き達成する方法として，人間の文化の多様性を活用する機会を提起している。異なる文化的世界にまたがって働く能力とは，上述のように，とくに人類学の学び，理解し，やってみるというアプローチを必要とする。この能力とは単なる技能のセットではない。それは，思考様式である[27]。

4. 開発援助機関の思考様式を変える

　開発パラダイムの変更は，開発を実施する制度の変更を意味する。メアリー・ダグラスが喚起したように，ある社会の制度は私たちの問題の考え方を，もっと重要なことには，入手可能で受容可能な解決策を規定してしまう[28]。

　制度は，ある考え方やイニシアティブを「正しいもの」と位置づけ，それ以外を「誤り」とすることで周囲の環境を安定させ，分類しようとする。この方法に

ミニケース 11.1　「私たちは敵に遭遇したが実はそれは自分自身だった
　　　　　　　　：ロバート・チェンバースの機知と知恵」

　ロバート・チェンバースは今日の開発実践において，最も影響力のある思想家であると同時に詩人でもある。彼は詩人である以上に，より優れた開発の思想家である。彼は簡易調査法の導入を積極的に進めてきた人物でもある。また彼の「農村開発観光」（rural development tourism）についての著作は，これまでに広く読まれている。

　チェンバースは，開発に深く関与し，経験豊富な開発実践家であると同時に，開発業界にきわめて批判的でありながら，自分の発言と考えを最も上層部の人々に届けてきたという意味で，稀有な人物であるともいえる。

　　完全雇用，十分なくらいの収入，すべての人たちへの初等教育，すべての人たちの健康，安全な水の供給，人口の安定，富める国と貧しい国との間での公正な貿易などという，1950年代，60年代にもたれた将来展望は，結局どこにおいても実現されなかった。また，成長の段階を踏んで直線的に一点に向かって進む開発，中央集権的な計画，終わりなき成長，開発の基軸としての工業化，すべての人たちに対する生活水準の継続的な改善の可能性などの，当時信じられていたことが，今では思い違いであったことが明らかになり，単純すぎたことが容易にわかる（1997b：1）（訳文はロバート・チェンバース（野田直人，白鳥清志監訳）『参加型開発と国際協力－変わるのは私たち』明石書店，2000年，36頁から再引用。一部訳者改訂）。

　チェンバースは，学問と開発業界と草の根の世界の間を労せずに渡り歩いているようにも見える。彼の著書はあらゆるレベルの実践家に向けて平易に，しかし説得力をもって書かれている。論文は多種多様な学術雑誌に掲載されてきたが，学界を越えた広い読者層に読まれている。開発業界とそこで働く実践家に対する時に痛烈な批判にもかかわらず，彼は常に開発コミュニティのなかで影響力をもち，尊敬される発言者である。

　チェンバースは開発援助に付随する挫折や落胆を認めているものの，楽天的である。「現在は開発の実践家として生きるのにはまたとないよい時である。どうやら私たちは，一見目立たないが，とてもエキサイティングな学びと行動の変革の真っ只中にいるようであるからだ」（1997b：xvii）（訳文はチェンバース前掲書，3頁からの再引用）。

　チェンバースは新しい開発のパラダイムが到来すると信じている。それは中央集権的でなく，より多様で，「専門家」に独占されないパラダイムである。この新生のパラダイムでは人々が中心であり，幸福は貧困層自身によって定義される。進歩とは西欧の単線的モデルに縛りつけられたものではない。それよりも，変更可能で柔軟なものである。この新しい開発のビジョンに対して合意が産まれつつあり，以下

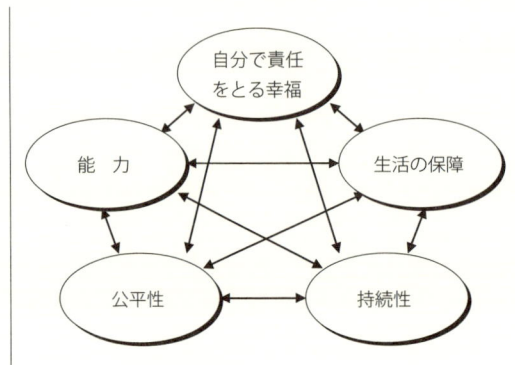

開発の5つの側面（出典：チェンバース 1997b:10 より筆者改変）（訳文はチェンバース前掲書，51 ページの図 1-1 からの再引用．一部訳者改変）

のような5つのキーワードにまとめられる。

チェンバースの見方では，開発の実践家自身がこの新しいパラダイムの最大の障害である。それゆえ，実践家の思考方法の変容を通じて開発の解決策を見出していくのである。彼はこう述べている。

「私たち」は一つの集団である。〔中略〕ビハール州の辺鄙な村に住む急進的な女性活動家は世界銀行の総裁と自分が同じとは思わないし，また総裁も彼女と同じとは思わないだろう。しかし，私たちは皆，組織と通信によって密接につながった，同じ「上位の」システムに属する行為主体であり，私たちの決断や活動によって，農村や都市の人々と地域を含む「下位の」システムは影響を受ける。私たちはみな，他の人たちのために状況をより良い方向へ変えようとしている。私たちはみな，開発の実践家なのである（1997b:3）（訳文はチェンバース前掲書，39 頁から再引用。一部訳者改訂）。

開発の実践家は一言で言えば別の見方ができるようにならなければならない。「初期のプロジェクトの運営は技術者と経済学者に独占されており，そこでは，インフラ，予算，日程，数値化が何より重視された。実践家と開発援助機関が考え実施する方法では，プロジェクトは貧しい人々にとって不利になるように進行してしまった」（1993：76）。

チェンバースは誤った考え方が開発実践家の多くが用いる概念，価値観，手法の中に入り込んでおり，そのような考え方はそもそも実践家の学問分野と教育から発生すると信じている。開発において間違っているのは，貧しく無力な人々ではなく私たちなのであると，チェンバースは言う。「おそらく開発において最も無視されてきたのは，権力を持つ実践家が何を信じ，何をするかという，個人についての心理学である」（1997：232）（訳文はチェンバース前掲書，524 頁から再引用。一部訳者改訂）。

チェンバースは（書籍のなかに散りばめられている）彼の詩が示すように，開発業界に対してきわめて批判的である。

　　受益者たちよ，さあ私が来たよ
　　かなりの額の提供者
　　クリスマスおじさん，それが私の名前

第 11 章　新しい開発のパラダイムとは　269

　　　目標額を使い果たすのがゲーム
　　　みんなが得する，それをしたいのさ
　　　あんたには現金，私には昇進。
　　　私を善き提供者としておくれ
　　　もっと大きく口を開けなさい
　　　私が運ぶものは喜ばれるに違いない
　　　ただのものが一杯の大きな袋
　　　あんたがするのは貰うことだけ
　　　評価だって？そんなものは誤魔化すだけ。
　（1997b：225）（訳文はチェンバース前掲書，507頁から再引用）
開発業界で働く者も攻撃の対象である。
　　　契約がほしいコンサルタントは
　　　身につける色を知っている。
　　　まるでカメレオンのように
　　　見かけだけを着飾って
　　　金のために化けてどこが悪い。
　（1997b：212）（訳文はチェンバース前掲書，481頁からの再引用）
研究者も例外ではない。
　　　北から来る研究者は
　　　彼らによれば季節労働者
　　　なぜって第3世界にいけるのは
　　　長期休暇の時だけなのさ
　（1983：21）
　しかし彼は最大の嘲笑を経済学に向けている。経済学は彼の言葉によれば，「カルト」である。

　　　　経済学者は犬とはいろいろな意味で違う。しかし，例えば，電柱の法則のように，いくつか似通った習性もある。犬は縄張りを示す印を電柱に残し，狂った犬はその後をつけまわす。一部の経済学者は，答えがあるであろう暗闇ではなく，数字が読める電柱の灯りの下に答を求める。こうした経済学者も，簡略化と計測の輪の中に照らされる専門性の縄張りに印をつける。
　（1997b：53-54）（訳文はチェンバース前掲書，139頁から再引用。一部訳者改訂）
　チェンバースはこのような「プロフェッショナリズム」の結果，現地のニーズと現実に合わない，決まりきった考え方と決まりきった開発の処方箋が産まれてしまうという。開発の流行りすたり（たとえば，ベーシック・ニーズ，公平性，ガバナンスなど）は中心で生み出され，周縁に押しつけられていくのである。

なつかしいヘンリー・フォード1世，今はもういないけど
　　生きている時にこう言ったと，もっぱら評判
　　アメリカ人はそれが黒であるかぎり
　　T型モデルに事欠くことはあるまい。
　　こんな発想はまだ続き
　　専門家たちは還元主義者だ
　　そして官僚たちはプログラムは画一的であるべき
　　という規範をもっている。
　　貧乏人はみな同じに見えるし弱い
　　私たちはニーズを知っている。おまえたちは黙っていろ。
　　大量生産で必ず満足させてやる
　　プログラムをT型モデルにしてしまおう。
（1997b：67）（訳文はチェンバース前掲書，168頁から再引用。一部訳者改訂）
　正統性にのっとる専門家は教育によって生み出される。チェンバースによれば，開発の実践家の思考方法という認知地図から，理解，反応，対処方法，計画を形づくる2元論的分類法が明らかになるという。彼はこの分類法を単純な言葉で言いあらわしている。「上位」と「下位」，「最初」と「最後」，「中心」と「周辺」である。「中心」または「最初」の考え方は大部分の開発実践家のものの見方の特徴である。なぜなら彼らはそのように考えるように訓練されてきたからだ。

　　　　最も優秀かつ野心的な学生は，男性の教師に（よりまれに女性教師に）引き付けられ，十分に賢いので，その専門用語を学ぶことができる。時間と努力，そして多大な学習能力を用いた後，彼らは概念と思考様式そして専門用語に浸り，有能にもそれらを操れるようになる。こうやって現実の人々の世界からの乖離の程度に比例して，内輪で話し，他人には自分を印象付けるための学派が創られる（1997b：51）（訳文はチェンバース前掲書，135頁からの再引用。一部訳者改訂）。
チェンバースはこうした実践家をプラトンの洞窟に住む人々にたとえている。「囚人としての自覚を持たない実践家が中央に鎖でつながれて座り，数字，図表，報告書，論文や書類という平面的な影を，周縁の人々が住む，立体的，ダイナミックで多面的な世界の実体だと勘違いしている」（1997b：55）（訳文はチェンバース前掲書，141頁から再引用。一部訳者改訂）。
　開発実践家は，たいてい自分の世界観が文化的に構築されたものだとは考えない。ほとんどの人は，自分の世界観は中立的で，適度に正確で，かつ有効にありのままの世界をあらわしたものだと思っている。チェンバースはこの世界観がいかに他と違っているか，数多くの事例をあげて示している。たとえば，ここにプロジェクトで用いられる技術に対する「中心」と「周縁」の考え方の違いをあげる。こうした見方のせ

いで，工学と経済学が人類学よりも影響力があるのは不思議ではないとチェンバースは述べる。

もしも外部の専門家のやり方を変えたいのであれば，農村の実情を知る彼らの方法を変えなければならないと，チェンバースは述べている。彼によれば，この変化は「逆転」のプロセスによってなされるという。

考え方の逆転（たとえば「最後の人を最初に」）によって，専門家は農村の実情を知る方法を変えることができる。方法の逆転が

プロジェクト開発における中心のアプローチと周縁のアプローチの比較

中心または最初	周縁または最後
大規模	小規模
資本集約的	労働集約的
無機的	有機的
市場と連結	自給自足的
機械的	人力または畜力
中心で開発	周縁で開発
「ハイテク」	「ローテク」

今度は専門家が現地の人々と関わる時のバイアスを打ち消し，対等な関係をもたらすのに役立つ。開発の実践に逆転の概念をもち込むことは，たとえば実践家のやり方を大きく変えることになるだろう。「意識するにせよ，しないにせよ，ある実践家にとって開発は，依然として一点に向かっていくものであろう。しかし転換のパラダイムにおいて開発は分権化され，多様なものになる。通常の官僚機構と通常の市場は中央集権化，規格化，単純化を図るが，対照的にエコシステムと生業戦略はより複雑で多様になるほど，より安定し持続的になるのである」（1993：120）。

チェンバースは実践家が自分の仕事で使うべき簡単な原則を以下のように説明している。

・座って，聞いて，観察して学ぶ。
・常に自分が最善と思う判断をする。
・忘れ去る。
・適度に準備を怠る。
・誤りを受け容れる。
・指示棒を手渡す。
・人々はできる。
・人々に聞く。
・人々に親切になる。

（1997b：216）（訳文はチェンバース前掲書，490 - 491頁から再引用）

自分の仕事に個人的に責任をとるということが，チェンバースの新しい開発パラダイムにおける中核である。「新しいプロフェッショナリズムの基本は個人の側面を第1に考えることである。これはつまり個々人が選択する能力，誤りを犯す度合い，開発と呼ばれる事象においてより良く実践する可能性を認識することである。個人，職業，制度にとっての挑戦とは，いかに学ぶか，いかに変えるか，いかに準備し行

発想の逆転

	通常の傾向	必要な逆転
行動様式	支配する 講義する 抽出する	ファシリテートする 耳を傾ける エンパワーする
プロフェッショナリズム	ものが第一 女性の前に男性 専門家が優先順位を決める 技術パッケージ 単純化	人が第一 男性の前に女性 貧しい人たちが優先順位を決める 技術選択肢 複雑化
官僚主義	集権化 標準化 管理する	分権化 多様化 権限委譲

（出典：チェンバース　1997b:204を一部改変）

（訳文はチェンバース前掲書，462頁からの再引用．一部訳者改変）

動するかを学ぶことである」(1997b：14)。

　チェンバースは彼の最新の本を次のように結んでいる。「私たちは〔中略〕確かな見通しを持つことができる。豊かさを享受している上位の人は，下位の人のリアリティを優先し，尊重する責任を持っている。開発とは，貧困層自身によって語られる言葉の意味での，良い方向への変化のことである。下位の人のリアリティこそが重要である。違いますか？　私たちを止められますか？」(1997b：240)（訳文はチェンバース前掲書，540頁からの再引用)。

　　　　　　　出典：R. Chambers, 1983, 1993, 1997b。詩の掲載許可取得済。

よって制度は世間の記憶をつくると同時に，世間の想像性を妨げる。そのため，これらの制度的文化は現実を創造し，形づくるのである。

　大規模開発援助機関は大なり小なり，「世界全体にとっての開発」を定義する。開発援助機関は私たちに問題認識の枠組みを与え，これらの問題解決のための代替案に対する分析を方向づけ，生じた結果に対する私たちの評価に影響を与える。開発援助機関は，すべての類似の機関と同様に，自分たちはありのままに世界を見ていると信じ，自分たちがやっているように開発は進むと信じがちである。重要なことであるが，開発の目的のために発展してきた組織の形態と文化は，今日

効果的な開発にとって重大な障害になるばかりでなく，効果的な開発は何かという私たちの認識そのものを妨げているのである[29]。

開発援助機関に学ぶべきことを教えるためには，さまざまな方法で時間をかけて根気強く，執拗にやっていく必要がある。開発とは人類の壮大なプロジェクトである。放棄することも失敗することも許されない。しかし，今は開発の目的と意義を再考する時であり，その構造とプロセスを再構築する時でもある。このプロセスにおけるチャレンジに人類学者自身が耐えうる場合にだけ，人類学は中心的かつ重要な役割を果たしうるだろう。

人類学は，国際開発に積極的かつ革新的に貢献できる能力を示してきた。しかし，やるべきことはまだたくさん残っている。プロジェクトのレベルでは，人類学者はプロジェクト開発のあらゆる段階で十分に参画すべきである。また人類学が開発にもち込む視点をすべてのプロジェクトの企画手法に，不可欠なものとする必要がある。

また人類学の卒業生は，プロジェクトの現場で効果的に役立つよう，十分に訓練される必要がある。これは，一方で人類学の基本を守りつつ，実践的専門職につける者を養成するために目標と手法を変えることを意味する。

人類学者は，人類学的視点から，開発の経験についてより多くの質の高い論文を生み出していく必要がある。前述のように，私たちの最も有益な貢献の1つは，理論と実践をよりよく結びつけるような開発の民族誌を，多くつくり出していくことであろう。

制度とパラダイムの変化は，個別のプロジェクトの小さな改良から生まれるものではない。また，おもに研究者を対象として書かれた批判的な論文から生じるものでもない。変化は，人類学が成熟した1つの専門職となり，開発援助に傍観者として関わるのではなく，深く関与することによってのみ生じるのである。私たちが自分の選択に基づいて基本的に開発の構造の外にとどまるかぎり，開発業界の中心的活動，価値観，優先順位に大きな影響を及ぼすことはできないだろう。

全人類にとっての公正で公平で豊かな未来をつくり出すことは，人類学の知識を応用する場としてこれ以上ふさわしい環境はない。またそれ以上に学問分野を実践的専門職に転化し，再活性化するにふさわしい文脈も，高い使命もない。スー・エストロフは次のように指摘している。

　　次の10年間は私たちが長い間明らかに，また意図的に避けてきた選択を
　　突きつけてくるだろう。私たちの文化の構造と価値観はさまざまな方法で倒

され，暴かれるだろう。誰が援助されるべきなのか。私たちは何に最も価値を置くのか。私たちは自分が楽になることを選択するのか，それとも他を楽にしてやることを選ぶのか。〔中略〕人類学者が提供できる「異なる他者」（different others）とその世界の理解なしに，このようなつらい選択を人道的におこなうことはできない[30]。

最終的には地球規模で効果的な変化を起こすには，私たちの制度をとおしておこなうしかない。制度は人間の創造物であり，私たちがつくり上げたもの，私たちの思考の産物である。私たちがつくったものであるなら，私たちがつくり直すこともできる。

そしてこの制度の変革こそが，来るべき時代の開発人類学の主要な目標となるべきであろう。もし私たちがこの仕事を怠れば，世界の人々は，知るべきことをほとんど知らない開発援助機関が定義し実施している開発の影響を，受け続けることになってしまうのである。

第 11 章要約

本章は開発を導く新しいパラダイムの構成要素について検討した。はじめに，グローバリゼーションと貧困撲滅のための諸活動に対するグローバリゼーションの影響を検証し，その後開発概念を再構築する必要性に言及した。

人類学的視点を取り入れた新しいパラダイムは，開発の成功を導くために不可欠な要素として文脈を認識し，それに根ざすものである。現場と住民は新しいパラダイムの中心的部分を担うことになり，開発の立案や実施における地元住民の参加や，長期的持続性，学習を指向する明確な方向性を強調する。

そのようなパラダイムの採用は，開発業務に対する認識や実施方法に非常に大きな影響をもたらすであろう。文化的差異を理解し，その差異を計画や実施手続きに取り込んでいくことは付け足しではなく，開発の中心的な事柄になるだろう。開発についての考えを変えるために，私たちは私たちの開発援助機関・制度を変えていく必要がある。

今後人類学は，開発と新しいパラダイムの応用において，そしてまたそれに付随する組織的（制度的）変化において重要な役割を担いうる。人類学者はあらゆるレベルで（とりわけ政策立案的な局面において）開発に関わり続け，開発援助機関や制度に活用されながら，開発途上世界のニーズに関わる貢献や洞察を明ら

かにしていかなければならない．

[注]
1) McMichael（1996：11）．
2) McMichael（1996）を参照．
3) Bodley（1994：339）．
4) 緊急援助は1980年代はじめ以来，500%以上増額しており，今や外国援助の主流となっている．国連機関の援助額の半分が緊急援助にあてられている．J. Jones（1997：111）を参照．
5) Black（1999：2-4）．
6) たとえば，ホロウィッツはグローバリゼーションを家族への「攻撃」と評しており，その実際の影響はまだ測られていないものの，いくつかの社会的コストを生み出しているのべる．彼は「人々は開発の結果豊かになったのだろうか．もしそうでなければ，私たちはその状況を正すことができるのだろうか」（Hanchette 1999：47-48）と問うている．
7) ポール・ケネディは次のように指摘している．「より豊かな社会が享受している割合で，（あるいはたとえその半分の割合であっても）資源を使い尽くしつつ地球上に100億人の人口を支えることは考えられない．世界人口がこの水準に達するよりずっと前に森林，水資源，動植物種の回復不能な破壊が生じるだろう．また多くの環境上の限界を超えてしまうだろう」（Kennedy 1993）．
8) Greider（1997）を参照．
9) Smillie（1995：245）．
10) Zakaria（1998）を参照．
11) Naylor（1996：96）．
12) R. Chambers（1993：xvi）．
13) Dichter（1998：177）を参照．
14) Lewellen（1995：249）を参照．
15) Glant and Nijman（1998：6）も参照．
16) Hellinger et al.（1988：179）．
17) Staudt（1991：272）．
18) McMichael（1996：256）．
19) R. Chambers（1997b：189）．
20) 住民を新しい開発のパラダイムの中心に置くことの意義はあまり議論されていないが，開発に道義的・倫理的側面が要求されるようになるということである．現在の開発のモデルは，ティッシュとワラスが指摘するように，常に道義的意味を欠いてきた（Tisch and Wallace 1994：122）．また，たいていの場合，開発モデルが好む処方箋，すなわち工業化，機械化，インフラ開発，構造調整がしばしば生み出しがちな社会的破壊を無視している．モランは「コミュニティの道義的目標は開発目標の1つになるべきである．またこのような目標は長期的なものとみなされることが最も望ましい」（Moran 1996：229）と述べている．
21) Cobb（1999：130）を参照．
22) Serageldin（1995）．
23) Feeney（1998：147-148）．
24) Barth（1966）．

25) たとえば，Finger and Verlaan（1995），Griesgraber and Gunter（1996），Korten（1997）を参照．
26) Roxas（1996：22）.
27) Fisher（1988：131）.
28) Douglas（1986：92）.
29) フィンモアは，このことが世界銀行内部における貧困の定義にどのように作用してきたか述べている（Finnemore 1997）．彼の指摘によれば，世界銀行の組織と世界銀行が雇用する類の人々は，選択し変換する精緻なメカニズムをつくり上げており，一方のはじからアイディアを取り入れ，それらをもう一方のはじから政策，プログラム，プロジェクトに変換して出している．もちろんある特定のアイディアのみが取り入れられ，特定の解決策のみがつくり出されている．もともと，開発は単にGNPを増大する試みと捉えられ，工業化を通じて成し遂げられると考えられてきた．よってそれは資本集約的インフラ・プロジェクトを通じて促進された．しかし，1968年から70年代半ばまでに貧困撲滅が世界銀行によって「発見」され，その後，世界銀行のなかで制度化された．ゆえに，世界銀行は開発の規範と意味の主要な審判員として機能しているのである．ここから生じる1つの結果は，ある問題，課題，機会，概念は，世界銀行に「認知」されるまでは実際に存在していることにならないということである．また，いったんそれが認知されれば，それはいわば世界銀行の知的所有権となりがちである．
30) Estroff（1984）.

参考文献

Adler, Nancy J. *International Dimensions of Organizational Behavior*. Kent International Business Series. Boston：Kent Publishing, 1986. (N. J. アドラー『異文化組織のマネージメント』江夏健一・桑名義晴監訳, マグロウヒル出版, 1992年／セントラル・プレス, 1996年)

Angrosino, Michael, ed. *Do Applied Anthropologists Apply Anthropology?* Athens, Ga.： Southern Anthropological Society, University of Georgia Press, 1976.

Asad, Talal. *Anthropology and the Colonial Encounter*. New York：Humanities Press, 1973.

Austin, James E. *Managing in Developing Countries*. New York： The Free Press, 1990.

Autumn, Suzanne. "Anthropologists, Development and Situated Truth." *Human Organization* 55, no. 4 (1996)：480-484.

Ayres, Robert. *Banking on the Poor：The World Bank and World Poverty*. Cambridge, Mass.： MIT Press, 1983.

Bailey, F G. *Stratagems and Spoils：A Social Anthropology of Politics*. Oxford：Basil Blackwell, 1969.

―――. *The Tactical Uses of Passion*. Ithaca, N. Y.：Cornell University Press, 1983.

―――. *Humbuggery and Manipulation：The Art of Leadership*. Ithaca, N. Y.：Cornell University Press, 1988.

―――. *The Prevalence of Deceit*. Ithaca, N. Y.：Cornell University Press, 1991.

Bainton, Barry. "SOPA：Cultivating the Profession and Harvesting at the Grassroots Level." *Human Organization* 38, no. 3 (1979)：318-319.

Bandow, Doug, and Ian Vasquez, eds. *Perpetuating Poverty：The World Bank, the IMF, and the Developing World*. Washington, D. C.：The Cato Institute, 1994.

Baré, Jean-François. "Of Loans and Results：Elements for a Chronicle of Evaluation at the World Bank." *Human Organization* 57, no. 3 (1998)：319-325.

Barger, Ken, and Susan Hutton. "Personal Abilities in Applied Work and Training Programs in Anthropology." *Practicing Anthropology* 2, no. 3 (1980)：6-7, 24-25.

Barlett, Peggy, ed. *Agricultural Decision Making：Anthropological Contributions to Rural Development*. New York：Academic Press, 1980.

Barth, Fredrik. "*Models of Social Organization.*" Occasional Paperno. 23, Royal Anthropological Institute, London, 1966.

Batalla, Guillermo Bonfil. "Conservative Thought in Applied Anthropology：A Critique." *Human Organization* 25, no. 2 (1966).

Beals, Ralph. *The Politics of Social Research：An Enquiry into the Ethics and Responsibilities of Social Scientists*. Chicago：Aldine, 1969.

Beebe, James. "Basic Concepts and Techniques of Rapid Appraisal." *Human Organization* 54, no. 1 (1995)：42-51.

―――. *Rapid Assessment Process*. Boulder：Rowman and Littlefield, 2001.

Belshaw, Cyril. *The Sorcerer's Apprentice：An Anthropology of Public Policy*. New York： Pergamon, 1976.

Bennett, John. "Anthropology and Development: The Ambiguous Engagement." In *Production and Autonomy: Anthropological Studies and Critiques of Development*, edited by John Bennett and John Bowen, pp. 1-29. New York: University Press of America, 1988.

Bennett, John, and John Bowen, eds. *Production and Autonomy: Anthropological Studies and Critiques of Development*. New York: University Press of America, 1988.

Bentley, Jeffrey W, and Keith L. Andrews. "Pests, Peasants, and Publications: Anthropological and Entomological Views of an Integrated Pest Management Program for Small-Scale Honduran Farmers." *Human Organization* 50, no. 2 (1991): 113-124.

Bentley, Margaret, et al. "Rapid Ethnographic Assessment: Applications in a Diarrhea Management Program." *Social Science in Medicine* 27, no. 1 (1988): 107-116.

Bernard, H. Russell. "Scientists and Policy Makers: An Ethnography of Communication." *Human Organization* 33, no. 3 (1974): 261-275.

Berrios, Ruben. *Contracting for Development: The Role of For-Profit Contractors in U. S. Foreign Development Assistance*. Westport, Conn.; Praeger, 2000.

Bierce, Ambrose. T*he Devil's Dictionary*. New York:Dover, 1958.（アンブローズ・ビアス『新編　悪魔の辞典』西川正身訳,岩波書店, 1997 年／『筒井版　悪魔の辞典〈完全補注〉』筒井康隆訳, 講談社, 2002 年）

Bierschenk, Thomas, and Jean-Pierre Olivier de Sardan. "ECRIS: Rapid Collective Inquiry for the Identification of Conflicts and Strategic Groups." *Human Organization* 56, no. 2 (1997): 238-244.

Black, Jan Knippers. *Development in Theory and Practice*, 2d ed. Boulder: Westview, 1999.

Bodley, John H. *Anthropology and Contemporary Human Problems*, 2d ed. Palo Alto, Calif.: Mayfield, 1985.

---------. *Tribal Peoples and Development Issues*, Mountain View, Calif.: Mayfield, 1988.

---------. *Cultural Anthropology: Tribes, States, and the Global System*. Mountain View, Calif.: Mayfield, 1994.

Bohannon, Laura. "Shakespeare in the Bush." In *The Cultural Experience: Ethnography in a Complex Society*, edited by James Spradley and David McCurdy, pp. 35-44. Prospect Heights, Ill.: Waveland Press, 2000.

Bowers, C. A. *The Cultural Dimensions of Educational Computing: Understanding the Non-Neutrality of Technology*. New York: Columbia University, Teachers College Press, 1988.

Boyle, W Philip. "On the Analysis of Organizational Culture in Development Project Planning." Binghamton, N. Y.: Institute for Development Anthropology, 1984.

Branch, Kristi, Douglas Hooper, James Thompson, and James Creighton. *Guide to Social Assessment*. Boulder: Westview, 1984.

Brecher, Jeremy, and Tim Costello. *Global Village or Global Pillage: Economic Reconstruction from the Bottom Up*. Boston: South End Press, 1994.（ジェレミー・ブレッカー／ティム・コステロ『世界をとりもどせ：グローバル企業を包囲する9章』加地永都子訳, インパクト出版会, 1999 年）

Brinkerhoff, Derick, and Marcus Ingle. "Integrating Blueprint and Process: A Structured Flexibility Approach to Development Management." Working Paper no.100, International Development Management Center, University of Maryland, College Park, Md., 1987.

Brodhead, Tim. "NGOs : In One Year, Out the Other?" *World Development* 15, supplement (1987) : 1-6.
Brokensha, David W. "IDA, the First Ten Years (1976-1986)." *Development Anthropology Network* 4, no. 2 (July 1986) : 1-4.
Browne, Katherine E. "The Informal Economy in Martinique : Insights from the Field, Implications for Development Policy." *Human Organization* 55, no. 2 (1996) : 225-234.
Browne, Stephen. *Foreign Aid in Practice*. New York : New York University Press, 1990. (スティーブン・ブラウン『国際援助：歴史・理論・仕組みと実際』安田靖訳、東洋経済新報社、1993年)
Bruneau, Thomas C., Jan J. Jorgensen, and J. O. Ramsay. "C. I. D. A. The Organization of Canadian Overseas Assistance." Working Paper no. 24, Centre for Developing Area Studies, McGill University, Montreal, 1978.
Carley, Michael, and Eduardo Bustelo. *Social Impact Assessment and Monitoring : A Guide to the Literature*. Boulder : Westview, 1984.
Center for International and Security Studies at Maryland (CISSM), Program on International Policy Attitudes. *CISSM in Focus*. College Park, Md. : CISSM, 1995.
Cernea, Michael. "Entrance Points for Sociological Knowledge in Planned Rural Development." *Research in Rural Sociology and Development* 3 (1987) : 1-25.
---------. "Social Organization and Development Anthropology (The 1995 Malinowski Award Lecture)." Environmentally Sustainable Development Studies and Monographs Series no. 6, Washington, D. C., World Bank, 1996.
Cernea, Michael, ed. *Putting People First*. New York : World Bank, Oxford University Press, 1985. (マイケル・M・チェルネア編『開発は誰のために：援助の社会学・人類学』「開発援助と人類学」勉強会訳、日本林業技術協会、1998年)
---------. *Putting People First*, 2d ed. New York : World Bank, Oxford University Press, 1991.
Cernea, Michael, and Scott Guggenheim, eds. *Anthropological Approaches to Resettlement : Policy, Practice and Theory*. Boulder : Westview, 1993.
Cernea, Michael, and Christopher McDowell, eds. *Reconstructing Livelihoods : Experiences with Resettlers and Refugees*. Washington, D. C. : World Bank, 2000.
Chambers, Erve. *Applied Anthropology : A Practical Guide*. Prospect Heights, Ill. : Waveland Press, 1985.
Chambers, Robert. *Managing Rural Development : Ideas and Experience from East Africa*. Uppsala : Scandinavian Institute of African Studies, 1974.
---------. *Rural Development : Putting the Last First*. London : Longman, 1983. (ロバート・チェンバース『第3世界の農村開発：貧困の解決私たちにできること』穂積智夫・甲斐田万智子監訳、明石書店、1995年)
---------. "Shortcut Methods of Gathering Social Information for Rural Development Projects." In *Putting People First*, edited by Michael Cernea, pp. 397-415. New York : World Bank, Oxford University Press, 1985.
---------. "Rapid Rural Appraisal : Rationale and Repertoire." IDS Discussion Paper No. 155, Brighton, England, Institute for Development Studies, 1988.
---------. *Challenging the Professions : Frontiers for Rural Development*. London : Intermediate Technology Publications, 1993.
---------. "Participatory Rural Appraisal (PRA) : Analysis of Experience." *World Development*

22, no. 9 (1994x): 1253-1268.

---------. "Participatory Rural Appraisal (PRA): Challenges, Potentials and Paradigms." *World Development* 22, no. 10 (1994b): 1437-1454.

---------. "Editorial: Responsible Well-Being-A Personal Agenda for Development." *World Development* 25, no. 11 (1997x): 1743-1754.

---------. *Whose Reality Counts?Putting the First Last*. London: Intermediate Technology Publications, 1997b. (ロバート・チェンバース『参加型開発と国際協力:変わるのはわたしたち』白鳥清志・野田直人訳, 明石書店, 2000年)

Clements, Paul. "An Approach to Poverty Alleviation of Large International Development Agencies." *World Development* 21, no. 10 (1993): 1633-1646.

Cleveland, David. "Globalization and Anthropology: Expanding the Options." *Human Organization* 59, no. 3 (2000): 370-374.

Cobb, John, Jr. *The Earthist Challenge to Economism*. New York: St. Martin's Press, 1999.

Cochrane, Glynn. *Development Anthropology*. New York: Oxford University Press, 1971.

---------. *What We Can Do for Each Other: An Interdisciplinary Approach to Development Anthropology*. Amsterdam: B. R. Gruner, 1976.

Cochrane, Glynn, and Raymond Noronha. "A Report with Recommendations on the Use of Anthropology in Project Operations of the World Bank Group." Washington: World Bank, 1973.

Conlin, S. "Anthropological Advice in a Government Context." In *Social Anthropology and Development Policy*, edited by Ralph Grillo and Alan Rew, pp. 73-87. ASA Monographs 23. London: Tavistock, 1985.

Cooper, Frederick, and Randall Packard, eds. *International Development and the Social Sciences: Essays on the History and Politics of Knowledge*. Berkeley: University of California Press, 1997.

Curtis, Donald. "Anthropology in Project Management: On Being Useful to Those Who Must Design and Operate Rural Water Supplies." In *Social Anthropology and Development Policy*, edited by Ralph Grillo and Alan Rew, pp. 102-116. ASA Monographs 23. London: Tavistock, 1985.

Danaher, Kevin, ed. *Fifty Years Is Enough: The Case Against the World Bank and the International Monetary Fund*. Boston: South End Press, 1994.

Delp, Peter, Arne Thesen, Juzar Motiwalla, and Neelakantan Seshadri. *Systems Tools for Project Planning*. Bloomington, Ind.: International Development Institute, 1977.

DeWalt, Billie R. "Anthropology, Sociology and Farming Systems Research." *Human Organization* 44, no. 2 (1985): 106-114.

---------. "Using Indigenous Knowledge to Improve Agriculture and Natural Resource Management." *Human Organization* 53, no. 2 (summer 1994): 123-131.

DiBella, Anthony J., and Edwin C. Nevis. *How Organizations Learn: An Integrated Strategy for Building Learning Capability*. San Francisco: Jossey-Bass, 1998.

Dichter, Thomas W. "The Changing World of Northern NGOs: Problems, Paradoxes and Possibilities." In *Strengthening the Poor: What Have We Learned?*, edited by John Lewis, pp. 177-188. New Brunswick, N. J.: Overseas Development Council, Transaction Books, 1988.

Dörner, Dietrich. *The Logic of Failure*. Reading, Mass.: Perseus Books, 1996. (ディー

トリッヒ・デルナー『人はなぜ失敗するのか』近藤駿介訳, ミオシン出版, 1999 年)
Doughty, Paul. "Against the Odds: Collaboration and Development at Vicos." In *Collaborative Research and Social Change: Applied Anthropology in Action*, edited by Donald D. Stull and Jean Schensul, pp. 129-157. Boulder: Westview, 1987.
Douglas, Mary. *How Institutions Think*. Syracuse, N. Y.: Syracuse University Press, 1986.
Eade, Deborah. *Capacity-Building: An Approach to People-Centered Development*. London: Oxfam, 1997.
Epstein, T Scarlett, and Akbar Ahmed. "Development Anthropology in Project Implementation." In *Training Manual in Development Anthropology*, edited by William Partridge. Washington, D. C.: Special Publication no. 17, American Anthropological Association, Society for Applied Anthropology, 1984.
Ervin, Alexander. *Applied Anthropology: Tool and Perspectives for Contemporary Practice*. Boston: Allyn and Bacon, 2000.
Escobar, Arturo. *Encountering Development: The Making and Unmaking of the Third World*. Princeton, N. J.: Princeton University Press, 1995.
Estroff, Sue. "Who Are You?Why Are You Here?Anthropology and Human Suffering." *Human Organization* 43, no. 4 (1984).
Feeney, Patricia. *Accountable Aid: Local Participation in Major Projects*. London: Oxfam, 1998.
Ferguson, James. *The Anti-Politics Machine: "Development, "Depoliticization, and Bureaucratic Power in Lesotho*. New York: Cambridge University Press, 1990.
---------. "Anthropology and Its Evil Twin: 'Development' in the Constitution of a Discipline." In *International Development and the Social Sciences: Essays on the History and Politics of Knowledge*, edited by Frederick Cooper and Randall Packard, pp. 150-175. Berkeley: University of California Press, 1997.
Fetterman, David. "Guilty Knowledge, Dirty Hands, and Other Ethical Dilemmas: The Hazards of Contract Research." *Human Organization* 42, no. 3 (1983): 214-224.
Finan, Timothy. "Anthropological Research Methods in a Changing World." In *Transforming Societies, Transforming Anthropology*, edited by Emilio Moran, pp. 301-324. Ann Arbor, Mich.: University of Michigan Press, 1996.
Finger, Matthias, and Philomene Verlaan. "Learning Our Way Out: A Conceptual Framework for Socio-Environmental Learning." *World Development* 23, no. 3 (1995): 503-513.
Finnemore, Martha. "Redefining Development at the World Bank." In *International Development and the Social Sciences: Essays on the History and Politics of Knowledge*, edited by Frederick Cooper and Randall Packard, pp. 203-227. Berkeley: University of California Press, 1997.
Finsterbusch, Kurt. *Understanding Social Impacts*. Beverly Hills, Calif.: Sage, 1980.
Fisher, Glen. *Mindsets: The Role of Culture and Perception in International Relations*. Yarmouth, Maine: Intercultural Press, 1988.
Fisher, Roger, and Alan Sharp. *Getting it Done*. New York: HarperBusiness, 1998.
Fisher, Roger, and William Ury. *Getting to Yes: Negotiating Agreement Without Giving* In. Boston: Houghton Mifflin, 1981.
Fiske, Shirley. "Resource Management as People Management: Anthropology and Renewable

Resources." *Renewable Resources Journal* (winter 1990) : 16-20.
Fiske, Shirley, and Erve Chambers. "The Inventions of Practice." *Human Organization* 55, no. 1 (1996) : 1-12.
Fleuret, Patrick. "Comment on" Natural Resource Anthropology." *Human Organization* 46, no. 3 (1987) : 271-272.
Forde, Darryl. "Applied Anthropology in Government : British Africa." In *Anthropology Today : An Encyclopedic Inventory*, edited by A. L. Kroeber, pp. 841-865. Chicago : University of Chicago Press, 1953.
Foster, George, Thayer Scudder, and Elisabeth Colson, eds. *Long-Term Field Research in Social Anthropology*. New York : Academic Press, 1979.
Freedman, Jim, ed. *Transforming Development: Foreign Aid for a Changing World*. Toronto: University of Toronto Press, 2000.
Garber, Bill, and Penny Jenden. "Anthropologists or Anthropology?The Band Aid Perspective on Development Projects." In *Practising Development : Social Science Perspectives*, edited by Johan Pottier. London : Routledge, 1993.
Gardner, Katy, and David Lewis. *Anthropology, Development and the Post-Modern Challenge*. London : Pluto Press, 1996.
Gatter, Philip. "Anthropology in Farming Systems Research : A Participant Observer in Zambia." In *Practising Development : Social Science Perspectives*, edited by Johan Pottier, pp. 153-186. London : Routledge, 1993.
Gay, John. "Kpelle Farming Through Kpelle Eyes." In *The Cultural Dimension of Development : Indigenous Knowledge Systems*, edited by D. Michael Warren, L. Jan Slikkerveer, and David Brokensha, pp. 269-285. London : Intermediate Technology Publications, 1995.
Goffman, Erving. *The Presentation of Self in Everyday Life*. London : Allen Lane, 1969.
Goldman, Laurence, ed. *Social Impact Analysis : An Applied Anthropology Manual*. New York : Berg, 2000.
Goldschmidt, Walter, ed. *Anthropology and Public Policy*. Washington, D. C. : American Anthropological Association, 1986.
---------. "On the Unity of the Anthropological Sciences." Keynote address. Beijing : IUAES Inter-Congress, July 24, 2000.
Gorman, Robert, ed. *Private Voluntary Organizations as Agents of Development*. Boulder : Westview, 1984.
Gough, Kathleen. "Anthropology : Child of Imperialism." *Monthly Review* 19 (1968) : 12-27.
Gould, Peter, and Rodney White. "Mental Maps." In *Urban Place and Process : Readings in the Anthropology of Cities*, edited by Irwin Press and M. Estellie Smith, pp. 96-104. New York : Macmillan, 1980.
Gow, David D. "Collaboration in Development Consulting : Stooges, Hired Guns, or Musketeers." *Human Organisation* 50, no. 1 (1991) : 1-15.
---------. "Anthropological Praxis and Development in a Postmodern Postcolonial World." Paper presented at the 93rd Annual Meeting of the American Anthropological Association, 1994.
Grant, Richard, and Jan Nijman. "The Foreign Aid Regime in Flux." In *The Global Crisis in Foreign Aid*, edited by Richard Grant and Jan Nijman, pp. 3-10. Syracuse, N. Y. :

Syracuse University Press, 1998.
Grant, Richard, and Jan Nijman, eds. *The Global Crisis in Foreign Aid*. Syracuse, New York : Syracuse University Press, 1998.
Grayzel, John. "Libido and Development : The Importance of Emotions in Development Work. " In *Anthropology and Rural Development in West Africa*, edited by Michael Horowitz and Thomas Painter, pp. 147-165. Boulder : Westview, 1986.
Green, Edward C. "The Planning of Health Education Strategies in Swaziland. " In *Anthropological Praxis : Translating Knowledge into Action*, edited by Robert Wulff and Shirley Fiske, pp. 15-25. Boulder : Westview, 1987.
Greenwood, Ernest. "Attributes of a Profession." *Social Work* 2 (1957) : 44-55.
Greider, William. *One World, Ready or Not : The Manic Logic of Global Capitalism*. New York : Simon and Schuster, 1997.
Grenier, Louise. *Working with Indigenous Knowledge*. Ottawa : International Development Research Centre, 1998.
Griesgraber, Jo Marie, and Bernhard Gunter, eds. *Development : New Paradigms and Principles for the Twenty-First Century*. London : Pluto Press, 1996.
Griffith, Geoffrey. "Shaviyani Nights. " Anthropology Today (1987-1991).
Grillo, Ralph, and Alan Rew, eds. *Social Anthropology and Development Policy*. ASA Monographs 23. London : Tavistock, 1985.
Grimm, Curt D. "Anthropology at the U. S. Agency for International Development : Are the Best Years Behind Us?" *Development Anthropologist* 16, nos. 1-2 (1998) : 22-25.
Grindle, Merilee. "Divergent Cultures?When Public Organizations Perform Well in Developing Countries. " *World Development* 25, no. 4 (1997) : 48195.
Grindle, Merilee S. , ed. *Politics and Policy Implementation in the Third World*. Princeton, N. J. : Princeton University Press, 1980.
Hackenberg, Robert, and Beverly Hackenberg. "You CAN Do Something!Forming Policy from Applied Projects, Then and Now. " *Human Organization* 58, no. 1 (1999) : 1-15.
Hall, Edward T, and Mildred R. Hall. *Understanding Cultural Differences*. Yarmouth, Maine : Intercultural Press, 1989.
Halstead, John, Robert Chase, Steve Murdock, and Larry Leistritz. *Socioeconomic Impact Management : Design and Implementation*. Boulder : Westview, 1984.
Hamilton, James W. "Problems in Government Anthropology. " In *Anthropology Beyond the University*, edited by A. Redfield, pp. 120-131. Southern Anthropological Society Proceedings No. 7, Athens, GA. , University of Georgia Press, 1973.
Hanchette, Suzanne. "Anthropology and Development : The 1998 ICAES Discussion. " *Practicing Anthropology* 21, no. 1 (1999) : 45.
Hancock, Graham. *Lords of Poverty:The Power, Prestige and Corruption of the International Aid Business*. New York : Atlantic Monthly Press, 1989.
Harman, Willis, and Maya Porter, eds. *The New Business of Business:Sharing Responsibility for a Positive Global Future*. San Francisco : Berrett-Koehler, 1997.
Harris, Philip D. , and Robert T Moran. *Managing Cultural Differences*, 3d ed. Houston : Gulf Publishing, 1991.
Hellinger, Stephen, Douglas Hellinger, and Fred M. O'Regan. *Aid for Just Development*. Boulder : Lynne Rienner, 1988.
Hoben, Allan. "Agricultural Decision-Making in Foreign Assistance : An Anthropological

Analysis." In *Agricultural Decision Making : Anthropological Contributions to Rural Development*, edited by Peggy Barlett, pp. 337-369. New York : Academic Press, 1980.

---------. "Anthropologists and Development." *Annual Review of Anthropology* 11 (1982) : 349-375.

---------. "The Role of the Anthropologist in Development Work : An Overview." In *Training Manual in Development Anthropology*, edited by William Partridge. Washington, D. C. : Special Publication no. 17, American Anthropological Association, Society for Applied Anthropology, 1984.

---------. "Assessing the Social Feasibility of a Settlement Project in North Cameroon." In *Anthropology and Rural Development in West Africa*, edited by Michael Horowitz and Thomas Painter, pp. 169-194. Boulder : Westview, 1986.

---------. "Paradigms and Politics : The Cultural Construction of Environmental Policy in Ethiopia." *World Development* 23, no. 6 (1995) : 1007-1021.

Hoben, Allan, and Robert Hefner. "The Integrative Revolution Revisited." *World Development* 19, no. 1 (1991) : 17-30.

Honadle, George. "Rapid Reconnaissance for Development Administration : Mapping and Moulding Organizational Landscapes." *World Development* 10, no. 8 (1982) : 633-649.

Honadle, George, and Lauren Cooper. "Beyond Coordination and Control : An Interorganizational Approach to Structural Adjustment, Service Delivery, and Natural Resource Management." *World Development* 17, no. 10 (1989) : 1531-1541.

Honadle, George, and J. K. Rosengard. "Putting'Projectized' Development in Perspective." *Public Administration and Development* 3 (1983) : 299-305.

Honadle, George, and Jerry Van Sant. *Implementation for Sustainability*. West Hartford, Conn. : Kumarian Press, 1985.

Hook, Steven. "Introduction : Foreign Aid in a Transformed World." In *Foreign Aid Toward the Millennium*, edited by Steven Hook, pp. 1-16. Boulder : Lynne Rienner, 1996.

Hook, Steven, ed. *Foreign Aid Toward the Millennium*. Boulder : Lynne Rienner, 1996.

Horowitz, Irving. "The Life and Death of Project Camelot." *Transaction* 3 (1965) : 4417.

---------. *The Rise and Fall of Project Camelot*. Cambridge, Mass. : MIT Press, 1967.

Horowitz, Michael. "Development Anthropology in the Mid-1990s." *Development Anthropology Network* 12, nos. 1-2 (1994) : 1-14.

---------. "On Not Offending the Borrower : (Self?) Ghettoization of Anthropology at the World Bank." *Development Anthropologist* 14, nos. 1-2 (1996a) : 1, 3-12.

---------. "Thoughts on Development Anthropology After Twenty Years." In *Transforming Societies, Transforming Anthropology*, edited by Emilio Moran, pp. 325-351. Ann Arbor, Mich. : University of Michigan Press, 1996b.

---------. "Development and the Anthropological Encounter in the 21st Century." *Development Anthropologist* 16, nos. 1-2 (1998a) : 1-35.

---------. "Development and the Anthropological Encounter : A Reflective Underview." *Development Anthropologist* 16, nos. 1-2 (1998b) : 44-50.

Horowitz, Michael, and Thomas Painter, eds. *Anthropology and Rural Development in West Africa*. Boulder : Westview, 1967.

Hyden, Goran. "The Changing Context of Institutional Development in SubSaharan Africa." In *Institutional and Sociopolitical Issues*, vol. 3 of *Background Papers : The Long-Term Perspective Study of Sub-Saharan Africa*. Washington, D. C. : World Bank, 1990.

Hyland, Stanley, and Sean Kirkpatrick. *Guide to Training Programs in Applied Anthropology*. Memphis, Tenn.：Society for Applied Anthropology, 1989.
Hymes, Dell, ed. *Reinventing Anthropology*. New York：Vintage Books, 1972.
Ilchman, Warren, and Norman Uphoff. *The Political Economy of Change*. Berkeley：University of California Press, 1969.
International Rice Research Institute, ed. *The Role of Anthropologists and Other Social Scientists in Interdisciplinary Teams Developing Improved Food Production Technology*. Manila：IRRI, 1982.
Iyer, Pico. "Strangers in a Small World." *Harper's Magazine* (September 1994)：13-16.
Jones, Delmos. "Social Responsibilities and the Belief in Basic Research：An Example from Thailand." *Current Anthropology* 12 (1971)：347-350.
Jones, James C. "Development：Reflections from Bolivia." *Human Organization* 56, no. 1 (1997)：111-120.
Jordan, Ann. *Practicing Anthropology in Corporate America：Consulting on Organizational Culture*. NAPA Bulletin 14, American Anthropological Association, 1994.
Kaplan, Robert D. "Was Democracy Just a Moment?" *Atlantic Monthly* (December 1997)：55-60, 80.
Kardam, Nuket. "Development Approaches and the Role of Policy Advocacy：The Case of the World Bank." *World Development* 21, no. 11 (1993)：1773-1786.
Kemper, Robert V, and Anya P Royce. "Ethical Issues for Social Anthropologists：A North American Perspective on Long-Term Research in Mexico." *Human Organization* 56, no. 4 (1997)：479-483.
Kennedy, Paul. *Preparing for the Twenty-First Century*. New York：Random House, 1993. （ポール・ケネディ『21世紀の難問に備えて上巻・下巻』鈴木主税訳, 草思社, 1993年）
Khon Kaen University. *Proceedings of the 1985 International Conference on Rapid Rural Appraisal*. Khon Kaen, Thailand：Khon Kaen University, 1987.
Kirk, Jerome, and Marc Miller. *Reliability and Validity in Qualitative Research*. Beverly Hills, Calif.：Sage, 1986.
Klitgaard, Robert. *Tropical Gangsters*. New York：Basic Books, 1990.
─────. "Unanticipated Consequences' in Anti-Poverty Programs." *World Development* 25, no. 12 (1997)：1963-1972.
Koenig, Dolores. "The Culture and Social Organization of USAID Development Projects in West Africa." In *Production and Autonomy：Anthropological Studies and Critiques of Development*, edited by John Bennett and John Bowers, pp. 345-364. New York：University Press of America, 1988.
Korten, David. "Community Organization and Rural Development：A Learning Process Approach." *Public Administration Review* 40, no. 5 (1980)：480-511.
─────. "Rethinking Development and the Meaning of Progress." In *The New Business of Business：Sharing Responsibility for a Positive Global Future*, edited by Willis Harman and Maya Porter, pp. 157-167. San Francisco：Berrett-Koehler, 1997.
Korten, David, and Rudi Klauss, eds. *People-Centered Development：Contributions Toward Theory and Planning Frameworks*. West Hartford, Conn.：Kumarian Press, 1984.
Kottak, Conrad Philip. "When People Don'r Come First：Some Sociological Lessons from Completed Projects." In *Putting People First*, 2nd ed., edited by Michael Cernea, pp. 431-464. New York：World Bank, Oxford University Press, 1991.

Kroeber, A. L., ed. *Anthropology Today : An Encyclopedic Inventory*. Chicago : University of Chicago Press, 1953.

Labrecque, Marie France. "Social Research as an Agent of Transformation." In *Transforming Development : Foreign Aid for a Changing World*, edited by Jim Freedman, pp. 211-Z21. Toronto : University of Toronto Press, 2000.

Landes, David S. "Why Are We So Rich and They So Poor?" In *Developing Areas : A Book of Readings and Research*, edited by Vijayan Pillai and Lyle Shannon, pp. 74-86. Oxford : Berg, 1995.

Lappé, Francis Moore, Rachel Schurman, and Kevin Danaher. *Betraying the National Interest*. New York : Grove Press, 1987.

Lecompte, Bernard. *Project Aid : Limitations and Alternatives*. Paris : OECD, 1986.

Lederer, WilliamJ., and Eugene Burdick. *The Ugly American*. New York : W W. Norton, 1958. (ウィリアム・レデラー／ユージン・バーディック『醜いアメリカ人』細貝宰市訳, トモブック社, 1960年)

Leeson, P, and M. Minogue, eds. *Perspectives on Development : Cross-Disciplinary Theses in Development Studies*. Manchester, England : Manchester University Press, 1988.

Lethem, Francis, and Lauren Cooper. "Managing Project-Related Technical Assistance." World Bank Staff Working Paper no. 586. Washington, D. C. : World Bank, 1983.

Lewellen, Ted. *Dependency and Development*. Westport, Conn. : Bergin and Garvey, 1995.

Lewis, John, ed. *Strengthening the Poor : What Have We Learned? Overseas Development Council*. New Brunswick, N. J. : Transaction Books, 1988.

Mangin, William. "Thoughts on Twenty-Four Years of Work in Peru : The Vicos Project and Me." In *Long-Term Field Research in Social Anthropology*, edited by George Foster, Thayer Scudder, and Elisabeth Colson. New York : Academic Press, 1979.

Maren, Michael. *The Road to Hell : The Ravaging Effects of Foreign Aid and Internarional Charity*. New York : The Free Press, 1997.

McMichael, Philip. *Development aru{ Social Change : A Global Perspective*. Thousand Oaks, Calif. : Pine Forge Press, 1996.

McNeil, Desmond. *The Contradictions of Foreign Aid*. London : Croom Helm, 1981.

Mickelwait, Donald. "Terms of Reference : The AID Consulting Industry." Washington, D. C., Development Alternatives, nd.

Moerman, Michael. *Agricultural Change and Peasant Choice in a Thai Village*. Berkeley : University of California Press, 1968.

Molnar, Augusta. "Rapid Rural Appraisal Methodology Applied to Project Planning and Implementation in Natural Resource Management." In *Soundings : Rapid and Reliable Research Methods for Practicing Anthropologists*, edited by John van Willigen and Timothy Finan, pp. 11-23. NAPA Bulletin no10. Washington, D. C. : American Anthropological Association, 1991.

Moran, Emilio. "Goals and Indices of Development : An Anthropological Perspective." In *Transforming Societies, Transforming Anthropology*, edited by Emilio Moran, pp. 211-240. Ann Arbor, Mich. : University of Michigan Press, 1996.

Moran, Emilio, ed. *Transforming Societies, Transforming Anthropology*. Ann Arbor, Mich. : University of Michigan Press, 1996.

Morey, Nancy, and Robert Morey. "Organizational Culture : The Management Approach."

In *Practicing Anthropology in Corporate America : Consulting on Organizational Culture*, edited by Ann Jordan, pp. 17-26. NAPA Bulletin 14, American Anthropological Association, 1994.

Moris, Jon. "A Case in Rural Development : The Masai Range Development Project." In *Managing Induced Rural Development*, edited by Jon Moris, pp. 99-113. International Development Institute, Bloomington, Ind. : University of Indiana Press, 1981a.

---------. *Managing Induced Rural Development*. International Development Institute, Bloomington, Ind. : University of Indiana Press, 1981b.

Moris, Jon, and James Copestake. *Qualitative Enquiry for Rural Development*. London : Intermediate Technology Publications, 1993.

Moris, Jon, and C. Hatfield. "A New Reality : Western Technology Faces Pastoralism in the Maasai Project." In *The Role of Anthropologists and Ocher Social Scientists in Interdisciplinary Teams Developing Improved Food Production Technology*, edited by the International Rice Research Institute, pp. 43-61. Manila : IRRI, 1982.

Mosley, Paul, Jane Harrigan, and John Toye. *Aid and Power : The World Bank and Policy-Based Lending*. Vol. 1 : Analysis and Policy Proposals, 2nd ed. London : Routledge, 1991.

Murray, Gerald E. "The Domestication of Wood in Haiti : A Case Study in Applied Evolution." In *Anthropological Praxis : Translating Knowledge into Action*, edited by Robert Wulff and Shirley Fiske, pp. 223-240. Boulder : Westview, 1987.

Naylor, Larry L. *Culture and Change : An Introduction*. Westport, Conn. : Bergin and Garvey, 1996.

Nolan, Riall. *Bassari Migrations : The Quiet Revolution*. Boulder : Westview, 1986.

---------. "If You Don't Know Who You Are, Try Being Someone Else for a While : Senegal and the Making of an Applied Anthropologist." *Practicing Anthropology* 19, no. 1 (1997).

---------. Review of Jean-François Baré, ed., Les Applications de l'Anthropologie, Paris : Éditions Karthala. In *Practicing Anthropology* 20, no. 2 (spring 1998) : 40. Communicating and Adapting Across Cultures. Westport, Conn. : Bergin and Garvey, 1999.

Oakley, Peter. *Projects with People : The Practice of Participation in Rural Development*. Geneva : International Labour Office, 1991. (ピーター・オークレー編『「国際開発論」入門：住民参加による開発の理論と実践』勝間靖・斉藤千佳訳，築地書館，1993 年)

OECD. *DAC Principles for Effective Aid*. Paris : OECD, 1992.

O'Hanlon, Michael, and Carol Graham. *A Half Penny on the Federal Dollar : The Future of Development Aid*. Washington, D. C. : Brookings Institution Press, 1997.

Overseas Development Council and InterAction. *What Americans Think : Views on Development and U.S.-Third World Relations*. New York : Overseas Development Council, 1987.

Paddock, William, and Elizabeth Paddock. *We Don't Know How : An Independent Audit of What They Call Success in Foreign Assistance*. Ames, Iowa : Iowa State University Press, 1973.

Partridge, William. "Anthropology and Development Planning." *Practicing Anthropology*, 1 nos. 5-6 (1979) : 6, 26-27.

---------. "Toward a Theory of Practice." *American Behavioral Scientist* 29, no. 2 (1985) : 139-163.

Partridge, William, ed. *Training Manual in Development Anthropology*. Special Publication no. 17. Washington, D. C. : American Anthropological Association and the Society for Applied Anthropology, 1984.

Paul, Samuel, and Arturo Israel. *Nongovernmental Organizations and the World Bank* : *Cooperation for Development.* Washington, D. C. : World Bank, 1991.

Payer, Cheryl. *The World Bank* : *A Critical Analysis.* New York : Monthly Review Press, 1982.

Peace Corps. *Bureaucratic Effectiveness and Working with Counterparts.* Washington, D. C. : Information Collection and Exchange, 1983.

Peattie, Lisa. "Drama and Advocacy Planning." *Journal of the American Institute of Planners* 36 (1970) : 405-410.

Perrett, Heli, and Francis Lethem. *Human Factors in Project Work.* Washington, D. C. : World Bank, 1980.

Pigg, Stacey. "Found in Most Traditional Societies." In *International Development and the Social Sciences*: *Essays on the History and Politics of Knowledge*, edited by Frederick Cooper and Randall Packard, p. 270. Berkeley : University of California Press, 1997.

Pillai, Vijayan, and Lyle Shannon, eds. *Developing Areas* : *A Book of Readings and Research.* Oxford : Berg, 1995.

Pillsbury, Barbara. "Making a Difference : Anthropologists in International Development." In *Anthropology and Public Policy*, edited by Walter Goldschmidt, pp. 10-28. Washington, D. C. : American Anthropological Association, 1986.

Porter, David. *U. S. Economic Foreign Aid* : *A Case Study of the United States Agency for International Development.* New York : Garland Publishing, 1990.

Posz, Gary, Jong Jun, and William Storm. *Administrative Alternanves in Development Assistance.* Cambridge, Mass. : Ballinger Publishing, 1973.

Pottier, Johan. "The Role of Ethnography in Project Appraisal." In *Practising Development* : *Social Science Perspectives*, edited by Johan Pottier, pp. 13-33. London : Routledge, 1993a.

Pottier, Johan, ed. *Practising Development* : *Social Science Perspectives.* London : Routledge, 1993b.

Press, Irwin, and M. Estellie Smith, eds. *Urban Place and Process* : *Readings in the Anthropology of Cities.* New York : Macmillan, 1980.

Pressman, Jeffrey, and Aaron B. Wildavsky. *Implementation. Oakland Project Series.* Berkeley : University of California Press, 1973.

Rapley, John. *Understanding Development.* Boulder : Lynne Rienner, 1996.

Redfield, A., ed. *Anthropology Beyond the University.* Southern Anthropological Society Proceedings 7. Athens, Ga. : University of Georgia Press, 1973.

Rew, Alan. "The Organizational Connection : Multi-Disciplinary Practice and Anthropological Theory." In *Social Anthropology and Development Policy*, edited by Ralph Grillo and Alan Rew, pp. 185-197. ASA Monographs 23. London : Tavistock, 1985.

Rhoades, R. "Using Anthropology in Improving Food Production : Problems and Prospects." *Agricultural Administration* 22 (1986) : 57-78.

Rich, Bruce. *Mortgaging the Earth* : *The World Bank, Environmental Impoverishment and the Crisis of Development.* Boston : Beacon Press, 1994.

Roche, Chris. *Impact Assessment for Development Agencies.* Oxford : Oxfam, 1999.

Roe, Emery. "Development Narratives, of Making the Best of Blueprint Development."

World Development 19, no. 4（1991）: 287-300.
---------. "Except-Africa: Postscript to a Special Section on Development Narratives." *World Development* 23, no. 6（1995）: 1065-1069.
Rondinelli, Dennis. *Development Projects as Policy Experiments*. New York: Methuen, 1983.
---------. "Development Administration and American Foreign Assistance Policy: An Assessment of Theory and Practice in Aid." *Canadian Journal of Development Studies* 6, no. 2（1985）: 211-240.
---------. "UNDP Assistance for Urban Development: An Assessment of Institution-Building Efforts in Developing Countries." *International Review of Administrative Sciences*, SAGE 58（1992）: 519-537.
Rostow, W. W. *The Stages of Economic Growth, a Non-Communist Manifesto*. Cambridge: Cambridge University Press, 1960.（W. W. ロストウ『経済成長の諸段階：一つの非共産主義宣言』木村健康ほか訳，ダイヤモンド社，1961年）
Roxas, Sixto. "Principles for Institutional Reform." In *Development: New Paradigms and Principles for the Twenty-First Century*, edited by Jo Marie Griesgraber and Bernhard Gunter, pp. 1-26. London: Pluto Press, 1996.
Rubenstein, Robert A. "Reflections on Action Anthropology: Some Developmental Dynamics of an Anthropological Tradition." *Human Organization* 45, no. 3（1986）: 270-279.
Ryan, Richard. "Rural Poverty and Rural Development Tourism: Getting Datafor Effective Projects and Programs." *PASTAM Design Note* no. 23, Indiana University, Bloomington, 1981.
Sagasti, Francisco. "Editorial: Development, Knowledge and the Baconian Age." *World Development* 25, no. 10（1997）: 1561-1568.
Samoff, Joel. "Chaos and Certainty in Development." *World Development* 24, no. 4（1996）: 611-633.
Schein, Edgar H. *Process Consultation: Its Role in Organization Development*. Reading, Mass.: Addison-Wesley, 1969.（エドガー・H. シェイン『職場ぐるみ訓練の進め方：スタッフ，コンサルタントのための指針』高橋達男訳，産業能率短期大学出版部，1972年）
Schön, Donald A. *The Reflective Practitioner*. New York: Basic Books, 1983.（ドナルド・ショーン『専門家の知恵：反省的実践家は行為しながら考える』佐藤学・秋田喜代美訳，ゆみる出版，2001年）
Scott-Stevens, Susan. *Foreign Consultants and Counterparts: Problems in Technology Transfer*. Boulder: Westview, 1987.
Scrimshaw, Nevin, and Gary Gleason, eds. *RAP Rapid Assessment Procedures: Qualitative Methodologies for Planning and Evaluation of Health Related Programmes*. Boston: International Nutrition Foundation for Developing Countries, 1992.
Scrimshaw, Susan, and E. Hurtado. *Rapid Assessment Procedures for Nutrition and Primary Health Care: Anthropological Approaches for Improving Program Effectiveness*. Tokyo: United Nations University, 1987.
Scudder, Thayer. "The Institute for Development Anthropology: The Case of Anthropological Participation in the Development Process." In *Production and Autonomy: Anthropological Studies and Critiques of Development*, edited by John Bennett and John Bowen, pp. 365-385. New York: University Press of America, 1988.

Senge, Peter. *The Fifth Discipline : The Art and Practice of the Learning Organization.* New York : Doubleday, 1990. (ピーター・M・センゲ『最強組織の法則：新時代のチームワークとは何か』守部信之ほか訳，徳間書店，1995 年)

Serageldin, Ismail. *Nurturing Development : Aid and Cooperation in Today's Changing World.* Washington, D. C. : World Bank, 1995.

Sharp, Lauriston. "Steel Axes for Stone-Age Australians." In *Human Problems in Technological Change*, edited by Edward Spicer, pp. 69-7Z. New York : Russell Sage Foundation, 1952.

Shaw, George Bernard. *Two Plays for Puritans.* New York : Heritage Press, 1966.

Shore, Chris, and Susan Wright. "British Anthropology in Policy and Practice : A Review of Current Work." *Human Organization* 55, no. 4 (1996) : 475-480.

Siffin, William. "Intelligent Rural Development Project Design." *PASTAM Design Notesno.* 22, Bloomington, International Development Institute, University of Indiana at Bloomington, 1981.

Silverman, Jerry M. *Technical Assistance and Aid Agency Staff : Alternative Techniques for Greater Effectiveness.* World Bank Technical Paper no. 28. Washington, D. C. : World Bank, 1984.

Simmonds, Norman W *Farming Systems Research:* A Review. World Bank Technical Paper no. 43. Washington, D. C. : World Bank, 1985.

Sjoberg, Gideon. "Project Camelot : Selected Reactions and Personal Reflections." In *Ethics, Politics and Social Research*, edited by Gideon Sjoberg, pp. 141-161. Cambridge, Mass. : Schenkman, 1967.

Sjoberg, Gideon, ed. *Ethics, Politics and Social Research.* Cambridge, Mass. :Schenkman, 1967.

Smillie, Ian. *The Alms Bazaar.* London : Intermediate Technology Publications, 1995.

Smillie, Ian, and Henny Helmich, eds. *Public Attitudes and International Development Cooperation.* Paris : DECD, 1998.

Soetoro, Ann. "Prosperity Indicators for Java." Washington, D. C. : Development Alternatives Incorporated, 1979.

Spicer, Edward. "Anthropology and the Policy Process." In *Do Applied Anthropologists Apply Anthropology?*, edited by Michael Angrosino, pp. 118-133. Athens, Ga. : Southern Anthropological Society, University of Georgia Press, 1976.

Spicer, Edward, ed. *Human Problems in Technological Change.* New York : Russell Sage Foundation, 1952.

Spradley, James. "Adaptive Strategies of Urban Nomads : The Ethnoscience of Tramp Culture." In *The Anthropology of Urban Environments*, edited by Thomas Weaver and Douglas White, pp. 21-38. Society for Applied Anthropology Monograph Series, no. 11, 1972.

---------. *The Ethnographic Interview.* New York : Holt, Rinehart and Winston, 1979.

---------. *Participant Observation.* New York : Holt, Rinehart and Winston, 1980.

Spradley, James, ed. *Culture and Cognition: Rules, Maps and Adaptive Processes.* Prospect Heights, Ill. : Waveland Press, 1972.

Spradley, James, and David McCurdy, eds. *The Cultural Experience : Ethnography in a Complex Society Prospect Heights*, Ill. : Waveland Press, 1972.

---------. *Conformity and Conflict: Readings in Cultural Anthropology*, 10th ed. Boston : Allyn and Bacon, 2000.

Staudt, Kathleen. *Managing Development*: State, *Society, and International Contexts*. Newbury Park, Calif.: Sage, 1991.

Stone, Linda. "Cultural Crossroads of Community Participation in Development: A Case from Nepal." *Human Organization* 48, no. 3 (1989): 206-213.

Stull, Donald D., and Jean Schensul, eds. *Collaborative Research and Social Change*: *Applied Anthropology in Action*. Boulder: Westview, 1987.

Tendler, Judith. *Inside Foreign Aid*. Baltimore: Johns Hopkins University Press, 1975.

Tilman, Martin. "How Do We Feel About Foreign Aid?" *International Educator* (winter 1995): 42-43.

Tisch, Sarah, and Michael Wallace. *Dilemmas of Development Assistance*. Boulder: Westview, 1994.

Trotter, R., ed. *Anthropology for Tomorrow*. AA/NAPA Publication no. 24. Washington, D. C.: American Anthropological Association, 1988.

Turton, David. "Anthropology and Development." In *Perspectives on Development*: *Cross-Disciplinary Theses in Development Studies*, edited by P Leeson and M. Minogue, pp. 126-159. Manchester, England: Manchester University Press, 1988.

Uphoff, Norman. "Fitting Projects to People." In *Putting People First*, edited by Michael Cernea, pp. 359-395. New York: World Bank, Oxford University Press, 1985.

---------. "Paraprojects as New Modes of International Development Assistance." *World Development* 18, no. 10(1990):1401-1411. USAID. "Why Foreign Aid?" Washington, D. C.: Agency for International Development, 1998.

---------. "Fiscal Year 1999 Budget Request Summary." www.info.usaid.gov.

van Willigen, John. "Truth and Effectiveness: An Essay on the Relationships Between Information, Policy and Action in Applied Anthropology." *Human Organization* 43, no. 3 (1984): 277-282.

---------. *Applied Anthropology*: *An Introduction*. South Hadley, Mass.: Bergin and Garvey, 1986.

van Willigen, John, and Timothy Finan, eds. *Soundings*: *Rapid and Reliable Research Methods for Practicing Anthropologists*. NAPA Bulletin no. 10. Washington, D. C.: American Anthropological Association, 1991.

Warren, D. Michael, L. Jan Slikkerveer, and David Brokensha, eds. *The Cultural Dimension of Development*: *Indigenous Knowledge Systems*. London: Intermediate Technology Publications, 1995.

Watkins, Eric. *Anthropology Goes to War*. Madison, Wisc.: University of Wisconsin Center for Southeast Asia Studies, Monograph Series 6, 1992.

Wax, Murray. "Review of the Best Laid Schemes, S. J. Deitchman, 1976, Cambridge, MIT Press." *Human Organization* 37, no. 4 (1978): 400-412.

Weaver, Thomas. "Anthropology as a Policy Science: Part I, a Critique." *Human Organization* 44, no. 2 (1985): 97-104.

Weaver, Thomas, and Douglas White, eds. *The Anthropology of Urban Environments*. The Society for Applied Anthropology Monograph Series, no. 11, 1972.

Wedel, Janine R. *Collision and Collusion*: *The Strange Case of Western Aid to Eastern Europe 1989-1998*. New York: St. Martin's Press, 1998.

Wilk, Richard, and Stephen Miller. "Some Methodological Issues in Counting Communities

and Households." *Human Organization* 56, no. 1（1997）: 64-70.
Wilson, Ruth P. "The Role of Anthropologists as Short-Term Consultants." *Human Organization* 57, no. 2（1998）: 245-252.
Winthrop, Robert. "Fools Walk In : Engaging Globalization." *Practicing Anthropology* 20, no. 2（1998）: 38-39.
Wolcott, Harry E. "A Malay Village that Progress Chose : Sungai Lui and the Institute of Cultural Affairs." *Human Organization* 42, no. 1（1983）: 72-81.
Wolf, Eric, and Joe Jorgenson. "Anthropology on the Warpath in Thailand." *New York Review of Books* 15, no. 9（1970）: 26-35.
World Bank. *Annual Report*. Washington, D. C. : The World Bank, 1988.
---------. *World Development Report*（Executive Summary）. Washington, D. C. : World Bank, 1995.
---------. *Assessing Aid : What Works, What Doesn't and Why*. Washington, D. C. : World Bank, 1998.（世界銀行『有効な援助:ファンジビリティと援助政策』小浜裕久・冨田陽子訳, 東洋経済新報社, 2000年）
---------. *World Bank Atlas 1999*. Washington, D. C. : World Bank, 1999.
---------. *World Bank Information Briefs* A. 04. 4. 94.
Wulff, Robert, and Shirley Fiske. *Anthropological Praxis : Translating Knowledge into Action*. Boulder : Westview, 1987.
Yoder, Amos. *International Politics and Policymakers'Ideas*, rev. ed. Brunswick, Ohio : King's Court Communications, 1988.
Zakaria, Fareed. "Our Hollow Hegemony : Why Foreign Policy Can't Be Left to the Market." *NY Times Magazine*（November1, 1998）: 44-47, 74-80.
Zimmerman, Robert, and Steven Hook. "The Assault on U. S. Foreign Aid." In *Foreign Aid Toward the Millennium*, edited by Steven Hook, pp. 57-73. Boulder : Lynne Rienner, 1996.

訳者あとがき

　本書は，リオール・ノラン著"Development Anthropology: Encounters in the Real World"(Westview Press. Boulder, 2002)の全訳である。ただし，原著の巻末に付されているAppendixとGlossaryは，著者の了承のもと訳出を省略した。

　序文にあるように，これまで文化人類学は開発プロジェクトの実施過程に必ずしも強い影響力を発揮してきたわけではない。とりわけ日本の開発援助の局面では，実務に携わる一部の人々の間で人類学の有用性が囁かれることはあっても，現実に人類学者が「人類学者」としてその知見や経験を活かすことは稀であった。その理由には，人類学者と開発援助の立案者や実践家との間にみられる方法論的・倫理的不整合をはじめ，長年の「断絶」を招いてきた数々の問題や懸案事項が横たわる。たとえば，植民地主義や同化主義のもとにあった戦前の実践人類学（応用人類学）の反省，文化相対主義，倫理の問題，「応用」的活動を低くみる傾向，開発援助の意志決定者や実践家と人類学者との「文化」の違いから生じる意思疎通の齟齬などの問題である。本邦訳書は，開発援助を必要としている人々（フィールドの人々）の社会的・経済的利益に援助を結びつけるために，そのような「不幸な」歴史を精算し，人類学と開発との「意味のある」関係の構築を目的として刊行されるものである。

　人類学は，1920年代にマリノフスキーが自らのフィールドワークに基づくトロブリアンド諸島の民族誌を刊行して以来，人類学者自身が現地に赴いて現地の「文化を知り」，民族誌として「文化をテクスト化する」ことが，科学としての人類学（いわゆる「近代人類学」）の定式化された手法であると自己規定し，それを人類学研究の独自性を担保する要素として認識し続けている。

　しかし，1986年にアメリカの人類学者ジェームズ・クリフォードとジョージ・マーカスが『文化を書く』を出版して以来，「フィールドワークと民族誌」という基本的な研究枠組みのあり方が人類学者自身によって批判的に議論されるようになった。この学界動向は「『文化を書く』ショック」ともよばれるほどの強いインパクトをもつものであり，1970年代にエドワード・サイードが示したオリエンタリズム批判に呼応したものである。

それまで人類学者が「○○族の文化」として民族誌に記述してきた内容は，人類学者が，フィールドで生起する無数の「事実」のなかから人類学者のフィルターを通過したうえでテクスト化された部分的な真実にすぎなかった。しかもそのような真実は，部分であるにもかかわらず，「現地の人々の行為・語り」として全体的で本質的な真実（あるいは「文化」）を表象するものとして言説化されてきたという。人類学者はそのような言説の生産者として，現地の文化の語り手として，一種の「権威」を獲得することになった。そこにあるのは，民族誌において「書かれる（表象される）」現地の人々と，あたかも全体的な真実であるかのように現地の人々を「書く（表象する）」人類学者との非対称の関係である。1980年代以降の人類学における「新しい時代」の特徴は，そのような非対称な関係，すなわち人類学者と現地の人々との関係における前者の権威性や特権性を解消，もしくは軽減する方法の追究にあるともいえる。「フィールドワークと民族誌」に関わる1980年代以降のこのような人類学における動きを，ポストモダン人類学とよぶことがある。これは，おもにアメリカの人類学者を中心に，人類学者自身の「権威」や客観主義的姿勢を取り除く方法を，記述レベル（文化の「書き方」を変更すること）で克服する試みが顕著にみられた。

　しかし，人類学におけるそのような新たな展開（権威性や非対称の克服）は，必ずしも記述レベルの作業に収斂されるわけでもない。人類学者は，開発，援助，紛争，ナショナリズム，ジェンダーなど，現代世界が直面する諸問題に，フィールドをとおして経験する。人類学者と現地の人々との間には，「現代」という同じ時間的枠組みを生きる者として，それらの問題に直面する。そこには，同時代人としての人類学者の主観も加わり，人々と共に「外」との交渉に関与（あるいは介入）することもあり得る。人類学におけるこのような同時間性への視座は，人類学における権威や特権を中和するための「前提」としてとらえておく必要がある。その先には，民族誌に「書く」かどうかに関わりなく，現地の人々と人類学者との間で明らかになる知識に基づいた実践的行動も，新たな転回における「必然」として人類学的営みの範囲内に取り込めるはずである。

　しかしながら，人類学は，現代世界における諸問題を自らの領域に十分に収容しきれていないのが実情である。調査フィールドやそこを取り巻く社会的現実との関わりのなかで，人類学の「実践的（応用的）」有効性を示してこなかったことがその理由の1つとして考えられる。ノランが，「人類学者にとって現在の課題は，自分たちの経験を効果的に用いる方法を探し出すことである。〔中略〕必

要とされるのは人類学の専門性をもった実践者であり，人類学の知見をよりよい未来をつくるために有用なアイディアと戦略に変換することができる人材である」と述べる。それはたとえば，NGO や ODA の活動をめぐって生起するフィールドの実情に「人類学的視点から」異議を唱え批判するだけでなく，その批判を実際に現金収入源の確保や社会生活の改善に関わるオールタナティブな提案に結びつけることである。

　しかし，そのような行為のために，人類学者としてどのような立ち位置をとるべきか判断に苦慮する場面に遭遇することもある。とりわけ，現代世界の直面する問題を扱う「実践」には，倫理的判断とある種の政治的判断が必要とされる場合が少なくない。いずれも人類学者が苦手としてきた（あるいは，排除してきた）領域である。

　また，本書においても取り上げられている PCM，ログ・フレームのような，開発援助の文脈で当たり前のように使われている手法や，開発援助機関・団体の人々や行政官，民間コンサルタント会社の人々らとの関わり，あるいは彼らと現地の人々とを「つなぐ」役割を維持し続けることも求められるかもしれない。しかしそのような場合でも，人類学が，これまでどおり単なる「厄介な科学」として開発業界の不安定要因としての潜在性をもち続けるのであれば，意味のある関係構築はとうていおぼつかない。そのことに関連して，本書第 11 章にみられる次の発言（ある世界銀行職員の発言）は印象的である。

　　人類学者は〔中略〕，社会を理解する自分たちの技能が経済学者より優れていると考えるので，自分たちこそが，キャッシュ・フローや限界収益率といった粗雑な議論の内側で展開されている社会の真実の姿に迫ることができると主張する。そのこと自体は，おそらくそのとおりなのだろう。しかし私には，人類学者に対するあながち不当というわけではないステレオタイプが思い起こされる。人類学者が数年間村に住み，それを終えると，たいてい村人は皆すばらしい奴らで，彼らの農業のやり方を続けさせるべきだと主張する。村人を取り巻く現実が彼らにそれを許さないにもかかわらず，である。〔中略〕業務一般に社会人類学を適用することは，ごくわずかな，大して深刻でない誤りを防ぐために多大な費用をかけることになってしまうと，私は信じる。

　開発人類学はそれ自体が人類学のサブ領域として理論的に確立されるわけではない。今やそれは，人類学における通常の学問的営みにおける「1 つの状態（開発を実践的に扱っている状態）」をさす言葉としてイメージした方がわかりやす

いのかもしれない。ノランが最後に述べるように，「人類学者は，人類学的視点から，開発の経験についてより多くの質の高い論文を生み出していく必要がある。私たちの最も有益な貢献の1つは，理論と実践をよりよく結びつけるような開発の民族誌を，多くつくり出していくこと」である。さらにそれに付言すれば，民族誌に限らず，現地における人々との間主観的な関係に基づく経験を，現地の人々自身や援助関係者などを含むさまざまな「文化の語り手」たちとの対話に向けることが求められる。すでに人類学者だけが特権的に「文化」を語る主体としてあるわけではない。現地の人々自身や開発援助に関わるさまざまな組織や個人なども，文化を語り，実践するのである。本書はこれまで実践的関与に躊躇してきた人類学者，あるいは人類学を学ぶ学生や実践家に，広い意味での「対話」を進めるためのガイドラインを示した希少な入門書といえる。

本邦訳書は，開発人類学に関心を寄せる4人の研究者によって訳出された。各訳者の分担は，以下のとおりである。

　関根：謝辞，序文，日本語版への序文，第4章，第5章，第6章
　玉置：第1章，第2章，第3章，第8章（後半）
　鈴木：第7章
　角田：第8章（前半），第9章，第10章，第11章

なお，訳出にあたっては2人1組になって相互に訳文をチェックするだけでなく，全員で訳語の統一を含め種々意見交換をおこなう機会を設けながら進め，誤りを解消することに努めた。また，訳出作業において千葉大学大学院文学研究科院生の西山優子氏，渡邉麻由子氏，新山拓氏，筑波大学大学院人文社会科学研究科院生の但見美穂氏にご協力いただき，参考文献リストのとりまとめや校正作業では筑波大学大学院地域研究研究科院生の秋保さやか氏にもお手伝いをお願いした。この場を借りてお礼を申し上げたい。

最後に，本書の刊行を快く引き受けてくださった株式会社古今書院，ならびに編集過程でお世話になった同社編集部の鈴木憲子氏に謝意を表したい。そして，日本語版刊行を心から歓迎し協力してくださったリオール・ノラン教授にお礼を申し上げます。

本書が，今後日本から発信される開発援助の意味のある「転回」に一助として貢献できれば幸いである。

2006年師走
関根久雄

索　引

[あ行]
アイディア　107
アイデンティティ　3
青写真的計画立案（blueprint planning）　89
アカウンタビリティ　74,232
アカデミックな人類学　62
アクセス構造　148
新しい開発のパラダイム　261
アドボカシー　73
アドボカシー（用語）　70
アフリカ　29
アメリカ国防総省先端研究プロジェクト機関（ARPA）　75
アメリカ人類学会（AAA）　60
意思決定　173
意味　4
イル・ヨロント　14
インセンティブ　232
インパクト　160
インフォーマント　73
エティック　8
NGO　37
エミック　8
援助疲れ　219
エンパワーメント　21,131
応用人類学　59
応用人類学会（SfAA）　59

[か行]
外国援助　41
改善　21
介入点（intervention point）　141
開発　21
開発援助機関　107
開発業界　29
開発人類学研究所　248

開発人類学者　66
開発の語り　228
開発民族誌　207
開発立案者　9
外部環境　99,144
外部専門家　186
改良　21
カウンターパート　187
学習のメカニズム　232
活動（activities）　85
価値　4
カメルーン　162
カメロット・プロジェクト　60,75
カルチュラル・サバイバル（Cultural Survival）　73
簡易評価法（RAP）　130
環境評価　164
管理（management）：プロジェクト管理　85
技術移転　189
技術援助　186
技術援助者　187
技術至上主義的アプローチ（Tech-Fix）　45
技術屋的（technicist）アプローチ　42,227
技術屋的思考　227
計画（plan）　83
計画立案者　84,94
形成的評価（formative assessment）　196
系図（branching tree diagram）　138
現地の実践家による組織（LPOs：Local Practitioner Organizations）　64
季節カレンダー　202
教師　73
協働　181
クラウセン　52

グレイゼル、ジョン　13
グローバリゼーション　222
軍事援助　43
ケア（CARE）　37
経済協力開発機構　37
経済理論　41
言語学　3
行為　4
考古学　3
交渉　179
構造　107
構造調整　51
コーテン、デビッド　57
国際通貨基金　33, 34
国際金融公社　35
国際復興開発銀行（IBRD）　33
国際連合　34
国連開発計画　34
「50年は十分」（Fifty Years Is Enough）キャンペーン　55
コタック、コンラッド・フィリップ　71
コミュニティ　8
コミュニティ調査　137
コンサルタント会社　170
コンディショナリティ　44

[さ行]
サーベイ調査　7
再設計　163
債務　50
サバイバル・インターナショナル（Survival International）　73
参加（住民参加）　21, 221
参加型開発　266
参加型農村調査法　131
三角測量　131
参与観察　8
資源　85
事後評価（evaluation）　85, 196
指示的アプローチ　91
指示的立案（directive planning）　88
システム・マトリックス　150
自然（形質）人類学　3
持続可能性　264
実験的プロジェクト（experimental）　92

実践家　242
実践家コミュニティ　63
実践人類学　62
自文化中心主義　6, 261
シャープ、アラン　178
社会的インパクト分析　160
社会的実現性分析　162
社会適正分析　174
社会・文化人類学　3
社会文化的事前評価　160
借款（loan）　43
ジャワ島における裕福さの指標　129
植民地　32
植民地主義　59
ショーン、ドナルド　95
人口増加　30
人工物　4
人類学　59
人類学的実践　62
人類学的実践のための国家協会（National Association for the Practice of Anthropology, NAPA）　60
人類学ドキュメンテーション・プロジェクト（The Anthropology Documentation Project）　60
スカッダー、セイヤー　250
スケジュール（timetable）　85
ステークホルダー（利害関係者）　22, 66, 84, 107
ステークホルダー・コミュニティ（集団）　112
ステレオタイプ　6
スパイサー、エドワード　72
スプラッドレー、ジェームズ　26
生活水準（quality-of-life）指標　29
政策（policy）　83
政策形成　70
政策方針　22
生産的プロジェクト（production）　93
セーブ・ザ・チルドレン　37
世界銀行　29, 34, 68, 88, 160
世界先住民族会議（World Council of Indigenous People）　73
世界貿易機構（WTO）　55
石油輸出国機構（OPEC）　50

セネガル　184
センゲ、ピーター　236
先住民のための国際ワークグループ（the International Work Group for Indigenous Affairs）　73
全体論　12
全体論的アプローチ　97
専門家　97
専門職　247
専門的人類学者協会（SOPA：Society of Professional Anthropologists）　64
総括的評価（summative assessment）　196
相互作用的アプローチ　91
相互作用的立案（interactive planning）　88
相対主義　9
組織文化　167
素朴なリアリズム　6

［た行］
タイ　75
代弁者（spokesperson）　73
第3世界　33
第2世銀（国際開発協会）　35
第2の本性　5
ダグラス、メアリー　266
多国間援助機関　34
多国籍企業　222
多数国間投資保証機関　35
達成目標（goals）　85
タンザニア　54
チームワーク　242
チェルネア、マイケル　68,69,71
チェンバース、ロバート　68,79,124,125,135,163,240,267-272
知識　4
仲介　70
仲介者（ブローカー）　73
チュニジア　184
調停者（mediator）　73
ディベラ　236
適切さ　160
適切な不明確さ（appropriate imprecision）　133
データ　122

手順（procedure）　85
テッシュ　275
デモンストレーション・プロジェクト（demonstration project）　93
統合的農村開発（integrated rural development）　49
トールマン大統領　45
投資紛争解決国際センター　35
土着の知識（indigenous knowledge）　123

［な行］
内部環境　99,144
内容的知識　22
2国間援助機関　34
ニジェール　54
日本　219
農林福祉事業　110

［は行］
バーディック、ユージン　47
媒介者もしくはファシリテーター　97
ハイチ　110
パイロット・プロジェクト　93
バサリ人　127,157
バサリ社会　155-157
バサリ族（Bassari）　18
バサリ農民　156
バサリ村　17,126,127,129,156
パラダイム　261
反省的実践　95
ビアース、アンブロース　73
PL480「食糧援助」計画　36
ビコス・プロジェクト　60
非政府組織　34,37
ひもつき　44
評価　85,193
評価基準　200
貧困　29
ファーガソン、ジェームズ　57
フィールドワーカー　9
フィールドワーク　6
フィスク、シャーレイ　11
フィッシャー、ロジャー　178
フォースフィールド分析（Force-Field Analysis）　138

フォックス・プロジェクト　60
普及　160
プラアデ　13
プラクティカル・ギャザリング（Practical Gathering）　256
"Practicing Anthropology"　60
フルベ　13
ブレトン・ウッズ体制　33,41
プログラム　49,83
プロジェクト　43,83
プロジェクト（開発計画）民族誌　208
プロジェクト管理　167
プロジェクト形成（framing）　85
プロジェクト・サイクル　86,234
プロジェクト進行サイクル（project development cycle）　86
プロジェクト設計者　203
プロジェクト展開　107
プロジェクトのソフトウェア　167
プロジェクトの過程を前進させたり妨げたりする力（power）　112
プロジェクトの学習（learning）　137
プロジェクトの基本的なコンセプト　107
プロジェクトの教訓　203
プロジェクトの構造　85
プロジェクトの持続可能性　137
プロジェクトの修正　163
プロジェクトの戦略（strategy）　137
プロジェクトの展開に役立つ提供可能な資源（resources）　112
プロジェクトのハードウェア　167
プロジェクトの評価　193
プロジェクトの文脈　142
プロジェクトの目的　137
プロジェクトへの利害（interests）　112
プロジェクト方式　43
プロジェクト立案　88
プロジェクト・レベル　107
プロジェクトを構成する要素　86
ブロッケンシャ、デビッド　250
文化　3
文化的カテゴリー　4
文化的コンテクスト　8
文化的差異　4

文化的世界　7
文化的知識　5
文化的仲介　72
文化的枠組み　5
文化の型　4
文化領域　16
紛争解決　179
文脈（contexts）　84
文脈的知識　22
米国国際開発庁（USAID）　35,160
米州機構（Organizations of American States）　34
平和部隊　36
ベーシック・ヒューマン・ニーズ　49
ベースライン・データ（基本的情報，すなわちプロジェクト開始前の状況）　194
ベトナム戦争　60
ベネット、ジョン　57
ベネディクト、ルース　60
ベルトウェイ・バンディット　38,224
ボイル、W. フィリップ　174
ポイント・フォー計画　45
ホーベン、アラン　162
ホール、エドワード　184
ボハナン、ローラ　26
ホロウィッツ、マイケル　68,69

［ま行］
マーシャル・プラン　33
マクナマラ、ロバート　49
マサイ牧場経営・家畜改良プロジェクト　210
マッカーディー、デビッド　26
学びの過程をとおした計画立案（learning-process planning）　90
マリノフスキー、ブロニスロウ　78
ミード、マーガレット　60
『醜いアメリカ人』　47
民間コンサルタント会社　34,38
民間直接投資　222
民族学　3
民族誌　3
無償援助（grant）　43
メラシーネにおける都市貧困者のための

総合的改善プロジェクト（IIPUP）　113
目的（objectives）　85
最も適した無視（optimal ignorance）　133
モニタリング（monitoring）　85,196
模倣的プロジェクト（relication project）　94
モリス、ジョン　210

［や－わ行］
擁護者（advocate）　74
世論　220

リュー、アラン　213
領域分析　12
隣接的環境　99,144
倫理　70,74
レデラー、ウィリアム　47
冷戦　43
ロジカル・フレームワーク（ログ・フレーム）　146
ワールド・ビジョン　37
ワシントン実践人類学者協会（WAPA：Washington Association of Practicing Anthropologists）　64

[著者紹介]

リオール・ノラン (Riall W. Nolan)

パデュー大学（アメリカ）人類学部教授。1975 年にサセックス大学（イギリス）にて学位取得（社会人類学）。社会人類学的調査，およびアメリカ平和部隊ボランティア，国際開発専門家として，スリランカ，チュニジア，セネガル，パプアニューギニア，旧ソビエト連邦などでフィールドワークをおこなう。ピッツバーグ大学大学院国際管理開発研究所長，ゴールデンゲート大学国際関係プログラム長，シンシナティ大学地球学研究所長を経て現職。主著に，"A Handbook of Practicing Anthropology" (Oxford : Wiley-Blackwell, 2013), "Anthropology in Practice: Building a Career Outside the Academy" (Boulder : Lynne Rienner Pub., 2003), "Communicating and Adapting Across Cultures" (Westport : Bergin and Garvey, 1999) など。

[訳者紹介]（担当順）

関根久雄（せきね ひさお）

1962 年生。筑波大学人文社会系教授。総合研究大学院大学文化科学研究科（国立民族学博物館）博士課程中退。青年海外協力隊，名古屋大学大学院国際開発研究科助手，筑波大学社会科学系講師，助教授を経て現職。専攻は文化人類学，オセアニア島嶼研究，地域開発論，「開発援助と人類学」研究。主著に『開発と向き合う人びと』（東洋出版，2001 年），『開発援助と人類学』（共著，明石書店，2011 年），『オセアニアと公共圏』（共著，昭和堂，2012 年）など。

玉置泰明（たまき やすあき）

1954 年生。静岡県立大学大学院国際関係学研究科教授。東京都立大学大学院社会科学研究科博士課程単位取得退学。東京都立大学助手，静岡県立大学国際関係学部助教授を経て現職。専攻は社会人類学。主著に，『文化人類学講義』（共著，八千代出版，1999 年），『文化人類学のフロンティア』（共著，ミネルヴァ書房，2003 年）など。

鈴木　紀（すずき もとい）

1959 年生。国立民族学博物館先端人類科学研究部准教授。東京大学大学院総合文化研究科博士課程単位取得退学。千葉大学文学部准教授を経て現職。専攻は開発人類学，ラテンアメリカ文化論。主著に，『国際開発と協働ー NGO の役割とジェンダーの視点』（共編著，明石書店，2013 年），『ラテンアメリカ』（共編著，朝倉書店，2007 年）など。

角田宇子（かくた いえこ）

1960 年生。亜細亜大学国際関係学部教授。ボストン大学人類学部修士課程修了。国際協力事業団 (JICA) 職員を経て現職。専攻は開発人類学。主な論文に『開発学を学ぶ人のために』（共著，世界思想社，2001 年），「フィリピン・ボホール州灌漑システムにおける水利組合組織強化活動の成果とその評価」（『アジア研究所紀要』36 号，亜細亜大学アジア研究所，2010 年）など。

開発人類学　基本と実践

平成19（2007）年9月5日　初版第1刷発行
平成25（2013）年7月1日　初版第2刷発行

訳　者　関根久雄・玉置泰明・鈴木　紀・角田宇子
発行者　株式会社古今書院　橋本寿資
印刷所　カシヨ株式会社
発行所　株式会社古今書院
〒101-0062　東京都千代田区神田駿河台2-10
Tel 03-3291-2757
振替 00100-8-35340

©2007　HISAO SEKINE, YASUAKI TAMAKI, MOTOI SUZUKI and IEKO KAKUTA
ISBN978-4-7722-3112-1　C3039

〈検印省略〉　Printed in Japan